DEUTSCH DIREKT!

A combined BBC Radio and Television course
for beginners in German

COURSE CONSULTANT
John Trim

LANGUAGE ADVISER
Katrin Kohl

RADIO PRODUCER
Iris Sprankling

TELEVISION PRODUCER
Maddalena Fagandini

D0308445

BBC BOOKS

is a combined BBC Television and Radio course
in German, first broadcast from October 1985.

consists of:
20 Television and 20 Radio programmes running concurrently
One course book covering all programmes
Three audio cassettes
Notes for teachers

Published to accompany a series of programmes in consultation
with the BBC Continuing Education Advisory Council

First published 1985
Reprinted 1985, 1987, 1988, 1989 (twice), 1990
1991 (twice), 1992, 1993
Published by BBC Books
A division of BBC Enterprises Limited, Woodlands,
80 Wood Lane, London W12 0TT
ISBN 0 563 21099 0

This book is set in 10/11 Ehrhardt Monophoto and
printed in England by Butler & Tanner Ltd, Frome and London
Cover printed by Clays Ltd, St Ives plc

Contents

Introduction

Deutsch direkt! is a course for beginners in German, though more advanced students will also find it useful. It's an invitation to discover Germany and Austria, to meet a variety of people from all walks of life, learn to speak some of their language and understand a whole lot more.

The course is based on dialogues and interviews specially filmed and recorded in West Germany and Austria. The aims are to help you speak simple, everyday language and to understand more complex conversations, so that when you meet German-speaking people at home or abroad, you'll know what's going on and be able to respond in an effective way.

Important

There's a lot of German in **Deutsch direkt!** BUT DON'T THINK YOU HAVE TO LEARN TO SAY IT ALL YOURSELF. Most of it is for you to try to understand, so that you get the general sense of what's being said and become familiar with the sound and shape of the language.

The programmes

Twenty programmes on radio and on television cover the same basic language each week. In them you'll meet Germans and Austrians going about their daily lives and talking about themselves.

For television we filmed in Bremen and visited places in the surrounding countryside and on the North Sea coast. We went to Würzburg and explored Bavaria, including Bamberg and Regensburg. Finally we crossed the border into Austria. For radio we made our recordings in Bremen, Regensburg and in Salzburg. Most of the conversations are reproduced in the book and can be heard on the audio cassettes.

The book

The book is essential to the course. It brings together the language introduced in the television and the radio programmes. It's been specially written for people learning on their own at home and for when the programmes are no longer on the air.

Your guide to each chapter

The conversations Some are from the radio programmes and some from television. They're numbered in red and black for easy reference. The **Quizzes** are a quick check on essentials.

These sections summarise what you need to remember. If you know everything here, you're ready for the next chapter.

Und noch was Explanations to help you understand how the language works.

Probieren Sie mal! Exercises to practise the main language points. Say or write the answers as you prefer.

Magazin A collection of useful information, additional radio recordings, a puzzle or two, and reading passages based on the documentary content of the television programmes.

Chapters 16–20 are simply for reading and enjoyment. But we've included some revision questions just to keep you on your toes.

Finally, there are some revision exercises, **Can you cope?**, and a **Reference Section** which includes a guide to pronunciation, a grammar summary, answers to the exercises and a glossary.

In **Deutsch direkt!** we haven't fought shy of grammar – it's there to help you express yourself when you haven't got a ready-made phrase at hand. But don't get hung up on it. People would much rather you plunged in and talked to them, even with mistakes, than have you clam up for fear of making a fool of yourself. They're more interested in understanding you than in sitting in judgement on points of grammar.

> DO try to learn a little at a time;
> DO keep going over what you've learnt to refresh your memory.
> DO remember that learning a foreign language is a gradual
> process, so don't expect too much of yourself too soon.

The cassettes

The accompanying audio cassettes contain pronunciation practice, a selection of the conversations printed in the book for you to listen to and practise with, and some exercises for you to take part in. If you use the three cassettes regularly and play them through several times, you'll become thoroughly familiar with the basic course material.

> DO try getting together with other people who are also learning.
> If at all possible, join an evening class. Above all, DO SPEAK UP!

Notes for teachers

These are intended mainly for tutors running adult courses linked to **Deutsch direkt!**, though all teachers of German should find them useful. They contain a variety of suggestions on how the material can be exploited in the classroom.

Guten Tag

*Greetings, introductions
and asking where something is*

Hallo! We're in North Germany, in Bremen, an ancient maritime trading city on the river Weser.

First of all, this is how you greet people at different times of the day, and how you introduce people to one another.

Radio

Mrs Hadrian is having an early morning coffee with a friend when Heide Debus comes into the café.

Das ist
Frau Debus.

¹
Frau Hadrian (*introducing Heide to her friend*)
Frau Fandrey, das ist Frau Debus.
Frau Fandrey Guten Morgen, Frau Debus.
Heide Frau Fandrey, guten Morgen.

Joachim Kothe is entertaining at home. He introduces Marion Michaelis to the Unger family.

²
Joachim Guten Abend, Frau Michaelis.
Frau Michaelis Guten Abend, Herr Kothe.
Joachim Darf ich Ihnen die Familie Unger vorstellen? Das ist Herr Unger . . .

Herr Unger	Guten Abend, Frau Michaelis.
Frau Michaelis	Guten Abend, Herr Unger. Freut mich.
Joachim	Das ist sein Sohn Sebastian . . .
Sebastian	Guten Abend, Frau Michaelis.
Frau Michaelis	Hallo, Sebastian.
Joachim	Das ist Jan Ole . . .
Jan Ole	Guten Abend, Frau Michaelis.
Frau Michaelis	Guten Abend, Jan Ole.

Das ist
Jan Ole.

das ist . . . *this is . . .*
darf ich . . . vorstellen? *may I introduce . . . ?*
freut mich *delighted*
sein Sohn *his son*

> Marion Michaelis isn't married, but to women over about 25 you
> usually say **Frau** rather than **Fräulein** *(Miss)*, whether they're
> married or not. **Frau** is used where in English you'd use *Ms.*

Heide Debus calls on the Unger family.

3

Herr Unger	Guten Tag, Frau Debus.	Guten Tag, Frau Debus.
Heide	Herr Unger, guten Tag.	Herr Unger, Guten Tag.
Herr Unger	Kommen Sie bitte herein.	
Heide	Danke.	

kommen Sie bitte herein *please come in*
danke *thank you*

> When you meet people you say **guten Morgen** first thing in the
> morning, **guten Tag** from about 10 am till 5 or 6 pm, and from
> then on **guten Abend**. To children and people you know well
> you can say **hallo**.

> When parting, you say **auf Wiedersehen**. When you've got to
> know people a little you can say **tschüs** and, if it's going-to-bed
> time, **gute Nacht**.

Here's Heide saying goodbye to the Ungers. First Wolfgang Unger asks
if he can help her on with her coat.

4

Herr Unger	Darf ich Ihnen in den Mantel helfen?	Darf ich?
Heide	Gerne, Herr Unger.	Gerne.
Herr Unger	Bitte.	
Heide	Vielen Dank.	
Jan Ole	Auf Wiedersehen, Frau Debus.	Auf Wiedersehen.
Heide	Auf Wiedersehen, Jan Ole.	
Jan Ole	Besuchen Sie uns mal wieder.	
Heide	Gerne.	
Sebastian	Auf Wiedersehen, Frau Debus.	
Heide	Wiedersehen, Sebastian. Tschüs.	
Alle	Tschüs.	Tschüs.

9

gerne   *please do; with pleasure*
bitte   *not at all*
vielen Dank   *many thanks*
besuchen Sie uns mal wieder   *do come and see (lit. visit) us again
    sometime*

Quiz 1 How would you greet Marion Michaelis first thing in the morning, during the day, in the evening?

2 How would you greet seven-year-old Sebastian?

3 How do you say *please, with pleasure, thank you, goodbye*?

 You can now greet people   guten Morgen   hallo
guten Tag
guten Abend

You can introduce someone   das ist . . .
and ask if you may . . .   darf ich . . .?

> **darf ich?** is often used on its own, eg when asking *may I help you with your coat?/your suitcase?; may I sit here?/smoke?/open the window?* etc.

You can say please   bitte
and accept with pleasure   gerne

You can thank someone   danke   vielen Dank
and reply to thanks   bitte

And when you part, say   auf Wiedersehen   tschüs
or, last thing at night   gute Nacht

Einige Vokabeln

der Morgen	der Herr	der Sohn	vorstellen
der Tag	die Frau	der Mantel	kommen
der Abend	die Familie	ich	helfen
die Nacht	das Fräulein	Sie	besuchen

> **der, die oder das?**
>
> In German there's more than one word for *the*. Nouns are either
>
> masculine: **der** Mann   **der** Sohn   **der** Tag   **der** Mantel
> feminine: **die** Frau   **die** Familie   **die** Nacht
> or neuter: **das** Fräulein   **das** Haus

(More about this on p. 16.)

Fernsehen

When you arrive in a place, you need to find out where things are. So forget your inhibitions and ask. To be polite, start with:
entschuldigen Sie bitte . . . *excuse me please* . . .

1

Tourist Entschuldigen Sie bitte, wo ist die Kirche?

Mann Hier gleich rechts rum.

Wo ist die Kirche?

In Bremen railway station, **der Bahnhof**, one girl asks where there's a bank and another where the toilets are.

2

Mädchen Entschuldigen Sie bitte, wo ist hier eine Bank?

Mann Gleich hier vorne.

Mädchen Danke.

Mann Bitte sehr.

3

Mädchen Entschuldigen Sie bitte, wo sind hier die Toiletten?

Verkäuferin Die sind da drüben.

Mädchen Oh, danke schön.

Verkäuferin Bitte.

Wo sind die Toiletten?

hier gleich rechts rum *just round here on the right*
gleich hier vorne *just outside (lit. in front) here*
die sind da drüben *they're over there*

In the plural, **der**, **die** and **das** all become **die**:

der Tag	die Toilette	die Bank	das Haus
die Tage	**die** Toiletten	**die** Banken	**die** Häuser

Cuxhaven is a small port and seaside resort on the North Sea coast. In the tourist office, **der Verkehrsverein**, a lady asks the manager for directions to a hotel and a young man enquires about Duhnen, a resort about ten minutes by car along the coast.

4

Frau Entschuldigen Sie bitte, wo ist das Hotel Stadt Cuxhaven?

Verwalter Hier links, geradeaus und dann auf der rechten Seite.

Frau Danke schön.

Verwalter Bitte.

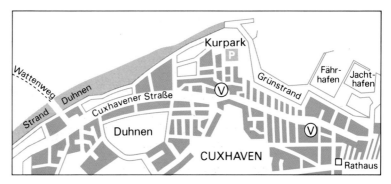

5

Angestellte	Guten Tag. Bitte schön?
Herr Kornau	Wo ist Duhnen?
Angestellte	(*pointing it out on the street map*) Das kann ich Ihnen zeigen, hier auf dem Stadtplan. Wir sind hier, und Duhnen ist hier.
Herr Kornau	Ist das weit von hier?
Angestellte	Nein, mit dem Auto ungefähr zehn Minuten.

hier links *left here*
geradeaus *straight on*
auf der rechten Seite *on the right hand side*
wir sind *we are*

Radio

Susanne is sightseeing in the old market square in the centre of Bremen. First she asks where the cathedral and the town hall are. She begins with **Entschuldigung** . . . , another way of saying *excuse me* . . .

5

Susanne	Entschuldigung, wo ist der Dom?
Mann	Der Dom ist auf dieser Seite.
Susanne	Danke schön.
Mann	Bitte schön.

6

Susanne	Entschuldigung bitte, wo ist das Rathaus?
Mann	Das sehen Sie dort drüben.
Susanne	Danke schön.
Mann	Bitte schön.

Then she enquires about Böttcher Street and the statue of the Bremen town musicians. (*More about these on p. 21.*)

7

Susanne	Entschuldigen Sie bitte, wo ist die Böttcherstraße?
Mann	Ja, dort hinten die erste Straße gleich rechts.
Susanne	Danke schön.
Mann	Bitte schön.

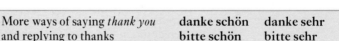

More ways of saying *thank you*	**danke schön**	**danke sehr**
and replying to thanks	**bitte schön**	**bitte sehr**

8

Susanne	Entschuldigung, wo sind denn die Bremer Stadtmusikanten?
Mann	Die Stadtmusikanten sind hinter dem Rathaus.
Susanne	Danke schön.
Mann	Bitte.

auf dieser Seite *on this side*
das sehen Sie dort drüben *you can see it over there*
dort hinten *back there*
die erste Straße *the first street*
hinter dem Rathaus *behind the town hall*

Notice the letter **ß** in **die Straße**. **ß** is often written instead of **ss**.

> When asking for places, you use **die** with the name of a street
> and **der** with the name of a square:
> **wo ist die Böttcherstraße?**;   **wo ist der Bahnhofsplatz?**

Quiz

1 What would you say to stop someone and ask where Bremen is,
   where the **Hotel Columbus** is, and where the toilets are?
2 In the conversations, you'll find two ways of saying *over there*. What
   are they?
3 From where Susanne's standing, is the cathedral across the road?
   Is **die Böttcherstraße** the first or the second on the right?
   Are **die Stadtmusikanten** in front of or behind the town hall?

**You can now attract
someone's attention**

entschuldigen Sie bitte
Entschuldigung

and ask where things are

wo ist (hier) . . . ?
wo sind (hier) . . . ?

---

ein oder eine?

Just as there's more than one word for *the*, so there's more than
one for *a* or *an*;
with masculine and neuter nouns: **ein** Tag (m), **ein** Haus (n)
with feminine nouns: **eine** Kirche, **eine** Bank

Joachim Wo ist hier eine Drogerie, bitte?
Marion   Eine Drogerie ist direkt gegenüber unserer Straße.
Joachim Und wo ist ein Friseur, bitte?
Marion   Der Friseur ist zwei Straßen weiter.

die Drogerie   *chemist's*
der Friseur   *hairdresser's*
gegenüber   *opposite*

Some directions you'll need to understand

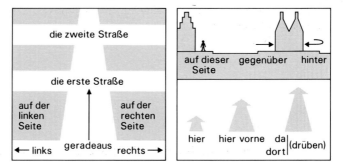

Einige Vokabeln	der Stadtplan	die Bank	der Mann	ja
	der Bahnhof	die Drogerie	die Frau	nein
	der Dom	die Toilette	das Mädchen	sehen
	die Kirche	die Straße	die Minute	zeigen
	das Rathaus	das Hotel	das Auto	

TREFFPUNKT

It's time to start getting to know people – just a few simple questions to begin with, asking someone's name, where they're from and where they live or are staying.

Fernsehen

On the beach at Duhnen we talked to people on holiday.

6

Paul	Wie ist Ihr Name, bitte?
Herr Kummer	Mein Name ist Herbert Kummer.
Paul	Woher kommen Sie?
Herr Kummer	Aus Minden in Westfalen.
Paul	Wo wohnen Sie hier in Duhnen?
Herr Kummer	In einer Ferienwohnung.
Paul	Sind Sie hier auf Urlaub?
Herr Kummer	Ja, wir machen hier acht Tage Kurzurlaub.

Wie ist Ihr Name, bitte?

7

Paul	Wie ist Ihr Name, bitte?
Frau Rech	Elfriede Rech.
Paul	Woher kommen Sie?
Frau Rech	Aus Heidelberg.
Paul	Sind Sie hier auf Urlaub?
Frau Rech	Ja, im Urlaub hier.
Paul	Wo wohnen Sie in Duhnen?
Frau Rech	Im Strandhotel.

Woher kommen Sie?

8

Paul	Wie ist Ihr Name, bitte?
Herr Henkel	Ich heiße Jürgen Henkel.
Paul	Woher kommen Sie?

Herr Henkel	Wir kommen aus Göttingen.
Paul	Sind Sie hier auf Urlaub?
Herr Henkel	Ja.
Paul	Wo wohnen Sie hier in Duhnen?
Herr Henkel	Wir wohnen in einem Apartmenthaus.

Wo wohnen Sie?

die Ferienwohnung   *holiday flat*
acht Tage Kurzurlaub   *a week's holiday (lit. an 8-day short holiday)*
sind Sie hier auf Urlaub?   *are you here on holiday?*
ich heiße ...   *I'm called ...*

Radio

In Bremen we met Heide Debus and Joachim Kothe. He's from Bremen, but she originally came from Erfurt in the German Democratic Republic, **die Deutsche Demokratische Republik (DDR)**.

And there are two more questions: asking how old someone is and if they're from a particular town.

9
Heide	Wie ist Ihr Name, bitte?
Joachim	Ich heiße Joachim Kothe.
Heide	Wie alt sind Sie, Herr Kothe?
Joachim	Ich bin vierunddreißig.
Heide	Woher kommen Sie? Sind Sie aus dieser Stadt?
Joachim	Ich bin aus Bremen, ja.

Ich heiße
Joachim

10
Joachim	Wie heißen Sie, bitte?
Heide	Ich heiße Heide Debus.
Joachim	Wie alt sind Sie?
Heide	Ich bin dreiundvierzig Jahre alt.
Joachim	Woher kommen Sie? Sind Sie aus Bremen?
Heide	Ich wohne jetzt in Lilienthal bei Bremen, ich komme aber aus Erfurt.
Joachim	Wo ist Erfurt?
Heide	Erfurt liegt in der DDR.

Sind Sie aus Bremen?

ich bin ... (Jahre alt)   *I'm ... (years old)*
vierunddreißig   *34*
aus dieser Stadt   *from this town*
wie heißen Sie?   *is another way of asking someone's name*
dreiundvierzig   *43*
jetzt   *now*
aber   *but*

(More about numbers on p. 290.)

You can ask someone's name   wie ist Ihr Name?
wie heißen Sie?

where they're from   woher kommen Sie?
sind Sie aus ... ?

where they live or are staying		wo wohnen Sie?	
and how old they are		wie alt sind Sie?	

And you can say

mein Name ist . . .		ich wohne	(hier) in . . .
ich heiße . . .		wir wohnen	
ich komme	aus . . .	ich bin . . . Jahre alt	
wir kommen			

Einige Vokabeln

der/mein Name	die Wohnung	ungefähr	wie?
der Urlaub	das Haus	jetzt	wo?
die Stadt	das Jahr	aber	woher?

	heißen	kommen	machen	wohnen	sein
ich	heiße	komme	mache	wohne	bin
wir/Sie	heißen	kommen	machen	wohnen	sind

UND NOCH WAS

Gender

In English, we use *he*, *she* or *it* according to whether we're referring to people or to things. Grammarians call this gender. *He* is masculine, *she* is feminine, *it* is neuter.

But in German, words for things are not necessarily neuter, nor are words for people always masculine or feminine. Whenever you learn a German noun, you have to learn its gender, just as Germans do.

How can I remember genders?

The best thing is to learn each noun not as a single, isolated word, but together with the word for *the* that goes with it;

for masculines:	**der** Dom	**der** Mann	**der** Sebastian
for feminines:	**die** Straße	**die** Frau	**die** Susanne
for neuters:	**das** Rathaus	**das** Fräulein	**das** Mädchen

You can't rely on logic, but here's one crumb of comfort: many German words are a combination of two or more shorter words. The gender is always that of the last word:

das Rathaus – **das** Haus
der Bahnhof – **der** Hof
der Stadtplan – **der** Plan

Masculine, feminine or neuter?

Here are some words you know. Show their gender by putting **der**, **die** or **das** in front of them.

Kirche	Frau	Dom	Sohn	Tag	Verkehrsverein
Nacht	Fräulein	Straße	Bank	Mann	

Now here are some words you don't know. Show their gender in the same way.

Hauptmann	Hausfrau	Hauptbahnhof	Donnerstag
Sportverein	Hauptstraße	Dorfkirche	Landesbank

More than one

With plurals gender doesn't matter:

die Toilette	*becomes*	**die** Toiletten	
das Mädchen	*becomes*	**die** Mädchen	*(More about plural nouns*
der Tag	*becomes*	**die** Tage	*in Chapter 2)*

And no doubt you've noticed: Germans write all their nouns with a capital letter. Very useful for picking them out when you're reading!

ich, Sie, Ihr

Germans often claim to be less egocentric than the British because they use a capital letter for **Sie, Ihr**, and a small letter for **ich**, whereas we use a small letter for *you, your*, but a capital *I*. What do you think?

in, auf, hinter

You may have noticed what happens when people use **in, auf, hinter** and **aus** to say where something is: **das Rathaus**, but **hinter dem Rathaus**; **die Seite**, but **auf der linken Seite**.

Learn to accept these forms as they are without worrying too much about why they're different. They'll fall into place later. We want you to meet and accept German just as it is from the very start. Now see how much German you know already.

PROBIEREN SIE MAL!

1 You're William Taylor. You meet Mrs Debus, whom you know, on her way to the station with Mrs Fandrey who has a heavy suitcase. After greetings and introductions, you offer to help. What do you say?

Frau Debus	Guten Tag, Herr Taylor.
Sie	....
Frau Debus	Frau Fandrey, das ist Herr Taylor.
Frau Fandrey	Guten Tag, Herr Taylor.
Sie	....
	.... ?
Frau Fandrey	Gerne. Danke schön.
Sie	....

Afterwards Mrs Fandrey thanks you very much, you reply to her thanks and you all say goodbye.

Frau Fandrey	Vielen Dank, Herr Taylor.
Sie	....
Frau Debus	Vielen Dank, Herr Taylor. Auf Wiedersehen.
Sie	....
	....
Frau Fandrey	Auf Wiedersehen, Herr Taylor.

2 **Ein oder eine?** Can you complete the captions?

Das ist ....

Das ist ....

3 **Wo ist . . . ?**

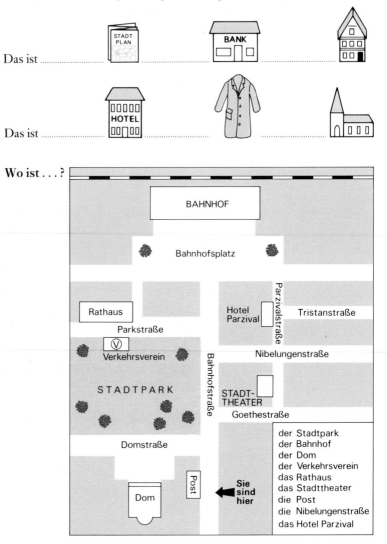

What are your questions? We've listed the words you'll need, but there's one too many. Which one is it?

a Entschuldigen Sie bitte, wo ist .... ?
Die ist direkt gegenüber.

b Entschuldigen Sie bitte, ... ?
Immer geradeaus, etwa fünf Minuten von hier.

c Entschuldigung, ... ?
Hier geradeaus und dann die zweite Straße links, auf der rechten Seite.

d Entschuldigen Sie bitte, ... ?
Hmm. Am besten gehen Sie die zweite Straße rechts, dann die erste Straße links, dann ist es auf der linken Seite.

e   Entschuldigen Sie bitte, ... ?
     Geradeaus, die zweite Straße rechts.

f   Entschuldigung, ... ?
     Gleich die erste Straße links, auf der linken Seite.

g   Entschuldigung, ... ?
     Der ist da drüben.

h   Entschuldigen Sie bitte, ... ?
     Die zweite Straße links, auf der linken Seite, gegenüber dem Rathaus.

4   Where do you get to if you follow the instructions?

a   Geradeaus, auf der rechten Seite.

b   Gleich die erste Straße links.

c   Die zweite Straße links auf der rechten Seite.

d   Hier gleich rechts.

e   Direkt gegenüber am Bahnhofsplatz.

f   Immer geradeaus!

5   To practise your German you decide to ask people a few questions about themselves.

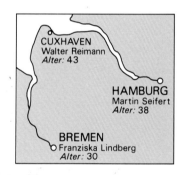

Complete your questions to Walter Reimann.

a   ....   Guten Morgen.
     Wie ist .... ?   Mein Name ist Walter Reimann.
     Woher .... Sie?   Ich komme aus Cuxhaven.
     Wie alt .... ?   Ich bin dreiundvierzig Jahre alt.
     Danke ....   Bitte.

b   How would Franziska Lindberg answer the same questions – in the evening?

c   How would you ask Martin Seifert for the same information? and how would he answer? (It's lunchtime.) *(Answers on p. 306.)*

d   And how would you answer the questions? (No key to this one – only you know the answers!)

MAGAZIN

The **Magazin** is for you to go through at leisure. It contains information about West Germany, puzzles and material to give you practice in reading German. You'll find additional radio recordings, which may not necessarily be included in the programmes, and each **Magazin** ends with a reading passage taken from the documentary in the television programme.

Getting the message

When you're learning a language you can always understand a lot more than you can say – and understanding is an important skill to develop. Often all you really need is to pick up the general sense of what someone is saying; the meaning of every single word simply doesn't matter. All sorts of things can help: words that are similar to English, words or sentence patterns like ones you've already met, even the speaker's tone of voice or facial expression. It takes practice, but if you get used to looking and listening for clues like this, you'll soon be surprised at how much you can understand.

To give you an example, here are some words you've not yet met. What do you think they mean? *(You can check on p. 306.)*

der Tee	die Milch	das Bier	die Banane
der Kaffee	die Butter	der Wein	der Apfel
der Finger	der Hund	der Garten	der Sozialismus
die Hand	die Katze	das Wetter	das Programm

Hansestadt Bremen

Bremen, Germany's oldest port, is said to be the longest city in Europe. Though only a few kilometres wide, it lies along the banks of the river Weser for a good thirty kilometres.

It is a 'Free Hanseatic City', its freedom having been obtained by its citizens from the rule of the archbishops early in the thirteenth century. At around the same time, the Hanseatic League was formed by a number of northern towns to control trade in the Baltic and the North Sea. Bremen joined the League in 1358. It has retained the right to call itself **Hansestadt** to this day and is one of the eleven States, **Länder**, which make up the Federal Republic of Germany.

Radio

Wo ist Susanne? Susanne is describing the market square in Bremen. Where roughly on the map opposite do you think she's standing? Try first without looking up any words!

Susanne Ich stehe auf dem Marktplatz von Bremen. Gleich rechts ist der Dom, links daneben das Rathaus, um die Ecke die Bremer Stadtmusikanten und der Eingang zum Ratskeller, gleich hier vorne der Roland. Und wenn ich mich umdrehe, dort drüben die Böttcherstraße und links davon das Parlament.

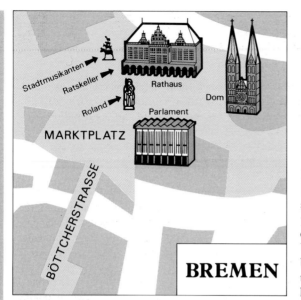

BÖTTCHERSTRASSE

MARKTPLATZ

Stadtmusikanten · Ratskeller · Rathaus · Roland · Parlament · Dom

BREMEN

Der Marktplatz von Bremen. If you're in the centre of Bremen and ask where something is, you'll probably be told it's by, not far from, or just past, the Market Square. Vast and surrounded by fine historic buildings, it's the focal point of the city, on the site of the earliest known settlement.

Der Dom. The cathedral is dedicated to St Peter, and his key is on Bremen's coat of arms, symbolising the city's key position in trading and commerce. The oldest part dates from the eleventh century. It contains the famous Silbermann organ that Bach played on.

Das Rathaus. The town hall is probably the best known building in the square. It's famous for its superb Renaissance façade.

Der Ratskeller. Under the town hall are the municipal cellars. Here, beneath massive vaulted ceilings, you can enjoy good German food and wine. The **Ratskeller** serves no beer and its 600 or so wines are all German.

Der Roland. The statue of this mediaeval knight, erected in 1404 and three times larger than life, is the symbol of Bremen's independence. On his shield are the words *Vryheit do ik ju openbar* – I show you freedom.

Die Bremer Stadtmusikanten are a more recent symbol of Bremen. They are a modern representation of the donkey, dog, cat and cockerel in the Grimm Brothers' fairy tale who set out to become town musicians in Bremen, but never got there.

Die Böttcherstraße. A narrow street of tall, gabled, brick houses built in the 1920s. In it there are art galleries, museums, bookshops, a theatre and a cinema. A porcelain glockenspiel plays three times a day.

Das Parlament. The parliament building was put up in the 1960s. Ever since, the people of Bremen have been arguing as to whether its modern glass exterior fits in with the historic Market Square.

Rätsel
How many words from the conversations on pages 8–12 can you spell with letters in **DIE BREMER STADTMUSIKANTEN**? We make it 25!

An der Nordseeküste

Bremerhaven is on the North Sea coast, at the mouth of the Weser. It's an international port, with one of the largest container docks in Europe. It's also a big fishing port, handling up to 45,000 tonnes of fish a year.

Further north up the coast you'll find Duhnen and Cuxhaven. These are holiday resorts, with sandy beaches and a very shallow sea. You can stay in a hotel, **das Hotel**, a holiday flat, **die Ferienwohnung**, which can go from a bedsitter with kitchenette to a flat in a specially-built block, or you could take a room in a private house offering bed and breakfast, **das Fremdenzimmer**. On the beach you can hire a large wicker basket chair, **der Strandkorb**, which you then keep for the duration of your holiday. The chair's high back will protect you against the chilly winds coming off the sea.

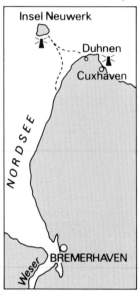

From Duhnen, when the tide's out, you can walk the thirteen kilometres to Neuwerk Island. Or you can take a trip in a horsedrawn cart, **der Wattwagen**, across the mudflats. It takes four hours there and back, including half an hour's stop on the island itself. We didn't ask how long it takes to walk . . .

Now read this short passage about Bremerhaven and Duhnen. The questions, and the key at the end, will help you to get the general meaning of the text. You should then be able to answer the questions – in English, of course!

At what time does the fish auction begin?
Does the sun always shine on the North Sea coast?
Where do the **Wattwagen** go once a day?
How many wagons and horses has Ernst Brütt got?
How many holiday rooms does his wife look after?
How long does the holiday season last in Duhnen?

Bremerhaven ist eine Stadt an der Nordseeküste.
Bremerhaven ist ein großer internationaler Hafen mit dem größten
Containerhafen in Deutschland.
Bremerhaven hat auch einen großen Fischereihafen. Die Fische kommen aus
der Nordsee. Die Fischauktion beginnt um sieben Uhr.

Nördlich von Bremerhaven liegt Cuxhaven. Nicht weit von Cuxhaven liegt
Duhnen.

Im Sommer gibt es in Duhnen viele Touristen. Sie machen hier Urlaub.
Jeden Tag sitzen sie am Strand in ihren Strandkörben. Oft scheint die
Sonne, aber nicht immer. An der Nordseeküste ist das Wetter ziemlich
wechselhaft!

Einmal am Tag fahren die Wattwagen von Duhnen zur Insel Neuwerk. Die
Insel ist dreizehn Kilometer von Duhnen entfernt. Die Fahrt hin und zurück
dauert vier Stunden.

Ernst Brütt hat zwei Wagen und sechs Pferde: Max, Theo, Hans, Cäsar,
Susi und Püppi. Martin, der Sohn von Herrn Brütt, macht jeden Tag das
Futter für die Pferde. Amanda Brütt, die Frau von Herrn Brütt, hat ein
Haus mit zwölf Ferienwohnungen für die Touristen. Im Sommer sind die
Wohnungen alle voll. Alles ist ausgebucht.

Die Saison in Duhnen dauert von März bis Oktober. Im Winter fahren die
Wattwagen nicht. Im Winter fährt die Familie Brütt in Urlaub.

jeden Tag, einmal am Tag   *every day, once a day*
nicht immer   *not always*
ziemlich wechselhaft   *rather changeable*
fahren   *go (by transport)*
das Futter   *animal food*
ausgebucht   *booked up*

2 | *Volltanken, bitte*

Buying petrol, asking 'have you got . . .?'
and finding out if something is nearby

Fernsehen

On the Osnabrück–Bremen section of **Autobahn** ❶ is one of the largest motorway service areas in Germany, **das Brückenrasthaus Dammer Berge**. Restaurants span the motorway and there are petrol stations on either side, a children's playground, a motel and a chapel. Richard stops at the petrol station, **die Tankstelle**, and asks for his car to be filled up. He also wants a map of Bremen, but they've sold out.

I

Richard	Guten Tag.
Tankwart	Guten Tag.
Richard	Einmal volltanken, bitte.
Tankwart	Normalbenzin oder Super?
Richard	Normalbenzin.
Tankwart	*(handing him the chitty)* So, bitte schön.
Richard	Danke schön. *(goes to the cash desk)* Bitte.
Kassierer	Achtunddreißig vierzig.
Richard	Ja. *(paying)* Bitte sehr.
Kassierer	Das Kleingeld unten links.
Richard	Danke schön. Oh, haben Sie einen Stadtplan von Bremen?
Kassierer	Es tut mir leid, wir sind ausverkauft.

Volltanken, bitte.

Benzin
Super

$38,40 DM$

haben Sie . . .? *have you got . . .?*
After **haben Sie . . .?**, **ein** (m) becomes **einen**; **ein** (n) and **eine** (f) don't change.

After filling up at a garage in Oberneuland, a suburb of Bremen, Joachim asks for a street map, too. He has to go into the shop for it.

1

Joachim	Guten Tag. Einmal volltanken, bitte.
Tankwart	Super oder Normal?
Joachim	Normal, bitte.
Tankwart	Ja. *(he fills the tank)*
Joachim	Was macht das, bitte?
Tankwart	Dreiundzwanzig Mark achtzig.
Joachim	Jawohl. *(paying)* Der Rest ist für Sie.
Tankwart	Danke.
Joachim	Sagen Sie, haben Sie einen Stadtplan von Bremen?
Tankwart	Ja, wenn Sie bitte in den Verkaufsraum gehen, dort haben wir auch Stadtpläne.
Joachim	Vielen Dank.

Was macht das, bitte?

DM **23 80**

das Kleingeld unten links   *change (is) down on the left*
es tut mir leid   *I'm sorry*
sagen Sie   *tell me*
wenn Sie . . . gehen   *if you go . . .*

Shops and kiosks that sell postcards often sell stamps as well. At a kiosk, **der Kiosk**, in the market square, Susanne buys two postcards and asks if they've got stamps.

2

Susanne	Diese beiden Postkarten, bitte.
Verkäuferin	Achtzig Pfennig.
Susanne	Haben Sie wohl auch Briefmarken?
Verkäuferin	Nein, leider nicht.
Susanne	*(paying)* Danke sehr.
Verkäuferin	Und eins zwanzig zurück, danke.
Susanne	Vielen Dank.

Postkarten
zu 40Pf.

diese beiden   *these two*
leider nicht   *I'm afraid not*
zurück   *back*

Quiz

1 Ask for your tank to be filled up, 4 star.
   Ask how much it comes to.
2 In the service station shop, ask if they've got postcards, stamps, a street map of Bremen, small change.
3 How much money did Susanne give the lady in the kiosk?

You can ask if someone has something

	einen . . . ?	(for **der**, *ie* masculine nouns)
haben Sie	eine . . . ?	(for **die**, *ie* feminine nouns)
	ein . . . ?	(for **das**, *ie* neuter nouns)

and how much it comes to   was macht das?

And you can buy petrol   volltanken, bitte

         2 star   Normal (benzin)

         4 star   Super

> In Germany there are two sorts of chemist shops.
> **Die Drogerie** sells toothpaste, toilet articles, cough-sweets, etc.
> **Die Apotheke** is staffed by qualified pharmacists who can
> advise and prescribe medicaments for straightforward ailments
> without a doctor's prescription.

Radio

After buying stamps at the post office, **das Postamt**, Mrs Hadrian asks
where there's a pharmacy and a supermarket nearby.

3

Frau Hadrian	Wo gibt es hier in der Nähe eine Apotheke, bitte?
Beamter	Am Marktplatz etwa zwei Minuten von hier.
Frau Hadrian	Danke schön.
Beamter	Bitte schön.
Frau Hadrian	Und wo gibt es hier einen Supermarkt?
Beamter	Wenn Sie diese Straße entlanggehen, etwa fünf Minuten, dann finden Sie ihn auf der rechten Seite.
Frau Hadrian	Danke schön.

> **(wo) gibt es . . . ?**   *(where) is there . . . ?*
>
> After **gibt es . . . ?**, or **es gibt . . .**, **ein** (m) becomes **einen**;
> **ein** (n) and **eine** (f) don't change.

On leaving the Ungers, Heide asks if there's a bank in the
neighbourhood.

4

Heide	Gibt es hier in der Nähe eine Bank?
Herr Unger	Ja, hier ganz in der Nähe, an der Ecke Hauptstraße Bahnhofstraße, befindet sich eine Bank.
Heide	Ist das sehr weit?
Herr Unger	Nein, nur zwei Minuten zu Fuß.

etwa   *about, roughly*
entlanggehen   *to go along (the street)*
dann finden Sie ihn   *then you'll find it*
befindet sich   *is (situated)*
nur zwei Minuten zu Fuß   *only two minutes walk* (lit. *on foot*)

Fernsehen

Bremen is an old city with a long history. There are museums and
galleries to visit, and a 'sculpture garden' where you can play with the
sculptures. And there's a large market right next to the cathedral.

Bremen ist eine alte Stadt mit viel Tradition. Im Zentrum liegt vor dem
Rathaus der alte Marktplatz. Das Rathaus hat eine Fassade aus der
Renaissance.

Es gibt in Bremen viele Cafés. Hier kann man Kaffee, Tee, Bier oder

Wein trinken. Oder man kann auch einfach in der Sonne sitzen.

In Bremen gibt es viele Museen und Kunstgalerien. Es gibt auch einen Skulpturgarten. Hier kann man mit den Skulpturen spielen. Es gibt auch ein großes Theater in Bremen.

Beim Dom ist ein Markt. Hier kann man Obst und Gemüse kaufen. Es gibt auch einen Blumenmarkt. Hier kann man viele verschiedene Blumen kaufen.

man kann   *you/one can*
oder ... einfach   *or ... simply*
Obst und Gemüse kaufen   *buy fruit and vegetables*
viele verschiedene Blumen   *lots of different flowers*

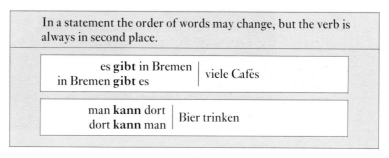

In a statement the order of words may change, but the verb is always in second place.

| es **gibt** in Bremen / in Bremen **gibt** es | viele Cafés |
| man **kann** dort / dort **kann** man | Bier trinken |

Einige Vokabeln

der Kaffee	der Garten	die Kunst	viel
der Tee	die Sonne	die Skulptur	verschieden
der Wein	die Blume	die Galerie	trinken
das Bier	das Gemüse	das Museum	sitzen
das Café	das Obst	das Theater	

Quiz

1 Here are 23 words. Join them in pairs, one from each group, to make words you've met so far. And will the new words be **der**, **die**, or **das**?

Beispiel *(example)* das Gemüse + der Markt = der Gemüsemarkt

der Dom die Post der Tank	die Marke der Platz
der Bahnhof die Kunst	die Stelle der Markt
die Blumen der Markt der Rat	der Plan das Amt das Haus
das Gemüse der Brief	der Garten die Straße
die Stadt die Skulptur	die Karte die Galerie

2 You're in Bremen, in the town centre. Ask if nearby there's a bank, a hotel, an art gallery, a pharmacy, a chemist's, a supermarket, a petrol station, a post office.

You can now ask
if something is nearby   (wo) gibt es hier in der Nähe | einen ... ? (m)
| eine   ... ? (f)
| ein   ... ? (n)

and if it's far (from here)   ist das weit (von hier)?

Einige Vokabeln	die Mark	der Pfennig	der Supermarkt	gehen
	die Briefmarke	die Postkarte	der Marktplatz	finden
	die Autobahn	das Postamt	die Apotheke	kaufen
	die Tankstelle	*or*	die Ecke	spielen
	das Benzin	die Post	die Nähe	sagen

TREFFPUNKT

Bremen:
der Blumenmarkt

Fernsehen

Irma Brathering sells her flowers in the flowermarket every day, except Sundays.

2

Paul	Wie ist Ihr Name, bitte?
Irma	Mein Name ist Irma Brathering.
Paul	Woher kommen Sie?
Irma	Ich komme aus Bremen.
Paul	Kommen Sie jeden Tag hierher?
Irma	Ja, jeden Tag.

In the old part of town there's a puppet theatre, **das Puppentheater**.

3

Puppe 1	Guten Tag.	
Puppe 2	Guten Tag.	
Puppe 1	Wie heißt du?	Wie heißt du?
Puppe 2	Ich heiße Jakob.	
Puppe 1	Woher kommst du?	
Puppe 2	Ich komme aus Bremen.	

du This is another word for *you*. You use it when talking to people you know well, to children and animals – and to puppets!

(More about this on p. 31.)

Ich heiße Jakob. Wie heißt du?

28

Eva Spilker works with the puppets, but only part-time.

4

Paul	Wie ist Ihr Name, bitte?
Frau Spilker	Ich heiße Eva Spilker.
Paul	Sind Sie aus Bremen?
Frau Spilker	Ja, ich bin in Bremen geboren.
Paul	Wohnen Sie hier in der Nähe?
Frau Spilker	Fünf Minuten von hier entfernt wohne ich.
Paul	Arbeiten Sie im Puppentheater ganztags?
Frau Spilker	Nein, ich arbeite nur halbtags.

entfernt *away* (lit. *distant*)
arbeiten Sie? *do you work?*
ganztags *full-time*

You may need to spell your name or give your car number. This is how Heide does it.

5

Joachim	Wie heißen Sie, bitte?
Heide	Ich heiße Heide Debus.
Joachim	Wie schreibt man das?
Heide	Dora, Emil, Berta, Ulrich, Siegfried.
Joachim	Haben Sie ein Auto?
Heide	Ja, ich habe einen Ford.
Joachim	Einen Ford. Mit welcher Nummer?
Heide	OHZ-TE 66.

Haben Sie ein Auto?

Seven-year-old Sebastian spells his name and tells Heide the names of his brother and his parents.

6

Heide	Wie ist dein Name, bitte?
Sebastian	Sebastian.
Heide	Wie schreibt man das, Sebastian?
Sebastian	S-E-B-A-S-T-I-A-N.
Heide	Toll, Sebastian! Wie alt bist du denn?
Sebastian	Se . . . eh sieben.
Heide	Sieben schon! Ein ganz großer Junge, ja! Sebastian, hast du noch Geschwister?
Sebastian	Ja, einen Bruder.
Heide	Und wie heißt dein Bruder?
Sebastian	Jan Ole Unger.
Heide	Wie heißt denn dein Papa?
Sebastian	Wolfgang.
Heide	Wolfgang! Und deine Mami?
Sebastian	Elke.

Wie alt bist du?

Das ist Sebastian.

wie schreibt man das? *how do you spell it* (lit. *write*) *it?*
mit welcher Nummer? lit. *with what number?*
sieben schon! *seven already!*
ein ganz großer Junge *a really big boy*
Geschwister *brothers and sisters*

Marion Michaelis has an ancient Volkswagen Beetle. But her dream car is something quite different.

7

Joachim	Wie ist Ihr Name, bitte?
Marion	Mein Name ist Marion Michaelis.
Joachim	Und wie schreibt man das?
Marion	M-A-R-I-O-N. Neues Wort: M-I-C-H-A-E-L-I-S.
Joachim	Woher kommen Sie?
Marion	Ich komme aus Bremen.
Joachim	Was für eine Stadt ist Bremen?
Marion	Bremen ist eine Hafen- und Handelsstadt.
Joachim	Wo wohnen Sie hier in Bremen?
Marion	In der Wernigeroder Straße.
Joachim	Haben Sie ein Auto?
Marion	Ja, ich hab' ein eigenes Auto.
Joachim	Und was für ein Auto haben Sie?
Marion	Einen uralten VW Käfer.
Joachim	Wie ist die Nummer?
Marion	HB-KD 281.
Joachim	Was ist Ihr Traumauto?
Marion	Mein Traumauto? Oh, ich glaube ein Mercedes Sportwagen.

was für . . . ?   *what sort of . . . ?*
eine Hafen- und Handelsstadt   *port and trading city*
ein eigenes Auto   *my own car*
ich glaube   *I think*

 You can ask children

wie heißt du?	woher kommst du?
wie ist dein Name?	bist du aus . . . ?
wie alt bist du?	hast du noch Geschwister?

wie heißt | dein Bruder?
dein Papa?
deine Schwester?
deine Mami?
dein Hund?

Einige Vokabeln

der Bruder	die Nummer	jeden Tag	arbeiten
die Schwester	das Wort	ganztags	schreiben
die Geschwister (pl)	du	halbtags	glauben

du

In most of Britain the use of *thou* and *thee*, as well as *thy* and *thine* was given up 300 years ago. In Germany, the corresponding **du** and **dein** are very much alive.

Du is used in the family and amongst children and young people in their teens and early twenties. People older than that will use **du** only to children, family and close friends.

As a foreigner, it's best to use **du** to children and to fellow students, if you're a student yourself. Otherwise use **Sie**, unless someone of your own age calls you **du** or an older person invites you to use it. But remember, once you're **auf du** with someone, that's for life – so don't forget. You could cause offence.

More than one

English nouns usually change their form when referring to more than one: we often add an *s* or *es* to form the plural but not always: a foot, *two feet*; a sheep, *two sheep*; a child, *two children*, etc.

German nouns usually form their plurals by adding **n**, **e**, or **er**, sometimes with a change in the vowel in the middle of the word: **u** to **ü**, **o** to **ö**, or **a** to **ä**. You'll find the plural nouns shown in the glossary at the back of the book like this: **die Blume (–n); das Haus (￫er)**. This is simply a short way of indicating **die Blume, die Blumen; das Haus, die Häuser.**

Compound nouns

As in the corresponding English phrases, it's the last word that tells you what a thing is, and the first what sort of thing it is.

> **die Blume** *flower* – **die Kunst** *art*
> **eine Kunstblume** is a kind of flower – an artificial flower
> **die Blumenkunst** is a form of art – floral art

The 'long words' German is infamous for are in fact a great help. Once you've built up a stock of common words, you'll be able to understand a very large number of compound words when you meet them for the first time.

Einige Verben   Do you see the pattern?

	kommen	machen	wohnen	schreiben	heißen	arbeiten
ich	komme	mache	wohne	schreibe	heiße	arbeite
du	kommst	machst	wohnst	schreibst	heißt	arbeitest
er/sie/es/man	kommt	macht	wohnt	schreibt	heißt	arbeitet
wir/Sie/sie	kommen	machen	wohnen	schreiben	heißen	arbeiten

> Note that only the endings change. The first part, the stem, is the same throughout. For more practice, work out the endings for the verbs on p. 28.

haben (*to have*)	**sein** (*to be*)	
ich habe	bin	These two verbs don't
du hast	bist	follow the usual pattern.
er/sie/es/man hat	ist	They're a law unto
wir/Sie/sie haben	sind	themselves!

ich	*I*	er	*he/it*	wir	*we*
du	*you*	sie	*she/it*	Sie	*you*
		es	*it*	sie	*they*
		man	*one*		

PROBIEREN SIE MAL!

1   Your dream has come true: you've been transported back to 1935 and you're interviewing Marlene Dietrich in Hollywood. Fill the gaps in the interview.

.... Ihr Name, bitte?　　Ich .... Marlene Dietrich.
Woher .... Sie?　　Ich .... aus Berlin.
.... wohnen Sie?　　Ich .... hier in der Nähe.
Wo arbeiten Sie?　　............ .... hier in Hollywood.
Wie alt ....?　　............ .... dreiunddreißig Jahre alt.
.... Sie ein Auto?　　Ja, natürlich.
.... ein Auto haben Sie?　　Einen Cadillac.

2   Now complete this interview with Joachim Kothe. He's a school teacher in Bremen.

.... Ihr Name, bitte?　　Mein .... ist Joachim Kothe.
.... kommen Sie?　　Ich komme .... Bremen.
.... wohnen Sie?　　Ich .... hier in der Nähe.
.... arbeiten Sie?　　Ich .... an einer Schule. Ich bin Lehrer.
.... ein Auto?　　Ja, ... ein Auto.
.... ein Auto haben Sie?　　............ .... einen Volkswagen.
.... ist Ihr Volkswagen?　　Mein Volkswagen .... drei .... alt.

3 **Wo wohnen sie?** Where do these people live?

Pierre Hulot	Er .... in Paris.
Dietmar und Ute Berger	Sie .... in Bremen.
Dietmars Bruder	Er .... in New York.
Dorothy Martin	Sie .... in London.
Dorothys Geschwister	Sie .... in Sydney.
Marco und Anna Ramazzotti	Sie .... in Rom.
Annas Familie	Sie .... in Venedig.

Und wo arbeiten sie? They all work in the town they live in.
Und Sie, wo wohnen Sie? **Wo arbeiten Sie?**

4 You want to change some money, buy stamps, stock up on food and
you've got a bit of a headache. Stop someone and ask if nearby there's a
bank, a post office, a supermarket, a chemist's.

5 You want to know where to buy things. The hotel porter will help you.
Complete the conversation using **es gibt/gibt es** or **man kann/kann
man**. And what's your last question?

Sie	Entschuldigen Sie bitte, ... hier in der Nähe einen Supermarkt?
Hausdiener	Ja. .... zwei. Einer ist da drüben, und hinter dem Hotel ist auch ein Supermarkt.
Sie	.... dort Obst und Gemüse kaufen?
Hausdiener	Ja, dort .... alles kaufen.
Sie	.... hier in der Nähe Briefmarken kaufen?
Hausdiener	Ja. .... ein Postamt gleich um die Ecke.
Sie	Und wo .... Blumen kaufen?
Hausdiener	.... einen Blumenmarkt im Stadtzentrum beim Dom.
Sie	.... ?
Hausdiener	Nein, es ist nicht weit. In fünf Minuten sind Sie da.
Sie	Danke schön.

Wie ist die Nummer Ihres Autos?

If you want to brush up your geography, take a look at car number plates. The first letter or letters show where the car was registered: **B** means it's from West Berlin, **D** from Düsseldorf, **DO** from Dortmund, **H** from Hannover, **M** from München, **MR** from Marburg. Cars from the three Hanseatic cities are easy to spot. **HB** stands for Hansestadt Bremen, **HH** for Hansestadt Hamburg and **HL** for Hansestadt Lübeck. Heide's car, **OHZ-TE 66**, was registered in Osterholz-Scharmbeck, the administrative centre of the area she lives in. If you move to a different area, you have to re-register your car within three months and so acquire an appropriate new number.

Woher kommen die Autos?

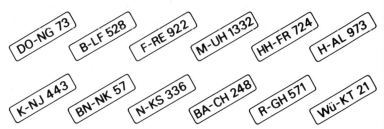

Die Autobahn

Germany has a highly developed network of free motorways. As the normal way of travelling inter-city, they're heavily used by all kinds of motor traffic.

Motorway symbol

The average speed is much higher than on British motorways. Over-cautious driving causes great irritation, and the driver who thinks he can cruise in the middle lane at 60 mph will soon be made to see the error of his ways. The outside lane is mainly used by very fast, long-distance cars, or for overtaking at high speed, and is generally to be avoided.

Motorway sign

Motorways are indicated by blue and white signs.

Exit sign

The long-distance, international motorways are numbered **1** to **9** and most of them link up with the major European routes, **die Europastraßen**. These are distinguished by an additional green and white **E** sign and number.

Since motorway driving requires concentration and is tiring, motorways are well provided with deep lay-bys and service areas.

Motorway number

P **Parkplatz** or **Rastplatz** *lay-by*

T **Tankstelle** *petrol station*

R **Raststätte** or **Rasthaus** *restaurant and some shopping facilities*

R **Raststätte** or **Rasthaus mit Übernachtung** *restaurant, shopping facilities and motel*

End of motorway

☏ Every two kilometres there's an emergency telephone, **eine Notrufsäule**, which will connect you to the nearest motorway control unit, **die Autobahnmeisterei**.

Attendants serve you at motorway petrol stations, but elsewhere most stations are self-service. Look for the sign **Selbstbedienung**, or **Selbsttanken**.

Of course, you don't have to fill up! You can ask for, or help yourself to, 20 litres, **zwanzig Liter**, 30 or 40 litres, **dreißig, vierzig Liter**, and so on. There are about $4\frac{1}{2}$ litres to the gallon.

Haben Sie ein Auto?

Here's some more practice in understanding the essentials. Don't worry about the meaning of every word – just concentrate on the answers to the questions.

Which of the objects drawn below does Mrs Hadrian possess? Which doesn't she possess, and why?

Joachim	Haben Sie ein Auto?
Frau Hadrian	Nein, ich habe kein Auto.
Joachim	Haben Sie denn ein Fahrrad?
Frau Hadrian	Ein Fahrrad habe ich.
Joachim	Und haben Sie eine Waschmaschine?
Frau Hadrian	Nein, ich benötige keine Waschmaschine. Ich gebe meine Wäsche weg.
Joachim	Und haben Sie eine Geschirrspülmaschine?
Frau Hadrian	Nein, ich habe keine Geschirrspülmaschine. Ich bin allein.
Joachim	Haben Sie einen Fernseher?
Frau Hadrian	Einen Fernseher hab' ich selbstverständlich.
Joachim	Und auch einen Videorekorder?
Frau Hadrian	Nein, ich habe keinen Videorekorder. Ich wüßte nicht, was ich mit einem Videorekorder anfangen sollte.
Joachim	Haben Sie ein Radio?
Frau Hadrian	Ja, ein Radio hab' ich selbstverständlich.
Joachim	Und haben Sie auch eine Stereoanlage?
Frau Hadrian	Eine Stereoanlage habe ich auch. Ich höre sehr gern Musik.

ein Auto   ein Fahrrad   eine Waschmaschine   eine Geschirrspülmaschine

ein Fernseher   ein Videorekorder   ein Radio   eine Stereoanlage

ich gebe meine Wäsche weg   *I send my washing to the laundry (* lit. *give it away)*
ich wüßte nicht   *I wouldn't know*
. . . was ich mit einem Videorekorder anfangen sollte   . . . *what to do with a video recorder*
ich höre gern Musik   *I like listening to music*

Rätsel

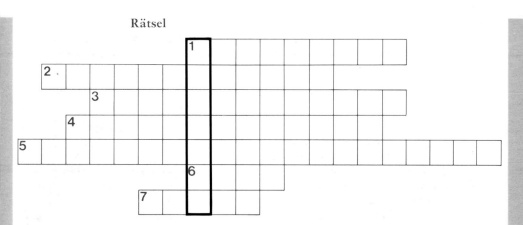

Joachim asked Mrs Hadrian if she owned eight objects. They form the answers to this puzzle. When you've finished you'll find inside the thick lines the name of something you ride.

1 You watch our programmes on it.
2 Frau Hadrian listens to music on it.
3 You do your washing in it.
4 Frau Hadrian wouldn't know what to do with it.
5 You do your washing up in it.
6 You drive it.
7 And you can listen to **Deutsch direkt!** on it!

Der, die oder das? Put **der**, **die** or **das** in front of all the objects in the puzzle. Remember if you look back at the conversation, **ein**, **eine** or **einen** gives you the clue.

Fernsehen

Das Puppentheater in Bremen
Next door to the Packhaus Theatre, in the old part of Bremen, there's a puppet theatre, **das Puppentheater**, founded seven years ago by Sieghold Schröder. Ten people work there now, but only part-time. They do everything, from making and repairing the puppets to operating them and speaking the parts. In her spare time, Eva Spilker works with her own theatre group, where she also puts on puppet shows.

Now see how much you can understand of the following. Both the key and the questions will give you lots of clues.

For how long has Eva worked at the puppet theatre?
How many performances are there each week?
What is the genie of the lamp called?
Do puppets sometimes get broken?
Who does Eva like working with?
What does she like doing in the theatre?

In der Altstadt von Bremen gibt es ein kleines Theater: das Puppentheater. Hier wohnen viele verschiedene Puppen.

Zehn Personen arbeiten mit den Puppen. Eva Spilker arbeitet jeden Tag, von Montag bis Freitag, aber sie arbeitet nur halbtags. Was macht sie in ihrer Freizeit?

Frau Spilker In meiner Freizeit habe ich noch eine eigene Theatergruppe, in der ich auch Puppentheater spiele.

Das Puppentheater ist jetzt sieben Jahre alt. Eva Spilker arbeitet hier seit Beginn, also schon sieben Jahre. Die Vorstellungen sind zweimal in der Woche, mittwochs und freitags. Heute ist Freitag. Die Puppen spielen Aladin und die Wunderlampe. *Der Geist der Lampe heißt* Lamperduz.

Paul	Machen Sie die Puppen selbst?
Frau Spilker	Ja, alle Puppen werden hier selbst gemacht. Wir kaufen keine.
Paul	Reparieren Sie die Puppen auch?
Frau Spilker	Manchmal gehen Puppen kaputt, und dann müssen wir sie auch reparieren.
Paul	Ist das viel Arbeit?
Frau Spilker	Ja, ja. Es geht oft was kaputt.

Wenn die Puppen kaputt sind, müssen die Puppenspieler sie selbst reparieren. Eva arbeitet gern hier. Warum?

Frau Spilker Erstens spiele ich gern Theater, zweitens arbeite ich gerne mit Kindern, und drittens baue ich gerne Puppen, baue gerne Kulissen, nähe gern Kostüme, also ich arbeite auch gerne handwerklich.

Für Eva ist es eine schöne Arbeit.

die Vorstellungen *performances*
erstens, zweitens, drittens *in the first, second, third place*
. . . spiele ich gern Theater *I like acting, putting on plays . . .*
. . . baue ich gerne . . . *I like making, building . . .*
Kulissen *scenery*
ich arbeite gerne handwerklich *I like working with my hands*

Wo kann ich ... ?

***Asking 'where can I ... ?',
how much things cost
and ordering a meal***

Die Sögestraße

There's a big shopping centre, **das Einkaufszentrum**, in the middle of
Bremen, with most of the major department stores, **die Kaufhäuser**,
and many small shops. The main shopping area is a pedestrian precinct
and shoppers coming into town by car are advised to look for the nearest
multi-storey car park, **das Parkhaus**.

1

Heide	Entschuldigen Sie bitte ...
Mann	Ja?
Heide	Wo kann ich hier parken?
Mann	Sie fahren hier rechts und dann
	wieder rechts. Da ist ein Parkhaus.
Heide	Danke.
Mann	Bitte.

Wo kann ich
hier parken?

When Susanne asks Mrs Hadrian for a good place to go shopping she
suggests three of the big stores.

1

Susanne	Entschuldigen Sie bitte, wo kann ich hier gut einkaufen?
Frau Hadrian	Ja, am besten ist, Sie gehen direkt in die Stadt. Da ist Karstadt und
	Horten und Hertie. Das sind drei große Kaufhäuser. Da finden Sie alles.
Susanne	Vielen Dank.
Frau Hadrian	Oh, bitte sehr.

Outside the station a passer-by asks Heide where she can get a cup of coffee.

2

Frau	Entschuldigen Sie, wo kann ich hier eine Tasse Kaffee trinken?
Heide	Vielleicht in der Bahnhofsgaststätte, dann drüben im Hotel Columbus oder aber in der 'Stadtbäckerei'.
Frau	Danke schön.
Heide	Bitte.

Sie fahren   *you go (by transport)*
wieder rechts   *right again*
einkaufen   *go shopping*
am besten ist . . .   *it's best . . .*
da finden Sie alles   *you'll find everything there*
vielleicht   *perhaps*
die 'Stadtbäckerei'   *name of coffee stall outside Bremen station*
   (lit. *town/city bakery*)

Quiz   **1   Fill in the gaps**

a   Entschuldigen Sie bitte,
   .... parken?
   Sie fahren ...., dann wieder ....
   Da ist ein Parkhaus,
   auf .... linken ....

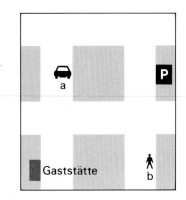

b   Entschuldigung, ...
   ein Glas Bier .... ?
   Sie gehen ...., dann wieder ....
   Dort ist eine Gaststätte,
   auf .... rechten ....
   Danke schön!

2   Wo kann ich . . . ? Complete the questions.

Wo kann ich hier parken?   **P**

Wo .... eine .... ?   ☕

Wo .... ein .... ?   🍷

Wo .... kaufen?   ✉️

Wo .... ?   🌸

kaufen   *buy*

👍 **You can now ask**

(wo) kann ich hier	parken?
	gut einkaufen?
	eine Tasse Kaffee trinken?

and understand

Sie	fahren	rechts, dann wieder rechts
	gehen	links, dann wieder links
		direkt in die Stadt

Einige Vokabeln	das Parkhaus	die Gaststätte	fahren	kaufen
	das Kaufhaus	die Tasse	parken	einkaufen
	die Bäckerei	das Glas		

Before buying something, you'll probably want to ask 'how much?'
Heide is planning to travel to Munich. When she asks at the station for a
timetable, she's delighted to find there's no charge.

3

Heide	Ich möchte gerne nach München fahren.
	Haben Sie einen Fahrplan?
Beamter	Ja, einen Moment, bitte.
	(handing her a timetable) Bitte schön.
Heide	Danke schön. Was kostet der, bitte?
Beamter	Der kostet gar nichts. Der ist umsonst.
Heide	Oh, fein. Herzlichen Dank.
Beamter	Bitte schön.

Was kostet der?

ich möchte	*I'd like*
gar nichts	*nothing at all*
umsonst	*free, for nothing*

The oldest part of Bremen, **der Schnoor**, is only a short walk from the
main shopping centre. Heide goes into a shop there to buy some
postcards and asks if they've got stamps as well.

2

Heide	Was kosten diese Postkarten, bitte?
Verkäuferin	Fünfzig Pfennig, bitte.
	Zusammen eine Mark.
Heide	*(paying)* Danke.
Verkäuferin	Bitte schön.
Heide	Danke. Haben Sie Briefmarken?
Verkäuferin	Oh, das tut mir leid. Die bekommen Sie aber am Postamt.
Heide	Wo ist das?
Verkäuferin	Das Postamt, da gehen Sie links rum, dann rechts, und dort ist das Postamt.
Heide	Danke schön.

Was kosten diese Postkarten?

Postamt 1, the main post office in Bremen, isn't far from the Schnoor.
Heide buys two stamps for postcards to Great Britain and three more for
local letters.

3

Heide	Was kostet eine Postkarte nach Großbritannien, bitte?
Beamter	Siebzig Pfennig.
Heide	Zwei, bitte. Und drei zu achtzig, bitte.
Beamter	Drei zu achtzig …
Heide	Was macht das zusammen, bitte?
Beamter	Das wären drei Mark achtzig.
Heide	*(paying)* Bitte.
Beamter	Bitte. *(giving the change)* Vier, fünf, zehn.

Drei zu achtzig,
bitte.

41

Mrs Hadrian is in the main post office, too. She buys stamps for postcards and letters to England.

4

Frau Hadrian	Was kostet ein Brief nach England, bitte?
Beamter	Ein Brief nach England kostet eine Mark.
Frau Hadrian	Geben Sie mir bitte sechs zu einer Mark.
Beamter	Ja, gern. So, bitte schön.
Frau Hadrian	Danke schön. Und was kostet eine Postkarte?
Beamter	Eine Postkarte kostet siebzig Pfennig.
Frau Hadrian	Dann möchte ich sechs Marken zu siebzig, bitte.
Beamter	Ja, gern. Das macht zehn Mark und zwanzig.
Frau Hadrian	*(paying)* Bitte.
Beamter	Ja, Sie haben es passend. Danke schön.

zusammen   *together*
die bekommen Sie . . .   *you can get those . . .*
das wären . . .   *that comes to . . . (* lit. *would be)*
geben Sie mir bitte . . .   *please give me . . .*
Sie haben es passend   *you've got the right money*

---

die Marke *stamp* in the plural becomes **die Marken**;
die Mark *mark* doesn't change:
zehn Marken zu einer Mark machen zehn Mark

Quiz   1   How would you say you'd like to go to Hamburg, these two postcards, a cup of coffee, a glass of wine – please?

2   How would you ask the price of a letter to Great Britain, a railway timetable, a cup of coffee, these three postcards?

You can say what you'd like

ich möchte	gerne . . .
	bitte . . .

ask the price

was kostet	der?
	die?
	das?

was kosten	die?
	diese Postkarten?

and what it all comes to   was macht das (zusammen)?

And you can buy stamps   zwei zu siebzig (Pfennig)
drei zu achtzig
sechs zu einer Mark

Einige Vokabeln

der Fahrplan	nach	einen Moment	kosten
der Brief	gar nichts	fein	bekommen
Großbritannien	umsonst	herzlichen Dank	geben

Fernsehen

If you're stopping in town, the town hall restaurant, **der Ratskeller**, is always a good place to eat. You'll find one in most German cities, and Bremen is no exception.

Heide is having lunch with her husband Uwe. She orders 'Senatorentopf', a speciality of the restaurant made with fillets of pork, beef, turkey and vegetables. Uwe chooses a type of plaice, **eine Kutterscholle**, and he asks for two glasses of Franconian wine, number 109 on the list.

4

Kellner	Guten Tag. Was kann ich für Sie tun, bitte?
Heide	Für mich einen Senatorentopf, bitte.
Uwe	Eine Kutterscholle, bitte.
Kellner	Einmal die Kutterscholle . . .
	Was darf ich Ihnen zu trinken bringen?
Uwe	Zweimal die Hundertneun, bitte.
Kellner	Zwomal Hundertneun. Ich bedanke mich.
	(returns with the wine) Bitte.
Uwe	*(tasting it)* Der Wein ist gut!

> **zwei** can sound rather like **drei**; to avoid confusion people often say **zwo**.

As they finish their meal, the waiter returns.

5

Kellner	Hat's denn geschmeckt?	Hat's denn geschmeckt?
Heide	Sehr gut, danke schön.	
Uwe	Danke. Ausgezeichnet!	Ausgezeichnet!
Kellner	Darf ich Ihnen noch einen Nachtisch bringen?	
Uwe	Nein, danke. Aber ich möchte gerne die Rechnung.	
Kellner	Die Rechnung, bitte schön.	

ich bedanke mich *thank you (formal)*
hat's denn geschmeckt? *did you like it/enjoy the meal?*
ausgezeichnet! *excellent!*
der Nachtisch *pudding*
die Rechnung *bill*

At **Vosteen**'s, in Bremen, Joachim orders a dish made with curly kale, **Grünkohl**, a speciality of Bremen. Susanne's **'Westerländertopf'** is steak served with scrambled eggs and shrimps. First the waiter greets them and asks if they've chosen yet.

5

Kellner	Schönen guten Abend, die Herrschaften. Haben Sie schon gewählt?
Joachim	Guten Abend. Zweimal die Mockturtle, bitte.
Kellner	Ja.
Joachim	Und ich hätte gern die Grünkohlpfanne.
Kellner	Gerne. Und was dürfen wir für die Dame tun?
Susanne	Einen Westerländertopf, bitte.
Kellner	Einmal den Westerländertopf, jawohl. Dürfen wir den Herrschaften noch etwas zu trinken bringen?
Joachim	Ich hätte gern einen trockenen badischen Wein.
Kellner	Ja, gerne. Und was dürfen wir für die Dame zu trinken bringen?
Susanne	Ein großes Bier mit Schuß, bitte.
Kellner	Gerne, ein großes Haake-Beck Pils mit Schuß. Recht herzlichen Dank.

At the end of the main course, the waiter returns. He recommends fresh strawberries with ice cream and cream.

6

Kellner	So, hat's den Herrschaften denn geschmeckt?
Joachim	Danke, sehr gut.
Susanne	Danke, sehr gut.
Kellner	Sind Sie auch satt geworden?
Susanne	Oh, ja.
Joachim	Ja, sehr. Danke schön.
Kellner	Prima. So, und jetzt hätte ich noch einen schönen Nachtisch zu empfehlen. Wir haben heute wunderbar frische Erdbeeren mit Vanilleeis und Sahne.
Joachim	Ja, gern. Zweimal bitte.
Kellner	Jawohl. Danke schön.

ich hätte gern(e) ... *I'd like ...*
dürfen wir? *may we?*
... einen trockenen badischen Wein *a dry Baden wine*
ein großes Bier *a large beer (lager)*
mit Schuß *with a dash of something, in this case malt beer*
sind Sie satt geworden? *have you had enough (to eat)?*

> **der Kellner** is the waiter, but you address him as **Herr Ober**;
> to call the waitress, **die Kellnerin**, you say **Fräulein**.

Quiz 1 A couple are ordering a meal in a restaurant. This is the conversation, but it's a bit of a jumble. Can you put it in the right order?

  a Ich hätte gern einen Westerländertopf.
  b Zwomal die Hundertneun. Kommt sofort.
  c Zwomal die Mockturtle. Und dann ...?
  d Einmal die Scholle, bitte schön. Und für den Herrn?
  e Was kann ich für Sie tun?
  f Einmal den Westerländertopf, bitte schön. Und darf ich Ihnen etwas zu trinken bringen?
  g Für mich bitte ein Schollenfilet.
  h Zweimal die Mockturtlesuppe, bitte.
  i Zweimal die Hundertneun, bitte.

2 In this chapter there are two ways of saying *I'd like ...* What are they?

To order a meal, you can say

einmal	den ...		ich hätte gern	den/einen ...
zweimal	die ...		ich möchte	die/eine ...
dreimal	das ...		für mich	das/ein ...

and ask for the bill

(ich möchte) die Rechnung, bitte

The waiter may ask you

haben Sie schon gewählt?
was kann ich für Sie tun?
was dürfen wir für die Dame tun?
was darf ich Ihnen zu trinken bringen?
darf ich Ihnen einen Nachtisch bringen?

And when you've eaten   **You can answer**

hat's denn geschmeckt?   gut
                               sehr gut
                               wunderbar
                               ausgezeichnet

45

Einige Vokabeln der Nachtisch   die Erdbeere   empfehlen   bringen
                der Topf   die Sahne   wählen   essen
                die Pfanne   das Eis   bestellen   schmecken
                die Rechnung

(You'll find more food vocabulary in the menu on p. 49.)

 TREFFPUNKT

Radio

Joachim knows Britain well. He thinks both the people and the weather in Bremen are rather British. First he talks about some of the things you can do in the city – go to various museums, on a trip round the harbour, to a football match, or for a walk in the park.

7
Heide Was kann man in Bremen machen?
Joachim Man kann in verschiedene Museen gehen, man kann eine Hafenrundfahrt machen, man kann ein Fußballspiel besuchen von Werder Bremen, oder man kann in dem sehr schönen Bürgerpark spazierengehen.

Heide Wie sind die Leute in Bremen?
Joachim Die Leute in Bremen sind sehr nett – etwas kühl und eigentlich auch etwas britisch.

Heide Und das Wetter?
Joachim Das Wetter ist ebenfalls britisch. Viel Regen, die Winter nicht ganz kalt, die Sommer nicht ganz warm.

Heide Herr Kothe, wo wohnen Sie hier in Bremen?
Joachim Ich wohne in Bremen-Oberneuland, einem Stadtteil von Bremen.
Heide Ist das hier in der Nähe?
Joachim Das ist nicht in der Nähe der Innenstadt. Das ist etwa zehn Minuten mit dem Auto von der Innenstadt entfernt.

Werder Bremen   *the Bremen football team*
die Leute sind sehr nett   *the people are very nice*
eigentlich   *actually*
ebenfalls   *likewise*
viel Regen   *a lot of rain*

46

Trudel Hadrian lives in Schwachhausen, a suburb of Bremen. She finds the weather very changeable, anything from non-stop rain to glorious 'sea-going' weather.

8

Joachim	Wo wohnen Sie hier in Bremen?
Frau Hadrian	Ich wohne in der H.-H.-Meier Allee.
Joachim	Und wo ist das in Bremen?
Frau Hadrian	Das ist der Stadtteil Schwachhausen.
Joachim	Ist das weit von der Innenstadt?
Frau Hadrian	Mit der Straßenbahn sind Sie in zehn Minuten in der Stadt.
Joachim	Und wie ist das Wetter in Bremen?
Frau Hadrian	Oh, das Wetter in Bremen, das ist sehr wechselhaft. Das kann also lange regnen, das kann tagelang regnen. Mitunter haben Sie Glück. Da scheint die Sonne, und es ist herrliches Seewetter.

mit der Straßenbahn   *by tram*
mitunter haben Sie Glück   *sometimes you're lucky (lit. you have luck)*

---

 was kann man in Bremen machen?

man kann	in Museen gehen
	eine Hafenrundfahrt machen
	ein Fußballspiel besuchen
	im Park spazierengehen

wie ist das Wetter in Bremen?

das Wetter ist	wechselhaft
	herrlich
	kühl

wie sind die Leute in Bremen?

die Leute sind sehr nett

Einige Vokabeln

der Park	der Hafen	warm	spazierengehen
die Rundfahrt	der Winter	kalt	regnen
das Fußballspiel	der Sommer	kühl	scheinen
das Wetter	der Regen	herrlich	
die Leute (pl)	die Sonne	wechselhaft	

UND NOCH WAS

A characteristic of German is the order of words in a phrase like:
eine Tasse Kaffee trinken *to drink a cup of coffee.* This word order is the same after **ich kann** and similar verbs:

ich kann	
ich möchte bitte	eine Tasse Kaffee **trinken**

wo **kann ich** hier	
darf ich	eine Tasse Kaffee **trinken?**

fahren oder gehen?

If you go on foot, **zu Fuß**, you use the verb **gehen**. If travel is by vehicle, **mit dem Auto, mit dem Bus**, etc, you use **fahren**:

> Wo kann ich hier gut einkaufen?
> Am besten ist, **Sie gehen** direkt in die Stadt.
> Wo kann ich hier parken?
> **Sie fahren** hier rechts und dann wieder rechts. Da ist ein Parkhaus.

Fahren, like **geben** and **essen**, and a number of other verbs, doesn't quite follow the usual pattern *(see p. 31)*. It has a different vowel when used with **du**, with **er**, **sie** or **es**, or with a noun:

	fahren	**geben**	**essen**
ich	fahre	gebe	esse
du	fährst	gibst	ißt
er/sie/es/man	fährt	gibt	ißt
wir/Sie/sie	fahren	geben	essen

ja, aber, mal . . .

Germans often insert words like **ja, aber, wohl, doch, mal, noch, schon** into their conversation. These words are often untranslatable. Like the tone of voice in English, they help to make speech more human:

> haben Sie **wohl** auch Briefmarken?
> im Hotel Columbus oder **aber** in der 'Stadtbäckerei'
> probieren Sie **mal**!

PROBIEREN SIE MAL!

I **Was möchten Sie essen?**

You're eating out. You'd like goulash soup and steak with chips; your companion chooses melon followed by mixed grill. You'll both have a glass of wine, number 107 on the list. How do you both order?

Kellner	Guten Tag. Haben Sie schon gewählt?
Sie	Ja. ....
Kellner	Gerne. Und für den Herrn?
Freund	....
Kellner	Darf ich Ihnen etwas zu trinken bringen?
Freund	....
Kellner	Zweimal. Kommt sofort.

The meal was excellent. As you finish the main course, the waiter returns.

Kellner	Hat es Ihnen geschmeckt?
Sie	....
Freund	....
Kellner	Prima. Darf ich Ihnen noch einen Nachtisch bringen? Wir haben heute frische Ananas und frische Erdbeeren.
Freund/Sie	....

SPEISEKARTE

Vorspeisen	DM	Fisch	DM
Matjesfilet mit Gurken, Schwarzbrot und Butter	7,50	Kutterscholle, gebraten, mit Petersilienkartoffeln, Salatteller	17,50
Helgoländer Fischpastete mit Weinbrand abgeschmeckt	12,00	Filet von Scholle, Butterkartoffeln, Salatteller	17,00
Melone mit Schinken	8,00	Heilbuttschnitte, Champignons, Butterreis, Kopfsalat	23,00

Suppe	DM	Nachspeisen	DM
Mockturtlesuppe mit Weißbrot	4,60	Obstsalat mit Kirsch	3,50
Gulaschsuppe	5,00	Frische Ananas	3,50
Fischsuppe mit Krabben, Muscheln, Heilbutt	7,00	Frische Erdbeeren	4,00
		Portion Sahne	0,85
		Eis: Vanille	2,20

Salatteller	DM
Salatschüssel mit einem speziellen Dressing gewürzt	14,00
Wurstsalat mit Brot und Butter	8,00

Eis: Schokolade 2,50 / Zitrone 2,50 / Banane 2,50

Kinderteller	DM
Kleines Schnitzel mit Gemüse und Pommes frites	7,50

Fleisch	DM
'Senatorentopf' – 3 Filets auf frischen Gemüsen mit Röstkartoffeln	21,00
'Westerländertopf' – 2 kleine Filets mit Granatrührei, Rosenkohl und Sahnepüree	21,85
Grünkohlpfanne – 3 kleine Filets mit Röstzwiebeln und Nußkartoffeln	21,75
Gemischtes vom Grill: verschiedene Fleischsorten, Bohnen, Pommes frites	19,00
Rumpsteak mit Kräuterbutter, Pommes frites	25,00

Schoppenkarte	DM
106 Silvaner Qualitätswein, herb	3,20
107 Rotwein, halbtrocken, reif	4,00
108 Riesling Spätlese Mosel Qualitätswein mit Prädikat. Reife und Frucht	5,00
109 Müller-Thurgau, Franken Qualitätswein, trocken	6,80

Getränke
Pils 3,00 DM   Pils mit Schuß 3,50 DM   Export 3,50 DM   Weinbrand 6,00 DM   Korn 4,50 DM

Bedienung und Mehrwertsteuer inklusive

(For key to menu, see p. 322.)

So it's time to pay.

Sie ....

Kellner   Die Rechnung, bitte schön.   *(Und was macht das zusammen?)*

2   Was kostet . . .? oder was kosten . . .?
How would you ask the price of each of these items?

3 **Die Speisekarte, bitte!**
Can you find your way round the menu on p.49? See if you can answer the following questions.

Which dishes are served with bread and butter?
What comes with the ham?
Which soup contains mussels?
What dish is specially prepared for children?
Which dishes are served with chipped potatoes?
And which with buttered rice and lettuce?
How much will you pay for chocolate ice-cream with cream?
And how much for a glass of Franconian wine?

4 **Wo kann ich hier . . .?**
You've gone into town to do some shopping. You don't know your way around, so you have to ask.

Sie Entschuldigen Sie bitte, wo kann ich hier parken?
Passant Gleich hier links ist ein Parkhaus.

Sie ....?
Passant Die besten Kaufhäuser sind im Stadtzentrum.

Sie ....?
Passant Im Ratskeller ist das Essen ausgezeichnet.

Sie ....?
Passant Wein gibt es dort drüben im Supermarkt.

Sie ....?
Passant Briefmarken bekommen Sie am Postamt, hier rechts um die Ecke.

Sie ....?
Passant Im Café *Bremer Stadtmusikanten* kann man gut Kaffee trinken.

Sie ....?
Passant Das ist gleich da vorne, auf der linken Straßenseite.

Deutsches Geld

There are eight different coins:

1 Pfennig	10 Pfennig	2 Mark
2 Pfennig	50 Pfennig	5 Mark
5 Pfennig	1 Mark (100 Pfennig)	

and seven banknotes:

5 DM	50 DM	1000 DM
10 DM	100 DM	
20 DM	500 DM	

Pfennig is abbreviated **Pfg** or **Pf**. Fifty pfennigs is written **DM 0,50** or **0,50 DM**, but you say **fünfzig Pfennig**.

Mark is abbreviated **DM (deutsche Mark)**. People sometimes say **D-Mark**, but more often just **Mark**. **DM 5,–** or **5,– DM** is spoken **fünf Mark**, and for **DM 5,50** you say **fünf Mark fünfzig**. Prices are usually written with a decimal comma, not point.

Wo kann ich hier Geld wechseln?

Banks are open from Mondays to Fridays, usually from 8.30 am till 12.30 pm, and from 2 till 3.45 pm, except on Thursdays when they stay open till 5.30 pm.

You can also change money or travellers' cheques at a savings bank, **eine Sparkasse**, or in an exchange office, **eine Wechselstube**. Exchange offices at main railway stations or airports are open longer but you'll be charged a bit more. Hotels change money too, but they may charge rather a lot.

Wo kann ich hier telefonieren?

The best place is a main post office, where you'll be allocated a call box, **eine Telefonzelle**, and your call will be registered on a unit meter. You pay the clerk when you've finished.

INLAND This sign on a phone box means it's for calls within the Federal Republic only. For international calls, look for the sign AUSLAND and make sure you've got a lot of coins at the ready. You can always phone from your hotel, but that will cost you quite a bit more.

You can dial direct from all but the most remote places and you'll need to know the code, **die Vorwahlnummer**. If you're not sure of a number, dial 1188 for Directory Enquiries, **die Auskunft**, or for international directory enquiries, 00118. To call Britain, dial 0044, then the local code, leaving off the first 0.

Wo kann ich hier parken?

Street parking in towns is always difficult during the day, especially near main shopping areas, many of which are pedestrian precincts, **Fußgängerzonen**. You may find a parking meter, **eine Parkuhr** (the cost varies from place to place), or you may need a parking disk, **eine Parkscheibe**, which you can buy from a nearby stationers for 90 pfennigs and then display on your windscreen. The length of time you're allowed to park will be indicated on the parking sign. But if you're staying for a long time, the simplest thing is to look for a multi-storey car park, **ein Parkhaus**.

Parken verboten

Fines for parking and other offences are often levied on the spot. And if your car is causing an obstruction, the police will have it towed away – at your expense. It may cost you up to 150 marks to get it back.

Wo kann ich hier gut essen?

der Schnell-Imbiß is for a quick snack, standing up.

das Schnell-Restaurant is for self-service, **Selbstbedienung**, but you can sit down.

das Gasthaus, der Gasthof, die Gaststätte, are good traditional eating places where you can try out local specialities. **Hier kann man gutbürgerlich essen**. You can also go there just for a drink.

der Ratskeller in any town can usually be recommended for good food and wine, but can be a bit expensive.

And any self-respecting town will have its complement of restaurants, **Restaurants – deutsche, italienische, spanische, griechische, jugoslawische, chinesische und so weiter**.

Kohl und Pinkel

This is a traditional Bremen dish in which curly kale, **Grünkohl**, is cooked with smoked pork ribs, streaky bacon and **Pinkelwurst**, a sausage made with bacon fat and oats.

With it you drink beer with a chaser of **Korn**, a schnapps made from grain, to help the digestion.

People get together on group outings to eat **Kohl und Pinkel**!

Radio

Was kann man in Bremen machen?

When Heide asks Wolfgang Unger what there is to do in Bremen, he comes up with all sorts of ideas. Read through his suggestions, then pick out which one matches which picture. Remember, you don't need to understand every word.

Heide   Was kann man in Bremen machen?

Herr Unger   Man kann in Bremen das Rathaus besichtigen, man kann das Schnoorviertel besichtigen, man kann den Dom besichtigen, man kann auch eines der großen Museen anschauen, man kann im Bürgerpark spazierengehen, oder eine Ruderpartie auf den Wasserzügen im Bürgerpark machen.

Man kann eine Hafenrundfahrt machen, man kann eine Weser-Dampferfahrt machen, man kann in die gemütlichen Kneipen gehen.

Man kann sehr gut essen, in gepflegten Lokalen. Man kann sehr gut einkaufen, man kann abends ins Theater gehen, man kann im Weserstadion ein Fußballspiel ansehen, man kann in der neuen Eislaufhalle selbst im Sommer Schlittschuh laufen. Und dann kann man auch einen Ausflug in die nähere Umgebung machen.

Man kann den Dom besichtigen	....	....	....
....	....	....	....

besichtigen   *visit*
anschauen   *look at*
eine Ruderpartie machen   *go out in a rowing boat*
eine Dampferfahrt   *steamer trip*
die Kneipe   *pub*
Schlittschuh laufen   *skate*
der Ausflug   *trip, excursion*

Rätsel

Was kann man noch machen? Here are nine things Wolfgang Unger says you can do in Bremen. If you fill in the missing letters you'll find a tenth.

Man kann das ☐chnoorvi☐rtel besic☐tigen, das ☐athaus besichti☐en, im Weserstadion ein F☐ßballspiel ansehen, abends ins ☐heater g☐hen, in der E☐slaufhalle Schlittschuh laufe☐, im Bürgerpar☐ spazierengehen, eine H☐fenrundfahrt machen, sehr g☐t essen und eine Weser-Damp☐erfahrt mach☐☐.

Und man kann auch ....

Fernsehen

Bremen: das Schnoorviertel

The **Schnoorviertel** in Bremen is the oldest part of the city, with burghers' houses dating from the 15th to the 18th century. Restored in the 1950s, it consists of a few tiny streets, crammed with shops, cafés and restaurants. There's a food shop, the **Weyh Haus**, which specialises in tea, herbs and spices and which has its own bakery next door. Many of the other shops are also artists' workshops where you can see people making as well as selling their crafts. We talked to Silvia Kirsch, who makes jewellery in glass, and we watched Klaus Decho repairing old barrel organs.

What's handrolled in the Schnoor?
For how long did Silvia work with a glassblower?
Which country does she get her glass rods from?
What does she do in her spare time?
Can you hire the barrel organs that Klaus Decho repairs?
Where can you hear them played today in Bremen?

Im Schnoor gibt es viel zu kaufen. Im Weyh Haus kann man viele verschiedene Teesorten kaufen, oder auch Kräuter und Gewürze, und Mehl, für Brot. Neben dem Weyh Haus ist eine Bäckerei. Hier kann man viele verschiedene Sorten Brot und Brötchen kaufen.

Im Schnoor kann man auch handgedrehte Zigarren, Glasobjekte, antiken Schmuck und modernen Schmuck kaufen. Oft sieht man auch die Künstler bei der Arbeit.

Silvia Kirsch macht Glasschmuck, und verkauft ihren Glasschmuck in ihrer Werkstatt. Silvia hat diese Arbeit hier in Bremen gelernt, bei einem Glasbläser.

Frau Kirsch	Ich habe jahrelang mit einem Glasbläser zusammengearbeitet.
Paul	War das hier in Bremen?
Frau Kirsch	Das war hier in Bremen, ja.
Paul	Woher bekommen Sie die Glasstäbe?
Frau Kirsch	Meine Glasstäbe bekomme ich aus Deutschland, das heißt aus kleinen Glashütten.

Und was macht Silvia in ihrer Freizeit?

Frau Kirsch	Wenn ich nicht arbeite, und das ist sehr wenig, dann verbringe ich meine Freizeit mit meiner Familie.

Im Schnoor findet man auch antike Drehorgeln. Man kann sie nicht kaufen, aber man kann sie mieten. Klaus Decho repariert und restauriert die Drehorgeln. Die Musik dieser Orgeln hört man noch heute, auf Familienfesten und auch auf den Straßen Bremens.

das Mehl *flour*
gelernt *learnt*
die Freizeit *spare (lit. free) time*
dann verbringe ich . . . *then I spend . . .*

4 *Haben Sie ein Zimmer frei?*

Booking a room in a hotel and ordering tea or coffee

Dötlingen

Fernsehen

A local inn, **ein Gasthof** or **Gasthaus**, is often the best place to stay in the country. In the tiny village of Dötlingen, not far from Bremen, Hildegard stops at the **Schützenhof Dötlingen** to ask if they've got a double room for three nights.

I

Hildegard	Guten Tag. Haben Sie ein Zimmer frei?
Empfangsdame	Ein Doppelzimmer oder ein Einzelzimmer?
Hildegard	Ein Doppelzimmer mit Bad, bitte.
Empfangsdame	Für wie lange, bitte?
Hildegard	Für drei Nächte.
Empfangsdame	Also von heute bis Sonntag.
Hildegard	Ja.
Empfangsdame	Mit Bad habe ich leider nichts frei, aber ich habe eins mit Dusche.
Hildegard	Was kostet das Zimmer?
Empfangsdame	Pro Person dreißig D-Mark mit Frühstück.
Hildegard	Ja, ich nehme das Zimmer. Wann können wir frühstücken?
Empfangsdame	Von sieben bis zehn Uhr. Würden Sie sich bitte eintragen? *(Hildegard signs the register)* Nummer achtzehn.
Hildegard	Danke schön.

> Haben Sie
> ein Zimmer frei?

von ... bis ...   *from ... until ...*
mit Bad/Dusche/Frühstück   *with bath/shower/breakfast*
ich nehme ...   *I'll take ...*
würden Sie sich bitte eintragen?   *would you register please?*

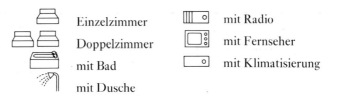

Einzelzimmer		mit Radio	
Doppelzimmer		mit Fernseher	
mit Bad		mit Klimatisierung	
mit Dusche			

Radio

Heide is in the **Hotel Columbus**, a big hotel opposite the station in Bremen. She'd like a single room with bath for one night, but they haven't got quite what she wants.

I

Empfangsherr Guten Tag.

Heide Guten Tag. Haben Sie ein Zimmer frei?

Empfangsherr Was hätten Sie denn gerne, ein Einzelzimmer oder ein Doppelzimmer?

Heide Ein Einzelzimmer, bitte.

Empfangsherr Mit Bad oder mit Dusche?

Heide Mit Bad, bitte.

Empfangsherr Und für wie lange, bitte?

Heide Für eine Nacht.

> Mit Bad, bitte.
> Für eine Nacht.

Empfangsherr Ja, kleinen Moment bitte. *(checking the bookings)* Es tut mir leid, mit Bad habe ich leider keine Einzelzimmer mehr. Ich habe noch ein Einzelzimmer mit Dusche. Möchten Sie das haben?

Heide Was kostet das?

Empfangsherr Das Zimmer kostet einhundertzehn Mark, inklusive Frühstück.

Heide Das Zimmer nehme ich, bitte.

Empfangsherr Danke. Würden Sie sich dann bitte eintragen?

Heide Gerne.

Empfangsherr So, herzlichen Dank. Das wäre Zimmer fünfhundertsechsundzwanzig. Das Zimmer ist in der fünften Etage. Hier ist Ihr Schlüssel. Angenehmen Aufenthalt!

Heide Danke schön.

keine . . . mehr   *no more . . .*
ich habe noch   *I still have*
in der fünften Etage   *on the fifth floor*
Ihr Schlüssel   *your key*
angenehmen Aufenthalt!   *(have a) pleasant stay!*

Frühstück
ab 6.00 Uhr
in unserem
Frühstücks-
zimmer

FRÜHSTÜCK	
Orangensaft	Haferflocken mit Milch
Grapefruitsaft	Cornflakes mit Milch
Frische Milch	
Kaffee	Eier: Rührei
Tee	Spiegelei mit Schinken
Brötchen	weichgekochtes Ei
Mehrere Sorten Brot	Aufschnitt: Schinken, Wurst
Butter und Marmelade	Käse nach Wahl

Aufschnitt   *sliced cold meats, sausage, ham, often served for breakfast*

Was hätten Sie denn gerne? Ask for these rooms and say how long you want them for.

Haben Sie . . . ?

a 🛁   c 🛁🛁🛁

b 🛁🛁   d 🛁🚿

Für . . .

a	1	2	3	4	5	6
b	7	8	9	10	11	12	13
	14	15	16	17	18	19	20
c	21	22	23	24	25	26	27
d	28	29	30	31

.... ? Das kostet fünfundfünfzig Mark.

You can now book a room

haben Sie ein Zimmer (frei)?

für | eine Nacht
zwei/drei Nächte

ein Doppelzimmer
ein Einzelzimmer
mit Bad/Dusche/Frühstück

was kostet das Zimmer?
ich nehme das Zimmer

and you can ask about breakfast

wann | kann ich
könnfen wir | frühstücken?
gibt es Frühstück?

You'll need to understand

leider nicht
es tut mir leid
ich habe
wir haben | kein Zimmer mehr

würden Sie sich bitte eintragen?
angenehmen Aufenthalt!

Einige Vokabeln

das Zimmer	die Dusche	der Schlüssel	frühstücken
das Doppelzimmer	das Bad	die Nummer	nehmen
das Einzelzimmer	das Frühstück	die Etage	

Fernsehen

In the market town of Jever, north west of Bremen, we eavesdropped on people doing their shopping. A man asks for a hundred grams (about $3\frac{1}{2}$ozs) of ham, and a lady wants some peaches and lemons.

2

Verkäufer	Bitte schön?
Mann	Hundert Gramm gekochten Schinken.
Verkäufer	Von diesem?
Mann	*(pointing to a smaller piece)* Den da.
Verkäufer	Den kleinen.
Mann	Ja.
Verkäufer	Ja. Nehmen wir den . . . *(slices the ham)*

3

Frau	Ich hätte gerne zwei Pfirsiche.
Verkäufer	Pfirsiche.
Frau	Und zwei Zitronen, bitte.
Verkäufer	Zitronen.

Ich hätte gerne . . .

In the **Schloß Café**, a couple order tea and coffee.

4

Kellnerin	Bitte schön?
Frau	Ich möchte Tee, bitte.
Kellnerin	Tasse oder Kännchen?
Frau	Ein Kännchen, bitte.
Mann	Für mich bitte ein Kännchen Kaffee.
Kellnerin	Danke schön. *(she brings the tea and coffee)* Bitte schön.
Frau	Danke schön.

Ich möchte bitte . . .

den da   *that one there*
Tasse oder Kännchen?   *cup or pot?*

Radio

The best place to go for tea or coffee and cakes is a **Konditorei**. Catherin is in the **Konditorei Stecker** in Bremen. At the counter she orders a piece of raspberry flan with cream, **mit Sahne**, which costs 60 pfennigs extra.

2

Verkäuferin	Bitte schön, was darf es sein?
Catherin	Ich hätte gern ein Stück Himbeertorte.
Verkäuferin	Möchten Sie Sahne dazu?
Catherin	Ja, bitte.
Verkäuferin	Für sechzig Pfennig ist recht, ja?
Catherin	Ja, ist recht.
Verkäuferin	Schönen Dank. *(gives her a ticket)*

Having chosen her cake, Catherin sits down at a table and orders tea. In Germany tea is often served in a glass.

3

Kellnerin	Guten Tag, bitte schön?
Catherin	Ich hätte gerne Tee.
Kellnerin	Nehmen Sie ein Glas Tee oder ein Kännchen?
Catherin	Ich hätte gerne ein Glas Tee.
Kellnerin	Ja, und welche Teesorte darf es sein?
Catherin	Ich hätte gerne einen Ceylon Tee.
Kellnerin	Ja, gerne. Bekommen Sie auch Kuchen?
Catherin	Ja, ich hab' ein Stück Himbeertorte bestellt.
Kellnerin	Dann geben Sie mir bitte Ihren Kuchenbon.
Catherin	*(giving her the ticket)* Bitte schön.

Then it's time to pay, **zahlen**.

4

Catherin	Ich möchte bitte zahlen.
Kellnerin	Ja, Sie hatten ein Glas Tee, das macht zwo Mark; und ein Stück Himbeertorte mit Sahne, zwo Mark und neunzig. Vier Mark und neunzig zusammen, bitte sehr.

Stecker
KONDITOREI UND CAFÉ
GEGRÜNDET 1908

Catherin	Bitte schön, stimmt so.
Kellnerin	Recht herzlichen Dank, und auf Wiederschauen.
Catherin	Wiedersehen.

was darf es sein? *what would you like? (lit. what may it be?)*
... ist recht   *... is all right*
welche Teesorte?   *which kind of tea?*
bekommen Sie auch Kuchen?   *are you having cake as well?*
ich habe bestellt   *I've ordered*
stimmt so   *that's all right (when leaving a tip)*
auf Wiederschauen   *is another way of saying* auf Wiedersehen

Heide goes to the **Konditorei Stecker** for some Black Forest cherry gateau, **Schwarzwälder Kirschtorte**. They haven't any left, so the assistant suggests **Herrentorte**, a chocolate cream gateau flavoured with brandy.

5

Verkäuferin	Bitte schön, was kann ich für Sie tun?
Heide	Ich möchte gerne ein Stück Schwarzwälder Kirschtorte.
Verkäuferin	Oh, Schwarzwälder hab' ich leider nicht mehr da. Ich hab' noch die Herrentorte. Das ist Schokoladensahne mit Weinbrand abgeschmeckt.
Heide	Dann nehme ich die.
Verkäuferin	Gern. Einmal?
Heide	Ja, bitte schön.
Verkäuferin	Kommt sonst noch etwas dazu?
Heide	Das wär' alles. Danke schön.
Verkäuferin	Dann bekomm' ich zwo Mark vierzig, bitte.
Heide	Ja. *(paying)* Bitte schön.
Verkäuferin	Danke. Und zwo Mark sechzig zurück. Wiedersehen.
Heide	Auf Wiedersehen.

kommt sonst noch etwas dazu?   *would you like anything else?*
das wär' alles   *that'll be all*

Quiz 1 How much does Catherin pay for a glass of tea? And what type of tea does she ask for?

2 What gateau does Heide have? And what is it flavoured with?

3 How much money does Heide give the assistant?

When shopping or in a café you may be asked

bitte schön?   sonst noch etwas?
was darf es sein?   kommt sonst noch etwas dazu?
was kann ich für Sie tun?

You might say

ich möchte (bitte)	ein Glas Tee	
ich hätte gern(e)	eine Tasse	Tee
für mich (bitte)	ein Kännchen	Kaffee
	ein Stück Himbeertorte mit Sahne	

zwei/drei Pfirsiche, Zitronen
hundert Gramm gekochten Schinken

And you can point to what you want

den
die | da   die da (pl)
das

Einige Vokabeln   der Schinken   der Weinbrand   der Kuchen   zahlen
der Pfirsich   das Kännchen   die Torte
die Zitrone   das Stück   die Schwarzwälder
die Himbeere   die Schokolade   Kirschtorte

TREFFPUNKT

Fernsehen

Wilfried Waschek has been the vicar of Dötlingen for four years and his
parish extends over several villages, a total of 4,500 people. He was born
in Silesia, which is now part of Poland.

5

Paul	Wie ist Ihr Name, bitte?
Herr Waschek	Mein Name ist Wilfried Waschek.
Paul	Sind Sie aus Dötlingen?
Herr Waschek	Nein, ich komme nicht aus Dötlingen. Ich bin in Schlesien geboren, das ist das heutige Polen.
Paul	Herr Waschek, sind Sie der Pfarrer hier?
Herr Waschek	Ja, ich bin der Pfarrer hier.
Paul	Wie lange schon?
Herr Waschek	Seit vier Jahren.
Paul	Wie groß ist Ihre Gemeinde?
Herr Waschek	In meiner Gemeinde wohnen etwa viereinhalbtausend Menschen.
Paul	Sind Sie verheiratet, Herr Waschek?
Herr Waschek	Ja, ich bin verheiratet.
Paul	Haben Sie Kinder?
Herr Waschek	Ja, drei Kinder. Zwei gehen hier schon zur Schule.

wie lange schon? *for how long?*
sind Sie verheiratet? *are you married?*
zur Schule *to school*

Radio

When her children were old enough, Heide went back to work as a school secretary. Her son goes to school in Lilienthal, her daughter in Bremen.

6

Joachim	Was sind Sie von Beruf?
Heide	Von Beruf bin ich Sekretärin in einer Schule.
Joachim	Wie lange sind Sie schon in diesem Beruf tätig?
Heide	Erst seit vier Jahren.
Joachim	Sind Sie verheiratet?
Heide	Ja, ich bin verheiratet, Herr Kothe.
Joachim	Haben Sie auch Kinder?
Heide	Ja, ich habe zwei Kinder. Ich habe einen Sohn und auch eine Tochter.
Joachim	Wie heißt Ihr Sohn, und wie alt ist er?
Heide	Mein Sohn heißt Karsten. Er ist fünfzehn Jahre alt.
Joachim	Und Ihre Tochter?
Heide	Meine Tochter heißt Catherin und ist achtzehn Jahre alt.
Joachim	Gehen die Kinder hier in Lilienthal oder in Bremen zur Schule?
Heide	Beides. Meine Tochter besucht das Gymnasium in Bremen und mein Sohn die Realschule in Lilienthal.

Heide also has a dachshund. He has a Bavarian name but he's a typical north German dog.

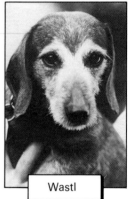

Wastl

7

Joachim	Haben Sie Haustiere?
Heide	Ja, ich habe einen netten Dackel.
Joachim	Wie heißt er?
Heide	Er heißt Wastl. Das ist ein typisch bayrischer Name.
Joachim	Und kommt er aus Bayern?
Heide	Nein, er kommt nicht aus Bayern. Er ist ein typisch norddeutscher.

was sind Sie von Beruf? *what's your job?*
in diesem Beruf tätig *doing this job*
erst *only*
das Gymnasium, die Realschule *(see p. 67)*
Haustiere *pets*

👍 **You can now ask people**

what their job is	was sind Sie von Beruf?
if they're married	sind Sie verheiratet?
for how long	wie lange schon?
and if they have children	haben Sie Kinder?

wie	alt ist	Ihr Sohn/er?	wie	alt sind	Ihre Söhne?
	heißt	Ihre Tochter/sie?		heißen	Ihre Töchter?
					Ihre Kinder?
					sie?

geht	Ihr Sohn	
	Ihre Tochter	zur Schule?
gehen	Ihre Kinder	

And you can say

ich bin . . . von Beruf
ich bin (nicht) verheiratet
seit . . . Jahren

ich habe wir haben	ein/kein Kind
	einen/keinen Sohn
	eine/keine Tochter
	zwei Kinder/Söhne/Töchter
	keine Kinder

mein Sohn/er meine Tochter/sie	heißt . . .
	ist . . . Jahre alt
	geht schon zur Schule

meine	Kinder Söhne Töchter sie	heißen . . . und . . .
		sind . . . und . . . Jahre alt
		gehen schon zur Schule

Einige Vokabeln

der Sohn	Ihr	der Beruf	der Pfarrer
die Tochter	mein	der Tankwart	der Verkäufer
das Kind	sein	der Kellner	die Verkäuferin
die Schule	kein	die Kellnerin	die Sekretärin

UND NOCH WAS

die Familie
der Vater	der Sohn	der Großvater	der Onkel
die Mutter	die Tochter	die Großmutter	die Tante

der Kellner, die Kellnerin
Many words for people, especially their jobs, have different forms for
men and women. The suffix −in is added in the feminine form.

der Kellner	*waiter*	die Kellnerin	*waitress*
der Verkäufer	*salesman*	die Verkäuferin	*saleslady*
der König	*king*	die Königin	*queen*

Some people think this is sexist. Do you?

Note that people say **ich bin Kellner, ich bin Sekretärin, die Frau ist
Verkäuferin** when talking about occupations, *ie* there's no word for 'a'.
In English, you'd say *I'm a waiter*, *a secretary*, etc.

kein, keine
When Siegfried found Brünnhilde asleep on the mountain-top (in
Wagner's *Der Ring*) he took a close look and jumped back exclaiming:
Das ist kein Mann! Indeed she wasn't.

Kein is a neat way of expressing what in English needs several expressions:

> **ich habe kein** Kind   *I haven't got a child*
> **ich habe keine** Kinder   *I haven't any children, I have no children*
> **es gibt keine Einzelzimmer mehr**   *there aren't any more single rooms, there are no single rooms left*

So don't try to translate. Just use **kein** for anything that isn't!

der oder den?

If one man hits another, we say *he hit him*. We use *he* for the one who does the hitting (the *subject*) and *him* for the one being *hit* (the *object*). German does this more thoroughly:

der Sohn	is	**den Sohn** when it's the object of an action
ein Sohn	**einen Sohn**	
mein Sohn	**meinen Sohn**	
sein Sohn	**seinen Sohn**	
Ihr Sohn	**Ihren Sohn**	
kein Sohn	**keinen Sohn**	

So in German you say:

> **das ist mein Sohn**　　　　　**wo ist Ihr Sohn?**
> **der Sohn heißt Jürgen**　　　**mein Sohn spielt Fußball**
> but:
> **Heide hat einen Sohn**
> **Frau Hadrian hat keinen Videorekorder**

Now for the good news! Only masculine nouns are affected in this way, and then only in the singular. Feminine, neuter and all plural nouns are not affected.

wäre

When **wäre** is used instead of **ist**, it introduces a sense of 'if':

> **das wäre schön**   *that would be nice.*

das wäre Zimmer fünfhundertsechsundzwanzig, das wär' alles, das wären drei Mark achtzig are polite expressions implying *if you don't mind*. There isn't really any doubt!

PROBIEREN SIE MAL!

I　**Was sind sie von Beruf?**　　Complete each person's answer.

2   **Haben Sie ein Auto?**

	Rolf	Sabine	Michael	Herr und Frau Arendt
das Fahrrad	✓	✓	✗	✗
das Auto	✗	✓	✓	✓
das Haus	✗	✗	✓	✓
der Hund	✗	✓	✓	✗
die Katze	✓	✗	✗	✓
die Goldfische	✓	✗	✗	✗

Rolf hat kein Auto und keinen Hund, aber er hat ein Fahrrad, eine Katze und Goldfische. What else has he, or hasn't he? And what about Sabine, Michael and the Arendts?

3   You can now have quite a long conversation with people about themselves. How would Heide answer if you asked her these questions? If you can't remember, look back at the previous chapters.

Wie heißen Sie, bitte?
Woher kommen Sie?
Und wohnen Sie jetzt in Bremen?
Frau Debus, wie alt sind Sie?
Sind Sie verheiratet?
Wie heißt Ihr Mann?
Und haben Sie Kinder?
Wie heißt Ihr Sohn?
Und Ihre Tochter?
Wie alt sind die Kinder?
Wo gehen die Kinder zur Schule?
Was sind Sie von Beruf, Frau Debus?
Und haben Sie ein Auto?
Was für ein Auto haben Sie?
Haben Sie auch Haustiere?
Wie heißt der Hund?
Kommt er denn aus Bayern?   Nein, er ist ein typisch norddeutscher!

Heide Debus und ihre Kinder.

4 Sind Sie verheiratet?

You've been getting to know Fritz Schmidt. His answers to your questions are below. What did you ask him?

Sind Sie verheiratet?

> Ja, ich bin verheiratet.
> Ja, ich habe drei Kinder, zwei Töchter und einen Sohn.
> Sie heißen Karin und Gisela.
> Er heißt Michael.
> Michael ist zehn Jahre alt.
> Karin ist fünfzehn Jahre alt, und Gisela ist acht.
> Ja, alle drei gehen zur Schule.

Haben Sie ein Auto?

> Ja, wir haben ein Auto.
> Ein Fahrrad habe ich nicht. Aber die Kinder haben Fahrräder.
> Ja, natürlich haben wir einen Fernseher, und wir haben auch drei Radios im Haus.

Haben Sie Haustiere?

> Ja, wir haben einen Hund und zwei Katzen.
> Die heißen Muschi und Moritz.
> Der heißt Oskar.

5 Sie möchten ein Zimmer für eine Nacht. Was sagen Sie?

.... ?	Ja. Möchten Sie ein Einzelzimmer oder ein Doppelzimmer?
....	Für wie lange?
....	Ja, ich habe noch ein Doppelzimmer frei.
.... ?	Es kostet fünfundachtzig Mark, mit Frühstück. Nehmen Sie das Zimmer?
Ja, ...	Herzlichen Dank. Würden Sie sich bitte eintragen?
Ja. .... ?	Frühstück gibt es von sieben Uhr bis neun Uhr dreißig.

Wo gehen Ihre Kinder zur Schule?

Education in West Germany is compulsory from six to eighteen. At least nine of the twelve years must be spent in full-time attendance, the remainder can be part-time at a vocational school.

Kindergarten is optional but at six education begins in earnest in the primary school, **die Grundschule**. Traditionally, after four years pupils go to a secondary school, **die Hauptschule**, or to a grammar school, **das Gymnasium**, which leads to **das Abitur**, roughly the equivalent of A levels, and university entrance. Or they go to an intermediate school, **eine Realschule**, which is at a level somewhere between the two.

But the pattern is changing. In their fifth year, many pupils now go to what are called 'orientation classes', **die Orientierungsstufe**, which allows them to leave their options open until later. And most Federal States have introduced comprehensive schools, **Gesamtschulen**, alongside the more traditional schools.

Kaffee und Kuchen

If you call on someone in the afternoon, you're likely to be offered **Kaffee oder Tee und Kuchen**. Coffee and tea are usually served with evaporated milk. It's often called **Sahne**, like fresh cream.

This conversation took place when Joachim called on Marion Michaelis. How does Joachim like his tea, and what sort of cake does he choose?

Marion	Herr Kothe, nehmen Sie Tee oder Kaffee?
Joachim	Tee, bitte.
Marion	Tee. *(pours the tea and offers it to him)* Bitte schön.
Joachim	Danke schön.
Marion	Nehmen Sie Sahne dazu?
Joachim	Ja, bitte. Gern.
Marion	Zucker auch?
Joachim	Ja.
Marion	So, bitte.
Joachim	Danke.
Marion	Und welchen Kuchen möchten Sie? Da haben wir Butterkuchen oder Marzipankuchen.
Joachim	Ein Stück Marzipankuchen, bitte.
Marion	*(offering him the cake)* Ein Stück Marzipankuchen.
Joachim	Danke schön.
Marion	Ja. Guten Appetit!

Willkommen in der Konditorei

Butterkuchen
Marzipankuchen
Käsekuchen
Apfelkuchen
Mokkatorte
Herrentorte
Schwarzwälder Kirschtorte
Himbeertorte
Pfirsichtorte

Kaffee (oder Tee) und Kuchen is something of an institution in Germany. Whether you have it in someone's home or in a **Café-Konditorei**, it's looked on as a social occasion.

In a good **Konditorei** you'll be confronted by a vast array of cakes, **Kuchen,** and gateaux, **Torten**. And there are fruit flans, **Obsttorten**. No piece of **Kuchen** or **Torte** is really complete without a huge helping of whipped cream, **Schlagsahne**.

Cakes are usually displayed at the counter. You choose the one you want and are given a ticket, **der Bon**, which you hand to the waiter when you order your coffee or tea.

In most **Konditoreien** you can order not only **Kaffee und Kuchen,** but also a variety of ice-cream sundaes, **Eisbecher**, pastries, **Gebäck**, and drinks ranging from **Mineralwasser** to **Schnaps**.

Ein Stück . . . , bitte.   What do these people order?

I ADORE RASPBERRIES

COFFEE'S MY FAVOURITE FLAVOUR

PLAIN AND SIMPLE FOR ME – AS LONG AS THERE'S MARZIPAN

I SIMPLY CAN'T RESIST ANYTHING WITH CHERRIES!

THERE'S NOTHING TO BEAT APPLES!

MMM.... CHOCOLATE CREAM GATEAU FLAVOURED WITH BRANDY!

Mit Schlagsahne, bitte!

Dötlingen und Jever

Dötlingen is a tiny village near Wildeshausen, just off the Bremen-Osnabrück motorway. It's a cluster of beautifully tended thatched farmhouses, a post office, a school, a couple of shops and a 900-year-old church. Life here is quiet and entirely regulated by the seasons.

Dötlingen im Sommer

North-west of Bremen is the bustling little market town of Jever. The market itself takes place every day in the square by the church in the centre of town. Nearby there's a potters' workshop where everything is handmade: household items such as plates, pots and vases as well as artistic pottery. By contrast, behind the brand new glass façade of the 200-year-old Jever Brewery, beer is now made by computer in an array of shiny pipes and huge sealed fermentation and storage tanks. But the beer's good – witness the corpulent master brewer and the crowd of customers in the pub next door.

Do the children go back to school in the afternoons?
Where would you find somewhere to sleep in Dötlingen?
In the brewery in Jever, which can you not see, the barley-corn or the hops?
How long does it take to make a good beer?
How long has Peter Peters lived in Jever?
What does the pub manager like drinking?

In Dötlingen ist das Leben ruhig. Die Kirche im Zentrum des Dorfes ist neunhundert Jahre alt. Einmal in der Woche bringt eine Frau frische Blumen für den Altar.

Der Pfarrer dieser evangelischen Kirche ist Wilfried Waschek. Er kommt aus Schlesien. Er ist verheiratet und hat drei Kinder. Die zwei ältesten gehen schon zur Schule. Die Schule beginnt früh und endet gegen Mittag.

Natürlich gibt es moderne Geschäfte im Dorf, zum Beispiel einen Supermarkt und ein Postamt, und es gibt auch Gasthöfe mit modernen Gästezimmern und Restaurants.

Fenster der alten Brauerei

In Jever gibt es einen Markt, viele Geschäfte und auch eine Töpferei. Hier sieht man die Töpfer bei der Arbeit. Sie machen Teller, Vasen und Töpfe für den Haushalt. Sie machen auch Kunstobjekte, zum Beispiel handgemachte Schachfiguren.

In Jever gibt es auch eine Brauerei. Das Bier wird nach ganz modernen Methoden gebraut. Hier arbeiten nur wenige Menschen; Computer machen hier die Arbeit. Die Gerstenkörner kann man sehen, den Hopfen und das Wasser sieht man nicht. Um ein gutes Bier zu brauen, braucht man zirka acht bis zehn Wochen.

Gaststätte und Brauerei in Jever

Der Braumeister ist Peter Peters. Er kommt aus Hamburg, aber er wohnt seit zehn Jahren in Jever. Er trinkt sehr gerne sein Bier. Er sagt: 'Man kann's wahrscheinlich an meiner Körperfülle sehen, daß ich gerne Bier trinke!'

Man kann das Bier gleich neben der Brauerei trinken, in der Brauereigaststätte. Hierher kommen Leute, die in der Nähe arbeiten, und auch Touristen. Alle möchten Bier. Nur der Manager, Karl-Heinz Schwarzenberger, trinkt kein Bier: 'Nein, ich trinke nicht gerne Bier. Ich trinke lieber Mineralwasser und Schnaps.'

Schlesien   *Silesia, now part of Poland and the GDR.*
nur wenige Menschen   *only a few people*
wahrscheinlich   *probably*
zirka   *approximately*

5 *Ich hätte gerne ...*

Going shopping
and saying what you prefer

Heide and Catherin are shopping in Oberneuland. In the grocer's, **das Lebensmittelgeschäft**, Heide buys apples and a loaf, though she really wanted bread rolls.

1

Heide	Guten Tag.
Verkäuferin	Guten Tag. Bitte schön?
Heide	Ich hätte gerne Brötchen.
Verkäuferin	Ach, ich habe leider keine Brötchen. Darf es auch ein Weißbrot sein?
Heide	Natürlich, dann nehme ich ein Weißbrot.
Verkäuferin	Ja. *(handing her the loaf)* Bitte schön. Sonst noch etwas?
Heide	Dann noch ein Kilo Äpfel.
Verkäuferin	Ja. Möchten Sie einen süßen Apfel oder einen sauren?
Heide	Ah, ich nehme einen Cox Orange, bitte.
Verkäuferin	Ja, der ist etwas süßlich, der schmeckt auch sehr lecker. *(she weighs the apples)* So, bitte. Sonst noch etwas?
Heide	Das wär's.
Verkäuferin	Ja, das sind zwei Mark fünfundneunzig und zwei Mark neununddreißig. Das macht dann fünf Mark und vierunddreißig.
Heide	*(paying)* Bitte.
Verkäuferin	Danke schön. Und sechzehn Pfennig bekommen Sie zurück. Vielen Dank.

darf es auch ... sein?   *will ... do instead?*
... einen süßen Apfel oder einen sauren?   *... a sweet apple or a sharp one?*
lecker   *tasty, delicious*
das wär's   *that's all*

Leer is a small town on the river Ems, in East Friesland, close to the Dutch border. In the 19th century it developed as a trading centre, **ein Handelszentrum**, importing linen, coffee, tea and tobacco. The docks are now a marina and the old weigh (customs) house, **die alte Waage**, a restaurant.

In the Rathausstraße, which leads down to the docks, there's Wolff's wine shop. The house itself is a private domestic museum, well worth a visit. In the shop they sell French and Italian wines as well as German ones. Almuth goes there to buy a dry white German wine. The shop assistant recommends a Sommeracher Rosenberg.

1

Verkäuferin	Guten Morgen. Bitte schön?
Almuth	Ich möchte einen Weißwein.

Verkäuferin	Darf's ein deutscher sein, oder?
Almuth	Ich möchte einen deutschen Weißwein, trocken.
Verkäuferin	Trocken. Da habe ich hier verschiedene aufgebaut, trockene und halbtrockene, aber zu empfehlen wär' dieser Franken, der Sommeracher Rosenberg.
Almuth	Das ist ein guter Wein?
Verkäuferin	Sehr gut, ja.
Almuth	Wieviel kostet der?
Verkäuferin	Sieben Mark dreißig.
Almuth	Dann nehme ich den.
Verkäuferin	Gut. *(they go to cash desk)* So, bitte schön. Sieben Mark und dreißig.
Almuth	*(paying)* Ja. Bitte.
Verkäuferin	*(giving her the change)* Sieben Mark vierzig, sieben Mark fünfzig, acht, zehn und der Kassenbon. Bitte.
Almuth	Danke schön. Auf Wiedersehen.

DM 7,30

aufgebaut   *stacked up*
trockene, halbtrockene (Weine)   *dry, medium dry (wines)*
Franken(wein)   *a wine from the region of Franconia*
wieviel?   *how much?*
der Kassenbon   *(cash till) receipt*

Radio

If you're invited to someone's home in Germany, it's polite to take your hostess flowers. The custom is to take an odd number – they look better in the vase – and to take off the paper before you hand them over. In the florist's, **das Blumengeschäft**, Catherin buys seven red tulips.

2

Verkäuferin	Bitte schön?
Catherin	Ich hätte gerne Tulpen.
Verkäuferin	Ja, ich hab' verschiedene Sorten. Welche möchten Sie denn, rote oder gelbe?
Catherin	Ich hätte gern die roten Tulpen.
Verkäuferin	Ja, wieviel möchten Sie denn?
Catherin	Sieben Stück, bitte.
Verkäuferin	Sieben Stück, ja. *(handing her the tulips)* So, möchten Sie sonst noch etwas?
Catherin	Nein, danke. Was macht das wohl?
Verkäuferin	Das sind sechs Mark und dreißig.
Catherin	*(paying)* Bitte schön.
Verkäuferin	Danke schön. Stimmt genau, sechs Mark dreißig. Vielen Dank.

rote oder gelbe?   *red ones or yellow ones?*
sieben Stück   *seven (lit. seven pieces)*
stimmt genau   *that's just right*

---

viel *much*; **viele** *many*; **wieviel?** *how much?*
wieviel? is also often used instead of **wie viele?** *how many?*

Like many people in this part of Germany, Susanne is a great tea drinker. In **Teehandelskontor** in Böttcherstraße she buys an East Frisian blend, **die Ostfriesenmischung**, and a packet of crystallised sugar, **der Kandis**, to go with it.

3

Susanne	Guten Abend.
Verkäuferin	Guten Abend.
Susanne	Ich hätte gern hundert Gramm Ostfriesenmischung.
Verkäuferin	Ja. *(putting the packet on the counter)* Bitte schön.
Susanne	Und ein Paket Kandis.
Verkäuferin	Möchten Sie weißen oder braunen Kandis?
Susanne	Weißen, bitte.
Verkäuferin	Ja. *(putting it on the counter)* Bitte.
Susanne	Was macht das zusammen?
Verkäuferin	Der Kandis kostet zwei Mark fünfzig, und der Ostfriesentee kostet fünf Mark und sechzig. Das sind zusammen acht Mark und zehn.
Susanne	Da sind zehn Mark.
Verkäuferin	Danke. *(giving change)* Eine Mark und neunzig zurück.
Susanne	Danke sehr.

weißen oder braunen?   *white or brown?*

Quiz 1 **Bitte schön?** Look back over the conversations at the beginning of the chapter. How did the customers ask for these items?

a ....
Bitte. Sonst noch etwas?
....

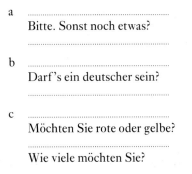

b ....
Darf's ein deutscher sein?
....

c ....
Möchten Sie rote oder gelbe?
....
Wie viele möchten Sie?
....

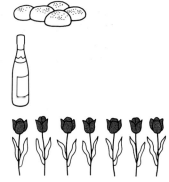

2 Ich möchte bitte ...   Match the quantities with the items.

ein Stück	Tee
ein Kilo	Weinbrand
hundert Gramm	Himbeertorte
ein Kännchen	Äpfel
ein Paket	Schinken
ein Glas	Zucker

You can now ask for what you want

ich hätte gern(e) ...	Brötchen	ein Paket Kandis
ich möchte (bitte) ...	Tulpen	ein Kilo Äpfel
haben Sie ...?	ein Weißbrot	hundert Gramm
	einen Weißwein	Ostfriesenmischung

find out how much you have to pay

was	kostet	der? (der Sommeracher Rosenberg)
wieviel		die? (die Zitrone)
		das? (das Weißbrot)
	kosten die?	(die Tulpen)

was macht das?   (zusammen)

say you'll take it/them ...   **and that's all**

	den
ich nehme	die
	das
	die (pl)

das wär's

You'll be asked what you'd like,   **and if you'd like anything else**

bitte schön?
was darf es sein?

sonst noch etwas?

and you may be offered a choice

möchten Sie	einen süßen Apfel oder einen sauren?
	rote oder gelbe Tulpen?
	weißen oder braunen Kandis?

Einige Vokabeln	der Weißwein	die Tulpe	süß	weiß
	der Apfel	das Stück	sauer	rot
	der Kandiszucker	das Paket	lecker	gelb
	das Brötchen	das Gramm	trocken	braun
	das Weißbrot	das Kilo	halbtrocken	welche? (pl)

74

TREFFPUNKT

Bünting & Co. have produced East Frisian tea in the centre of Leer since 1806. The works manager, Adolf Langwisch, has been with the firm for 17 years.

2

Paul	Wie lange arbeiten Sie schon bei Bünting?
Herr Langwisch	Bei Bünting bin ich jetzt siebzehn Jahre.
Paul	Wie alt ist die Firma?
Herr Langwisch	Wir befinden uns hier in dem Stammhaus der Firma, und in diesem Haus wurde die Firma im Jahre 1806 gegründet. Wir sind also über hundertfünfundsiebzig Jahre alt.
Paul	Trinken Sie gerne Tee?
Herr Langwisch	Ich trinke sehr gerne Tee.
Paul	Wieviel am Tag?
Herr Langwisch	Oh, das ist sehr verschieden. Es können zehn Tassen sein, es können zwölf oder fünfzehn Tassen sein, und wenn abends Besuch kommt, dann trinkt man eben noch ein paar Tassen.
Paul	Und was trinken Sie lieber, Tee oder Kaffee?
Herr Langwisch	Ich trinke am liebsten Tee.

das Stammhaus *building where the firm was started*
gegründet *founded*
wenn Besuch kommt *if visitors come*
noch ein paar *a few more*
am liebsten *best of all, preferably*

Inge
Ysker

In Greetsiel, not far from Leer, you can have a cup of East Frisian tea in **Poppinga's Alte Bäckerei**, now a tiny museum and tea shop run by Inge Ysker.

3

Paul	Wie viele Kännchen servieren Sie pro Tag?
Frau Ysker	Dreißig, vierzig Kännchen.
Paul	Ziemlich viel.
Frau Ysker	Ja, sehr viel.
Paul	Und Sie servieren nur ostfriesischen Tee?
Frau Ysker	Ja, nur ostfriesischen Tee dann, mit Kandiszucker dann.
Paul	Wie serviert man ostfriesischen Tee?
Frau Ysker	Zuerst kommt Kandis in die Tasse, dann der Tee und dann die Sahne.
Paul	Trinken Sie gerne Tee?
Frau Ysker	Ja, zweimal am Tag.
Paul	Wie viele Tassen?
Frau Ysker	Sechs Tassen ungefähr.
Paul	Trinken Sie auch Kaffee?

Frau Ysker	Ja, morgens, als Muntermacher.
Paul	Aber hier in Ostfriesland trinkt man Tee lieber als Kaffee?
Frau Ysker	Ja, Tee ist das . . . unser Nationalgetränk, wie man sagt.

ziemlich viel *quite a lot*
zuerst kommt *first you put (lit. first comes)*
trinken Sie gerne Tee? *do you like (drinking) tea?*
als Muntermacher *as a wake-me-up*
lieber als *rather than, in preference to*
wie man sagt *as they say*

Radio	
	Marion Michaelis prefers coffee to tea. She drinks both black.

4

Joachim	Frau Michaelis, trinken Sie gern Tee?
Marion	Ich trinke gern mal eine Tasse.
Joachim	Wann trinken Sie Tee?
Marion	Am liebsten abends.
Joachim	Wie schmeckt er Ihnen denn am besten?
Marion	Am besten schwarz, ohne Zucker und ohne Sahne.
Joachim	Und trinken Sie auch Kaffee?
Marion	Ja, lieber als Tee.
Joachim	Wann trinken Sie denn Kaffee?
Marion	Zum Frühstück, im Büro zwischendurch.
Joachim	Und wie schmeckt Ihnen Kaffee am besten?
Marion	Schwarz, auch schwarz.
Joachim	Sie nehmen also gar keinen Zucker und gar keine Sahne hinein?
Marion	Gar nichts.
Joachim	Wie viele Tassen trinken Sie pro Tag?
Marion	Das können viele werden, sechs bis sieben.

ohne *without*
im Büro zwischendurch *at intervals in the office*
. . . gar keinen Zucker *. . . no sugar at all*
das können viele werden *that can be (lit. become) a lot*

You can ask

wie lange arbeiten Sie schon bei Bünting?
wie alt ist die Firma?

	morgens?
	abends?
wie viele Tassen Kaffee	am Tag?
trinken Sie	pro Tag?
	im Büro?
	zum Frühstück?

was trinken Sie lieber, Tee oder Kaffee?

wann trinken Sie Tee?

and talk about preferences

	gern		*do you like (drinking) tea?*
trinken Sie	**lieber**	Tee?	*do you prefer (drinking) tea?*
	am liebsten		*do you like (drinking) tea most of all?*

ich trinke **lieber** Tee **als** Kaffee, aber **am liebsten** trinke ich Weißwein!

Einige Vokabeln				
die Firma	gern	morgens	natürlich	gründen
die Sorte	lieber	nachmittags	schwarz	servieren
das Getränk	am liebsten	abends	ein paar	werden

UND NOCH WAS

ein Kilo Äpfel
Note how people ask for a quantity of something:

> **ich hätte gerne Brötchen ... dann noch ein Kilo Äpfel**
> **ich hätte gern hundert Gramm Ostfriesenmischung**
> **für mich bitte ein Kännchen Kaffee**

oder?
oder *or* is often added to a sentence to ask someone to confirm a guess or a suggestion:

> **darf's ein deutscher sein, oder?**
> **das ist ein Frankenwein, oder?**
> **der Cox Orange ist etwas süßlich, oder?**

süß, sauer; rot, gelb
These are adjectives, used to describe things. In sentences like **der Apfel ist sauer, die Rosen sind rot**, the adjectives have their 'plain', basic form. When they come *before* the noun they describe, they add endings according to the form of **der, die, das, den** or **ein, eine, einen** they go with.

der	süße	Apfel	*(m)*	ein	süßer	Apfel
die	süße	Torte	*(f)*	eine	süße	Torte
das	süße	Eis	*(n)*	ein	süßes	Eis
den	süßen	Apfel	*(m)*	einen	süßen	Apfel
die	süßen	Äpfel	*(pl)*		süße	Äpfel

Don't despair if these patterns don't root themselves instantly in your memory. Accept the language as it comes to you and let your own use grow quietly. You don't have to be over-ambitious. You've seen how effective simple speech can be.

Ein Gedicht von Reinhard Döhl
Wo ist der Wurm?

PROBIEREN SIE MAL!

Was darf es sein?

1   a   Here's a conversation for you to complete. You want 3 lemons,
4 oranges and a kilo of apples. Everything you need is listed in the
box, but not in the right order.

Verkäufer	Guten Tag. Was darf es sein?
Sie	Guten Tag. .... Zitronen?
Verkäufer	Ja. Wie viele möchten Sie?
Sie	............................, bitte.
Verkäufer	Bitte schön. Sonst noch etwas?
Sie	....
Verkäufer	Vier Orangen, bitte schön. Sonst noch etwas?
Sie	Dann noch ....
Verkäufer	Welche möchten Sie, diese hier oder die da?
Sie	.... ?
Verkäufer	Die kosten zwei Mark fünfzig das Kilo.
Sie	Ja, ... nehme ich.
Verkäufer	Bitte. So, ein Kilo. Sonst noch etwas?
Sie	Nein, danke. ...., bitte?
Verkäufer	Das macht zusammen fünf Mark dreißig
Sie	*(paying)* ....
Verkäufer	Vielen Dank. Und siebzig Pfennig zurück.
Sie	.... Auf Wiedersehen.
Verkäufer	Auf Wiedersehen.

> ein Kilo Äpfel
> Drei Stück
> Was macht das?
> Haben Sie . . .?
> Ich hätte gern
>   vier Orangen
> die
> Was kosten die?
> Bitte
> Danke schön

b   Now you're buying 3 oranges, 4 peaches and a kilo of pears, **Birnen**.

Verkäufer	Guten Tag. Was darf es sein?
Sie	.... ?
Verkäufer	Ja. Wie viele möchten Sie?
Sie	.... ?

Verkäufer	Bitte schön. Sonst noch etwas?
Sie	....?
Verkäufer	Vier Pfirsiche, bitte. Sonst noch etwas?
Sie	....?
Verkäufer	Welche möchten Sie, diese hier oder die da?
Sie	....?
Verkäufer	Die kosten zwei Mark achtzig das Kilo.
Sie	....
Verkäufer	Bitte. So, ein Kilo. Sonst noch etwas?
Sie	....?
Verkäufer	Das macht zusammen fünf Mark achtzig.
Sie	*(paying)* ....
Verkäufer	Vielen Dank. Und zwanzig Pfennig zurück.
Sie	....
Verkäufer	Auf Wiedersehen.

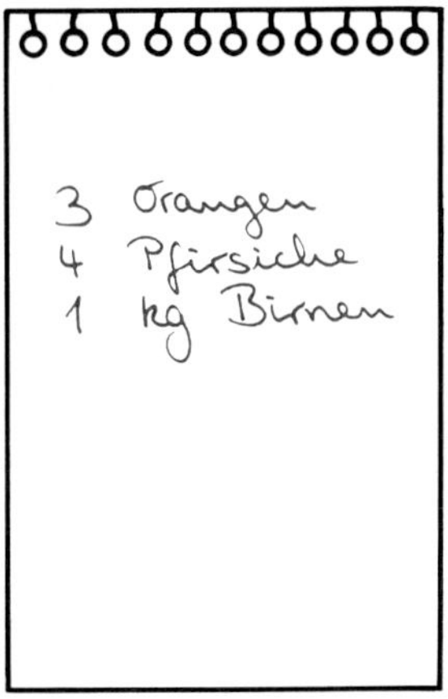

handwritten note:
3 Orangen
4 Pfirsiche
1 kg Birnen

c   This time you want 6 breadrolls, 4 eggs (the brown ones) and
    200 grams of ham.

Verkäuferin	Guten Tag. Was darf es sein?
Sie	....?
Verkäuferin	Ja. Wie viele möchten Sie?
Sie	....?
Verkäuferin	Bitte schön. Sonst noch etwas?
Sie	....?
Verkäuferin	Möchten Sie weiße oder braune Eier?
Sie	....?
Verkäuferin	Ja, braune, bitte schön. Die kosten vierzig Pfennig das Stück. Und sonst noch etwas?
Sie	....?
Verkäuferin	Ja, bitte. Zweihundert Gramm. Bitte schön. Sonst noch etwas?
Sie	....?
Verkäuferin	Alles zusammen macht elf Mark vierzig. Bitte schön.
Sie	*(paying)* ....
Verkäuferin	Danke schön. Und drei Mark sechzig zurück. Vielen Dank.
Sie	....
Verkäuferin	Auf Wiedersehen.

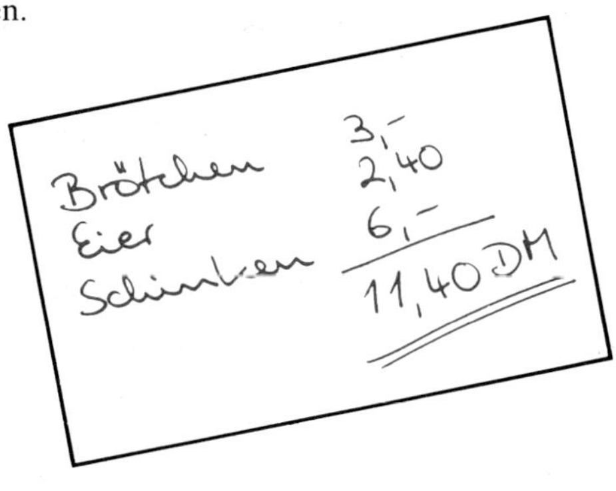

handwritten note:
Brötchen   3,—
              2,40
Eier   6,—
Schinken   _____
            11,40 DM

2 Was möchten Sie?
Can you put this
conversation in
the right order?

So, bitte schön.

Haben Sie Rosen?

Auf Wiedersehen.

Nein, danke. Was
macht das, bitte?

Was kosten die
roten Rosen?

Sieben Stück,
bitte.

Ja, die nehme ich.

Guten Tag.

Sieben Stück, bitte schön.
Und sonst noch etwas?

Die kosten eine Mark
fünfzig das Stück.

Danke schön. Und fünfzig
Pfennig zurück. Vielen Dank.

Auf Wiedersehen.

Guten Tag, bitte schön?

Ja, ich habe hier rote Rosen,
weiße Rosen, oder gelbe.

Das macht zehn Mark fünfzig.

Wie viele möchten Sie denn?

3 Was machen Sie gern?
Say you like doing these things, and these things best of all.

Fisch essen	Scholle
Obst essen	Birnen
Kuchen essen	Schwarzwälder Kirschtorte
Bier trinken	Jever Pils
Tee trinken	Ostfriesenmischung
singen	Shantys
Sprachen lernen	Deutsch

Beispiel: Ich esse gern Fisch. Am liebsten esse ich Scholle.

4 You're a vegetarian, a teetotaller, a keep-fit fanatic, a culture vulture and
a workaholic. Your one weakness is smart hotels. So which do you prefer
of the following? Start with the verb in the first column.

gehen	in die Arbeit/in den Park
essen	Obst/Kuchen
essen	Pfeffersteak/Käse
fahren	mit dem Auto/mit dem Fahrrad
besuchen	ein Museum/eine Diskothek
trinken	Mineralwasser/Bier
wohnen	in einer Ferienwohnung/in einem Hotel

Beispiel: Ich esse lieber Obst als Kuchen.

To check your progress so far, turn to p. 272.

MAGAZIN

Quantities

Germany uses the metric system and the basic unit of weight is the gram, **das Gramm** *(0.0353 oz)*. For everyday purposes, you'll find the following useful. The German word **Pfund** *(pound)* means half a kilo.

			abbreviated
100 Gramm	*(about $3\frac{1}{2}$ oz)*		**100 g**
125 Gramm	*($4\frac{3}{8}$ oz)*	ein Viertelpfund	$\frac{1}{4}$ ℔
250 Gramm	*($8\frac{3}{4}$ oz)*	ein halbes Pfund	$\frac{1}{2}$ ℔
500 Gramm	*(1 lb $1\frac{1}{2}$ oz)*	ein Pfund	1 ℔
1000 Gramm	*(2 lb 3 oz)*	ein Kilo	1 kg
1 Liter	*(1.76 pints)*		

Prices for cheese, sausage, ham are often given per 100 g; butter is sold by the $\frac{1}{4}$ and $\frac{1}{2}$ pound and milk by the litre or $\frac{1}{2}$ litre carton (**eine Tüte** or **ein Karton**).

It's useful to know:

eine Dose	eine Dose Pfirsiche
eine Flasche	eine Flasche Wein
ein Glas	ein Glas Marmelade
eine Packung	eine Packung Aspirin
ein Paket	ein Paket Zucker
eine Schachtel	eine Schachtel Zigaretten
eine Tüte	eine Plastiktüte

Prices are often given by the item: **ein Stück** is one of something. So if you want nine apples, nine breadrolls or nine roses, you can simply say: **neun Stück, bitte**.

Tee oder Kaffee?

Bremen is traditionally **eine Kaffeestadt**. But although it's an important centre of the coffee trade and of coffee roasting, a distinctive feature of the city are the shops selling tea. In these you find up to thirty or forty mixtures, all attractively packaged and displayed, as well as everything to do with the finer art of drinking tea. You might like a gift pack specially wrapped, or perhaps a cotton tea strainer as favoured by connoisseurs.

Popular in Bremen is **der Ostfriesentee**, which is more or less the national drink of nearby East Friesland. It's sweet and strong, **kräftig**, and it's served in a small cup in its own particular way. First you put in the **Kandis**; onto this you pour the tea, then you very gently add the cream so that it floats on top of the tea.

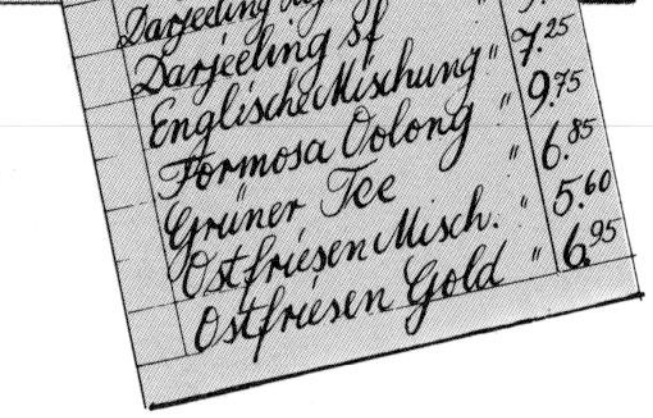

Price list (handwritten):

	DM/100g
Assam broken	" 7.65
Assam Goldspitze	" 9.65
Ceylon Blatt ff	" 6.25
Darjeeling ff	" 9.75
Darjeeling Goldtips	" 14.60
Darjeeling high grown	" 14.30
Darjeeling sf	" 9.75
Englische Mischung	" 7.25
Formosa Oolong	" 9.75
Grüner Tee	" 6.35
Ostfriesen Misch.	" 5.60
Ostfriesen Gold	" 6.95

Radio	In **Teehandelskontor** in Böttcherstraße, Susanne spoke to Elsemarie Jäger.

How many sorts of tea does she sell?
And roughly how many packets a day?

Complete this recipe for Ostfriesentee according to Frau Jäger's instructions.

For each person take .... of tea.
Pour on hot water and let the tea draw for ....
Into each cup put .... of white Kandis.
Then pour on the ....
Finally .... |

Susanne	Wie viele Teesorten haben Sie?
Frau Jäger	Wir haben fünfunddreißig verschiedene Teesorten.
Susanne	Und wieviel verkaufen Sie in etwa am Tag?
Frau Jäger	Ungefähr hundert Packungen bis hundertzwanzig Packungen.
Susanne	Das ist aber eine ganze Menge!
Frau Jäger	Ja, der Bremer trinkt auch sehr viel Tee.
Susanne	Und welchen Tee trinkt der Bremer am liebsten?
Frau Jäger	Einen kräftigen Ostfriesentee.
Susanne	Und wie trinkt man diesen Ostfriesentee?
Frau Jäger	Man nimmt pro Tasse einen Teelöffel Tee, gießt das heiße Wasser drüber; man läßt den Tee fünf Minuten ziehen. Dann nimmt man pro Tasse ein großes Stück weißen Kandis, gießt den Tee darüber, und zum Schluß schöpft man Sahne auf den Tee. Und der Tee sieht dann aus wie Marmor.

eine große Menge   *a lot*
der Teelöffel   *teaspoon*
ziehen   *to draw*
zum Schluß   *finally*
sieht aus wie Marmor   *looks like marble*

Rätsel

All about Ostfriesentee. Fill in the answers – in German!

1   First you boil this.
2   It's the last thing you add.
3   It's the first thing you put
    in the cup.
4   You need one of these of tea
    per cup.
5   You drink tea from this.
6   This is all about **Ostfriesen** . . .

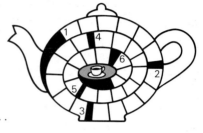

Greetsiel

East Friesland is flat, very much like Holland. The local architecture is
Dutch in style and there are extensive canal and dyke systems to protect
the land and the villages from the North Sea tides.

Greetsiel is a tiny fishing village on the north-west coast where you can
have a traditional pot of tea in **Poppinga's Alte Bäckerei**, watch the
trawlers come in laden with North Sea shrimps, **Krabben**, and listen to

83

local seamen and shopkeepers singing East Frisian sea-shanties, conducted by a local doctor.

When does life in Greetsiel get busy?
Has Jan's family always been in the fishing business?
What's Jan's boat called, and when was it built?
What else do the fishermen catch besides shrimps?
From when till when is the Funk's DIY shop closed for lunch?
What's Paul Funk's main hobby?

Die Landschaft in Ostfriesland ist flach, wie in Holland. Greetsiel liegt an Kanälen und Deichen. Die Deiche schützen das Dorf gegen Hochwasser.

Normalerweise ist es in Greetsiel sehr ruhig, aber wenn am Morgen die Schiffe im Hafen ankommen, kommt Leben in das Dorf. Jan Gosselaar ist Fischer, wie sein Vater vor ihm. Er ist aus Greetsiel, wohnt ungefähr fünfhundert Meter vom Hafen entfernt und ist schon seit zweiunddreißig Jahren Fischer. Die Wiking *ist sein eigenes Boot, gebaut im Jahre 1938.*

Paul	Wie viele Leute arbeiten auf Ihrem Boot?
Herr Gosselaar	Zwei Mann. Also ich selber und ein Matrose.
Paul	Welche Art Fische fangen Sie?
Herr Gosselaar	Hauptsächlich Krabben. Und was dann noch mit in die Netze so reinkommt, das sind Seezungen und Schollen und Aale, und was alles so mit dranhängt.

Anni Funk und ihr Mann Paul haben seit einundzwanzig Jahren ein Farbengeschäft im Dorf. Das Geschäft ist morgens von sieben Uhr dreißig bis zwölf Uhr geöffnet und nachmittags von vierzehn bis achtzehn Uhr. Anni und Paul arbeiten zusammen.

Herr Funk singt in einem Shanty-Chor, der Freibeuter *heißt. Der Chor singt nur Shantys, das sind Arbeitslieder der alten Seeleute. Die Männer in diesem Shanty Chor haben viele verschiedene Berufe. Der Chorleiter ist Arzt, Doktor Peter Schütz.*

Paul	Dr Schütz, wie oft singt der Chor?
Dr Schütz	Der Chor singt jede Woche einmal, abends von zwanzig Uhr bis zweiundzwanzig Uhr.
Paul	Und wo singen Sie?
Dr Schütz	Wir singen in einer Gaststätte in Greetsiel.
Paul	Sie sind also ein musikalischer Mediziner, kann man es so nennen?
Dr Schütz	Ja, so könnte man es nennen!

der Matrose   *sailor*
die Art   *kind, sort*
Seezungen, Schollen, Aale   *sole, plaice, eel*
das Farbengeschäft   *paint shop*
so könnte man es nennen   *one could say (* lit. *call it) that*

6   *Wie komme ich . . .?*

Asking the way

*Großefehn
in Ostfriesland*

In Großefehn Paul asks the way to Spetzerfehn.

1

Paul	Entschuldigung, wie komme ich nach Spetzerfehn, bitte?
Mädchen	Also, hier rechts runter und dann immer geradeaus.
Paul	Schönen Dank.

Wie komme ich nach
Spetzerfehn, bitte?

Trudel Hadrian is at Bremen station. She wants to get to the town hall.

1

Frau Hadrian	Entschuldigen Sie bitte, wie komme ich hier zum Rathaus?
Frau	Wenn Sie aus dem Bahnhof rauskommen, nehmen Sie die Linie eins in Richtung Stadtmitte und steigen am Marktplatz aus.
Frau Hadrian	Danke schön.

Wie komme ich
zum Rathaus?

Having found her way to the market square, she asks a passer-by for directions to the Schnoor.

2

Frau Hadrian	Entschuldigen Sie bitte, wie komm' ich hier zum Schnoor?
Frau	Ja, Sie gehen jetzt geradeaus. Auf der rechten Seite ist das Postgebäude, und dahinter liegt der Schnoor.
Frau Hadrian	Ach, danke schön. Ist es weit von hier?
Frau	Fünf Minuten zu Fuß.
Frau Hadrian	Ah ja, danke.

Then she asks the way to Sögestraße, one of the main shopping streets in Bremen.

Wie komme ich
zur Sögerstraße?

3

Frau Hadrian	Wie komme ich hier bitte zur Sögestraße?
Frau	Da gehen Sie am besten geradeaus weiter und hinter dem bunten Gebäude – das ist das Rathaus – gleich rechts. Bei Karstadt rechts um die Ecke.
Frau Hadrian	Ach ja. Danke.

wie komme ich/nach/zum/zur . . . ?   *how do I get to . . . ?*
die Linie eins   *bus or tram number (*lit. *line) one*
in Richtung   *in the direction of*
(Sie) steigen . . . aus   *(you) get out*
hinter dem bunten Gebäude   *behind the coloured building*

When asking how to get somewhere, you use **zum** with masculine and neuter nouns:

> **wie komme ich zum Schnoor?**
> **wie kommen wir zum Rathaus?**

and **zur** with feminine nouns:
> **wie komme ich zur Sögestraße?**
> **wie kommen wir zur Post?**

With names of towns, villages and most countries you use **nach**:

> **wie komme ich nach Spetzerfehn?**
> **wie komme ich nach Bremen?**
> **wie kommen wir nach Deutschland?**

Die Sögestraße, *Sow Street*, along which farmers once drove their pigs to graze outside the town. The sculpture is of bronze, and it's said that if you rub a pig's nose it brings you luck.

Heide also wants to get to Sögestraße. Before leaving the station she asks the way.

4

Heide	Können Sie mir helfen? Wie komme ich zur Sögestraße, bitte?
Beamter	Das ist ganz einfach. Sie gehen nur die Bahnhofstraße immer geradeaus, dann kommen Sie zur Sögestraße.
Heide	Ich bedanke mich. Auf Wiedersehen.

können Sie mir helfen? *can you help me?*
einfach *simple, easy*

From St. Martin's landing stage, **der Martini-Anleger,** you can take a boat trip round the port of Bremen. Joachim asks Marion for directions.

5

Joachim	Wie komme ich zum Martini-Anleger?
Marion	Möchten Sie zu Fuß gehen oder mit dem Auto fahren?
Joachim	Mit dem Auto fahren.
Marion	Mit dem Auto. Dann fahren Sie die Straße runter, rechts, die nächste Straße gleich wieder rechts, und dann kommen Sie wieder rechts

GROSSE HAFEN-RUNDFAHRT

durch die bremischen Häfen
täglich ab Martini-Anleger (Nähe Marktplatz)
10.00, 11.30, 13.30, 15.10, 16.30 Uhr

**ab Mitte Mai bis Oktober neuer
interessanter Fahrplan in Richtung
Bremerhaven und Baden**

SCHREIBER-REEDEREI
Schlachte 2 · 2800 Bremen
Telefon 32 61 36

auf den Osterdeich. Und da fahren Sie nur noch geradeaus bis zur Weserbrücke, und gleich hinter der Weserbrücke ist der Martini-Anleger.

Joachim	Ist das weit?
Marion	Nein, das sind mit dem Auto fünf Minuten.
Joachim	Kann man dort gut parken?
Marion	Da haben Sie an der Ecke direkt einen Parkplatz, und da finden Sie sicherlich auch einen Platz.
Joachim	Was kostet das Parken da?
Marion	Das ist nicht ganz billig. Zwei Mark die Stunde.

bis zur Weserbrücke *as far as the Weser Bridge*
sicherlich *certainly*
nicht ganz billig *not very cheap*
die Stunde *hour*

Quiz	I	You want to get to Leer. How do you ask the way?
		You've arrived. Ask the way to each of the places marked on the map.

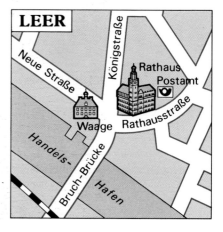

2   Fill in the missing words.

> Wie komme ich . . . Dom?
>
> Sie . . . hier immer geradeaus.

> Wie komme ich . . . Bremen?
>
> . . . Sie gleich hier rechts, dann immer geradeaus.

> Wie komme ich . . . Post?
>
> . . . Sie hier links, dann sehen Sie die Post auf der rechten Seite.

> Wie komme ich . . . Bahnhof?
>
> Am besten . . . Sie mit der Linie acht.

You can now ask how to get somewhere

Entschuldigung, entschuldigen Sie bitte, können Sie mir helfen,	wie komme ich	zum . . . ? zur . . . ? nach . . . ?

and you can understand

Sie gehen . . .	hier rechts runter	dann kommen Sie . . .
Sie fahren . . .	rechts um die Ecke	da haben Sie . . .
Sie nehmen . . .	Sie steigen . . . aus	da finden Sie . . .

Einige Vokabeln

der Parkplatz	die Stunde	billig	aussteigen
der Deich	die Stadtmitte	bunt	liegen
die Brücke	das Gebäude	einfach	
die Linie	zu Fuß	der/die/das	
die Richtung	mit dem Auto	nächste	

TREFFPUNKT

Fernsehen

Gerhard Herlyn's farm is in East Friesland, not far from Leer. He's married, with two children, and he runs the farm his father bought in 1938.

2

Paul	Wie ist Ihr Name, bitte?
Herr Herlyn	Gerhard Herlyn.
Paul	Sind Sie verheiratet?
Herr Herlyn	Ja.
Paul	Haben Sie Kinder?

Herr Herlyn	Ja.
Paul	Wie viele Kinder haben Sie?
Herr Herlyn	Zwei.
Paul	Und wie heißen sie?
Herr Herlyn	Meike Sonja und Kai Hanno.
Paul	Wie alt sind die Kinder?
Herr Herlyn	Die Tochter ist sechzehn Jahre, und der Sohn ist zwölf Jahre.
Paul	Wie lange gehört der Bauernhof schon Ihrer Familie?
Herr Herlyn	Mein Vater hat diesen Bauernhof neunzehnhundertachtunddreißig gekauft.

On the farm, the cows are milked twice a day, but Gerhard Herlyn's main business is stock breeding. The Herlyn family have bred German Friesians, **das Deutsche Schwarzbuntrind**, since 1895.

3

Paul	Wie viele Kühe haben Sie zur Zeit?
Herr Herlyn	Wir haben siebenunddreißig Kühe?
Paul	Wieviel Milch gibt eine Kuh pro Tag?
Herr Herlyn	Im Durchschnitt gibt eine Kuh pro Tag zwischen fünfundzwanzig und dreißig Kilogramm Milch.
Paul	Wann melken Sie die Kühe?
Herr Herlyn	Nachmittags um siebzehn Uhr und morgens um fünf Uhr dreißig.
Paul	Also zweimal am Tag?
Herr Herlyn	Ja.
Paul	Was für eine Rasse ist das?
Herr Herlyn	Es ist das Deutsche Schwarzbuntrind.
Paul	Züchten Sie selbst die Kühe?
Herr Herlyn	Wir sind seit achtzehnhundertundfünfundneunzig Schwarzbuntzüchter in unserer Familie.

Farming is Mr Herlyn's chosen profession, and he's very happy with it.

4

Paul	Sie sind gerne Landwirt?
Herr Herlyn	Sehr gerne.

wie lange gehört der Bauernhof schon Ihrer Familie? *for how long has the farm belonged to your family?*
im Durchschnitt, zwischen *on average, between*
nachmittags, morgens *in the afternoons, in the mornings*
züchten Sie selbst die Kühe? *do you breed the cows yourself?*

> Farmers measure milk by the kilogram. 1 litre is 1 kg in weight – a little under 2 pints.

Radio

Marion Michaelis works for a shipping firm. In her holidays she likes to travel abroad. She enjoyed the south of Spain most of all, but she likes England as well, apart from the cold weather.

6

Joachim	Wieviel Urlaub haben Sie im Jahr?
Marion	Ich bekomme siebenundzwanzig Arbeitstage.

Joachim	Und was machen Sie in Ihrem Urlaub?
Marion	Da verreise ich gern.
Joachim	Wohin am liebsten?
Marion	In fremde Länder, nach Spanien, Italien, Norwegen, Schweden.
Joachim	Wo hat es Ihnen am besten gefallen?
Marion	Mir hat Südspanien sehr gut gefallen, mit der vielen Sonne, und sie haben eine wunderschöne Landschaft, wenn man ins Innere fährt.
Joachim	Waren Sie schon einmal in England?
Marion	Ja, in England bin ich auch gewesen.
Joachim	Und wie hat es Ihnen gefallen?
Marion	Abgesehen von der Kälte, sehr gut.

fremde Länder *foreign countries*
hat es Ihnen gefallen? *did you like it?*
die Landschaft *countryside*
waren Sie? *were you?*
... bin ich gewesen *I've been ...*

---

wo? *where?* | **wohin?** *where to?* | **woher?** *where from?*

Jan Ole hasn't been to England yet, but he has a pen-friend who lives near London, in Epping. Jan Ole hopes to visit London sometime and he already has ideas on what he'd like to see.

7

Heide	Warst du eigentlich schon mal in England?
Jan Ole	Nein, aber ich habe einen Brieffreund in Epping.
Heide	In Epping?
Jan Ole	Ja.
Heide	Und willst du den mal besuchen?
Jan Ole	Ja, wenn sich's anbietet.
Heide	Sag mal, was hältst du eigentlich von England?
Jan Ole	Och, das weiß ich nicht so sehr.
Heide	Na, wie glaubst du ist es da?
Jan Ole	Ja in London, ich möchte gern mal die Sternwarte da besichtigen in Greenwich.

Heide	Ja, und was noch?
Jan Ole	Den Hyde Park.
Heide	Den Hyde Park?
Jan Ole	Ja.
Heide	Und sonst?
Jan Ole	Ja, die Themse.
Heide	Ja. Den Tower?
Jan Ole	Ja, den auch und die Tower Bridge.
Heide	Piccadilly vielleicht?
Jan Ole	Hmm?
Heide	Piccadilly?
Jan Ole	Ich weiß nicht, was das ist.

willst du den mal besuchen?   *do you want to visit him sometime?*
wenn sich's anbietet   *if I get the chance*
was hältst du von . . . ?   *what do you think of . . . ?*
glaubst du?   *do you think?*
die Sternwarte   *observatory*
die Themse   *the Thames*
ich weiß nicht   *I don't know*

More questions

wie lange { sind Sie schon verheiratet? *how long have you been married*
wohnen Sie schon hier? *how long have you lived here*
gehört der Bauernhof schon Ihrer Familie? *how long has the farm belonged to your family*

wieviel Urlaub haben Sie im Jahr? *how much holiday do you have in a year*
wohin verreisen/fahren Sie im Urlaub? *where do you go to on holiday*
was machen Sie in Ihrem Urlaub? *what do you do on your holiday*
wo hat es Ihnen am besten gefallen? *where have you liked best*

wie viele Kühe haben Sie? *how many cows do you have*
wieviel Milch gibt eine Kuh pro Tag? *how much milk does a cow give in a day*
wann melken Sie die Kühe? *when do you milk the cows*
was für eine Rasse ist das? *what breed it it*

Einige Vokabeln *der* der Arbeitstag *per? Brbnl* der Brieffreund   wohin? *where to*   gefallen *like*
voting farm der Bauernhof *farmer* der Landwirt   im Durchschnitt *on average*   gehören *belong to*
cow die Kuh *land s?* die Landschaft   Sie selbst *you yourself*   halten *to hold*
milk die Milch *country* das Land   wissen *know*

UND NOCH WAS

auf, vor, gegenüber
You now know a lot of words for saying where things are: **auf, an, in, vor, hinter, gegenüber**. These are prepositions and are generally used with a noun:

gegenüber dem Bahnhof   *opposite the station*
hinter der Weserbrücke   *behind the W.*
vor dem Rathaus   *in front of the town hall*

And you've probably registered that **der/die/das** and **ein/kein/mein** change after these prepositions:

der Bahnhof	**die** Weserbrücke
gegenüber dem Bahnhof	**hinter der** Weserbrücke
das Rathaus	
vor dem Rathaus	

Grammarians speak of the 'dative case'.

91

The same changes occur after the prepositions **aus, mit, nach, zu**:

> wenn Sie **aus dem** Bahnhof herauskommen . . .
> wie komme ich **zur** Weserbrücke?
> möchten Sie **mit dem** Auto fahren?

in dem is nearly always shortened to **im**; **an dem** to **am**; **zu dem** to **zum**; **zu der** to **zur**:

> **im** Hotel Columbus oder aber **in der** 'Stadtbäckerei' . . .
> Briefmarken bekommen Sie **am** Postamt
> wie komme ich **zum** Schnoor?
> wie komme ich hier bitte **zur** Sögestraße?

(More about these on p. 296)

	halten	**wissen**
ich	halte	weiß
du	hältst	weißt
er/sie/es/man	hält	weiß
wir/Sie/sie	halten	wissen

PROBIEREN SIE MAL!

1 **Wie heißen Sie?** Here's a whole list of questions you could ask people, but you've got to complete them first.

a .... heißen Sie?
.... wohnen Sie?
.... weit von hier?

b .... verheiratet?
.... sind Sie schon verheiratet?
.... heißt Ihr Mann/Ihre Frau?

c .... Kinder?
.... Kinder haben Sie?
.... heißen Ihre Kinder?

d .... alt sind sie?
.... Ihre Kinder schon zur Schule?

e .... sind Sie von Beruf?
.... arbeiten Sie?
.... arbeiten Sie schon dort?

f .... kommen Sie zur Arbeit?
.... dauert die Fahrt?
.... ein Auto?
.... ein Auto ist das?

g .... Urlaub haben Sie im Jahr?
.... machen Sie Urlaub?
.... fahren Sie im Urlaub?
.... machen Sie gern im Urlaub?
.... hat es Ihnen am besten gefallen?

2 **Noch ein paar Fragen!** What did you ask Thomas Koch?

Sind Sie verheiratet? Ja, ich bin verheiratet.
.... Wir sind schon acht Jahre verheiratet.
.... Sie heißt Inge.
.... Wir haben eine Tochter.
.... Sie heißt Susanne.
.... Sie ist fünf Jahre alt.

Was sind Sie von Beruf?	Ich bin Kaufmann von Beruf.
....	Ja, ich bin sehr gerne Kaufmann.
....	In einem Büro in der Stadtmitte.
....	Ich fahre mit dem Auto.
....	Ja, sie ist Lehrerin an einer Schule hier in der Nähe.
Wievel Urlaub haben Sie im Jahr?	Ich habe achtundzwanzig Tage Urlaub im Jahr, meine Frau ein bißchen mehr.
....	Wir bleiben gerne zu Hause, aber wir reisen auch sehr gerne.
....	Oh, zum Beispiel nach Österreich, nach Italien, nach Griechenland.
....	Dieses Jahr fahren wir nach Koblenz, wo meine Eltern wohnen.

3 **Der Zirkus kommt!** Complete the circus director's answers.

Wie ist Ihr Name, bitte?	*Ich* heiße Antonio Sartorelli.
Was sind Sie von Beruf?	*Ich* bin Zirkusdirektor.
Gefällt Ihnen der Beruf?	Ja, *er* gefällt mir sehr gut.
Was macht Ihre Frau?	*Sie* arbeitet mit den Tigern.
Wie viele Kinder haben Sie?	Fünf. *Sie* arbeiten alle im Zirkus.
Wo ist der Zirkus?	*Er* ist in der Stadtmitte.
Wann sind die Vorstellungen?	*Sie* sind immer abends um zwanzig Uhr.
Was für Tiere haben Sie?	*Wir* haben Pferde, Zebras, Tiger, Elefanten, Löwen und ein Kamel.
Woher kommt das Kamel?	*Es* kommt aus Marokko.
Welche Nummer gefällt Ihnen am besten?	Die Nummer mit den Clowns, natürlich. *Sie* ist sehr lustig!

die Vorstellung *performance*
sehr lustig! *great fun*

4 **Wie komme ich . . .?**

 Wie komme ich am besten zum Stadtpark?
Am besten fahren Sie mit dem Fahrrad. Der Weg ist sehr schön.

Now, following the same pattern, complete these answers:

 Wie komme ich am besten zum Martini-Anleger?
.... Man kann dort gut parken.

 Wie komme ich am besten zum Fußballstadion?
.... Es ist nicht weit.

Wie komme ich am besten nach Hamburg?
.... In einer Stunde sind Sie da.

Wie komme ich am besten in die Stadt?
.... Die Linie eins fährt dorthin.

Danke schön.

MAGAZIN

Mit dem Auto fahren

In Germany the rule of the road is drive on the right and overtake on the left, unless you're passing a tram when you overtake on the inside. Traffic from the right always has priority unless there's a sign to tell you otherwise. Speed limits are 50 km/h in towns, 100 km/h on other roads but on motorways there's no limit, although the official recommendation is no more than 130 km/h. If you're towing a trailer or caravan the limit is 80 km/h.

If visibility is poor you must always use dipped headlights even in built-up areas. And since August 1984, front seat belts have been compulsory. If you're caught not wearing one you'll have to pay a 40 Mark fine. Back seat belts are recommended. If you break down, you must display a red warning triangle roughly 100 metres behind your car and warning lights, if you have them, must be switched on.

Right of way

Fahren Sie gern Auto?

In a year, Wolfgang Unger drives about 25,000 km in his Volkswagen camper.

Radio

What does he use his camper for every day?
What else does he use it for?
How old is the vehicle?
What sort of car would Wolfgang Unger really like?

Heide	Herr Unger, haben Sie ein Auto?
Herr Unger	Ja, ich besitze einen Volkswagenbus, einen Campingbus.
Heide	Und wie ist die Nummer des Wagens?
Herr Unger	OHZ-JY 47.
Heide	Fahren Sie gerne Auto?
Herr Unger	Ich fahre sehr gerne Auto, ja.

Heide	Wieviel Kilometer fahren Sie im Jahr?
Herr Unger	Ich fahre im Jahr so etwa zwanzig – bis fünfundzwanzigtausend Kilometer.
Heide	Ach, das ist ja recht viel. Wohin fahren Sie mit Ihrem Auto?
Herr Unger	Ich fahre damit täglich zur Arbeit, am Wochenende machen wir Touren in die nähere Umgebung, und natürlich dann in den Ferien sind wir immer auf Reisen.
Heide	Wie alt ist Ihr Auto?
Herr Unger	Das Auto ist Baujahr neunzehnhundertdreiundsiebzig, es ist also elf Jahre alt.
Heide	Ja, ich habe nun eine Frage, was wäre eigentlich Ihr Traumauto?
Herr Unger	Mein Traumauto wäre ein Volvo Kombi Diesel.

in den Ferien   *in the holidays*
die Umgebung   *surroundings*
auf Reisen   *on our travels*

Rätsel
Can you sort out these German makes of car?

EOPL	SOHCPRE	SCEDEERM

SGAKOWNEVL	MALRIDE EZBN	HERYSIBACE KOEWERONTERM

Fernsehen

Spetzerfehn

Spetzerfehn, in East Friesland, lies in the middle of a vast network of canals and windmills, **Windmühlen**. Many of the windmills, like the ones at Aurich, Emden and Norden, are museums. But at Spetzerfehn, Theo Steenblock works his windmill in the traditional way, milling grain for animal foodstuffs and flour for the local farmers.

The mill is over a hundred years old and in 1955 it was little more than a ruin when the Steenblocks first rented it. But then they bought it and restored it to full working order. All it needs now is wind, and there's plenty of that in East Friesland.

What does the Steenblock family do every Sunday?
Do Theo's children help with the work in the mill?
When do they stop work early?
What is Theo's favourite hobby?
What else does he like doing in his spare time?

Sonntag früh in Spetzerfehn, einem kleinen Dorf in Ostfriesland. Sonntag ist Ruhetag für die Familie Steenblock. Herr und Frau Steenblock gehen jeden Sonntag zusammen mit ihren vier Kindern in die Kirche.

Theo Steenblock lebt und arbeitet seit 1955 in der Windmühle in Spetzerfehn. Er ist verheiratet und hat vier Kinder, zwei Söhne, Hajo und Johnny, und zwei Töchter, Hilke und Nancy. Alle helfen gerne bei der Arbeit in der Windmühle.

Die Windmühle ist fast hundert Jahre alt. Sie war eine Ruine, als Theo Steenblock sie kaufte. Die Steenblocks haben sie selbst restauriert.

Herr Steenblock	Ich habe sie zuerst gepachtet gehabt, als Ruine; als ich sie gekauft hatte, haben wir sie renoviert.
Paul	Sie brauchen den Wind für die Arbeit?
Herr Steenblock	Ja.
Paul	Gibt es viel Wind in dieser Gegend?
Herr Steenblock	Ja, hier in Friesland gibt es sehr viele windreiche Tage.
Paul	Arbeiten Sie jeden Tag?
Herr Steenblock	Wir arbeiten sechs Tage in der Woche.
Paul	Wann haben Sie Feierabend?
Herr Steenblock	Wir richten uns nach der Arbeit und etwas nach dem Wind. Haben wir keinen Wind, machen wir früher Feierabend. Haben wir Wind, arbeiten wir oft bis zehn Uhr abends.

Jeden Monat produziert die Windmühle zwanzig Tonnen Mehl und Futter für die Bauern und Verbraucher, die in der Umgebung wohnen.

Paul	Gefällt Ihnen Ihre Arbeit?
Herr Steenblock	Sehr.
Paul	Was machen Sie in Ihrer Freizeit? Haben Sie ein Hobby?
Herr Steenblock	Ja, ich fotografiere gerne und produziere für Interessenten dann Postkarten.
Paul	Und die Mühle selbst, ist das auch ein Hobby?
Herr Steenblock	Das ist absolut mein größtes und liebstes Hobby!

gepachtet   *leased*
als   *as; when*
die Gegend   *region, area*
wir richten uns nach der Arbeit   *we're governed by work*
der Verbraucher   *consumer*

7 *Zweimal Bonn, bitte*

About numbers, the time and buying train tickets

Radio

Sebastian, aged 7, and Jan Ole, 11, are intent on high finance. Sebastian makes sure Jan Ole repays his debts.

1

Sebastian	Ole, wieviel Taschengeld hast du noch?
Jan Ole	Oh, da muß ich mal eben nachgucken. So, *(counting)* fünfzig, sechzig, siebzig, achtzig, neunzig, eine Mark, eine Mark zehn, eine Mark zwanzig, eine Mark dreißig, eine Mark fünfunddreißig.
Sebastian	Ja, dann hast du ja genau so viel, wie du mir schuldest.
Jan Ole	Was!
Sebastian	Ja.
Jan Ole	Eine Mark fünfunddreißig! Das waren aber nur eine Mark zehn!
Sebastian	Nee, eine Mark fünfunddreißig.
Jan Ole	Eine Mark zehn.
Sebastian	Ja, meinetwegen.
Jan Ole	*(giving him the money)* Fünfzig, sechzig, siebzig, achtzig, neunzig, eine Mark und eine Mark zehn.
Sebastian	Danke.

Taschengeld   *pocket money*
da muß ich eben mal nachgucken   *I must just have a look*
so viel, wie du mir schuldest   *as much as you owe me*
war   *was*
nee   *another way of saying* nein
meinetwegen   *all right then*

At the post office, Trudel Hadrian asks about opening and closing times.

2

Frau Hadrian	Wann öffnen Sie bitte an Wochentagen?
Beamter	Wir öffnen morgens um acht Uhr.
Frau Hadrian	Und wann schließen Sie?
Beamter	Wir schließen um achtzehn Uhr.
Frau Hadrian	Und wie ist das am Wochenende, bitte?
Beamter	An Samstagen ist das Postamt bis dreizehn Uhr geöffnet. Am Sonntag bleibt es geschlossen.
Frau Hadrian	Danke schön.

wann öffnen/schließen Sie?   *when do you open/close?*
am Wochenende   *at the weekend*
geöffnet   *open*
geschlossen   *closed*

Here Susanne is explaining which buses leave from the bus stops opposite Bremen station.

3

Susanne   Gegenüber vom Bahnhof sind die Bushaltestellen. Rechts vom Bahnhof fährt die Zehn, die Sechs und die Sechsundzwanzig. Links vom Columbus Hotel fährt die Fünf und die Eins; und noch weiter links fährt der Bus vierundzwanzig, fünfundzwanzig, dreißig, einunddreißig, dreiunddreißig und vierunddreißig.

Fernsehen

At the station in Bremen, Marion Bartusch buys two second class return tickets to Bonn.

I

Marion   Zweimal Bonn, bitte. Hin und zurück.
Beamtin   Möchten Sie erster oder zweiter Klasse?
Marion   Zweiter Klasse, bitte. Was macht das, bitte?
Beamtin   Zweihundertvierundsechzig Mark. *(giving change)* Siebzig, achtzig, dreihundert.
Marion   Von welchem Gleis fährt der Zug?
Beamtin   Gleis sieben.

Bernd Wilke is going to Hamburg. He buys a single ticket.

2

Bernd	Eine Fahrkarte zweiter Klasse nach Hamburg, bitte.
Beamtin	Möchten Sie eine einfache Fahrt oder eine Rückfahrkarte?
Bernd	Einfach, bitte.
Beamtin	Einundzwanzig Mark, bitte. *(giving change)* Dreiundzwanzig, fünfundzwanzig, dreißig, fünfzig, einhundert . . . und die Karte. Bitte.
Bernd	Danke schön. Und wann fährt der nächste Zug nach Hamburg?
Beamtin	Zehn Uhr, Gleis neun.

hin und zurück   *return* (lit. *there and back*)
von welchem Gleis fährt der Zug?   *which platform does the train go from?*
eine einfache Fahrt   *single (journey)*
eine Rückfahrkarte   *return ticket*
wann fährt der nächste Zug nach . . .?   *when's the next train to . . .?*

Joachim buys a second class return to Würzburg. The next train leaves from platform five.

4

Joachim	Einmal zweiter Klasse nach Würzburg, bitte.
Beamter	Einfache Fahrt oder hin und zurück?
Joachim	Hin und zurück, bitte. Und was kostet das, bitte?
Beamter	Das kostet einhundertvierundsiebzig Mark hin und zurück.
Joachim	Ja, gut.
Beamter	Einen Moment, bitte. *(handing him the ticket)* So, einmal Würzburg hin und zurück, einhundertvierundsiebzig Mark.
Joachim	Ja. *(paying)* Bitte sehr. Sagen Sie, von welchem Gleis fährt der Zug?
Beamter	Der nächste Zug fährt von Gleis fünf.
Joachim	Und wo ist das, bitte?
Beamter	Da gehen Sie bitte hier links und dann immer geradeaus.

Heide is travelling with a friend and her small son to Salzburg. They have to change at Munich.

5

Heide	Ich möchte gerne zweieinhalbmal Salzburg, bitte.
Beamter	Möchten Sie in der zweiten Klasse fahren, oder in der ersten Klasse?
Heide	In der zweiten, bitte.
Beamter	In der zweiten Klasse. Einfache Fahrt oder hin und zurück?
Heide	Hin und zurück.
Beamter	Einen Moment, bitte. *(handing her the tickets)* So, bitte schön.
Heide	Danke schön. Was kostet das, bitte?
Beamter	Das kostet in der zweiten Klasse fünfhundertvierundachtzig Mark.
Heide	Ja, *(paying)* bitte schön.
Beamter	Danke schön.
Heide	Wann fährt der nächste Zug nach Salzburg?
Beamter	Der nächste Zug fährt um acht Uhr neun, und dann müssen Sie allerdings in München umsteigen.
Heide	Und von welchem Gleis?
Beamter	Von Gleis fünf.
Heide	Vielen Dank.

zweieinhalbmal   *two and a half (times)*
dann müssen Sie umsteigen   *then you have to change*
allerdings   *of course*

Quiz

1　How much pocket money has Jan Ole got, and how much does he think he owes Sebastian?

2　Which buses leave from the bus stop immediately to the left of the Hotel Columbus? And from the stop further on?

3　How much is a second class return ticket Bremen–Bonn? From which platform do trains to Hamburg leave? And where does Heide have to change to get to Salzburg?

4　What are these numbers in German? Write them out in full, and don't forget they're written as one word.
5, 15, 50; 6, 16, 60; 8, 18, 80; 200, 264; 320, 584.

You can buy train tickets

einmal ☝	1.Kl. erster Klasse	🚂 nach Würzburg	→ einfach
zweimal ☝☝	2.Kl. zweiter Klasse		⇄ hin und zurück

von welchem Gleis fährt der Zug?　von

Gleis 5
WÜRZBURG

wann fährt der nächste Zug nach Würzburg?　um | acht Uhr neun
zehn Uhr

And you can ask

wann | öffnen Sie?
schließen Sie?　　um | acht Uhr morgens
achtzehn Uhr

Öffnungszeiten
Montag bis Freitag   08.00 – 18.00 Uhr
Samstag   08.00 – 13.00 Uhr

Einige Vokabeln

der Zug	die Haltestelle	einfach	gucken
die Karte	der Wochentag	hin und zurück	öffnen
die Klasse	die Woche	genau	schließen
der Bus	das Wochenende		bleiben
das Gleis	das Geld		umsteigen

100

Marion Michaelis is secretary to the managing director of a shipping company. She starts work at nine, which is quite late for Germany, and finishes at five. She has a half-hour lunch break, which is never long enough. At the weekend she likes a lie-in.

6

Joachim	Frau Michaelis, sind Sie berufstätig?
Marion	Ja, ich bin Chefsekretärin in einer Schiffahrtsgesellschaft.
Joachim	Wann fangen Sie morgens an?
Marion	Oh, wir fangen spät an, um neun Uhr.
Joachim	Und wann haben Sie Feierabend?
Marion	Um siebzehn Uhr.
Joachim	Haben Sie eine Mittagspause?
Marion	Ja, leider nur eine halbe Stunde.
Joachim	Gehen Sie in dieser Mittagspause essen?
Marion	Ja, ich geh' mit Kollegen essen.
Joachim	Wo essen Sie?
Marion	In einem kleinen Restaurant in der Innenstadt.
Joachim	Und was, zum Beispiel?
Marion	Das kann ein Kotelett sein, das kann Fisch sein, das kann ein Eintopf, eine Art 'Stew', sein.
Joachim	Reicht die Mittagspause aus?
Marion	Nein, die reicht nie. Ich brauche bestimmt eine Stunde!
Joachim	Und müssen Sie die Zeit nachholen?
Marion	Nein, Gott sei Dank nicht!
Joachim	Wann stehen Sie morgens auf?
Marion	Ich stehe morgens um halb acht auf.
Joachim	Und wann gehen Sie abends zu Bett?
Marion	Na, zwischen elf, halb zwölf.
Joachim	Und am Wochenende?
Marion	Am Wochenende schlafe ich gerne lange, bis elf, halb zwölf.
Joachim	Und wann gehen Sie am Wochenende zu Bett?
Marion	Das wird dann auch spät, ein oder zwei Uhr.

wann fangen Sie an? *when do you begin?*
wann haben Sie Feierabend? *when do you finish work?*
reicht . . . aus? *is . . . long enough?*
ich brauche *I need*
nachholen *make up*
Gott sei Dank! *thank goodness!*
wann stehen Sie auf? *when do you get up?*
um halb acht *at half past seven*
schlafe ich *I sleep*

We travelled south to Würzburg, in Bavaria, **Bayern**. The market in the centre of town begins around 7 am. Many of the stall holders bring fruit and vegetables from their own gardens outside the city and some of them get up as early as three o'clock.

3

Katrin	Wann stehen Sie morgens auf?
Mann	Vier Uhr ungefähr. Viertel fünf, vier Uhr, Viertel fünf . . .
Katrin	Ist das Gemüse aus Ihrem eigenen Garten?
Mann	Ja, zu neunzig Prozent.
Katrin	Verkaufen Sie nur Gemüse oder auch Obst?
Mann	Nur Gemüse.

4

Katrin	Arbeiten Sie jeden Tag hier?
Mann	Nee, nur dreimal in der Woche: Dienstag, Mittwoch und Samstag.
Katrin	Wann stehen Sie morgens auf?
Mann	Das kommt drauf an, halb vier, drei, halb vier.

5

Katrin	Kommen Sie jeden Tag hierher?
Frau	Ja, ich komme jeden Tag.
Katrin	Auch sonntags?
Frau	Nein, nein, sonntags nicht. Die Woche ist lang genug!
Katrin	Und wie lange bleiben Sie hier?
Frau	Bis sechs Uhr abends.

> **Viertel fünf** *quarter past four* (ie a quarter of an hour on the
> way to five), but **Viertel nach vier** is more frequent.
> **halb vier** *half past three* (half an hour on the way to four).

verkaufen Sie . . . ? *do you sell . . . ?*
das kommt drauf an *it depends*
bleiben *to stay*

Throughout southern Germany the usual greeting at all times of the day
is **Grüß Gott**. Here Katrin talks to visitors in the gardens of the
Würzburg **Residenz**, a palace built for the Prince Bishops in the
18th century.

6

Katrin	Grüß Gott.
Frau	Grüß Gott.
Katrin	Woher kommen Sie?
Frau	Wir kommen aus Schweinfurt.
Katrin	Wie lange bleiben Sie in Würzburg?
Frau	Nur einige Stunden sind wir hier.
Katrin	Wie oft kommen Sie hierher?
Frau	Na, ein-, zweimal im Jahr.

7

Katrin	Wie lange bleiben Sie in Würzburg?
Mann	Nur für ein paar Stunden, weil ich hier auf der Durchfahrt in Richtung Kassel bin.
Katrin	Reisen Sie allein?
Mann	Nein, ich bin zusammen mit meiner Frau unterwegs.

8

Katrin	Wie lange bleiben Sie hier?
Frau	Na, jetzt ungefähr noch 'e halbe Stunde.

| *Katrin* | Gefällt Ihnen der Garten der Residenz? |
| *Frau* | Der gefällt uns sehr, sehr gut, ja. |

einige, ein paar *a few*
weil *because*
auf der Durchfahrt *passing through*
'e *typical Bavarian way of saying* eine

More questions about work, and more answers

wann | stehen Sie morgens auf?
     | fangen Sie morgens an?
     | haben Sie Feierabend?

ich | stehe morgens um halb acht auf
    | fange um neun Uhr an
    | habe um siebzehn Uhr Feierabend

haben Sie eine Mittagspause?

ich habe | eine Stunde Mittagspause
         | (leider nur) eine halbe Stunde

wo essen Sie?

in einem kleinen Restaurant/in der Kantine/zu Hause

wie lange bleiben Sie | hier?
                      | in Würzburg?

bis | sechs Uhr abends
    | achtzehn Uhr
nur einige/ein paar Stunden

die Woche				
Montag	Dienstag	Mittwoch	Donnerstag	Freitag
Mo	Di	Mi	Do	Fr
Samstag (Sonnabend)			Sonntag	
Sa			So	

Einige Vokabeln

der Chef	die Zeit	lang	anfangen
der Kollege	die Stunde	genug	schlafen
die Kollegin	eine halbe Stunde	bestimmt	verkaufen
der Feierabend	eine Viertelstunde	zwischen	
die Mittagspause	vormittags	einige (pl)	

103

die Zeit

To ask the time you say **wie spät ist es?**
or **wieviel Uhr ist es?**

es ist ein Uhr   **es ist zwei Uhr**   **es ist acht Uhr**

For all official purposes, train times, etc., the 24-hour clock is used:

| **14** | **00** | es ist vierzehn Uhr | **20** | **00** | es ist zwanzig Uhr |

The 24-hour clock is used in private life for clarity, though generally people use the 12-hour clock:

es ist acht Uhr morgens/vormittags
es ist zwei Uhr nachmittags
es ist acht Uhr abends

halb acht

Germans count the half hour *to* the next hour:

es ist halb acht   **es ist halb neun**
it's half past seven   *it's half past eight*

So don't turn up an hour late for an appointment!

Other times are quite straightforward:

fünf nach acht   **Viertel nach acht**
or **acht Uhr fünf**   or **acht Uhr fünfzehn**

Viertel vor neun   **fünf vor neun**
or **acht Uhr fünfundvierzig**   or **acht Uhr fünfundfünfzig**

Einige Verben

Some English verbs behave unusually. For example, you can say *bring in the drinks*, but you can't say *bring in them*. Although *in* goes with *bring*, it's separated from it: *bring them in*. In German there are many verbs like this:

wann **fangen** Sie morgens **an?** (anfangen)
ich **stehe** um halb acht **auf** (aufstehen)
Sie **steigen** am Marktplatz **aus** (aussteigen)

After **können** and **müssen** the two parts join up:

> ich **kann** um acht Uhr **anfangen**
> Sie **müssen** um halb acht **aufstehen**
> dann **müssen** Sie in München **umsteigen**

These 'separable' verbs play a large part in providing German with the verbs it needs. You can get a whole lot of verbs from one basic one by the addition of a 'separable' prefix:

kommen *(to come)*

ankommen	*to arrive*	herauskommen	*to come out*
mitkommen	*to come with*	heraufkommen	*to come up*
zusammenkommen	*to come together*	herunterkommen	*to come down*
nachkommen	*to follow*	vorkommen	*to happen*
durchkommen	*to come through,*	vorbeikommen	*to drop by*
	to be connected (on telephone)	entlangkommen	*to come along*
hereinkommen	*to come in*		*(the street)*

PROBIEREN SIE MAL!

1   **Wie spät ist es?**

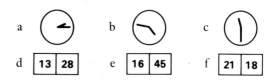

a   b   c

d | 13 | 28 | e | 16 | 45 | f | 21 | 18 |

2   **Zweimal zweiter Klasse nach Bonn, bitte**
There's a queue of people buying tickets at Bremen railway station. What do they ask for?

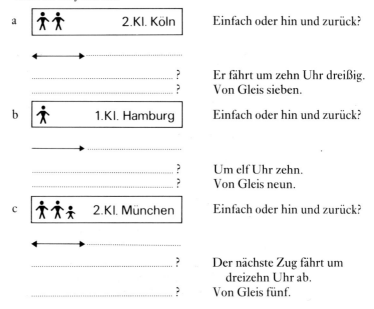

a | 2.Kl. Köln | Einfach oder hin und zurück?

.... ?   Er fährt um zehn Uhr dreißig.
.... ?   Von Gleis sieben.

b | 1.Kl. Hamburg | Einfach oder hin und zurück?

.... ?   Um elf Uhr zehn.
.... ?   Von Gleis neun.

c | 2.Kl. München | Einfach oder hin und zurück?

.... ?   Der nächste Zug fährt um
                                                              dreizehn Uhr ab.
.... ?   Von Gleis fünf.

105

3 Wann ist das Schiffahrtsmuseum geöffnet?

Schiffahrtsmuseum Geöffnet: werktags 10.00–17.00 Uhr sonn- und feiertags 12.00–17.00 Uhr	**Café Linden** Mo. Ruhetag Geöffnet Di.–So. 9.00 bis 21.00 Uhr

Deutsche Bank
Montag mit Freitag von 8.30 bis 12.30 Uhr
13.45 bis 15.45 Uhr
Donnerstag bis 17.30 Uhr

Residenzgarten
Geöffnet täglich
von 9.30 Uhr bis Sonnenuntergang

BREMER RATSKELLER

Täglich geöffnet
von 10 bis 24 Uhr
kein Ruhetag

Friseur Meinberg
Montag Ruhetag
Dienstag bis Freitag 8.30–17.30 Uhr
Samstag 8.30–14.00 Uhr

Kann man das Schiffahrtsmuseum am Sonntagmorgen besichtigen?
Bis wann kann man täglich im Residenzgarten sitzen?
Von wann bis wann kann man montags im Café Linden essen?
Bis wann ist die Deutsche Bank donnerstags geöffnet?
Wann hat der Bremer Ratskeller Ruhetag?
Wann hat die Deutsche Bank Mittagspause?
Wann schließt der Friseur Meinberg am Samstag?
Wann ist das Café Linden dienstags geöffnet?

4 Wann fährt der nächste Zug nach Frankfurt?

21.00		
21.04 ⚔	128 *Johann Strauß* Aschaffenburg 21.54 – **Frankfurt (M) 22.27**	5
21.06 D 2653 außer ⑥ nicht 25. XII., 22. IV.	Rottendorf 21.13 – Schweinfurt 21.34 – Haßfurt 21.49 – **Bamberg 22.15**	4
✗ **21.10** 3343 ● außer ⑥ nicht 6. I., auch 1. XI.	Marktbreit 21.33 – **Ansbach 22.13** Hält auch in Goßmannsdorf	6
21.55 ⚔ **Nürnberg**	627 *Walhalla* Fürth (Bay.) 22.46 – Nürnberg 22.54 – außer ⑥, nicht 24. bis 31. XII., 20. bis 22. IV. **Regensburg 23.58**	3
21.58 D 787 außer ⑥ nicht 25. XII., 20. bis 22. IV., auch 7. IV.	Ansbach 22.48 – Augsburg 23.53 – **München 0.32**	2

a   Wann fährt der nächste Zug nach Frankfurt?
Wann kommt der Zug in Frankfurt an?
Von welchem Gleis fährt der Zug?
Ist der Zug ein Intercity?
Hat der Zug einen Namen?
Hat der Zug einen Speisewagen?

b   Welchen Namen hat der nächste Zug nach Nürnberg?
Um wieviel Uhr kommt der Zug in Nürnberg an?
Von welchem Gleis fährt der Zug?
Fährt der Zug am fünfundzwanzigsten Dezember?

c   Hält der nächste Zug nach Ansbach in Goßmannsdorf?
Ich möchte nach Regensburg fahren. Muß ich umsteigen?
Wann fährt der Zug nach Rottendorf ab?
Wie lange dauert die Fahrt?

abfahren   *to leave, depart (sep. vb.)*

5   **Wann stehen Sie morgens auf?** How would these two people answer your questions?

a   Gerhard Herlyn ist Landwirt. Er steht jeden Morgen um vier Uhr dreißig auf, auch sonntags, und arbeitet bis neunzehn Uhr. Mittags macht er zu Hause zwei Stunden Pause.

Herr Herlyn, wann stehen Sie morgens auf?
Jeden Tag?
Auch sonntags?
Wann haben Sie Feierabend?
Haben Sie eine Mittagspause?
Wo essen Sie mittags?
Wie lange bleiben Sie da?

b   Stefan Zeller verkauft jeden Dienstag, Mittwoch und Samstag Gemüse auf dem Würzburger Markt. Er steht dann morgens um Viertel nach vier auf. Der Markt fängt um sieben Uhr an; Feierabend ist um achtzehn Uhr. Herr Zeller macht in einem Café eine halbe Stunde Mittagspause. Er ißt dort ein Käsebrot und trinkt ein Glas Bier. Er wohnt nicht in Würzburg; die Fahrt nach Hause dauert eineinhalb Stunden.

Arbeiten Sie jeden Tag hier?
Wann stehen Sie dann morgens auf?
Und wann fangen Sie mit der Arbeit an?
Haben Sie eine Mittagspause?
Wo essen Sie dann?
Was essen Sie mittags?
Und was trinken Sie?
Wie lange ist Ihre Mittagspause?
Wie lange bleiben Sie auf dem Markt?
Wie lange dauert die Fahrt nach Hause?

Wann fangen Sie morgens mit der Arbeit an?

In Germany the day begins early. School starts at 8 and most post offices and chemists' open then. Banks and some doctors' surgeries open half an hour later. Many office workers are at their desks as early as 7.30. Around 8 is a good time to make that business telephone call.

An early start has its compensations. **Feierabend** begins early and by half past four many people are already on their way home. Those with only half an hour for lunch, which is by no means unusual, may even finish by 4. But starting early can mean a hurried breakfast, so at about 9 many firms have a break for a second breakfast, **das zweite Frühstück**, which can be anything from a **Brötchen** to a full-scale meal.

Early rising has one more consequence: the weekend lie-in is often sacrosanct. If you want to remain friends, don't ring anyone before 11 at the weekend!

Gleitende Arbeitszeit

Flexitime, **gleitende Arbeitszeit**, is more widespread than in Britain. People can, for example, choose to start work at any time between 7 and 9 and finish at any time between 3 and 6.30, as long as they work the required number of hours overall. One North German firm found that 40% of its workers chose to start at 7, 40% at 9 and the rest started at varying hours in between.

Shops

Shops usually open between 7 and 9 and close at 6 or 6.30. Supermarkets and bigger shops are often open all day, but smaller ones may have anything up to a two-hour break for lunch. On Saturdays most shops are only open in the morning, except for the first Saturday in each month, the so-called 'long Saturday', **langer Samstag** – and on Saturdays in December for Christmas shopping – when they stay open all day.

Hairdressers and banks

A word of caution. Don't try to get your hair done on a Monday. On Mondays hairdressers are closed all day. And don't run out of money at lunch time. Banks often close for as long as two hours.

Die Deutsche Bundesbahn

German Railways operate around 20,000 trains daily over a network of 15,000 miles. Trains are frequent and fast, especially the **IC**, intercity trains, though on these and on the **TEE**, the **Trans-Europ-Express**, you have to pay a supplement. On all trains, children up to the age of four travel free, and from four to eleven at half price.

If you want to tour the country by rail, you can buy a Tourist Card, **die Tourist-Karte** (available only to visitors from abroad). This provides unlimited first or second class travel for 9 or 16 days, on intercity as well as local trains.

 Auskunft
Advice and information

 Fahrkartenschalter
Ticket offices

Platzkarten
Seat reservations

Gepäckwagen
Luggage trolleys

Schlafwagenkarten
Sleeper reservations

Schließfächer
Left-luggage lockers

Liegekarten
Couchette reservations

Gepäckaufbewahrung
Left luggage office

Reiseversicherung
Travel insurance

 Die Vogelfluglinie *Route by rail and sea to Scandinavia*

Numbers, numbers and more numbers!

In this conversation at the post office, eight different numbers are used. What are they? And what's the total – in German – if you add them all together?

Beamter	Guten Tag.
Kunde	Ich hätte gerne zwanzig zu achtzig und zehn zu sechzig.
Beamter	Ja, gern. *(handing him the stamps)* So, bitte schön. Das macht zweiundzwanzig Mark.
Kunde	*(paying)* Bitte schön.
Beamter	Ja, danke schön.
Kunde	Eine Frage, wann ist die nächste Leerung?
Beamter	Die nächste Leerung ist um siebzehn Uhr.
Kunde	Wie spät ist es momentan?
Beamter	Es ist jetzt sechzehn Uhr fünfzehn.
Kunde	Danke schön.

die nächste Leerung *next collection*
momentan *at the moment*

Rätsel
Take the number of Heide's car *(p. 29)*
Add the number of the room she books at Hotel Columbus *(p. 57)*
Subtract the number of pfennigs it costs to send a postcard to Great Britain *(p. 41)*
Subtract Joachim's age *(p. 15)*
Multiply by the number of minutes it takes to get from the Markplatz in Bremen to the Schnoor *(p. 85)*
And add the year when Gerhard Herlyn's father bought the farm *(p. 89)*

Und was macht das zusammen? – auf deutsch, natürlich!

Würzburg

Würzburg lies on the river Main, in northern Bavaria. Established in early mediaeval times, it grew in importance over the centuries as the capital of the principality of Franconia, seat of the ruling Prince Bishops, **die Fürstbischöfe**.

One of the city's great periods of expansion was in the century and a half that followed the Thirty Years' War, the ferocious religious war that swept Germany between 1618 and 1648. New building flourished under the rule of the Schönborn family of Prince Bishops. The greatest achievement was undoubtedly the building of the **Residenz**, begun in 1720.

Designed and supervised by the court architect, Balthasar Neumann, it took over twenty years to complete. Only then could work begin on the decoration of the interior and the landscaping of the gardens. Some of the most famous artists and craftsmen were summoned to Würzburg, from Vienna, Venice and Paris, the result being remarkable for its architectural homogeneity and coherence of style.

Where can you find six thousand roses in the centre of town?
For how many years has Mr Haberland been gardener at the Residenz?
Between getting up and going to work, how long does he take?
Why does he like his job even when it's raining?
What did the Prince Bishop want for his city?

*Würzburg liegt in Nordbayern, am Main. Der Markt in der Altstadt
beginnt schon früh am Morgen, zwischen sieben und acht Uhr. Die
Marktleute bringen frisches Obst und Gemüse, meist aus ihren eigenen
Gärten: Tomaten und Gurken, Zwiebeln, Bohnen und Karotten. Viele
Marktleute wohnen auf dem Land und müssen daher sehr früh aufstehen,
um rechtzeitig in der Stadt zu sein.*

*Mitten in der Stadt liegt ein schöner, ruhiger Garten. Er gehört zur
Residenz, dem herrlichen Würzburger Barockschloß. Es gibt dort genug
Arbeit für zwölf Gärtner, denn dieser Garten ist groß, mit mehr als
sechstausend Rosen. Herr Haberland ist Gärtner von Beruf.*

Katrin	Wie lange arbeiten Sie schon im Garten der Residenz?
Herr Haberland	Im Garten der Residenz zweiundzwanzig Jahre, im gesamten Berufsbild sechsundzwanzig Jahre.
Katrin	Wann müssen Sie morgens aufstehen?
Herr Haberland	Aufstehen um fünf Uhr dreißig und Richtung Arbeit um sechs Uhr dreißig.
Katrin	Gefällt Ihnen die Arbeit hier?
Herr Haberland	Ja, sie gefällt mir.
Katrin	Warum?
Herr Haberland	Man ist an der frischen Luft, sowohl bei Sonne wie bei Regen.

*Der Garten liegt hinter der Residenz. Das Schloß war im achtzehnten
Jahrhundert die Residenz der Fürstbischöfe von Würzburg. Der Fürstbischof
Friedrich-Karl von Schönborn bestellte die besten Künstler Europas nach
Würzburg, aus Wien, Venedig und Versailles. Für seine Stadt war nur das
Beste gut genug.*

*Heute kommen pro Jahr etwa eine Million Menschen nach Würzburg, um
die Residenz und ihren Rosengarten zu besuchen.*

daher   *therefore*
rechtzeitig   *on time*
mitten in   *in the middle of*
im gesamten Berufsbild   *all together in the job*
sowohl . . . wie   *(more usually* sowohl . . . als auch . . .*)   as well as . . .*
im achtzehnten Jahrhundert   *in the 18th century*

8 | *Grüß Gott!*

Talking about your stay and about finding a job

Radio

We made most of the recordings for the next few radio programmes in Regensburg, in eastern Bavaria. Regensburg, on the river Danube, **die Donau**, is a city with a great historical heritage and it attracts many visitors. Here Ilse Wojaczek is talking to a visitor from Munich. She's only in Regensburg for the day, but certainly intends to come back.

I

Ilse	Grüß Gott.
Touristin	Grüß Gott.
Ilse	Wie ist Ihr Name, bitte?
Touristin	Ursel Grimm.
Ilse	Und woher kommen Sie?
Touristin	Aus München.
Ilse	Ist das weit von hier?
Touristin	Ich glaube ungefähr hundertsiebzig Kilometer.
Ilse	Gefällt es Ihnen hier in Regensburg?
Touristin	Ja.
Ilse	Wie lange sind Sie schon hier?
Touristin	Einen ganzen Tag bin ich hier.
Ilse	Und wie lange bleiben Sie noch?
Touristin	Nur bis heute abend, leider.
Ilse	Was haben Sie schon gesehen von Regensburg?
Touristin	Verschiedene Kirchen, hübsche Geschäfte, hübsche Straßen, schöne Winkel ...
Ilse	Und was wollen Sie sich noch alles anschauen?

Ilse
Wojaczek

Touristin	Eigentlich nicht mehr viel, da wir heute nicht mehr viel Zeit haben. Aber wir kommen bestimmt wieder.
Ilse	Dann wünsche ich Ihnen noch viel Vergnügen. Auf Wiedersehen.
Touristin	Danke. Auf Wiedersehen.

gefällt es Ihnen hier? *do you like it here?*
heute *today*; heute abend *this evening*
hübsch *pretty*
der Winkel *corner*
anschauen *see, look at*
da *as, because*
das Vergnügen *pleasure*

Richard Kerler is a student, born and bred in Regensburg. In typical Bavarian fashion he rolls his r's on the tip of his tongue, as you'll hear in the radio programme.

2
Richard	Mein Name ist Richard, ich wohne hier in Regensburg, bin sechsundzwanzig Jahre alt und studiere hier in Regensburg Griechisch, Latein und Deutsch. Ich wohne zu Hause bei meinen Eltern. Nebenbei mache ich Stadtführungen, um mir als Student Geld zu verdienen.

Griechisch, Latein *Greek, Latin*
die Eltern (pl) *parents*
die Stadtführung *guided tour of the town*
um ... zu verdienen *(in order) to earn ...*

Ilse asks him more about his holiday job.

3
Ilse	Wann haben Sie Semesterferien?
Richard	Ich habe zweimal im Jahr Semesterferien, im Sommer von August bis Oktober und im Frühjahr von März bis Mai.
Ilse	Und was tun Sie in den Ferien?
Richard	Wozu ich Lust habe. Entweder verreise ich, oder ich studiere, oder ich verdiene Geld.
Ilse	Und womit verdienen Sie Ihr Geld?
Richard	Ich führe Touristen durch Regensburg.
Ilse	Im Winter und im Sommer?
Richard	Im Winter und im Sommer.
Ilse	Und woher kommen diese vielen Touristen?
Richard	Sie kommen aus der ganzen Welt. Sie kommen aus Deutschland, sie kommen aus England, sie kommen aus den USA, sie kommen aus China, sie kommen aus Japan, aus Spanien, Italien, Schweden, Norwegen.
Ilse	Und wieviel verdienen Sie dabei?
Richard	Ich bekomme für jede Führung vierzig D-Mark.

Richard
Kerler

die Semesterferien (pl) *university vacation*
tun *do*
wozu ich Lust habe *whatever I want to*
entweder ... oder ... *either ... or ...*
aus der ganzen Welt *from all over the world*

Quiz

1 Woher kommt Frau Grimm?
Wie lange ist sie schon in Regensburg?
Wie lange bleibt sie noch?
Glaubt sie, daß sie wiederkommt?

2 Wie oft im Jahr hat Richard Semesterferien?
Und von wann bis wann?
Wann führt er Touristen durch Regensburg?
Und woher kommen die Touristen?

3 **Die Monate.** Put them in the right order!
Mai, November, Juli, Januar, März, Dezember, August, Februar,
Juni, April, Oktober, September.

---

  wie oft?

| einmal zweimal dreimal | am Tag in der Woche im Monat im Jahr |

die Jahreszeiten

der Frühling	–	im Frühling		
oder das Frühjahr		im Frühjahr	–	im April
der Sommer	–	im Sommer	–	im Juli
der Herbst	–	im Herbst	–	im Oktober
der Winter	–	im Winter	–	im Dezember

die Touristen kommen aus der ganzen Welt:

| aus | Deutschland Österreich England Schottland Frankreich Spanien Italien Griechenland | aus | Schweden Norwegen Finnland Dänemark Holland China Japan Jugoslawien | aus der | Schweiz Türkei Tschechoslowakei Sowjetunion |
| | | | | aus den | USA (pl) |

sie kommen:

| aus | München Köln Braunschweig Basel Wien | aus | London Paris Rom Mailand Venedig | aus | Oslo New York Prag Moskau Athen |

Einige Vokabeln

der Tourist	die Eltern (pl)	heute	verdienen
die Touristin	die Ferien (pl)	bei	wünschen
die Stadtführung	das Vergnügen	dabei	tun
die Welt	hübsch	nebenbei	
das Geschäft	schön	später	

Finding a job these days can be difficult. In Würzburg, Barbara Haltenhof is a counsellor at the local job centre, **das Arbeitsamt**. She's particularly concerned with school leavers.

Barbara
Haltenhof

1

Frau Haltenhof   Ich bin Berufsberaterin hier, das heißt, ich helfe Jugendlichen, die mit der Schule fertig sind, einen Beruf zu finden.

Katrin   Arbeiten Sie gern hier?

Frau Haltenhof   Ja, ich arbeite hier sehr gern.

At the job centre they're not always able to help. They find it particularly hard to place university graduates.

Katrin   Und wie ist das mit den Studenten, die ihr Studium hier in Würzburg jetzt beendet haben?

Frau Haltenhof   Nun, da haben wir auch Probleme, besonders mit den Lehrern, die sehr schwer eine Anstellung finden.

Katrin   Ist Ihre Arbeit nicht auch oft frustrierend?

Frau Haltenhof   Ja, manchmal schon und besonders dann natürlich, wenn man einem Jugendlichen nicht helfen kann.

> der Jugendliche   *young person*
> die Anstellung   *employment, post*
> besonders   *particularly*

Kurt, Angelika and Dieter all studied economics at Würzburg University, but none of them has been able to find a job yet.

2

Kurt   Ich habe noch keine Arbeitsstelle.

Katrin   Suchst du eine?

Kurt   Ich suche eine, habe aber noch keine gefunden.

Katrin   Wie lange suchst du schon?

Kurt   Ich suche jetzt schon seit drei Monaten.

3

Katrin   Hast du hier eine Arbeitsstelle?

Angelika   Nein, ich suche eine Arbeitsstelle.

Katrin   Was möchtest du machen?

Angelika   Ich würde gerne in der Industrie arbeiten oder in einer Marketingabteilung oder eventuell in einer Bank.

4

Katrin   Ist es schwierig, so eine Arbeit zu finden?

Dieter   Ja, es ist zur Zeit sehr schwierig, so eine Arbeit zu finden.

Angelika's husband works in Würzburg and she hopes to find a job there.

5

Katrin   Glaubst du, daß du in Würzburg etwas findest?

Angelika   Ja, ich hoffe es, denn mein Mann ist in Würzburg berufstätig, und aus dem Grunde möchte ich gern in Würzburg bleiben.

> suchst du eine?   *are you looking for one?*
> die Abteilung   *department*
> schwierig   *difficult*
> aus dem Grunde   *for that reason*

Was möchtest du machen?	*What would you like to do?*

The verb expressing what you'd like to do comes at the end. It's in the 'infinitive' form (eg **machen** *to do*, **bleiben** *to stay*, **werden** *to become*), which is how you'll find it listed in dictionaries.

Radio

Richard would like to become a teacher, but prospects are bleak. Although he doesn't think there's much chance, he keeps on hoping.

4

Ilse	Was möchten Sie werden?
Richard	Ich möchte einmal Lehrer werden.
Ilse	Wo wollen Sie arbeiten?
Richard	Wenn ich darf, will ich in Regensburg arbeiten.
Ilse	Ist es schwierig, eine Arbeitsstelle in Regensburg zu finden?
Richard	Ja, es ist sehr schwierig.
Ilse	Schwieriger als in anderen Städten?
Richard	Ich glaube schon, denn in Regensburg gibt es sehr wenig Industrie, und man muß viel mehr suchen als in anderen Städten.
Ilse	Und finden die meisten Studenten hier sofort eine Stelle?
Richard	Nein, jeder muß einige Wochen oder Monate suchen.

Trudi Lechner would also like to be a teacher. It's not a question of where she wants to work, she says, but whether she can find work. She's talking here to Susanne Benninger.

5

Susanne	Studierst du noch?
Trudi	Ja. Ich studiere Englisch und Kunsterziehung hier in Regensburg.
Susanne	Wie viele Studenten gibt es wohl ungefähr in Regensburg?
Trudi	Das weiß ich nicht genau, aber ich glaub' ungefähr zwölftausend.
Susanne	Was möchtest du denn werden?
Trudi	Ich möchte mal Lehrerin werden.
Susanne	Und wo willst du dann arbeiten?
Trudi	Das ist mir egal. Die Frage ist, ob ich arbeiten kann.
Susanne	Ist es denn schwierig, eine Arbeitsstelle zu bekommen?
Trudi	Ja, sehr schwierig.
Susanne	Ist es in Regensburg schwieriger als in anderen deutschen Städten?
Trudi	Nein, ich glaub', das ist überall gleich schwer.
Susanne	Glaubst du, daß du etwas finden wirst?
Trudi	Nach langem Suchen glaub' ich schon, ja.

Trudi
Lechner

wenn ich darf   *if I can* (lit. *am allowed to*)
sehr wenig   *very little*
die meisten (pl)   *most*
die Kunsterziehung   *art education*
das ist mir egal   *I don't mind* (lit. *it's all the same to me*)
ob   *whether*

Quiz   1   Was ist Barbara Haltenhof von Beruf?
Gefällt ihr ihre Arbeit?
Wann ist ihre Arbeit besonders frustrierend?
Seit wann sucht Kurt eine Arbeitsstelle?
Hat Angelika schon eine Arbeitsstelle?
Was möchte sie gerne machen?
In welcher Stadt möchte sie arbeiten?

2   Was möchte Richard werden?
Wo möchte er arbeiten?
Ist es leicht, in Regensburg eine Arbeitsstelle zu finden?
Wie lange müssen die meisten Studenten eine Stelle suchen?
Was studiert Trudi?
Wie viele Studenten gibt es ungefähr in Regensburg?
Was möchte Trudi werden?
Glaubt Trudi, daß sie eine Stelle findet?

You can now talk about what you'd like to do or be

| was möchtest du machen? | ich möchte gern in der Industrie arbeiten |
| was möchten Sie werden? | ich möchte einmal Lehrer werden |

Are things difficult or easy to do?

ist es | schwierig, leicht, | eine Arbeit zu finden?
eine Arbeitsstelle zu bekommen?
Lehrer zu werden?

zu finden, **zu bekommen** and **zu werden** come at the end.

You can ask people what they think

glaubst du, daß | du in Würzburg etwas findest?
Trudi eine Stelle bekommt?

and give your own opinion

ich glaube schon
ich glaube, daß ich in Würzburg etwas finde

After **daß**, once again the verb comes at the end.

Einige Vokabeln

der Lehrer	die Abteilung	schwer	manchmal
der Student	die Industrie	schwierig	überall
die Universität	das Problem	wenig	enden
die Arbeitsstelle	der Jugendliche	fertig	hoffen
der Grund	besonders	sofort	suchen
	frustrierend	oft	

ich helfe Jugendlichen, die . . .

In a sentence, we often add a description of people or things using *who* or *which* ('relative pronouns') as link words: *I help young people who have left school to find a job.*

In German, the link word is the appropriate form of **der**, **die** or **das** and the verb comes at the end of this part of the sentence:

> ich helfe Jugendlichen, **die** mit der Schule fertig **sind**, einen Beruf zu finden
> wir haben Probleme mit den Lehrern, **die** sehr schwer eine Anstellung **finden**
> Heide hat eine Tochter, **die** das Gymnasium **besucht**
> sie hat einen Hund, **der** Wastl **heißt**
> die Touristen, **die** Richard durch Regensburg **führt**, kommen aus der ganzen Welt

Don't let these complex sentences alarm you; they are no more complicated than those we use in English. And you don't need to use these 'relative clauses' yourself until you feel ready. You can always say the same thing more simply:

> Richard führt Touristen durch Regensburg. Sie kommen aus der ganzen Welt.

Remember, by using your common sense and experience you can always understand much more than you've learnt!

seit

seit is used for any activity that began in the past and is still going on. The verb is in the present tense:

> ich suche **seit drei Monaten** eine Arbeitsstelle   *I've been looking for a job for three months*
> wir sind **seit 1895** Schwarzbuntzüchter   *we've been breeders of German Friesians since 1895*

PROBIEREN SIE MAL!

1   **Wie oft?** You're a creature of habit. Each year you go on holiday once and to the dentist twice; each month you go to the hairdresser's once and visit your parents three times; you work in the garden three or four times a week, go shopping twice and go to church every Sunday; you watch television every evening; and you take tablets three times a day. Choose suitable time expressions to answer these questions:

Wie oft machen Sie Urlaub?   Wie oft kaufen Sie ein?
Wie oft arbeiten Sie im Garten?   Wie oft gehen Sie zum Friseur?
Wie oft gehen Sie zur Kirche?   Wie oft gehen Sie zum Zahnarzt?
Wie oft besuchen Sie Ihre Eltern?   Und wie oft nehmen Sie Tabletten?
Wie oft sehen Sie fern?

2 Woher kommen sie?

3 Ich möchte . . .

The family is discussing holidays. Mother and father want to go to the south of Spain, Birgit is a student and needs to earn some money, Petra plans to go to London, Uncle Peter **(Onkel Peter)** hopes to visit his son in Finland, Rolf intends sleeping every morning till eleven and Grandma and Grandpa prefer to stay at home.

How would they all say what they'd like to do? Start each sentence with **ich möchte . . .** or **wir möchten . . .**

Now you say what they'd each like to do. Start this time with **er** or **sie möchte . . .** or **sie möchten . . .**

4

You've hit on a bad hotel in an expensive town and are letting off steam. Complete the sentences with pairs of words from the list.

schwierig . . . zu finden	teuer . . . zu übernachten
verboten . . . zu parken	unmöglich . . . zu bleiben
nicht gut . . . zu essen	frustrierend . . . zu haben

Es ist . . . , in dieser Stadt . . .
Es ist . . . , ein gutes Hotel . . .
Es ist . . . , im Hotelzimmer kein Telefon . . .
Es ist . . . , jeden Tag Kohl und Pinkel . . .
Es ist . . . , das Auto in der Nähe . . .
Es ist . . . , hier . . . !

5

Hans has announced that he wants to become a teacher. Fill in below what his friends think.

Helga glaubt, daß er bestimmt etwas findet.
Dieter glaubt, daß ....
Gabi ....
Hugo ....
Berthold ....
Barbara ....

6 **A week in the life of Petra –** a student who has just started a holiday job in a jam factory. She describes it to her friend Bettina and goes on to tell her about her other activities. Can you complete the letter, using these words?

seit Montag	Heute abend
am Dienstag	morgens
am Freitag	sofort
Am Samstag	später
am Sonntag	seit
Sonntag	abends
eine halbe Stunde	

In a letter **Du** and **Dein** are written with a capital.

JULI

22 Mo	7³⁰ Uhr Marmeladenfabrik (bis Mitte Sept.)
23 Di	17¹⁵ Uhr Arzt
24 Mi	Roland Geburtstag 8⁴⁵ Uhr Kino
25 Do	
26 Fr	Marion und Martin, Café Linden
27 Sa	Mutti Geburtstag – München
28 So	15²² Uhr Bettina – bis Dienstag

Nürnberg, den 24. Juli 1985

Liebe Bettina,

vielen Dank für Deinen Brief. Das ist aber schön, daß Du nächsten .... kommst! Um wieviel Uhr fährst Du .... zurück nach Berlin? Ich hoffe abends. Ich habe nämlich .... einen Job in einer Marmeladenfabrik. Marmelade, Marmelade, Marmelade den ganzen Tag, von .... bis .... Wir haben .... Mittagspause und eine Viertelstunde Kaffeepause, um zehn. Nach der Pause geht's .... wieder an die Arbeit – Himbeer-marmelade, Erdbeermarmelade, Aprikosenmarmelade!

.... treffe ich Roland, denn er hat Geburtstag und will in einen James Bond Film gehen. Und .... treffe ich Marion in einem Café, wo Martin (ihr Mann) Gitarre spielt. Weißt Du eigentlich, daß Marion .... drei Monaten verheiratet ist?

.... fahre ich nach München, weil meine Mutter Geburtstag hat (alle haben Geburtstag!). Aber ich nehme .... einen Zug, der um 15.24 Uhr in Nürnberg ankommt. Dein Zug kommt dann fünf Minuten .... Treffen wir uns also am Gleis acht, wo Dein Zug ankommt, ja?

Bis Sonntag, also!
Viele Grüße,

Petra

MAGAZIN

Das Arbeitsamt

In 1983 there were 2.2 million unemployed in the Federal Republic and roughly 12,000 in Würzburg. With 7.3% unemployed, Würzburg was doing slightly better than the national average. By the beginning of 1984, the national figure was $2\frac{1}{2}$ million.

Arbeitsämter operate a nationwide computerised system, showing jobs available according to trade, town and Federal State, updated daily. In theory an unemployed farmworker in Schleswig-Holstein or lathe operator in Stuttgart can discover at the touch of a button where to go to find work. They also offer professional counselling and advice, run training, retraining and job-creation schemes, and administer unemployment benefit.

The industrial revolution passed Würzburg by. Many find its lack of heavy industry one of its more attractive features. But it means that many job-seekers, in particular graduates from Würzburg's own university, find they have to gravitate to one of the larger industrial-commercial centres such as Frankfurt or Stuttgart to find work which suits their aspirations.

Regensburg

Regensburg is at least 2,000 years old. It was an early Celtic settlement, then a Roman fortified encampment, *Castra Regina*, built in AD 179 by Emperor Marcus Aurelius. It lies on the northernmost point of the Danube which was at that time a *limes*, or frontier, of the Roman Empire. Signs of its Roman origins are visible today in the great stone blocks of the *Porta Praetoria*, a main gateway into the city. And it's not difficult to imagine that the elegant ironwork decorating the city reflects the traditional craft of the Celts.

Regensburg was the first capital city of the Bavarian Dukes. In mediaeval times it was one of the great political and economic centres of Europe. You need only wander through the narrow streets of the **Altstadt**, or stand on the river bank by the 12th-century stone bridge, **die Steinerne Brücke**, to sense the timeless quality of the city. It's one of the few surviving mediaeval towns in Germany and today it's a thriving, bustling place. It was granted its own university in the 1960s which now has around 12,000 students.

Finding a job in Regensburg is no easier than in many other German cities.

Radio	**Ich möchte einmal Lehrerin werden**

Dorle Adler goes to the **Goethe Gymnasium** in Regensburg, where she's in the thirteenth and final year of her schooling. The school is named after the great poet, dramatist and novelist, Johann Wolfgang von Goethe. Here Dorle is talking to Susanne Benninger.

What's Dorle's full name?
How many pupils are there in the Goethe Gymnasium?
How long does morning school last?
On which two days does Dorle go to school in the afternoon?
What's her other main subject besides history?
What would she like to be?
What will she do if she doesn't get a job?

Susanne	Wie heißt du, bitte?
Dorle	Ich heiße Dorle Adler. Dorle ist eine Abkürzung für Dorothea.
Susanne	Und wie alt bist du?
Dorle	Ich bin achtzehn Jahre alt.
Susanne	Gehst du noch zur Schule?
Dorle	Ja, ich besuche das Goethe Gymnasium in Regensburg. Das ist eine Schule für Jungen und Mädchen.
Susanne	Wie viele Schüler hat dieses Gymnasium?
Dorle	Die Schule hat ungefähr tausend Schüler.
Susanne	Wann gehst du morgens zur Schule?
Dorle	Der Unterricht beginnt um acht Uhr und dauert bis eins.
Susanne	Gehst du auch nachmittags zur Schule?
Dorle	Zweimal in der Woche hab' ich nachmittags Unterricht, am Dienstag und Mittwoch.
Susanne	Hast du auch samstags Unterricht?
Dorle	Nein, samstags haben wir keine Schule.
Susanne	In welcher Klasse bist du?
Dorle	Ich bin in der dreizehnten Klasse und mache heuer Abitur.
Susanne	Welche Hauptfächer hast du?
Dorle	Meine Hauptfächer sind Englisch und Geschichte.
Susanne	Was möchtest du einmal werden?
Dorle	Ich möchte einmal Lehrerin werden.
Susanne	Und wo willst du gerne studieren?
Dorle	Ich möchte hier in Regensburg studieren.

Dorle
Adler

Susanne	Glaubst du, daß du eine Stelle bekommst?
Dorle	Ich hoffe es, aber ich fürchte nicht.
Susanne	Und wenn nicht?
Dorle	Ich weiß noch nicht, was ich dann mache.

eine Abkürzung *abbreviation*
der Unterricht *lessons, teaching*
heuer *(in Bavarian/Austrian dialect) this year*
das Abitur *exam needed for university entrance; roughly the equivalent of
    A levels*
Hauptfächer *main subjects*
ich fürchte nicht *I'm afraid not*

Wandrers Nachtlied

Über allen Gipfeln
Ist Ruh,
In allen Wipfeln
Spürest du
Kaum einen Hauch;
Die Vögelein schweigen im Walde.
Warte nur, balde
Ruhest du auch.

Wanderer's Night Song

*The hills are quiet;
hardly a breath is felt
in the trees.
In the woods
the birds are silent.
Wait. Soon you too
will be quiet.*

Johann Wolfgang von Goethe (1749–1832)

Fernsehen

Die Restaurierung der Würzburger Residenz

On the night of March 16th, 1945, the city of Würzburg was destroyed in
a bombing raid. The cathedral, the fortress on the **Marienberg**,
ordinary houses, streets and squares as well as buildings of great
architectural beauty such as the **Falkenhaus** and the **Juliushospital**
were engulfed in a sea of fire and destruction. The **Residenz**, in the
heart of the city, was also hit and badly damaged, with the loss of some of
the finest rococo interiors in Europe.

Rebuilding began soon after the war, and early in the 1950s the
restoration of the **Residenz** itself was undertaken. The engineering
genius of its architect, Balthasar Neumann, had stood the building in
good stead; the Imperial suite of rooms and the great staircase containing
the famous Tiepolo frescoes had survived, and these alone made the
restoration of the entire building worthwhile. Work is still in progress
today on the infinitely painstaking and detailed reconstruction of the
Hall of Mirrors, **das Spiegelkabinett**, employing craftsmen skilled in
painting, stucco and gilding.

Does the Falkenhaus look as beautiful today as it did before the war?
Has the restoration of the world-famous Residenz taken a long time?
What is the last part of the rebuilding programme going to be?
Who painted the frescoes in the Imperial Room and on the staircase ceiling?
What does Friedrich Brandes look at every day, and what does he discover?

123

*Die Residenz
1945*

*Marienkapelle
und Falkenhaus*

Im März 1945 wurde Würzburg von Bomben zerstört.

Das Falkenhaus war zerstört. Jetzt ist seine Rokokofassade wieder so herrlich wie vorher. Die Häuser unter dem Marienberg waren zerbombt. Heute stehen sie wieder. Die Domstraße stand in Flammen. Heute steht der Dom wieder wie vor dem Krieg.

Das Hauptproblem war die Residenz, das weltberühmte Barockschloß aus dem achtzehnten Jahrhundert. Die Restaurierung brauchte enorm viel Zeit und enorm viel Geld. Der Direktor der Residenz ist Friedrich Brandes.

Herr Brandes	In der Nacht vom 16. auf den 17. März hat die Royal Air Force rund neunzig Prozent der Stadt zerstört, unter anderem natürlich zum großen Teil leider auch dieses Haus, und die Stadt ist im wesentlichen ausgebrannt.
Katrin	Hat man viele Häuser in Würzburg wieder restauriert?
Herr Brandes	Ja, man hat also versucht, viele Häuser im alten Stil wiederherzustellen. Das berühmte Falkenhaus, der Dom und auch natürlich dieses Schloß hier.

Außen ist die Residenz schon fertig restauriert, aber innen, im Spiegelkabinett, ist die Arbeit noch nicht ganz fertig.

Herr Brandes	In diesem Raum, in dem wir uns jetzt befinden, das sogenannte Spiegelkabinett, wird der letzte Teil unserer Wiederaufbauarbeiten sein. Es arbeiten ständig vier bis fünf Leute an der Restaurierung dieses Saales. Gott sei Dank haben wir sehr gute Fotos, nach denen diese Leute arbeiten.
	Die Residenz hat der berühmte Balthasar Neumann gebaut. Das Treppenhaus und der Kaisersaal waren nicht zerstört und nicht verbrannt. Und das danken wir Balthasar Neumann, der hier ganz besonders gut gebaut hat.
Katrin	Arbeiten Sie gern hier, Herr Brandes?
Herr Brandes	Ich arbeite besonders gerne hier, weil hier in diesem Schloß die bedeutendsten und größten Künstler des achtzehnten Jahrhunderts gearbeitet haben.
Katrin	Welche Künstler?
Herr Brandes	Als erstes der berühmte Freskenmaler Giovanni Battista Tiepolo, der das Treppenhaus ausgemalt hat und auch den großartigen Kaisersaal.

Ein Selbstporträt von Tiepolo sieht man in seinem größten Fresko. Es zeigt die vier Kontinente – Europa, Asien, Afrika und Amerika.

Herr Brandes	Tiepolo hat hier in zwei Jahren das größte zusammenhängende Fresko der Welt gemalt, und es ist immer wieder schön, so oft man es auch anschaut.
Katrin	Schauen Sie es oft an?
Herr Brandes	Ich schaue es mir täglich an und entdecke dabei immer Neues.

im wesentlichen *substantially*
außen, innen *outside, inside*
sogenannt *so-called*
die bedeutendsten Künstler *the most important artists*
zusammenhängend *coherent, single*
so oft man es auch anschaut *however often you look at it*

125

Tilman Riemenschneider

Nearly three centuries before the time of Balthasar Neumann and the building of the **Residenz**, Würzburg harboured another great artist and craftsman, Tilman Riemenschneider, Master Sculptor.

Riemenschneider was born around 1460, in Osterode am Harz. As an apprentice, **ein Lehrling**, he worked with his father. Then, as a journeyman, **ein Geselle**, he travelled the country, working in the best masters' workshops. He settled in Würzburg in 1483 and soon prospered, gaining lucrative and prestigious commissions from the town, the various ecclesiastical authorities and the ruling Prince Bishops who at that time resided in the fortress on **Marienberg**.

A prominent citizen, Riemenschneider was elected councillor, **der Ratsherr**, in 1504 and Mayor, **der Bürgermeister**, in 1520. He was then 60 and at the height of his career.

But he fell foul of his lord and master, Fürstbischof Konrad von Thüringen, when in 1525 he publicly sided with those calling for armed resistance against the rulers. The peasants' army was defeated and Riemenschneider arrested, together with other rebellious councillors. He was held in the dungeons of the fortress and tortured. It is said his hands were broken, and there is no work of his remaining from this final period. But he was allowed to live while others were beheaded in the market place beneath the fortress. He died in 1531.

His three sons followed him in his craft. One of them was apprenticed to Albrecht Dürer.

9 Darf ich?

**What you may or may not do
and asking to see a doctor**

Radio

In Regensburg we asked some people the meaning of these signs and notices. They all show that something is not allowed.

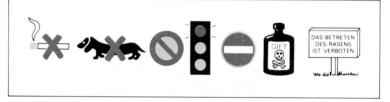

**1
Dorle**   Hier darf ich nicht rauchen; ich darf meinen Hund nicht mitnehmen; hier darf ich mein Auto nicht parken; hier darf ich mit dem Auto nicht weiterfahren und darf auch nicht über die Straße gehen; in diese Straße darf ich mit dem Auto nicht fahren; was in dieser Flasche ist, darf ich nicht trinken; und hier darf ich den Rasen nicht betreten.

**2
Michael**   Hier dürfen Sie nicht rauchen; hier darf Ihr Hund nicht mit reingehen; hier dürfen Sie nicht parken; hier dürfen Sie bei Rot nicht über die Kreuzung fahren; hier dürfen Sie nicht in die Straße hineinfahren; dieses dürfen Sie nicht trinken; und hier dürfen Sie den Rasen nicht betreten.

> **ich darf**   *I may/am allowed to*
> **Sie dürfen**   *you may/are allowed to*

das Gift   *poison*
den Rasen betreten   *to step on the grass*
die Kreuzung   *crossroads*

Fernsehen

Bad Mergentheim, south of Würzburg, is a health spa where people go to drink the waters, have mud baths, exercise and generally relax. There are both private patients, **Privatpatienten**, and national health patients, **Kassenpatienten**, and many come back time and again. They like the atmosphere, if not the water, of which they have to drink between 200 and 500 cm³ a day.*

**1
Katrin**   Wie schmeckt das Wasser?
Frau   Ach, bissl salzig, aber man kann's gut trinken.
Katrin   Wieviel trinken Sie jeden Tag?
Frau   Jeden Tag zweimal zweihundert Kubik, ne?

---

*500 cubic centimetres = half a litre, a little under a pint

2

Katrin	Schmeckt Ihnen das Wasser hier?
Mann	Ja . . . Bestimmte Quellen schmecken besser, manche schmecken nicht so gut.
Frau	Das Wasser, nein. Das schmeckt mir nicht. Das trinke ich mit Widerwillen, aber es ist gesund.

bissl salzig   *a bit salty (*bissl   *Bavarian/Austrian for* ein bißchen*)*
bestimmte Quellen . . . manche . . .   *certain springs . . . some . . .*
mit Widerwillen   *with reluctance*
gesund   *healthy*

Treatment and diet are prescribed by doctors. Dr Kristian Bergis has a practice in a hotel with its own sanatorium. He is available for consultation every day except weekends.

3

Dr Bergis	Meine Sprechstunden sind vormittags von acht bis zehn Uhr und nachmittags von drei bis sechs Uhr und auf Bestellung und auf Termin.
Katrin	Haben Sie jeden Tag Sprechstunde?
Dr Bergis	Jeden Tag, außer Wochenende.
Katrin	Haben Sie ein Sanatorium?
Dr Bergis	Ja, hier im Haus befindet sich ein kleines Sanatorium.
Katrin	Wohnen alle Ihre Patienten im Sanatorium?
Dr Bergis	Im Sanatorium wohnen nur einige meiner Patienten. Die meisten Patienten wohnen in anderen Häusern hier in Bad Mergentheim.
Katrin	Haben Sie nur Privatpatienten?
Dr Bergis	Nein, ich habe auch Patienten der Krankenkassen, also Kassenpatienten.

Many patients combine medical treatment with a holiday and, as Dr Ketterer is careful to point out, as long as they haven't a weight problem or aren't suffering from diabetes, they're even allowed cream cakes.

4

Katrin	Dürfen Ihre Patienten auch Kuchen essen?
Frau Dr K.	Diejenigen, die keine Gewichtsprobleme haben, und diejenigen, die kein Diabetes haben, dürfen Kuchen essen.
Katrin	Auch Kuchen mit Sahne?
Frau Dr K.	Auch wieder nur diejenigen, die keine Gewichtsprobleme haben.

die Sprechstunde *surgery (*lit. *consulting hour)*
auf Bestellung *by appointment*
diejenigen *those*

Quiz **Complete the questions and answers**

Darf ich rauchen?

Nein, hier dürfen Sie nicht rauchen.

a .... hier parken?

Ja, in dieser Straße
.... parken.

b .... über die Kreuzung fahren?

Ja, bei Grün ....
....

DAS BETRETEN
DES RASENS
IST VERBOTEN

c .... den Rasen betreten?

Nein, den Rasen ....
nicht ....

d .... Kuchen essen?

Nein, Kuchen ....
nicht ....

e .... Alkohol trinken?

Ja, ein kleines Glas
Wein ....

You can say or ask what you can or can't do

können *to be able to*

ich kann	kann ich?
du kannst	kannst du?
er/sie/es/man kann	kann er/sie/es/man?
wir/Sie/sie können	können wir/Sie/sie?

kann man das Wasser gut **trinken?**
man **kann** das Wasser gut **trinken**
hier **kann** man das Wasser sehr gut **trinken**

You can say or ask what you may or may not do

dürfen   *to be allowed to*

ich darf	darf ich?
du darfst	darfst du?
er/sie/es/man darf	darf er/sie/es/man?
wir/Sie/sie dürfen	dürfen wir/Sie/sie?

dürfen wir Kuchen **essen?**
wir **dürfen** Kuchen **essen**
bei dieser Diät **dürfen** wir keinen Kuchen **essen**

As after **ich möchte** *(see p. 117)*, the verb expressing what you can or are allowed to do comes at the end and is in the 'infinitive' form.

Einige Vokabeln

der Rasen	der Arzt	der Patient	rauchen
die Kreuzung	die Ärztin	die Patientin	mitnehmen
die Flasche	die Sprechstunde	das Gewicht	

ein bißchen	salzig	der, die, das andere
	gesund	der, die, das meiste

After the birth of her second child Christina has put on a lot of weight, **sie hat stark zugenommen**. She's now on a diet which she found in a magazine, **die Zeitschrift**, and tells Ilse what she's allowed to eat. Her target is a dream figure!

3
Ilse	Christina, wie lange machen Sie schon eine Diät?
Christina	Seit zirka sechs Wochen.
Ilse	Und warum machen Sie die?
Christina	Ich habe sehr stark zugenommen nach der Geburt des zweiten Kindes.
Ilse	Was für eine Diät machen Sie?
Christina	Das ist eine Diät aus einer Zeitschrift.
Ilse	Und was dürfen Sie da alles essen?
Christina	Oh, im Prinzip alles, nur reduziert: Gemüse, Obst, wenig Fleisch, Milchprodukte – aber alles reduziert.
Ilse	Und wieviel Kalorien dürfen Sie pro Tag essen?
Christina	Tausend.
Ilse	Dürfen Sie Alkohol trinken?
Christina	Ja, nur wenn ich was zum Essen weglasse.
Ilse	Dürfen Sie überhaupt nichts Süßes essen?
Christina	Mm, kaum. Mal ein Stück Kuchen, aber selten.
Ilse	Ist es sehr schwer, diese Diät durchzuhalten?
Christina	Nein, wenn man Erfolg sieht.
Ilse	Und sehen Sie einen Erfolg?
Christina	Ja.
Ilse	Wieviel Kilo haben Sie schon verloren?
Christina	Bis jetzt zwölf Kilo.
Ilse	Und was ist das Endziel?
Christina	Tja, eine Traumfigur!
Ilse	Glauben Sie, daß Sie das erreichen?

Christina Schistowski

| Christina | Oh, das weiß ich nicht. Ich hoffe es, ich bemühe mich. |
| Ilse | Ich auch. |

wenn ich was ... weglasse   *if I leave out something* ...
überhaupt   *at all*
kaum   *hardly*
durchhalten   *to keep up*
wenn man Erfolg sieht   *if you see some success*
verloren   *lost*
erreichen   *to reach*
ich bemühe mich   *I'm trying*

zunehmen   *to put on weight*

abnehmen   *to lose weight*

Fernsehen

In Bad Mergentheim a patient rings up to make an appointment with Dr Bergis. She talks to his receptionist.

5

Patientin   Ich möchte gern einen Termin ausmachen mit Herrn Dr Bergis, so bald wie möglich. .... Oh, das ist etwas spät. Heute kann es nicht mehr sein? ... Heute nachmittag, sehr gut. Um wieviel Uhr sollte ich dann da sein? ... Vier Uhr dreißig ist sehr schön, herzlichen Dank. .... Auf Wiederhören.

so bald wie möglich   *as soon as possible*
... sollte ich da sein?   *... should I be there?*
auf Wiederhören   *goodbye (on telephone)*

> **der Arzt, die Ärztin** *doctor*, but when talking to them you say **Herr Doktor, Frau Doktor.**

Radio

Michael has been feeling under the weather. He makes an appointment to see a doctor.

4

Michael	Grüß Gott.
Arzthelferin	Grüß Gott.
Michael	Ich möchte bitte einen Termin haben bei Herrn Doktor.
Arzthelferin	Ja, waren Sie schon einmal bei uns?
Michael	Nein, ich war noch nicht bei Ihnen.
Arzthelferin	Wann möchten Sie kommen?
Michael	Kann ich morgen vormittag kommen?
Arzthelferin	Ja, muß ich mal nachschauen. *(looks in the appointments book)*
	Ja, morgen vormittag geht es.
Michael	Um zehn Uhr vielleicht?

Arzthelferin	Zehn Uhr, ja gut. Das geht. Wie wär' Ihr Name, bitte?
Michael	Ich heiße Michael Wojaczek.
Arzthelferin	Ist gut, Herr Wojaczek. Dann trag' ich Sie ein, für morgen um zehn Uhr.
Michael	Danke schön.
Arzthelferin	Bitte. Auf Wiedersehen.
Michael	Wiedersehen.

waren Sie schon einmal bei uns?   *have you been to us before?*
muß ich mal nachschauen   *I must just look*
morgen vormittag   *tomorrow morning*
geht es   *is all right*
vielleicht   *perhaps*
dann trag' ich Sie ein   *I'll put you down then*

Back in Bremen, Sebastian longs to be allowed to stay up, but his parents insist that he must go to bed.

5

Frau Unger	*(to her husband)* Wolfgang, sag mal, wie spät ist es?
Herr Unger	Du, das ist Viertel nach acht.
Frau Unger	Sebastian, hörst du? Es ist schon Viertel nach acht. Du mußt jetzt ins Bett gehen.
Sebastian	Nein, Ole darf auch noch aufbleiben.
Frau Unger	Sebastian, du hast morgen zur ersten Stunde Unterricht. Du mußt wirklich ins Bett gehen.
Sebastian	Da will ich mal auf den Stundenplan gucken.
Jan Ole	Außerdem bin ich auch größer.
Herr Unger	So, Sebastian, dann komm, dann gehen wir jetzt nach oben.
Sebastian	Nein.
Herr Unger	Sag Mama eben gute Nacht.
Frau Unger	Ich finde das sehr schön, daß du jetzt ins Bett gehst. Gute Nacht, Sebastian. *(she kisses him goodnight)* Gute Nacht.
Jan Ole	Nacht, Basti.
Sebastian	Nacht, Ole.
Herr Unger	Komm, Sebastian. *(he takes him to bed)*

hörst du   *do you hear?*
zur ersten Stunde Unterricht   *a lesson first thing*
wirklich   *really*
auf den Stundenplan gucken   *look at the timetable*
außerdem   *anyway*
nach oben   *upstairs*

You can say or ask what you must or mustn't do

müssen   *to have to*

ich muß	muß ich?
du mußt	mußt du?
er/sie/es/man muß	muß er/sie/es/man?
wir/Sie/sie müssen	müssen wir/Sie/sie?

Again the verb expressing what you must or mustn't do comes at the end and is in the infinitive form:

> ich **muß** eine Diät **machen**
> **muß** ich eine Diät **machen?**
> leider **muß** ich eine Diät **machen**

But be careful! **Sie müssen keine Diät machen** doesn't mean *you mustn't diet*, but *you needn't diet*. *You mustn't diet* is **Sie dürfen keine Diät machen**. Imagine the misunderstanding that can arise if you get it wrong!

And you can say when

heute	vormittag
morgen	nachmittag
Montag	abend

Einige Vokabeln

die Diät	der Termin	der Erfolg	hören
die Kalorie	der Unterricht	die Geburt	verlieren
die Figur	der Alkohol	die Zeitschrift	nachschauen
das Produkt	das Bett		

so bald wie	stark	vielleicht	reduziert
möglich	selten	wirklich	das geht

Quiz You're out of condition and need to get yourself back into shape. What must you do, and what aren't you allowed to do? You'd better sort things out!

Ich muß . . .   **Ich darf nicht . . .**

rauchen

viel Obst und Gemüse essen

jeden Tag fünf Kilometer spazierengehen

Gymnastik machen

schwimmen

den ganzen Tag schlafen

viele Kalorien essen

viel Bier trinken

1 **Wann hat Dr Krumey Sprechstunde?** Here are the consulting hours of five doctors. Look at the notices opposite and fill in the missing names. You'll find there's one notice too many.

Die Sprechstunden von Doktor .... sind montags bis freitags von acht bis zwölf und sechzehn bis achtzehn Uhr.

Doktor .... hat montags bis freitags von zehn bis zwölf Sprechstunde, und montags, mittwochs und donnerstags von sechzehn bis achtzehn Uhr.

Doktor .... hat Montag bis Freitag von neun bis elf und sechzehn bis achtzehn Uhr Sprechstunde, außer Mittwoch nachmittag.

Doktor .... hat montags bis freitags von acht bis zwölf Uhr Sprechstunde, und dienstags und donnerstags von fünfzehn bis achtzehn Uhr.

Die Sprechstunden von Doktor .... sind montags bis freitags von acht Uhr dreißig bis zwölf Uhr; und montags, dienstags, donnerstags und freitags von fünfzehn bis sechzehn Uhr. Mittwoch nachmittags hat er keine Sprechstunde.

2 **Geht es, oder geht es nicht?** Look again at Dr Jabusch's consulting hours and answer with **Ja, das geht** or **Nein, das geht nicht**.

Dienstag vormittag um zehn Uhr?	Ja, das geht.
Freitag um halb zwölf?	....
Mittwoch nachmittag um sechzehn Uhr?	....
Donnerstag um siebzehn Uhr dreißig?	....
Montag vormittag um acht Uhr?	....
Dienstag nachmittag um fünfzehn Uhr?	....
Freitag vormittag um neun Uhr fünfzehn?	....

3 **Ich möchte bitte einen Termin** Now make your appointment. You ask if you can come tomorrow morning at 10, but it's not possible. So you ask when you can come and agree to the time suggested.

Sie	....
Arzthelferin	Guten Tag. Kann ich Ihnen helfen?
Sie	....
Arzthelferin	Ja. Wann möchten Sie kommen?
Sie	.... ?
Arzthelferin	Nein, zehn Uhr geht leider nicht.
Sie	.... ?
Arzthelferin	Geht es um elf Uhr dreißig?
Sie	....
Arzthelferin	Gut. Ihr Name, bitte?
Sie	....
Arzthelferin	Vielen Dank. Also bis morgen. Auf Wiedersehen.
Sie	....

Wolfgang Krumey
Urologe
Alle Kassen
Montag–Freitag 10–12 Uhr
Montag, Mittwoch, Donnerstag 16–18 Uhr

Dr. med. Peter Jaschke
Orthopädie – Sportmedizin
Physikalische Therapie
Alle Kassen
Sprechzeiten
Montag–Freitag 9–11 Uhr u. 16–18 Uhr
außer Mittwoch nachmittag und nach Vereinbarung

Dr. med. Hans-Peter Jabusch
Frauenarzt
Alle Kassen
Sprechstunden: Mo–Fr 9–12 Uhr
Mo, Di, Do 16–18 Uhr

Dr. med. G. Salzer
Kinderarzt
Alle Kassen
Sprechstunden
Mo–Fr 8.30–12 Uhr
Mo, Di, Do, Fr 15–16 Uhr
Mittwoch nachmittag keine Sprechstunde
Vorsorgeuntersuchungen nach Vereinbarung

Dr. med. Ursula Aufdermauer
Nervenärztin – Psychotherapie
Sprechzeiten
Montag bis Freitag 8–12 Uhr
Dienstag und Donnerstag 15–18 Uhr
Montag und Freitag nachmittag nach Vereinbarung

Dr. med. J. Natour
Internist und Nuklearmediziner
Alle Kassen
Sprechstunden
Montag–Freitag 8–12 u. 16–18 Uhr

nach Vereinbarung   *by appointment*

4 **Was dürfen Sie essen?** You're on a 1,000 calorie a day diet. You've worked out your meals for the day.

Frühstück	Mittagessen	Abendessen
ein Glas	100 Gramm	ein Brötchen 150
Orangensaft 50	Schweinefleisch 265	50 Gramm Käse 160
eine Scheibe	eine Kartoffel 25	ein Apfel 40
Brot 85	50 Gramm	ein Glas
ein Ei 90	Bohnen 15	Weißwein
Tee mit	50 Gramm	(trocken) 70
Zitrone 0	Karotten 15	
(ohne Zucker)	eine Birne 35	
	Kaffee (schwarz) 0	

eine Scheibe *slice*

Dürfen Sie Karotten essen?
Ja, zum Mittagessen darf ich fünfzig Gramm Karotten essen.

Dürfen Sie Pommes frites essen?
Nein, Pommes frites darf ich nicht essen.

Answer these questions in the same way:

Dürfen Sie Käse essen?   Dürfen Sie Sahne essen?
Dürfen Sie Orangensaft trinken?   Dürfen Sie Obst essen?
Dürfen Sie Schweinefleisch essen?   Dürfen Sie Gemüse essen?
Dürfen Sie Kuchen essen?   Dürfen Sie Brot essen?
Dürfen Sie Kartoffeln essen?   Und dürfen Sie Alkohol trinken?

5 **Aufstehen!** You're looking after a particularly tiresome child. You have to keep telling him what to do, eg:

Es ist sieben Uhr.
Du mußt jetzt aufstehen.

Following the same pattern, make up the rest of the sentences. To remind yourself about telling the time, look back at *p. 104*

7.00   aufstehen
7.45   zur Schule gehen
1.30   dein Mittagessen aufessen
2.15   zum Zahnarzt gehen
3.00   den Hund spazierenführen
4.00   deine Schularbeiten machen
5.30   Vati beim Autowaschen helfen
6.30   den Brief an Tante Auguste schreiben
7.00   ins Bett gehen

Ich möchte bitte einen Termin

Virtually everyone in the Federal Republic belongs to a health insurance scheme.

If you're from an EEC country, you can get free medical treatment (except for part cost of medicines) providing you have the right documents. Before you go, get a form CM1 from your local DHSS office. When you've filled it in, you'll be issued with a form E111. You can take this to the office of the local general sickness fund, **die Allgemeine Ortskrankenkasse (AOK)**, who will give you a special sickness certificate, **einen Krankenschein**. With this you can go to a doctor free of charge or have free hospital care.

If there's an emergency, and you haven't yet obtained a **Krankenschein**, take your form E111 with you to the doctor or hospital, who will deal with the formalities. And it's a good idea always to keep a photocopy of the E111 in case you have to part with the original.

Take any prescriptions to the chemist's – remember, it's **die Apotheke** for medicines, not **die Drogerie**! In Germany you find all medicines are ready packed.

If you're not ill enough to need a doctor, you can always consult the chemist for something to help.

Radio

In der Aesculap-Apotheke in Regensburg

What's wrong with the customer?
What does the chemist recommend?
How many does the customer have to take?
And when?
What can't he drink with them?

Kunde	Grüß Gott.
Herr Trenkler	Grüß Gott.
Kunde	Ich kann zur Zeit schlecht einschlafen. Haben Sie was dagegen?
Herr Trenkler	Ja, da kann ich Ihnen Tabletten empfehlen. Einen Moment. *(he fetches the tablets)* Die sind sehr gut, die kann ich Ihnen empfehlen.
Kunde	Wie viele muß ich davon nehmen?
Herr Trenkler	Da sollten Sie eine Tablette eine halbe Stunde vor dem Schlafengehen mit etwas Wasser einnehmen.
Kunde	Dann darf ich kein Bier dazu trinken?
Herr Trenkler	Nein, leider nicht.
Kunde	Das ist aber schade! Was kosten die, bitte?
Herr Trenkler	Vier Mark fünfundneunzig.
Kunde	Ja, die nehm' ich. *(he pays)*
Herr Trenkler	Danke schön.
Kunde	Bitte schön.

Herr Trenkler	*(giving change)* Fünf Mark, und fünf sind zehn. Ich bedanke mich.
Kunde	Danke auch. Wiederschauen.
Herr Trenkler	Auf Wiedersehen.

einschlafen   *go/get to sleep*
was dagegen   *something for it*
empfehlen   *recommend*
das ist aber schade!   *what a pity!*

Wie geht es Ihnen?

Nicht gut!

 Ich habe Kopfschmerzen   Ich habe Halsschmerzen

Ich habe Ohrenschmerzen   Ich habe Magenschmerzen

Ich habe Zahnschmerzen   Ich habe Rückenschmerzen

Ich möchte bitte einen Termin beim Herrn Doktor!

Bad Mergentheim

Bad Mergentheim

Going to a health spa for 'the cure', **die Kur**, is a widespread phenomenon in Germany, and the German health service endorses the practice. It will subsidise a full **Kur** once every three years if recommended by a doctor. This can mean four weeks' paid leave from work for rest and recuperation.

You don't have to be ill to go to a health spa. They are also modern holiday resorts and to many people, especially the elderly, they provide a pleasantly structured holiday and a chance to make new friends. Mingling with **Kassenpatienten** (those belonging to a statutory health insurance scheme, **die Krankenkasse**), are a good many **Privatpatienten** and ordinary holidaymakers.

You can be certain a town is a spa if you see the word Bad in its name. Bad Mergentheim, south of Würzburg in the valley of the river Tauber, is surrounded by rolling, wooded countryside. Whether the **Kurgäste** are ill or not, there's certainly no danger of becoming bored. After the morning's drink of water, mud bath, **Fango**, massage, gym and doctor's examination, comes a schedule of walking, riding, tennis, golf or swimming, plus concerts, films or dancing in the evenings, to take one's mind off a possibly frugal diet.

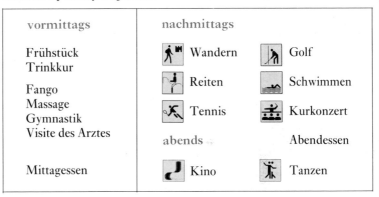

vormittags	nachmittags	
Frühstück	Wandern	Golf
Trinkkur		
Fango	Reiten	Schwimmen
Massage	Tennis	Kurkonzert
Gymnastik		
Visite des Arztes	**abends**	Abendessen
Mittagessen	Kino	Tanzen

Apart from the treatment they get, why else do people want to stay in Bad Mergentheim?
Who organises entertainment for the guests?
What percentage of patients come on the National Health?
Does the price per day at Dr Ketterer's sanatorium include meals?
How does the guests' favourite saying go?

Bad Mergentheim ist ein Kurort. Die Kurgäste kommen zur Kur hierher, das heißt, sie machen Urlaub mit medizinischer Behandlung. Die Sanatorien und Kliniken sind oft wie Hotels. Der Arzt verschreibt Ruhe, das Wasser und, wenn nötig, auch Medikamente. Willi Thanninger organisiert Veranstaltungen für die Gäste.

Katrin	Wie viele Leute kommen jedes Jahr nach Bad Mergentheim?
Herr Thanninger	Etwa fünfzigtausend Gäste.
Katrin	Und warum kommen die Gäste hierher?
Herr Thanninger	Die Gäste wollen hier wieder gesund werden oder Ruhe und Entspannung suchen.

Bad Mergentheim hat Kassenpatienten und auch Privatpatienten.

Herr Thanninger Siebzig Prozent unserer Gäste bekommen diese Kur von ihrer Krankenkasse bezahlt, und dreißig Prozent sind Privatgäste. Wir organisieren viele Veranstaltungen für unsere Gäste, wie zum Beispiel Wanderungen, sportliche Aktivitäten wie Reiten, Golf, Schwimmen, und natürlich auch das Kurkonzert darf in unseren Veranstaltungen nicht fehlen und die Bad Mergentheimer Trinkkur.

Für die Trinkkur bekommt jeder Gast sein eigenes Glas mit seiner eigenen Nummer. Regelmäßig morgens um zehn Uhr und abends um fünf trinken die Kurgäste zweihundert bis fünfhundert Kubikzentimeter Wasser. Das Wasser von der Quelle ist gesund, aber es schmeckt nicht gut: Es ist salzig und warm!

Der Arzt bestimmt, wieviel man trinken muß, wie lange man schlafen soll, und was man essen darf. Die Ärzte haben jeden Tag Sprechstunde, außer am Wochenende. Bevor man zum Arzt geht, muß man einen Termin ausmachen. Frau Bucher ist Kassenpatientin bei Herrn Doktor Bergis.

Dr Bergis Frau Bucher ist sozusagen eine typische Patientin für Bad Mergentheim. Sie leidet an einem schweren Diabetes. Sie hat von der Quelle täglich ein Quantum von etwa vier- bis fünfhundert Kubikzentimetern, also etwa einen halben Liter.

Frau Bucher hat Diabetes und auch Gewichtsprobleme. Sie muß daher Diät essen und natürlich jeden Tag das Wasser von der Quelle trinken. Wenn die Patienten Diabetes oder Gewichtsprobleme haben, dürfen sie nur Diät essen. Sie dürfen also keinen Kuchen essen und keinen Alkohol trinken.

Herr und Frau Dr Ketterer arbeiten zusammen in ihrem Sanatorium. Das Sanatorium ist privat.

Frau Dr K.   Die Kosten sind zirka hundertvierzig Mark pro Tag einschließlich aller Mahlzeiten, dazu kommen die Kosten für den Arzt und für die medizinischen Anwendungen in der Badeabteilung.

Herr Dr K.   Es ist eine Kombination von Urlaub mit medizinischer Behandlung. Alle Patienten werden auch medizinisch behandelt. Die meisten sind sehr erschöpft, durch den Beruf, durch alle möglichen Streßfaktoren.

Frau Dr K.   Sie beginnen mit Badeanwendungen oder Frühstück, machen dann im Laufe des Vormittags noch Gymnastik, warten auf die Visite des Arztes, dann haben sie Mittagessen, und der Nachmittag steht zur freien Verfügung. Da haben sie Freizeit am Nachmittag.

Herr Thanninger   Morgens werden in der Regel Anwendungen durchgeführt wie Massagen, Bäder, Fango, und der Lieblingsspruch unserer Gäste lautet: morgens Fango und abends Tango. Das heißt, sie tanzen abends sehr gerne.

       die Ruhe, die Entspannung   *quiet, relaxation*
       fehlen   *to be missing, left out*
       die Anwendung   *(more frequently* die Behandlung*)*   *treatment*
       die Badeabteilung   *bathing section, area*
       im Laufe des Vormittags   *in the course of the morning*
       zur freien Verfügung   *at their disposal*

*Wine and wine-tasting
and a second look at things you've learnt*

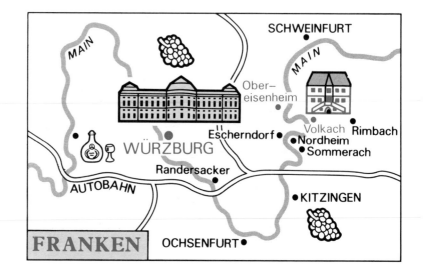

Fernsehen

Franconia, **Franken**, in northern Bavaria, is a small but excellent wine-growing area. The white wine produced there is fruity and dry.

The State wine-cellar, **der Staatliche Hofkeller**, is said to be the largest and oldest of the estates, its charter going back to 1128. The headquarters are in Würzburg, the historical capital of Franconia. The cellars themselves, where the wine is stored, run deep underneath the **Residenz**. Here we talked to the general manager, Dr Heinz-Martin Eichelsbacher.

1

Katrin	Herr Dr Eichelsbacher, könnten Sie mir bitte sagen, wie alt der Staatliche Hofkeller ist?
Dr Eichelsbacher	Der Staatliche Hofkeller ist sicher das älteste Weingut in Franken, vielleicht sogar in ganz Deutschland. Seine Urkunde geht zurück auf das Jahr 1128.
Katrin	Wo sind diese Kellerräume?
Dr Eichelsbacher	Die Keller befinden sich ausschließlich unter der Residenz zu Würzburg.
Katrin	Gibt es hier unten im Keller Weinproben?
Dr Eichelsbacher	Ja. Wir machen fast täglich am Abend eine Weinprobe.

könnten Sie mir bitte sagen . . . ?   *could you tell me please . . . ?*
sicher   *certainly*
vielleicht sogar   *perhaps even*

At a wine-tasting, the cellarman and a guest discuss the different wines.

2

Kellermeister Man nimmt das Glas am Stiel, daß das Glas sich nicht zu sehr erwärmt.
Man tut kurz das Auge spielen lassen . . . die Nase . . .
Man probiert einen kleinen Schluck. Sehr schön fruchtig.

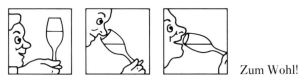

Zum Wohl!

3

Frau Also die Spätlese ist süßer als der Kabinett.
Kellermeister Das ist richtig, ja.
Frau Man schmeckt's. Und der Zweiundachtziger Müller-Thurgau ist etwas flacher gegenüber dem Einundachtziger Kabinett.
Kellermeister Richtig.
Frau Man merkt das sehr. Wie sind die Preise jetzt? Ist der Zweiundachtziger billiger?
Kellermeister Der Zweiundachtziger kostet etwa acht D-Mark. Der Kabinettwein liegt bei neun Mark fünfzig, und die Spätlese ist natürlich was ganz Besonderes, so wie der Frankenwein allgemein, der kostet schon achtzehn D-Mark. Solche Spitzenweine wachsen nicht jedes Jahr. Sie sind sehr selten.
Frau Hmm . . . Er ist auch am besten von den dreien.
Kellermeister Der dürfte der beste sein, ja.

etwas flacher   *a bit flatter*
man merkt das sehr   *it's very noticeable*
billiger   *cheaper*
allgemein   *generally*
solche Spitzenweine   *such exceptional wines*
wachsen   *grow*

You can find out about the different types and qualities of wine on *page 167*. Here Dr Eichelsbacher explains how much information you can get from the label, **das Etikett**.

4

Dr Eichelsbacher Die beste Auskunft über den Wein gibt das Etikett. Die Firma, Staatlicher Hofkeller; der Jahrgang; Würzburger Stein, der Ort, wo der Wein gewachsen ist; die Rebsorte; die Qualitätsstufe; trocken oder nicht trocken; die amtliche Prüfnummer; das Weinbaugebiet, Franken, und, wenn der Wein prämiert wurde, die Medaille.

der Jahrgang   *vintage*
der Ort   *place, spot*
die Rebsorte   *grape type*
die Qualitätsstufe   *degree of quality*
die amtliche Prüfnummer   *official examination number*
das Weinbaugebiet   *wine-growing area*
wenn der Wein prämiert wurde   *if the wine was awarded a prize*

Quiz   Ist der Staatliche Hofkeller sehr alt?
Wo sind die Kellerräume?
Wann gibt es dort Weinproben?
Welcher Wein ist süßer als der Kabinett?
Was kostet der Zweiundachtziger?
Ist der Kabinettwein billiger als die Spätlese?
Welcher Wein ist der beste?

Sweet, sweeter (than), the sweetest

süß	süßer			süßeste
flach	flacher	(als)	der/die/das	flachste
billig	billiger			billigste

Einige Vokabeln

der Keller	der Jahrgang	die Auskunft	probieren
der Preis	die Weinprobe	die Qualität	wachsen
der Ort	die Nase	das Weinbaugebiet	prüfen
das Personal	das Auge	das Etikett	merken
	das Weingut		

täglich	sicher	solche
billig	sogar	fast

Radio   Chapter 10 is half way. So here's a reminder of some of the things you've learnt so far.

You can find out what there is to do in a place. Here's Trudel Hadrian listing some of the possibilities in Bremen.

I

Joachim   Was kann man hier in Bremen machen?

Frau Hadrian   Man kann einen Spaziergang durch den Bürgerpark machen; man kann den Schnoor besichtigen, das ist die Altstadt von Bremen; man kann sehr

Der Bürgerpark

144

gut einkaufen in der Sögestraße und in der Obernstraße; es gibt sehr viele Kaufhäuser. Man kann eine Hafenrundfahrt unternehmen; man kann in die Eislaufhalle gehen, die ist auf der Bürgerweide; man kann ins Museum gehen, wir haben davon zwei. Man kann sehr gut ins Theater gehen, wir haben eine sehr gute Oper; man kann ins Konzert gehen, wir haben 'Die Glocke' in Bremen, da gibt es vierzehntäglich Konzerte. Und man kann selbstverständlich zum Fußballspiel gehen, Werder Bremen zum Beispiel; am Osterdeich ist das Stadion.

der Spaziergang   *walk*
durch   *through*
unternehmen   *go on (lit. undertake)*
die Eislaufhalle   *ice-rink*
selbstverständlich   *of course*

Die Walhalla

You should be able to find out when things take place. In the Regensburg Tourist Office, **das Verkehrsamt**, Ilse wants to know when the cathedral is open, when guided tours of the city take place and when boats leave for Walhalla, a marble shrine on the Danube, built during the 1830s in the style of the Parthenon in Athens.

2

Ilse	Guten Tag.
Frau Soller	Guten Tag. Bitte schön, was kann ich für Sie tun?
Ilse	Wann ist der Dom geöffnet?

Frau Soller	Im Sommer ist der Dom von fünf bis achtzehn Uhr geöffnet.
Ilse	Jeden Tag?
Frau Soller	Jeden Tag.
Ilse	Und wann finden die Stadtführungen statt?
Frau Soller	Die Stadtführungen sind im Sommer, also von April, vormittags zehn Uhr fünfzehn, nachmittags vierzehn Uhr fünfundvierzig, sonntags zehn Uhr fünfundvierzig.
Ilse	Wie lange dauert etwa eine Stadtführung?
Frau Soller	Eine Stadtführung dauert zwischen eineinhalb und zwei Stunden.
Ilse	Und man geht alles zu Fuß?
Frau Soller	Man geht alles zu Fuß.
Ilse	Und noch eine Frage, wann fahren die Schiffe zur Walhalla ab?
Frau Soller	Im Hochsommer um elf Uhr vormittag und um vierzehn Uhr am Nachmittag.
Ilse	Und wie lange dauert eine solche Fahrt?
Frau Soller	Ein Ausflug dauert zwei Stunden insgesamt.
Ilse	Und fahren Sie auch bei schlechtem Wetter?
Frau Soller	Bei einer Teilnehmerzahl von zehn Personen auch bei schlechtem Wetter.
Ilse	Danke sehr.
Frau Soller	Bitte schön.

finden ... statt   *take place*
eine solche Fahrt   *a trip like that*
insgesamt   *altogether*
bei schlechtem Wetter   *in bad weather*
die Teilnehmerzahl   *number of participants*

> Tourist offices have various names: **das Verkehrsamt, das Fremdenverkehrsamt, der Verkehrsverein, der Fremdenverkehrsverein** (der Fremde *guest*). The full name in Regensburg is **das Kultur- und Fremdenverkehrsamt**.

You're now able to get to know people. Michael is talking to Berthold Unger, a Regensburg businessman who owns two shops in the city.

3
Michael	Wie heißen Sie, bitte?
Herr Unger	Ich heiße Berthold Unger.
Michael	Kommen Sie aus Regensburg, Herr Unger?
Herr Unger	Jawohl, ich bin geboren in Regensburg.
Michael	Wie alt sind Sie?
Herr Unger	Ach, dreiunddreißig Jahre.
Michael	Sind Sie auch verheiratet?
Herr Unger	Jawohl.
Michael	Und haben Sie Kinder?
Herr Unger	Ja, ich habe zwei kleine, süße Kinder.
Michael	Wie alt sind denn Ihre Kinder?
Herr Unger	Der Sohn ist acht Monate, und die Tochter ist vier Jahre.
Michael	Das ist ja toll. Herr Unger, was sind Sie von Beruf?
Herr Unger	Ich bin Kaufmann von Beruf. Ich arbeite in meinen beiden eigenen Geschäften.

Berthold
Unger

Michael	Was verkaufen Sie, Herr Unger?
Herr Unger	Wir verkaufen Lebensmittel.
Michael	Verkaufen Sie denn auch Wein?
Herr Unger	Ja, wir haben zur Zeit in unserer Liste über hundert verschiedene Sorten.
Michael	Was glauben Sie ist der beste Wein, den Sie verkaufen?
Herr Unger	Ach, meine Weine sind alle gut.
Michael	Gibt es bei Ihnen hier auch Weinproben, Herr Unger?
Herr Unger	Ja, die sind sehr lustig.
Michael	Wer kommt denn zu solchen Weinproben?
Herr Unger	Zu unseren Weinproben kommen unsere Weinkunden, und dann machen wir hier in unserer Weinprobierstube recht lustige Weinproben, die sehr feucht-fröhlich sind.
Michael	Wie viele Weine probieren Sie denn da an so einem Abend?
Herr Unger	Das kommt ganz darauf an, wie standhaft die Weinkunden sind. Dreißig oder vierzig Sorten sind schon möglich.
Michael	Herr Unger, trinken Sie eigentlich selbst gerne Wein?
Herr Unger	Oh doch. Ich trinke jeden Wein sehr gerne.
Michael	Herr Unger, eine letzte Frage, trinken Sie auch manchmal Bier?
Herr Unger	Oh ja, mit Bier bin ich aufgewachsen. Bier hab' ich schon aus der Kinderflasche getrunken.

das ist ja toll   *that's great*
die sind sehr lustig   *they're great fun*
feucht-fröhlich   *merry (* lit. *damp-happy)*
standhaft   *resolute, steady*
bin ich aufgewachsen   *I grew up*

Einige Vokabeln

der Spaziergang	die Oper	die Person
der Ausflug	das Konzert	die Liste
das Verkehrsamt	das Stadion	die Stube
selbstverständlich	schlecht	lustig
insgesamt	hoch	fröhlich
der, die, das letzte		

PROBIEREN SIE MAL!

1   **Richtig oder falsch?** Look again at *pp. 144–5*. Which of these things did Trudel Hadrian actually say?

a   You can go for a walk through the Bürgerpark.
b   The Schnoor is the old part of Bremen.
c   There aren't many department stores in Sögestraße.
d   Obernstraße is good for shopping.
e   Bremen has two museums.
f   There are weekly concerts in 'Die Glocke'.
g   Bremen opera is nothing special.
h   Werder Bremen's football ground is on the Osterdeich.

2   **Bitte ausfüllen!** You'll find the missing times in the conversation between Ilse and Mrs Soller on *pp. 145–6*.

DOM
Täglich geöffnet
von .... bis .... Uhr

Donaufahrt zur Walhalla
Abfahrt: vormittags .... Uhr
nachmittags .... Uhr

Stadtführungen
vormittags .... Uhr
nachmittags .... Uhr

sonntags .... Uhr

3   **Alles über Herrn Unger** You'll find all you need to know in the conversation on *pp. 146–7*.

Woher kommt Herr Unger?
Wie alt ist er?
Ist er verheiratet?
Hat er Kinder?
Wie viele?
Und wie alt sind sie?
Was ist Herr Unger von Beruf?
Was verkauft er?
Wie viele Sorten Wein verkauft er?
Gibt es bei Herrn Unger Weinproben?
Wie viele Weine kann man probieren?
Sind seine Weinproben fröhlich?
Trinkt Herr Unger gern Wein?
Womit ist Herr Unger aufgewachsen?

4   **Bitte schön?** In Bremen Joachim goes into his local grocer's (remember what it's called?) for cheese and eggs. In Germany you buy eggs in packs of six or ten. Fill the gaps with the words in the box.

bitte	hätte ich	kann	In Scheiben
noch	Vielen Dank	Ich möchte	vierzig
Zehn Stück	Bitte schön	Guten Tag	sein
Käse	Gramm	zurück	alles

Verkäuferin	Guten Tag, Herr Kothe.
Joachim	....
Verkäuferin	Bitte schön?
Joachim	.... gern ....
Verkäuferin	Ja, was möchten Sie denn für Käse? Edamer oder Gouda?

Joachim	Gouda, ... Einhundert ....
Verkäuferin	Ja, möchten Sie den in Scheiben oder im Stück?
Joachim	............................, bitte.
Verkäuferin	Ja, ich schneid' ihn eben ab. *(she slices the cheese)* Das ist etwas mehr. Kann es das ....?
Joachim	Das .... es sein, ja.
Verkäuferin	Es ist für zehn Pfennig mehr. Das kostet dann eine Mark und fünfzig. Möchten Sie sonst noch etwas?
Joachim	Und dann .... gern .... Eier.
Verkäuferin	Ja, wieviel Eier möchten Sie?
Joachim	..........................., bitte.
Verkäuferin	Ja, hab' ich immer schön verpackt, zehn Stück. *(she gets the eggs)*. So, bitte schön.
Joachim	Das ist ...., danke schön.
Verkäuferin	Ja, das sind eine Mark fünfzig und drei Mark und zehn. Vier Mark und sechzig, bitte.
Joachim	*(paying)* ....
Verkäuferin	Danke, fünf Mark. Und .... Pfennig ....
Joachim	Danke schön.
Verkäuferin	Vielen Dank, Herr Kothe.
Joachim	.... Auf Wiedersehen.
Verkäuferin	Wiedersehen, Herr Kothe.

in Scheiben   *sliced (* lit. *in slices)*
etwas mehr   *a little more*

5   **Wieviel möchten Sie?**
How do you ask for each item? Start alternately with **ich hätte gern . . .** and **ich möchte bitte . . .**

And how do you ask how much it all comes to?

```
2  Kilo Äpfel
1  Pfund Tomaten
100  Gramm Edamer
200  Gramm Gouda
½  Kilo Bananen
1  Paket Kandis
¼  Pfund Leberwurst
1  Flasche Weißwein
```

6   **Gefällt es Ihnen hier?** On a fine spring day, Ilse talks to a visitor to Regensburg.

Ilse	Grüß Gott.
Touristin	Grüß Gott.
Ilse	Wie ist Ihr Name, bitte?
Touristin	Inge Meyer-Wunschel.
Ilse	Woher kommen Sie?
Touristin	Aus Berlin.
Ilse	Ist das weit von hier?
Touristin	Oh ja. Mit dem Auto sechs Stunden ungefähr.
Ilse	Gefällt es Ihnen hier in Regensburg?

Touristin	Sehr gut. Ich bin schon des öfteren hier gewesen.
Ilse	Wie lange sind Sie jetzt schon hier?
Touristin	Jetzt bin ich eine Woche hier.
Ilse	Und wie lange bleiben Sie noch?
Touristin	Noch eine Woche.
Ilse	Machen Sie immer zu dieser Jahreszeit Urlaub?
Touristin	Nein, auch manchmal im Sommer erst.
Ilse	Was wollen Sie sich alles anschauen in Regensburg?
Touristin	Ich will durch die Stadt bummeln und will mir die alten Gassen angucken, und die Geschlechtertürme gefallen mir sehr gut, und das ganze Regensburg finde ich sehr schön.
Ilse	Dann wünsche ich Ihnen noch viel Vergnügen. Auf Wiedersehen.
Touristin	Wiederschauen. Danke.

des öfteren   *often*
ich bin . . . gewesen   *I've been*
erst   *not until*
bummeln   *stroll*
die Geschlechtertürme   *patricians' houses*

Antworten Sie bitte!
Woher kommt Frau Meyer-Wunschel?
Ungefähr wie weit ist Berlin mit dem Auto von Regensburg entfernt?
Ist Frau Meyer-Wunschel zum ersten Mal in Regensburg?
Wie lange ist sie schon da?
Wie lange bleibt sie noch?
Wann macht sie manchmal erst Urlaub?
Was gefällt ihr in Regensburg?

7   **Wie komme ich . . . ?** In Regensburg Susanne wants to get to the 'Stone Bridge', **die Steinerne Brücke.** The bridge is more than 800 years old, and a landmark of the city. Where was Susanne when she asked the way? And was she walking or driving?

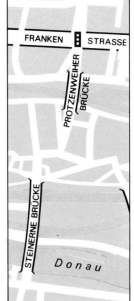

Susanne	Wie komm' ich bitte zur Steinernen Brücke?
Dorle	Du mußt zuerst geradeaus bis zur Ampel fahren. Dort biegst du nach links ab und fährst über die Protzenweiherbrücke. Dann biegst du an der nächsten Ecke nach rechts ab, und wenn du ein Stück gefahren bist, siehst du die Steinerne Brücke vor dir.
Susanne	Ist das weit?
Dorle	Nein, es ist nicht sehr weit. Ungefähr zehn Minuten.
Susanne	Danke.

die Ampel   *traffic lights*
biegst du . . . ab   *you turn*
wenn du . . . gefahren bist   *after you've driven*

For another progress check, see page 277.

MAGAZIN

Nord und Süd

If you travel south from northern Germany, you'll notice a great difference in the way people talk. A broad local dialect spoken in one part of the country can be quite unintelligible to people from another. In the Middle Ages, High German which was spoken in the south, and Low German, spoken in the north, were two distinct languages – **Hochdeutsch** and **Niederdeutsch**, or **Plattdeutsch**. The motto on Roland's shield (*see p. 21*) is in a mediaeval form of Low German.

Today, town and city dwellers keep closer to the **Hochsprache**, a kind of compromise standard which is the best model for foreigners to follow. However, there are some differences, for instance in intonation. North Germans pitch the important words in a sentence high, whereas South Germans pitch them low. Vowel sounds can vary, and some consonants, such as '**s**' and '**g**' may be pronounced quite differently, even when people are using the standard language. So keep your ears open, and don't forget to say **Grüß Gott** when you meet people in Bavaria and Austria.

Lederhosen und Dirndl

Bavaria used to be a powerful independent state and to this day calls itself **Freistaat Bayern**. It still has its own national dress: **Lederhosen** for men and **Dirndl** for women. The dirndl is a dress with a close-fitting bodice and gathered skirt, with an apron of a different but matching colour. The traditional dirndl comes just below the knee and is made of cotton, but for festive occasions people also wear full length dirndls made of silk. Dirndls are very much part of everyday wear all over Bavaria.

Elaborate dirndls are even worn to the Munich Opera. However, they tend to be accompanied by dinner jackets rather than **Lederhosen**.

Was wissen Sie über Deutschland?

Try this quiz and see how much you know about Germany. All the answers are in the **Magazin** sections of chapters 1–9.

1 On which river does Bremen lie?
2 In whose works do you find the story of **Die Bremer Stadtmusikanten?**
3 How can you tell where a German car comes from?
4 Why is it best to avoid the outside lane on German motorways?
5 What do you leave out when you ring a British telephone number from Germany?
6 What word do you look for if you want to know if a restaurant is self-service?
7 What's the name of the German exam that corresponds to A levels?
8 Where do you go for **Kaffee und Kuchen?**
9 What's the equivalent of 100 grams in ounces?

10 Although there are attractive shops selling tea in Bremen, what drink is the city traditionally known for?

11 What's the recommended maximum speed on the **Autobahn?**

12 What must you do when driving in poor visibility?

13 Why do many Germans need **ein zweites Frühstück?**

14 What's the name of Würzburg's great baroque palace?

15 How long did it take to build it?

16 What work is done by German **Arbeitsämter?**

17 Why do many Würzburg graduates have to go to Frankfurt or Stuttgart to find work?

18 How old is the city of Regensburg?

19 Why was it important in mediaeval times?

20 Who was Johann Wolfgang von Goethe?

21 What in the Würzburg **Residenz** survived the war?

22 What was the name of the famous sculptor who settled in Würzburg in the fifteenth century?

23 What do you need in Germany to enable you to see a doctor free of charge?

24 What are the two German words for chemist's? Which one do you take your prescription to?

25 What do people do on a **Kur?**

Und noch ein paar Fragen auf deutsch

1 Wo liegt Bremerhaven?

2 Was für eine Stadt ist Bremerhaven?

3 Wie fährt man am besten von Duhnen zur Insel Neuwerk?

4 Wo kann man in Bremen ein Fußballspiel ansehen?

5 Wie viele Kuchen und Torten können Sie nennen *(name)*?

6 Wie alt ist die Kirche im Zentrum von Dötlingen?

7 Welchen Tee trinkt der Bremer am liebsten?

8 Wie ist die Landschaft in Ostfriesland?

9 Was für Fische fangen die Fischer in Greetsiel?

Zungenbrecher   Try saying this quickly, ten times!
Fischers Fritz fischt frische Fische
Frische Fische fischt Fischers Fritz

---

10 Wo lebt und arbeitet Theo Steenblock in Spetzerfehn?

11 Wie ist das Wetter in Ostfriesland?

12 Wo liegt Würzburg?

13 Was für Blumen findet man im Garten der Residenz?

14 Von wann bis wann hat Dorle morgens Schule?

15 Welche Prüfung macht sie dieses Jahr?

16 Wer hat die Residenz gebaut?

17 Wie viele Leute arbeiten an der Restaurierung des Spiegelkabinetts?

18 Wieviel Wasser trinken die Gäste, die in Bad Mergentheim eine Trinkkur machen?

19 Wie oft haben die Ärzte in Bad Mergentheim Sprechstunde?

20 Können Sie Goethes Gedicht *(poem)* auf Seite 123 aufsagen?

Franken

Würzburg is surrounded by vineyards. The meticulously kept slopes on both banks of the river Main yield some of the best of the region's wine: **Frankenwein**. Produced in smaller quantities than, say, **Rheinwein**, its fresh fruitiness is quite distinctive and the quality is high. Germans from the industrial cities of the north come to **Franken** to buy direct from the growers. These are often small family businesses.

Many of the most favourably placed vineyards were once owned by the Prince Bishops, but the land reverted to the State in 1815 when Franconia was incorporated into Bavaria. Now only the huge barrels in the ancient cellars beneath the **Residenz** give a hint of the immense wine wealth of the **Fürstbischöfe**, who took wine as tithes from their peasant tenants. Three big firms now run these estates, one of them **der Staatliche Hofkeller**. Some of their vineyards, **die Weingüter**, are on the slopes of the Marienberg, directly below the fortress overlooking Würzburg.

Further upstream, on a bend in the river, **die Mainschleife**, the individual vineyards are mostly tiny. At Volkach, Sabine and Leo Langer have only five hectares,* but their wine is good and provides them with an adequate source of income.

Volkach considers itself first among the **Frankenwein** villages. Its wine festival, complete with wine queen and wine princesses, and presided over by the '**Volkacher Ratsherr**' in full costume, is the climax of the harvest season.

*one hectare = 10,000 sq. m. (11,960 sq. yards – just under $2\frac{1}{2}$ acres)

153

Who does all the housework, the cooking and the cleaning at the Langers'?
Where does Andrea come from?
How many conditions does she have to comply with to be a wine queen?
What kind of special dress does she have to wear?
What does the 'Volkacher Ratsherr' represent?
How many guests are expected at the wine festival?

Franken ist ein kleines Weingebiet, viel kleiner als die Gebiete an der Mosel und am Rhein. Auch in Franken wächst fast nur Weißwein.

Der größte und älteste Weinkeller Frankens steht neben der Residenz zu Würzburg. Es ist der Staatliche Hofkeller. Hier wird der Wein verkauft und in die ganze Welt exportiert.

Der Staatliche Hofkeller ist eine große Firma mit viel Personal und einer Produktion von einer Million Flaschen pro Jahr. Die Keller befinden sich unter der Residenz. Früher gehörten sie den Fürstbischöfen von Würzburg; heute gehören sie dem Land Bayern. Sie sind dunkel, kühl, ruhig und fast einen Kilometer lang.

Aber es gibt auch kleinere Weinbetriebe auf dem Lande, mit weniger Personal. Die meisten sind Familienbetriebe, wie das Weingut Langer in Volkach. Leo und Sabine Langer und ihr Sohn Winfried machen alles allein. Sie haben nur fünf Hektar, und produzieren ihren Wein zu Hause.

Katrin	Arbeiten Sie auf dem Weingut?
Frau Langer	Ja, ich muß mitarbeiten. Ich bin gezwungen eigentlich.
Katrin	Arbeiten Sie jeden Tag?
Frau Langer	Jeden Tag, und auch dann . . . 'n Haushalt dann noch, kochen, saubermachen, waschen, als Hausfrau und für draußen.
Katrin	Und was machen Sie draußen auf dem Feld?
Frau Langer	Im Weinberg alles, was zum Arbeiten kommt. Nur die schwersten Arbeiten, die machen dann die Männer.

Die Langers verkaufen ihren Wein zu Hause, direkt an die Kunden.

Frau Langer Da kommen die Kunden. Die kommen von München, Bonn, Hamburg, von überallher und holen hier ihren Wein ab.

Bei Volkach bildet der Main die Mainschleife, im Herzen des fränkischen Weinlandes. Der Main fließt hier durch herrliche Weinberge und an vielen bekannten Weindörfern vorbei. Eines davon ist Obereisenheim, der Heimatort von Andrea Wägerle.

Andrea Ich heiße Andrea Wägerle. Ich bin jetzt einundzwanzig Jahre alt. Ich komme aus Obereisenheim. Ich bin Studentin und studiere Wirtschaft. Seit Dezember 1982 bin ich Weinkönigin von Franken.

Ich trage ein Kleid, welches Dirndl heißt. Mein Dirndl ist lang, ein langes Kleid aus Brokat, und die Schürze ist aus Seide. Es ist ein besonderes Kleid für besondere Feste.

Ich repräsentiere den Frankenwein, die Winzer Frankens, das ganze Frankenland innerhalb Deutschlands und reise in viele Städte Deutschlands.

Katrin Kann jedes Mädchen oder jede Frau in Franken Weinkönigin werden?
Andrea Nein, man muß bestimmte Bedingungen erfüllen, zum Beispiel ledig, also unverheiratet sein, achtzehn Jahre oder älter und eine Winzerstochter.

Heute eröffnet Andrea das Weinfest in Volkach, das größte und schönste Weinfest in ganz Franken. Die Gäste kommen aus nah und fern, um den Volkacher Wein zu probieren. Waldemar Sperling ist der Volkacher Ratsherr.

Katrin Was ist das?
Herr Sperling Das ist eine Symbolfigur für den Wein hier in Volkach.
Katrin Sie tragen aber das Kostüm nicht den ganzen Tag, oder?
Herr Sperling Nein, nur dann, wenn Gäste zu uns nach Volkach kommen, die ich als Ratsherr begrüße.
Katrin Wie finden Sie persönlich den Volkacher Wein?
Herr Sperling Also ich persönlich als Volkacher Ratsherr finde ihn natürlich ausgezeichnet, sehr gut, harmonisch, wunderbar.
Katrin Trinken Sie viel Wein?
Herr Sperling Ich muß viel Wein trinken, aber ich trinke auch gerne viel Wein.

Das Weinfest dauert vier Tage, von Freitag bis Montag. Volkach erwartet über sechzigtausend Gäste. Wieviel Volkacher Wein sie trinken, ist leider nicht bekannt!

dunkel *dark*
ich muß mitarbeiten *I have to work with them*
ich bin gezwungen eigentlich *I'm forced to really*
draußen *outside*
die Schürze *apron*
die Seide *silk*
der Winzer *wine producer, vintner*

Was mögen Sie am liebsten?

*Saying what you like best
and what you don't like so much*

Fernsehen

In Volkach in July we talked to Leo Langer at work in his vineyards, **die Weinberge**. The grapes, **die Trauben**, aren't ripe yet, but this year everyone feels the harvest is going to be a good one.

Wir sind in Volkach am Main. Im Juli arbeitet Herr Langer auf seinem kleinen Weingut. Die Trauben sind jetzt noch nicht reif. Die Weinlese ist erst im Oktober.

1

Katrin	Wo sind Ihre Weinberge, Herr Langer?
Herr Langer	Unsere Weinberge sind hier, in diesem Bereich.
Katrin	Gehört dieser Weinberg Ihnen?
Herr Langer	Der gehört eigentlich meiner Frau.
Katrin	Wieviel Hektar hat er?
Herr Langer	Der hat 0,2 Hektar.
Katrin	Und was für Trauben wachsen hier?
Herr Langer	Das ist eine Silvanertraube.
Katrin	Gibt das einen guten Wein?
Herr Langer	Das gibt einen sehr guten Wein.
Katrin	Welchen Wein trinken Sie am liebsten?
Herr Langer	Also ich trinke alle gerne, aber speziell den Silvaner.
Katrin	Glauben Sie, daß es dieses Jahr einen guten Wein gibt?
Herr Langer	Es kann einen sehr guten Wein geben heuer.

Das Weingut des <u>Staatlichen Hofkellers</u> in Würzburg ist größer als das der Familie Langer; es ist das größte in ganz Franken. Auch Dr Eichelsbacher wartet jetzt auf die Weinlese.

2

Katrin	Was für Trauben sind das hier?
Dr Eichelsbacher	Das ist die Rebsorte Müller-Thurgau. Ein sehr geschlitztes Blatt und große Trauben.
Katrin	Und was für einen Wein trinken Sie persönlich am liebsten?
Dr Eichelsbacher	Das ist eine schwierige Frage. Für täglich bevorzuge ich Müller-Thurgau – und Silvanerweine, und für besondere Anlässe schätze ich den Riesling über alles. Der Müller-Thurgau und Silvaner, das sind einfachere Weine, stellen nicht so große Ansprüche, sind auch billiger.
Katrin	Glauben Sie, daß es dieses Jahr einen guten Wein gibt?
Dr Eichelsbacher	Ja, ich glaube es, und ich hoffe es.

der Bereich   *area*
heuer   *Bavarian/Austrian for* dieses Jahr
warten auf   *to wait for*
das Blatt   *leaf*
geschlitzt   *cut, slit*
bevorzugen   *to prefer*
der Anlaß   *occasion*
schätzen   *to value, esteem*
stellen nicht so große Ansprüche   *don't require so much attention*

wie oft?	
der Tag – **täglich**	die Woche – **wöchentlich**
der Monat – **monatlich**	das Jahr – **jährlich**

Quiz
Gehört der Weinberg Leo Langer?
Welche Rebsorte wächst dort?
Welchen Wein trinkt Herr Langer am liebsten?
Welchen Wein bevorzugt Dr Eichelsbacher für besondere Anlässe?
Und welchen trinkt er gern täglich?
Welcher Wein ist billiger, der Silvaner oder der Riesling?

sein	*his*	Herr Langer arbeitet auf **seinem** Weingut
Ihr	*your*	wo sind **Ihre** Weinberge?
unser	*our*	**unsere** Weinberge sind hier
mein	*my*	der (Weinberg) gehört **meiner** Frau
dieser	*this*	unsere Weinberge sind hier, in **diesem** Bereich
welcher?	*which?*	**welchen** Wein trinken Sie am liebsten?

(More about these on pp. 292–6.)

Einige Vokabeln

der Bereich	die Traube	der Anlaß	bevorzugen
der Weinberg	das Blatt	persönlich	stellen
die Weinlese	das Hektar	täglich	warten

Ein Gedicht aus dem 12. Jahrhundert

(Thought to have been written by a nun to a monk.)

Dû bist mîn, ich bin dîn.
des solt dû gewis sîn.
dû bist beslozzen
in mînem herzen;
verlorn ist daz sluzzelîn:
dû muost ouch immer darinne sîn.

(anon.)

Du bist mein, ich bin dein:
Dessen sollst du gewiß sein.
Du bist verschlossen
in meinem Herzen;
verloren ist das Schlüsselein:
du mußt auf immer drinnen sein.

dessen	*of this*
gewiß	*certain*
das Schlüsselein	*little key*

Radio

Jan Ole is in his fifth year at school in Falkenberg. His favourite subjects are environmental studies **(WUK)**, biology and sport, but he's not so keen on maths and English.

I

Heide   Jan Ole, gehst du hier in Lilienthal zur Schule?

Jan Ole   Nein, in Falkenberg, in die Orientierungsstufe,* das ist aber dicht bei Lilienthal.

Heide   Welche Klasse besuchst du?

Jan Ole   Die fünfte.

Heide   Was hast du am liebsten in der Schule?

Jan Ole   WUK, Biologie und Sport.

Heide   Das mußt du mir mal erklären, was ist WUK?

Jan Ole   Welt- und Umweltkunde.

Heide   Und was machst du weniger gern in der Schule?

Jan Ole   Mathe, Englisch . . .

Heide   So so, woran liegt denn das, daß du Englisch gar nicht so gerne hast? Wo hast du Schwierigkeiten, in der Grammatik?

Jan Ole   Nee, nicht so, aber der Lehrer, der ist so doof.

Heide   Ach so!

dicht bei	*close to*
erklären	*to explain*
weniger	*less*
woran liegt das . . . ?	*why is it . . . ?*
die Schwierigkeit	*difficulty*
doof	*stupid (colloq.)*

(For information about schools, see p. 67.)

Dick und Doof

gern haben	
Jan Ole hat	Biologie gern
	Englisch nicht gern
	WUK lieber
	Sport am liebsten

Jan Ole's hobbies are handball, canoeing, stamp collecting, cycling and, his favourite, swimming. He prefers freestyle, **Freistil**, to backstroke, **Rückenkraul**, but can't do butterfly, **Schmetterling**.

2

Heide	Was machst du in deiner Freizeit? Hast du ein Hobby?
Jan Ole	Ja, Schwimmen, Handball, im Sommer wieder Paddeln, Briefmarken sammeln, Fahrrad fahren und so weiter.
Heide	Das ist eine ganze Menge! Was tust du denn davon am liebsten?
Jan Ole	Schwimmen, weil ich im Schwimmen einer der Schnellsten bin; in 50 Metern 48 Sekunden.
Heide	Ja?
Jan Ole	Ja.
Heide	Jan Ole, tauchst du auch gerne?
Jan Ole	Nee, nicht so gerne. Das Schwimmen, das mag ich lieber.
Heide	Was machst du denn für Stilarten im Schwimmen?
Jan Ole	Freistil.
Heide	Freistil. Machst du denn auch Rückenkraul?
Jan Ole	Ja, nicht so gerne.
Heide	Nicht so gerne, und Schmetterling?
Jan Ole	Das kann ich nicht.

was tust du davon am liebsten? *which of them do you like (doing) best?*
einer der Schnellsten *one of the fastest*
tauchen *to dive*
mögen: ich mag *I like*
die Stilart *stroke, style*

schwimmen	*to swim*	das Schwimmen	*swimming*
tauchen	*to dive*	das Tauchen	*diving*
paddeln	*to canoe*	das Paddeln	*canoeing*

Heidemarie Bender is a soprano at the **Stadttheater** in Regensburg. Her favourite operetta is **Die Fledermaus** *(The Bat)* by Johann Strauss. She finds that even the overture affects her like champagne – **das wirkt wie Sekt**.

3

Ilse	Wie ist Ihr Name, bitte?
Frau Bender	Ich heiße Heidemarie Bender.
Ilse	Und was machen Sie hier in Regensburg?
Frau Bender	Ich bin hier Opernsängerin am Stadttheater.
Ilse	Singen Sie Sopran, oder?
Frau Bender	Ja, ich singe Sopran. Ich habe eine leichte, helle Stimme und muß meistens die jungen Mädchen spielen.
Ilse	Das fällt Ihnen sicher nicht schwer! Singen Sie lieber Oper oder Operette, Frau Bender?

Frau Bender	Ich singe beides sehr gerne, möglichst gut gemischt.
Ilse	Und haben Sie eine besondere Lieblingsoperette?
Frau Bender	Ja, am liebsten singe ich die Adele in der *Fledermaus*.
Ilse	Was gefällt Ihnen so gut daran?
Frau Bender	Die Musik ist ganz wunderbar. Schon die Ouvertüre ist herrlich. Manchmal hat man abends keine Lust zu singen – Sänger sind auch nur Menschen – und wenn man dann ins Theater kommt, auf die Bühne, und hört die Ouvertüre, das wirkt wie Sekt.
Ilse	Frau Bender, Sie singen auch Oper, welche Opernrollen singen Sie am liebsten?
Frau Bender	Ich glaube, am allerliebsten singe ich die Gretel in *Hänsel und Gretel* von Humperdinck.
Ilse	Ist es schwieriger, Opern zu singen als Operetten?
Frau Bender	Nicht immer, das kommt darauf an. Adele zum Beispiel ist ziemlich virtuos. Aber meistens sind die Operettenrollen, die ich zu singen habe, nicht zu schwierig.

Heidemarie
Bender

eine leichte, helle Stimme   *a light, clear voice*
das fällt Ihnen sicher nicht schwer!   *I'm sure you don't find that difficult!*
möglichst gut gemischt   *as well mixed as possible*
die Lieblingsoperette   *favourite operetta*
die Bühne   *stage*
virtuos   *(technically) difficult*

Quiz   1   Wo geht Jan Ole zur Schule?
Was hat er in der Schule am liebsten?
Was macht er weniger gern?
Was macht er in seiner Freizeit am liebsten?
Was mag er lieber, Schwimmen oder Tauchen?
Was ist sein Lieblingsstil?

2   Was ist Frau Bender von Beruf?
Was für eine Stimme hat sie?
Was ist ihre Lieblingsoperette?
Wie wirkt die Ouvertüre? – *what kind of effect does the overture have?*
Und welche Opernrolle singt sie am allerliebsten?
Ist die Adele eine schwierige Rolle?

What you like or don't like doing, what you prefer, and what you like doing most of all:

ich schwimme **gerne**
ich mag Schwimmen **lieber**   ich tauche | **nicht so gerne**
am liebsten schwimme ich Freistil | **weniger gerne**

singen Sie **lieber** Oper oder Operette?
ich singe beides **sehr gerne**
meine **Lieblingsoperette** ist *Die Fledermaus*
am liebsten singe ich die Adele in der *Fledermaus*
am allerliebsten singe ich die Gretel in *Hänsel und Gretel*

160

More comparisons

die schnellste Stilart ist der Freistil; mit Freistil schwimmt man **am schnellsten:**

schnell	schneller (als)	der schnellste	schnellsten
schwierig	schwieriger (als)	die schwierigste	am schwierigsten
wenig	weniger (als)	das wenigste	wenigsten

(See also p. 144.)

Einige Vokabeln

der Freistil	die Stimme	dicht (bei)	erklären
der Meter	die Operette	leicht	sammeln
das Rückenkraul	der Sekt	hell	singen
der Schmetterling	die Rolle		schwimmen
der Sänger	die Grammatik		tauchen
die Sängerin	die Umweltkunde		mögen

mögen *(to like)*   *möchten (to "would like").*

ich mag	*I like*	*ich* möchte	*I'd like*
du magst		*du* möchtest	
er/sie/es/man mag		*er/sie/es/man* möchte	
wir mögen		*wir* möchten	
ihr mögt*		*ihr* möchtet	
Sie/sie mögen		*Sie/sie* möchten	

*ihr *is the plural of* du. *(More about this on p. 192.)*

UND NOCH WAS

Pronouns

These are words we use for talking about people and things without actually naming them – words like *I* and *you*, *he*, *she*, and *it*, *we* and *they*.

They often occur in different forms, for instance: **we're** going to Germany this year and taking the children with **us**.

Pronouns have different forms in German, too. As with **der**, **die** and **das**, it all depends on how they're used in a sentence:

ich trinke			**mich**		**mir**
du trinkst			**dich**		**dir**
er trinkt			**ihn**		**ihm**
sie trinkt	gern	der Kaffee	**sie**	der Kaffee	**ihr**
wir trinken	Kaffee	ist für	**uns**	schmeckt	**uns**
ihr trinkt			**euch**		**euch**
Sie trinken			**Sie**		**Ihnen**
sie trinken			**sie**		**ihnen**

belonging / accusative case   – dative case

das Baby:

es trinkt gern Milch;   ich liebe **es** sehr;   ich spiele gern mit **ihm**

When pointing to something you can say **das da**, but if you've got its name in mind, you should use the appropriate gender:

welchen Wein möchten Sie trinken? **den da** *(masc.)*
welche Torte hätten Sie gerne? **die da** *(fem.)*

To point to a number of things it's **die da**.

er, sie, es correspond to **der, die, das** and are generally used to refer back to things or to people already mentioned:

(**der** Weinberg)   **er**? wieviel Hektar hat **er**?
(**die** Schule)   **sie** ist dicht bei Lilienthal
(**das** Weingut)   **es** ist das größte in ganz Franken
(**die** Kinder)   wie heißen **sie**?

More about comparisons

To say how good things are, you can use this scale:

	schlecht	– – –
der Wein ist	nicht gut	– –
das Bier schmeckt	nicht sehr gut	–
das ist	gut	+
	sehr gut	+ +
	ausgezeichnet	+ + +

And you can make comparisons:

der Wein ist	gut	Karin singt gut
das Bier schmeckt	besser	Maria singt besser
das ist	am besten	Hiltrud singt am besten
	am allerbesten	aber am allerbesten singt Frau Bender

Some more words you can use to compare things:

süß	sauer	groß	klein
süßer	saurer	größer	kleiner
am süßesten	am sauersten	am größten	am kleinsten
billig	teuer	alt	neu
billiger	teurer	älter	neuer
am billigsten	am teuersten	am ältesten	am neuesten

Beispiel:
Berlin ist **größer als** Köln.
London ist **noch größer als** Berlin.
Köln ist **nicht so groß wie** London.
Freiburg ist **kleiner als** Köln.
Kehl ist **noch kleiner als** Freiburg.
Bonn ist **die kleinste** Hauptstadt der EG.
London ist **die größte** Stadt Europas.
Mexico City ist **die allergrößte** Stadt der Welt.

die EG (die Europäische Gemeinschaft)   *EEC*

PROBIEREN SIE MAL!

1 **Which goes where?** Complete the questions and answers.

Ihr	mein	unser
Ihre	meine	unsere

Leo Langer ist verheiratet und wohnt mit seiner Frau in Volkach. Er ist Winzer von Beruf, und die Langers haben ein kleines Weingut in der Nähe von Volkach. Herr Langer trinkt gern seine eigenen Weine, am liebsten seinen Silvaner.

Sie Herr Langer, sind Sie verheiratet?
Herr Langer Ja, ich bin verheiratet.
Sie Wie heißt .... Frau?
Herr Langer .... Frau heißt Sabine.
Sie Ist .... Haus in Volkach?
Herr Langer Ja, ... Haus ist hier in Volkach.
Sie Und wo sind .... Weinberge?
Herr Langer .... Weinberge sind hier in der Nähe.
Sie Trinken Sie gern .... eigenen Weine?
Herr Langer Natürlich! .... Weine sind sehr gut!
Sie Welches ist .... Lieblingswein?
Herr Langer .... Lieblingswein ist der Silvaner.

2 **Mehr oder weniger?** How would you complete the sentences to compare the items below?

a Der Frankenwein ist teuer. Er ist **teurer als** die Liebfraumilch.
b Die Spätlese ist süß. Sie ist .... der Qualitätswein.
c Sekt kostet viel. Er kostet .... Bier.
d Die Literflasche ist groß. Sie ist .... die 0,7l Flasche.
e Herr Langers Weinberge sind sehr klein. Sie sind .... die vom Staatlichen Hofkeller.
f Weißwein trinkt man kühl. Man trinkt ihn ..... Rotwein.
g Herr Schwarzenberger trinkt gern Schnaps. Er trinkt ihn .... Wein.

Zum Wohl!

3 **Mögen Sie Mathematik?** A bit of adding and subtracting is needed here!

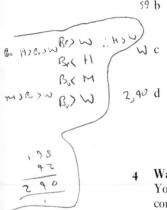

a Max ist zwölf Jahre älter als Luise und elf Jahre jünger als Anton. Luise ist dreiundsiebzig. Wie alt ist Anton?

b Herbert wiegt zweiunddreißig Kilo mehr als Jutta. Jutta wiegt fünf Kilo weniger als Marion. Herbert wiegt sechsundachtzig Kilo. Wieviel wiegt Marion?

c Bremen ist größer als Würzburg und kleiner als Hamburg; Bonn ist kleiner als München und größer als Würzburg. Welche Stadt ist die kleinste?

d Ein Pfund Tomaten ist im Gemüsegeschäft 20 Pfennig billiger als im Supermarkt, aber 22 Pfennig teurer als auf dem Markt. Auf dem Markt kosten die Tomaten 1,98 DM. Wieviel kosten sie im Supermarkt?

4 **Was hört er am allerliebsten?** You've invited a friend to this concert. You're in luck, he'll be hearing all his favourites. Look at the poster, then complete the sentences using **Lieblings . . .** in each one.

der Dirigent   *conductor*   die Ouvertüre   *overture*
das Instrument   *instrument*   der Pianist   *pianist*
das Klavier   *piano*   die Symphonie   *symphony*
der Komponist   *composer*   G-Dur   *G major*
das Konzert   *concerto, concert*   Es-Dur   *E flat major*
das Orchester   *orchestra*

a Sein Lieblingskomponist ist Beethoven.
b Sein Lieblings .... sind die Berliner Philharmoniker.
c .... ist Herbert von Karajan.
d .... ist Beethovens *Leonore Nr. 3*.
e .... ist das Klavier.
f .... ist Beethovens viertes in G-Dur.
g .... ist Alfred Brendel.
h .... ist Beethovens *Eroika*.

5 **Was mögen Sie am liebsten?** You've been asked to entertain two conference delegates. With the help of the examples below, work out how they tell you their likes and dislikes.

Am liebsten mag ich Volksmusik.	+ + am liebsten
Musicals mag ich ganz gern.	+ ganz gern
Operette mag ich weniger gern.	– weniger gern
Oper mag ich gar nicht.	– – gar nicht

	Dr Weiß	*Prof. Schwarz*
Liebesfilme	– –	+
Krimis	+	– –
Horrorfilme	+ +	+ +
Science-fiction	–	–
Klassische Musik	+ +	– –
Operette	–	–
Jazz	+	+
Rock	– –	+ +
Fußball	+	+ +
Pferderennen	+ +	–
Schwimmen	– –	+
Tennis	–	– –

das Pferderennen   *horse-racing*

6 **Weltrekorde***

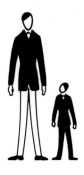

a Die .... Wurst der Welt war fast 9 km lang. längste
b Der .... Mann der Welt war 2,72 m groß. größte
c Der .... Wein der Welt kostete $31.000. teuerste
d Der .... Film der Welt war 48 Stunden lang. Der Titel: *The* längste *Longest Most Meaningless Movie in the World.*
e China ist das Land mit den .... Menschen. meisten
f Chinesisch ist die .... geschriebene Sprache der Welt. Sie ist meiste über 6.000 Jahre alt. älteste
g Das .... Tier der Welt ist der Gepard. Er kann 101 km pro Stunde laufen. schnellste
h Das .... deutsche Wort hat achtzig Buchstaben: Donaudampf- längste schiffahrtselectrizitaetenhauptbetriebswerkbauunterbeamten- gesellschaft.†

der Gepard   *cheetah*

*From the Guinness Book of Records, 1985.
†*The club for subordinate officials of the head office management of the Danube steamboat electrical services (name of a pre-war club in Vienna).*

MAGAZIN

Gehen Sie gern ins Theater?

Most German towns have a municipal theatre, **das Stadttheater**, supported by a substantial subsidy from the state or town authorities. It's usually a repertory theatre with its own small permanent company, sometimes augmented by guest artists. It may have an orchestra, too.

Programmes are varied, ranging from opera, operetta and musicals to ballet, concerts and plays. The season's repertory may include a dozen or so productions. These are put on in rotation so that almost every night of the week there's something different.

Theatre-going in Germany is widespread and treated as an occasion. A subscription scheme, **das Abonnementsystem**, or **die Platzmiete** (seat 'rental'), allows people to book tickets for a series of performances at a reduced price. In some theatres subscribers account for up to 90% of the audience.

Radio

At the **Stadttheater** in Regensburg Ilse has seen Heidemarie Bender as Papagena in Mozart's ***Die Zauberflöte*** *(The Magic Flute)*. But as well as singing in the theatre, Miss Bender often sings in churches and from time to time gives a song recital, **der Liederabend**, with her husband.

In how many productions is Miss Bender singing this season?
Who does she say got more applause than she did?
What did Ilse think of the duet?
Does Miss Bender enjoy singing in churches?
When does she give song recitals with her husband?
Which composers does she then like singing most of all?

Ilse	Welche Rollen singen Sie zur Zeit hier in Regensburg?
Frau Bender	In dieser Saison singe ich das Ännchen im *Freischütz* von Weber, dann die Zerlina in *Fra Diavolo,** das Bärbele im *Schwarzwaldmädel,†* die Adele in der *Fledermaus* und die Papagena in der *Zauberflöte*.
Ilse	Ach ja, da habe ich Sie gestern gesehen. Haben Sie gemerkt, daß Sie viel mehr Applaus kriegten als die anderen?
Frau Bender	Na, Papageno bekommt noch mehr . . .
Ilse	Aber als Duett war es ganz ganz toll.
Frau Bender	Ja, es macht großen Spaß.
Ilse	Frau Bender, singen Sie nur am Theater?
Frau Bender	Nein, ich singe auch öfter in Kirchenkonzerten mit, ich singe sehr gern in Kirchen, und wenn die Zeit es erlaubt, mache ich mit meinem Mann auch ab und zu einmal einen Liederabend.

Heidemarie als Adele

Ilse	Zum Beispiel was singen Sie da?
Frau Bender	Da singe ich am allerliebsten die Neuromantiker, etwa Max Reger, Hugo Wolf oder Richard Strauss.

ich habe Sie gestern gesehen   *I saw you yesterday*
haben Sie gemerkt?   *did you notice?*
Sie kriegten   *you got*
es macht Spaß   *it's fun*
erlauben   *to allow*

* *Fra Diavolo (Brother Devil)*, opera by Daniel Auber.
† *Das Schwarzwaldmädel (Girl from the Black Forest)*, operetta by Leon Jessel.

Ich möchte gern zwei
Karten für die Oper
Wo möchten Sie sitzen?

In der ersten Reihe
Im Parkett
Im Parkett rechts
Im zweiten Rang, Seite
Im dritten Rang, Mitte

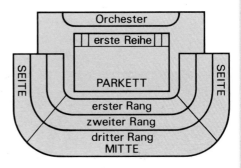

Frankenwein

Frankenwein is mainly white – only 3% is red – and comes in a bulbous green bottle, '**der Bocksbeutel**'. The wine is not widely exported; the amount produced is relatively small and because of its high quality is in great demand within Germany.

Many different varieties of grape are used in **Frankenwein** but the most widespread is the **Müller-Thurgau**, followed by the **Silvaner**. Each grape has its own characteristics and likes specific types of soil and weather conditions.

All German wines are divided into three classes: **Tafelwein, Qualitätswein**, and **Qualitätswein mit Prädikat**. The latter may have no added sugar. The **Prädikat** reflects the degree of ripeness of the grapes when picked. **Kabinett, Spätlese, Auslese, Beerenauslese** and **Trockenbeerenauslese** are types of **Prädikat: Kabinett** is picked first; **Spätlese**, as the name suggests, is **spät gelesen**, picked late, and is generally sweeter; **Trockenbeerenauslese** is rare and very sweet, as the grapes selected for this wine are almost dry when picked.

Wine production in Germany is strictly controlled. The label on the bottle must show the grower, the year, the type of grape, the area and vineyard where the grapes were grown, and the quality of the wine, along with its official number, **die amtliche Prüfnummer**. All **Qualitätsweine** are rigorously tested to make sure they come up to standard. The examination, **die Prüfung**, of Franconian wine takes place every October in Würzburg. A committee awards two points for colour, **die Farbe**, two for clarity, **die Klarheit**, four for bouquet, **der Geruch**, and 12 for taste, **der Geschmack**. For the winegrowers the results are very important.

Die Weinlese

The most important time of the year for wine growers is the grape harvest in October. For this the **Staatliche Hofkeller** employs some 50 people; for the Langers it's a matter of family, friends and neighbours helping out.

How much does **der Staatliche Hofkeller** pay the grapepickers per hour?
How long does it take the Langers to clean up after a hard day's work?
Why do they measure the sugar content of the grapes?
How many points are needed for a gold medal?
Do the wine-growers always agree with the opinion of the examiners?

Oktober. Die Weinlese beginnt, die wichtigste und härteste Zeit für alle Winzer. Der Staatliche Hofkeller hat etwa fünfzig Arbeiter. Die Frauen schneiden die Trauben, und die Männer tragen sie zum Wagen.

Katrin	Arbeiten Sie jedes Jahr hier?
Frau	Ja, seit zehn Jahren.
Katrin	Und das ganze Jahr?
Frau	Ja, vom Frühjahr bis zum Herbst.
Katrin	Im Winter nicht?
Frau	Im Winter, nein.
Katrin	Was machen Sie im Winter?
Frau	Ah, im Winter, ja, die Hausarbeit, und dann freuen wir uns wieder aufs Frühjahr, wenn's Frühjahr kommt.
Katrin	Wie viele Stunden arbeiten Sie pro Tag?
Frau	Neun, neun Stunden.
Katrin	Und werden Sie pro Stunde bezahlt?
Frau	Stundenlohn, ja.
Katrin	Wieviel bekommen Sie?
Frau	Da müßte ich überlegen. Ungefähr neun Mark die Stunde.

Die Lese ist die schönste Zeit des Jahres für die Arbeiter. Meistens sind es Hausfrauen und Studenten, die bei der Weinlese helfen. Bei der Weinlese in Volkach helfen Freunde und Nachbarn der Familie Langer.

Herr Langer Wir haben fast 24 Stunden Arbeit bei der Weinlese, das ist die härteste Zeit im Jahr. Wir stehen früh um fünf auf, dann geht es raus um acht Uhr zur Lese. Davor ist viel zu richten, und fast kommen wir nicht zum Mittagessen. Wir werden halt sehr gequält an diesen Tagen, und nachts geht's halt zu, muß gereinigt werden nach der Arbeit. 's hält auch nochmal zwei Stunden auf. Und so fallen wir halt müde ins Bett, und wenn wir früh aufstehen, dann sind wir noch nicht ausgeruht.

Nur zwölf Reihen von diesem Weinberg gehören der Familie Langer. Der Rest gehört den Nachbarn. Leo Langer fährt mit dem vollen Traktor nach Hause, denn die Trauben werden zu Hause gepreßt. Herr Langer und sein Sohn Winfried messen den Zuckergehalt der Trauben, denn die Qualität des Weines ist so wichtig wie die Quantität.

Katrin Frau Langer, sind Sie mit der Weinlese dieses Jahr zufrieden?
Frau Langer Ach, wir sind sehr zufrieden im Vergleich zum letzten Jahr auch dann. Es wird so ungefähr fast das gleiche sein dann. Fast noch etwas besser.

Aber die Winzer wissen jetzt noch nicht die Qualität ihres Weines. In Würzburg probiert eine Kommission von fünf Prüfern die Weine aus ganz Franken. Es sind die Weine vom letzten Jahr. Sie wissen nicht, woher die Weine kommen, denn sie sehen nur Nummern, keine Etiketten.

Herr Weißensee Heute prüfen wir etwa 70 Weine, meine Kollegen und ich. In der ganzen Prämierung sind es rund 400. Dazu benötigen wir fünf Tage. Für die Farbe werden zwei Punkte maximal vergeben, für die Klarheit ebenso zwei Punkte, für den Geruch vier und für den Geschmack zwölf.

Wenn die Prüfer 16 Punkte geben, bekommt der Wein eine Bronzemedaille. Bei 18 Punkten bekommt er eine Silbermedaille, und die besten Weine mit 19 und 20 Punkten bekommen eine Goldmedaille.

Diese Prüfung ist für die Winzer sehr wichtig; aber oft sind sie mit dem Ergebnis nicht zufrieden.

Herr Weißensee Die Winzer sind in der Regel nicht unserer Meinung, insbesondere die Winzer, die nicht das erhalten, was sie sich erwartet haben.

Aber letztlich ist die Qualität eines Weines natürlich Geschmackssache.

sich freuen auf . . . *to look forward to . . .*
überlegen *to think about*
richten *to put in order*
wir werden sehr gequält *we're very pressed*
müde *tired*
ausgeruht *rested*
zufrieden *satisfied*
im Vergleich *in comparison*
erhalten *to receive*
Geschmackssache *a matter of taste*

169

12 · Wo arbeiten Sie?

Talking about your work

Das alte Rathaus

Radio

Irmgard Soller has lived in Regensburg for 40 years. She works at the tourist office in the **Altes Rathaus**, where she finds accommodation for visitors, gives them hints on what to see, where best to go shopping, and so on. The tourist season starts just before Easter and finishes around the end of September.

1

Ilse	Wie ist Ihr Name, bitte?
Frau Soller	Soller.
Ilse	Sind Sie Regensburgerin? *native*
Frau Soller	Ich bin keine gebürtige Regensburgerin, aber ich lebe seit 40 Jahren hier.

der Regensburger	die Regensburgerin
der Hamburger	die Hamburgerin
der Frankfurter	die Frankfurterin

170

Ilse	Und wo arbeiten Sie?
Frau Soller	Im Fremdenverkehrsamt.
Ilse	Arbeiten Sie das ganze Jahr hindurch im Fremdenverkehrsamt?
Frau Soller	Ja.
Ilse	Wie lange dauert eine Saison?
Frau Soller	Die beginnt Ostern und endet etwa Ende September.
Ilse	Und woher kommen die Touristen?
Frau Soller	Aus den Staaten, aus Japan, Australien – und dann natürlich sehr viel Deutsche.
Ilse	Kommen auch Touristen aus England?
Frau Soller	Ja, in den letzten Jahren sehr viel.
Ilse	Und wie können Sie ihnen helfen?
Frau Soller	Wir besorgen ihnen Hotels, Unterkünfte, geben ihnen Hinweise, was sie besichtigen können und sollten, Einkaufstips, etcetera.
Ilse	Ist es leicht, in Regensburg ein Hotel zu bekommen?
Frau Soller	Das kommt auf die Jahreszeit an. Natürlich gibt es Engpässe zu Zeiten, wo große Kongresse stattfinden, sonst ja, relativ leicht.
Ilse	Was machen Sie dann, wenn alle Hotels besetzt sind?
Frau Soller	Dann weichen wir in die nähere oder auch weitere Umgebung aus.

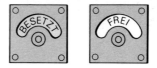

Irmgard Soller enjoys the variety, **die Vielseitigkeit**, of her job and
likes working with people, **der Umgang mit Menschen**. But she
doesn't like tourists who go around town unsuitably dressed and come to
her wanting to know everything all at once, **auf einmal**.

2

Ilse	Frau Soller, arbeiten Sie gern im Fremdenverkehrsamt?
Frau Soller	Ich arbeite sehr gern hier.
Ilse	Und was an Ihrer Arbeit gefällt Ihnen so gut?
Frau Soller	Die Vielseitigkeit: der Umgang mit Menschen, die verschiedenen Beratungen und so weiter.
Ilse	Ich glaube, es ist sehr interessant, ja?
Frau Soller	Das ist es ohne Frage.
Ilse	Und was gefällt Ihnen nicht so sehr?
Frau Soller	Das ist im Hochsommer, wenn die Familien mit Kindern auf Reisen gehen, ihre konventionelle Kleidung ablegen und mit Shorts und noch shorter herumspazieren, anstehen, alles auf einmal wissen wollen und keine Zeit haben.

die Unterkunft *accommodation*
der Engpaß *bottleneck*
besetzt *full*
ausweichen *to move out (sep. vb)*
die Beratung *consultation*
ihre konventionelle Kleidung ablegen *discard their conventional clothing
  (sep. vb)*
anstehen *to queue up (sep. vb)*

wenn   *when, if*
wenn alle Hotels besetzt **sind** **wenn** die Familien mit Kindern auf Reisen **gehen** When a part of a sentence (a 'clause') begins with **wenn**, the verb comes at the end of it.

Rothenburg

Fernsehen

Due south of Würzburg, on the route through Bavaria known as **die Romantische Straße**, are two exceptionally well-preserved mediaeval walled towns, Rothenburg ob der Tauber and Dinkelsbühl. From Easter until November and then again at Christmas both attract thousands of tourists, Rothenburg especially. The local tourist office will help visitors find accommodation, but people may end up somewhere outside town, **außerhalb von Rothenburg**.

Im Sommer ist der Marktplatz fast immer voller Touristen. Sie kommen aus Deutschland und aus aller Welt. Sie kommen mit dem Auto, mit dem Fahrrad, mit der Bahn, mit dem Bus. Die meisten bleiben nicht sehr lange, oft nur ein paar Stunden. Manche wollen länger bleiben. Im Verkehrsamt hilft Ruth Hunnenmörder den Touristen, ein Zimmer zu finden.

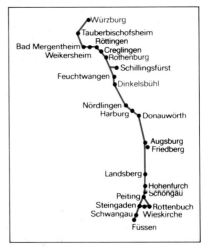

Katrin	Arbeiten Sie das ganze Jahr hindurch im Verkehrsamt?
Frau Hunnenmörder	Ja.
Katrin	Wie lange dauert die Saison?

172

Frau Hunnenmörder	Unsere Saison beginnt im Monat April, also meistens so um die Osterzeit, und endet mit unseren Wintermärchenprogrammen.
Katrin	Und wann ist das?
Frau Hunnenmörder	Das Wintermärchenprogramm findet gerad',* wenn der Weihnachtsmarkt ist. Über Weihnachten bis zum ersten Januar, wäre das.
Katrin	Woher kommen die Touristen?
Frau Hunnenmörder	Unsere Touristen sind international, kommen von† der ganzen Welt. Überwiegend sehr viele Japaner, auch sehr viele Amerikaner.
Katrin	Was machen Sie, wenn die Hotels in Rothenburg alle voll sind?
Frau Hunnenmörder	Dann versuchen wir, den Gast irgendwie außerhalb von Rothenburg zu vermitteln.
Katrin	Und was machen Sie, wenn die Touristen unfreundlich sind?
Frau Hunnenmörder	Das kommt auch schon manchmal vor, das heißt: Geduld haben und trotzdem freundlich bleiben.
Katrin	Und funktioniert das?
Frau Hunnenmörder	Meistens!

das Märchen   *fairy tale*
überwiegend   *predominantly*
irgendwie   *somehow*
das kommt manchmal vor   *that sometimes happens*
Geduld haben   *to be patient*
trotzdem   *nevertheless*

*Ruth Hunnenmörder omits the word **statt** here; the verb is **stattfinden** *to take place* (sep. vb).
†More usually **aus der ganzen Welt**.

Dinkelsbühl

Herr und Frau Forcke haben seit siebeneinhalb Jahren ein Hotel in Dinkelsbühl. Mit dem Hotel und dem Restaurant im Keller machen sie ein gutes Geschäft.

2

Katrin	Wie ist Ihr Name, bitte?
Frau Forcke	Mein Name ist Lieselotte Forcke.
Katrin	Wie lange haben Sie schon dieses Hotel in Dinkelsbühl?

Frau Forcke	Siebeneinhalb Jahre sind es jetzt.
Katrin	Wieviel Personal haben Sie?
Frau Forcke	Wir beschäftigen elf Personen.
Katrin	Arbeiten Sie auch hier?
Frau Forcke	Ja.
Katrin	Was machen Sie?
Frau Forcke	Alles. Ich bin Mädchen für alles. Ich arbeite in der Küche, im Hotel selbst, hier unten auch, und wo jemand fehlt.
Katrin	Haben Sie das ganze Jahr über Gäste?
Frau Forcke	Ja, aber im Sommer sehr viele und im Winter sehr wenige. Also ab ersten November ist es schlagartig zu Ende. Da bleiben nur noch ein paar Gäste bis Weihnachten, und Weihnachten, Silvester ist dann wieder das Hotel voll bis zum zweiten Januar, und dann ist es sehr ruhig bis Ostern.

3

Katrin	Herr Forcke, sind Sie schon lange in diesem Beruf?
Herr Forcke	Ja, seit 37 Jahren bin ich schon in diesem Beruf, und seit 12 Jahren ungefähr bin ich selbständig.
Katrin	Wann sind Sie hierhergekommen?
Herr Forcke	1976.
Katrin	Und warum?
Herr Forcke	Die Stadt hat uns gefallen, und es ist sehr viel Betrieb, und da dachten wir, das kann ein gutes Geschäft werden.

das Personal *staff*
beschäftigen *to employ*
die Küche *kitchen*
wo jemand fehlt *where someone's needed (* lit. *is missing)*
schlagartig *abruptly*
Silvester *New Year's Eve*
es ist viel Betrieb *it's very busy*
da dachten wir *so we thought*

Quiz

1 Ist Irmgard Soller in Regensburg geboren?
Kommen Touristen aus England nach Regensburg?
Wo können die Touristen Hinweise über die Stadt bekommen?
Ist es schwer, in Regensburg ein Hotelzimmer zu finden?
Wann gehen die Familien mit Kindern auf Reisen?

2 In welchem Monat beginnt die Saison in Rothenburg?
Wann muß Frau Hunnenmörder Geduld haben?
Seit wann haben die Forckes ihr Hotel in Dinkelsbühl?
Wie viele Personen arbeiten dort?
Ist das Hotel das ganze Jahr geöffnet?

Wann, wo
As opposed to English, WHEN (time) usually comes before WHERE (place):

arbeiten Sie **das ganze Jahr hindurch im Fremdenverkehrsamt?**
ich lebe **seit 40 Jahren hier**

But for particular emphasis you can start a sentence with time *or* place:

seit 40 Jahren lebe ich in Regensburg
in Regensburg lebe ich seit 40 Jahren

irgend- *some-*	
irgendwie *somehow*	irgendwann *sometime*
irgendwo *somewhere*	irgendwas *something*
irgendwohin *to some place*	irgend jemand *someone*

Einige Vokabeln

der Engpaß	die Kleidung	leben
der Hochsommer	die Küche	beschäftigen
die Saison	das Personal	denken
die Reise	Weihnachten	enden
die Geduld	Silvester	fehlen
das Programm	Ostern	werden
voll	außerhalb	konventionell
besetzt	(un)freundlich	trotzdem
frei	selbständig	auf einmal

Radio

Helga Wiemer is the manageress, **die Geschäftsführerin**, of *Modespiegel (Fashion Mirror)*, a ladies' fashion shop in Regensburg's large modern shopping centre, **das Donau-Einkaufszentrum**. Among other things the shop sells suits, **Kostüme, Anzüge**, skirts, **Röcke**, and knitwear, **Strickwaren**.

das schlaue Füchslein kauft im
Donau-Einkaufszentrum

3

Ilse	Frau Wiemer, was sind Sie von Beruf?
Frau Wiemer	Ich bin Geschäftsführerin in einem Laden für Damenoberbekleidung.
Ilse	Und wie lange sind Sie das schon?
Frau Wiemer	Seit sieben Jahren.
Ilse	Wo arbeiten Sie?
Frau Wiemer	Ich arbeite im *Modespiegel* im Donau-Einkaufszentrum in Regensburg.
Ilse	Gehört Ihnen das Geschäft?
Frau Wiemer	Nein, ich bin Angestellte.

175

Ilse	Und wieviel Personal haben Sie?
Frau Wiemer	Ich habe noch vier Mitarbeiterinnen.
Ilse	Frau Wiemer, was für Kleider verkaufen Sie hier?
Frau Wiemer	Wir verkaufen modische Damenkleider, Kostüme und Anzüge; wir verkaufen Röcke und Hosen, Blusen und Strickwaren.
Ilse	Kaufen sowohl jüngere als auch ältere Damen bei Ihnen ein?
Frau Wiemer	Ja, die Altersgruppe liegt zwischen 20 und 55 Jahren.
Ilse	Sind die Damen in Regensburg sehr modisch?
Frau Wiemer	Nicht sehr modisch, aber schon modisch gekleidet.
Ilse	Welche ist wohl die eleganteste Stadt Deutschlands?
Frau Wiemer	Es ist schwer zu sagen. Ich glaube, daß in allen großen Städten in Deutschland elegante Damen wohnen. Ich denke, es ist im Moment vielleicht Düsseldorf. Es ist auch München, es ist Hamburg, und Berlin nicht zu vergessen.

Helga Wiemer likes her job very much but would ideally like to start and finish earlier and have Saturdays free.

4

Ilse	Frau Wiemer, arbeiten Sie gern als Geschäftsführerin?
Frau Wiemer	Ja, ich habe diesen Job sehr gern.
Ilse	Und was gefällt Ihnen besonders an dieser Arbeit?
Frau Wiemer	Eigentlich zuerst der Kontakt mit den Menschen.
Ilse	Was gefällt Ihnen nicht so sehr an diesem Job?
Frau Wiemer	Die Arbeitszeit gefällt mir nicht. Ich möchte lieber eher anfangen morgens, und abends eher Schluß machen und samstags gar nicht arbeiten.

Helga Wiemer may wish she started work earlier, but she already gets up at 6.30.

5

Ilse	Frau Wiemer, wann stehen Sie morgens auf?
Frau Wiemer	Um 6 Uhr 30.
Ilse	Und wann fangen Sie mit der Arbeit an?
Frau Wiemer	Um 9 Uhr.
Ilse	Und wann haben Sie Feierabend?
Frau Wiemer	Um 18 Uhr 30.
Ilse	Haben Sie eine Mittagspause?
Frau Wiemer	Ja, eineinhalb Stunden.
Ilse	Und wo essen Sie da?
Frau Wiemer	Zu Hause.
Ilse	Und was?
Frau Wiemer	Joghurt und Obst.
Ilse	Machen Sie etwa eine Diät?
Frau Wiemer	Ja, ich muß immer Diät machen!

Helga Wiemer

die Damenoberbekleidung   *ladies' outer (top) clothing*
die Kleider (pl)   *clothes*
der Anzug   *(trouser) suit*
die Hose   *trousers*
sowohl ... als auch ...   *both ... and ...*
die Altersgruppe   *age group*
Schluß machen   *to finish*

Quiz   Wie lange ist Frau Wiemer schon Geschäftsführerin im *Modespiegel*?
Gehört ihr das Geschäft?
Wieviel Personal hat sie?
Wer kauft im *Modespiegel* ein?
Welche sind die elegantesten Städte Deutschlands?
Was gefällt Frau Wiemer an ihrer Arbeit?
Und was gefällt ihr nicht so sehr?

You can ask if something belongs to someone

> **gehört Ihnen** das Geschäft?
> **gehört** dieser Weinberg **Ihnen**?

and if someone likes something (*lit.* if something is pleasing to them)

> was **gefällt Ihnen** an dieser Arbeit?
> was an Ihrer Arbeit **gefällt Ihnen** so gut?
> was **gefällt Ihnen** nicht so sehr?

Einige Vokabeln

der Laden	der Anzug	modisch
der Spiegel	der Rock	elegant
die Kleider (pl)	die Hose	kleiden
die Strickwaren (pl)	die Bluse	Schluß machen

UND NOCH WAS

Word order
The verb usually comes first in a question that can be answered with yes or no:

> **gehört** Ihnen das Geschäft?
> **sind** Sie Regensburgerin?

Otherwise the (main) verb is the second element in a sentence:

> ich **arbeite** sehr gerne hier
> mein Name **ist** Lieselotte Forcke

> wie **ist** Ihr Name, bitte?
> wo **arbeiten** Sie?
> wie lange **dauert** eine Saison?
> dieses **dürfen** Sie nicht trinken

The first element may be a whole group of words:

> seit 12 Jahren ungefähr **bin** ich selbständig
> für besondere Anlässe **schätze** ich den Riesling über alles
> wenn ich darf, **will** ich in Regensburg arbeiten

In clauses beginning with **was, wenn, weil**, the verb comes at the end:

> wir geben den Touristen Hinweise, **was** sie besichtigen **können**
> was machen Sie, **wenn** alle Hotels besetzt **sind**?
> das ist im Hochsommer, **wenn** die Familien mit Kindern auf Reisen **gehen**
> ich schwimme gern, **weil** ich im Schwimmen einer der Schnellsten **bin**

After **sagen, glauben, denken** you can use **daß** with the verb at the end of the clause, or you can simply quote the thought in its original form:

> glaubst du, **daß** du in Würzburg eine Stelle **findest**?
> ich glaube, **es ist sehr interessant**

First, second, third . . .

> ab ersten November ist es schlagartig zu Ende
> die zweite Straße links, gegenüber dem Rathaus

As in English, special forms of numbers are used to show the order in which things come.

To numbers up to 19 **-te** is added:

der, die, das	zweite	sechzehnte
	fünfte	neunzehnte

But there are four exceptions:

der, die, das	erste	siebte
	dritte	achte

To numbers 20 and above **-ste** is added:

> der, die, das zwanzig**ste**   der, die, das neunundneunzig**ste**

These 'ordinal' numbers are adjectives and have the usual adjective endings:

> Jan Ole besucht die fünfte Klasse
> Weihnachten ist am fünfundzwanzigsten Dezember

In writing you don't need to worry about the adjective ending. You can simply put a dot after the number, for instance when writing the date at the top of a letter: **13. Januar 1986**.

PROBIEREN SIE MAL!

1   **Wann?, wo?**   Put the boxes in the right order.

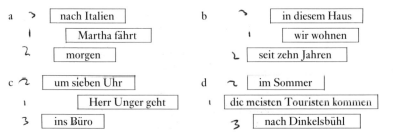

a ⟩ nach Italien   b ⌐ in diesem Haus
   ｜   Martha fährt   ｜   wir wohnen
   2   morgen   2   seit zehn Jahren

c 2 um sieben Uhr   d 2 im Sommer
   ｜   Herr Unger geht   ｜ die meisten Touristen kommen
   3 ins Büro   3 nach Dinkelsbühl

e | Marion arbeitet | f | zu Hause |

| im Garten | | Frau Wiemer ißt |

| am Wochenende | | mittags |

2   Feiertage

DEZEMBER				
So.	① ⑧ ⑮ ㉒ 29			
Mo.	2 9 16 23 30			
Di.	3 10 17 ㉔ ㉛			
Mi.	4 11 18 ㉕			
Do.	5 12 19 ㉖			
Fr.	6 13 20 27			
Sa.	7 14 21 28			

JANUAR				
So.	5 12 19 26			
Mo.	6 13 20 27			
Di.	7 14 21 28			
Mi.	① 8 15 22 29			
Do.	2 9 16 23 30			
Fr.	3 10 17 24 31			
Sa.	4 11 18 25			

FEBRUAR			
So.	2 9 16 23		
Mo.	3 10 17 24		
Di.	4 ⑪ 18 25		
Mi.	5 ⑫ 19 26		
Do.	6 13 20 27		
Fr.	7 ⑭ 21 28		
Sa.	1 8 15 22		

MÄRZ				
So.	2 9 16 23 ㉚			
Mo.	3 10 17 24 ㉛			
Di.	4 11 18 25			
Mi.	5 12 19 26			
Do.	6 13 20 27			
Fr.	7 14 21 ㉘			
Sa.	1 8 15 22 29			

easter   Wann ist Ostern?   Ostern ist am dreißigsten März.

new year   Wann ist Silvester? *31*

shrove tues   Wann ist Fastnacht?

*   Wann ist der erste Advent?

ash wed   Wann ist Aschermittwoch?

good friday Wann ist Karfreitag?

valentines day Wann ist Valentinstag?

xmas Wann ist Weihnachten?

Easter mon Wann ist Ostermontag?

xmas eve Wann ist Heiligabend?

3   Wann? The answers don't quite fit the questions. Can you sort them out?

a 6

    a   Wann sind alle Hotels in Regensburg besetzt?
    I   Wenn die Hotels in Rothenburg voll sind.

b4 65

    b   Wann hat Frau Soller ihre Arbeit nicht gern?
    2   Wenn er WUK, Biologie und Sport hat.

c4

    c   Wann muß Frau Hunnenmörder Geduld haben?
    3   Wenn sie ihre Lieblingsrolle spielt.

d1

    d   Wann müssen die Touristen außerhalb von Rothenburg eine Unterkunft finden?
    4   Wenn die Touristen unfreundlich sind.

e2

    e   Wann geht Jan Ole gern zur Schule?
    5   Wenn die Touristen alles auf einmal wissen wollen.

f3

    f   Wann singt Frau Bender besonders gern?
    6   Wenn in Regensburg große Kongresse stattfinden.

4   Wann stehen Sie morgens auf? You're talking to Sabine about her daily routine. How does the conversation go?

Sie	Wann .... Sie morgens ....? *(aufstehen)*
Sabine	Ich .... um 7 Uhr ....
Sie	Wann .... Sie mit der Arbeit ....? *(anfangen)*
Sabine	Ich .... um 8 Uhr 30 ....
Sie	Wann .... Ihr Zug ....? *(abfahren)*
Sabine	Er .... um 7 Uhr 45 ....

Sie	Wann .... Sie in Würzburg .... ? *(ankommen)*
Sabine	Ich .... 25 Minuten später ....
	Aber manchmal .... ein Kollege mich im Auto .... *(mitnehmen)*
Sie	Was machen Sie in Ihrer Mittagspause?
Sabine	Ich .... meistens .... *(spazierengehen)*
Sie	Und was machen Sie nach der Arbeit?
Sabine	Ich .... oft in der Stadt .... *(einkaufen)*

5   **Nur Männer.** You've been talking to Herr Lehme about his job. His answers are below. What did you ask him?

Herr Lehme, was sind Sie von Beruf?
Ich bin Geschäftsführer in einem Laden für Herrenbekleidung.

.... ?

Geschäftsführer bin ich seit 15 Jahren.

.... ?

Ich arbeite in *Nur Männer*, einem kleinen Laden in der Altstadt.

.... ?

Nein, der Laden gehört mir nicht. Ich bin Angestellter.

.... ?

die Jacke

Ich habe noch drei Mitarbeiter.

.... ?

Wir verkaufen Anzüge, Hosen, Jacken, Pullover, Hemden, Krawatten . . .

.... ?

Ja, die Altersgruppe liegt zwischen 18 und 60 Jahren.

.... ?

Nein, nicht sehr modisch. Sie tragen lieber konventionelle Kleidung.

.... ?

das Hemd

Ja, ich arbeite sehr gern als Geschäftsführer.

.... ?

Wenn die Kunden unfreundlich sind, müssen wir Geduld haben!

.... ?

Wir fangen um neun an.

.... ?

die Krawatte

Feierabend ist um 18 Uhr 30.

.... ?

Ja, eineinhalb Stunden, von 12 Uhr 30 bis 14 Uhr.

.... ?

Der Umgang mit Menschen gefällt mir sehr, und der Job ist immer interessant.

.... ?

Es gefällt mir nicht so sehr, daß ich einmal im Monat den ganzen Samstag arbeiten muß, denn am Wochenende ist meine ganze Familie zu Hause.

Was sind Sie von Beruf?

Broadly speaking, in the Federal Republic there are wage-earners, **Arbeiter**, salaried employees, **Angestellte**, and permanent civil servants, **Beamte**. **Arbeiter** and **Angestellte** have to contribute to a sickness insurance scheme, **eine Krankenkasse**, to a pension insurance scheme, **eine Rentenversicherung**, and to insurance against unemployment, **Arbeitslosenversicherung**.

But **Beamte** are different: they don't pay unemployment insurance because they're 'undismissable', **unkündbar**, neither do they contribute to a pension scheme as their pension is paid for entirely by the state. In the case of illness, they continue to draw their salary and the state pays half the cost of the treatment. About 45% of public employees have **Beamte** status. These include teachers, nurses, train drivers, prison officers. **Beamte** are not allowed to strike.

Industriegewerkschaften (Trade Unions)

West Germany has seventeen trade unions. They're independent, but they all belong to the **Deutscher Gewerkschaftsbund** or **DGB** (German Trade Union Federation). They're not linked to a political party or religious denomination and there's no closed shop.
The percentage of workers belonging to a trade union varies greatly from industry to industry, but on average membership is just over a third.

Radio

Heidemarie Bender spricht mit Ilse über ihre Arbeit

At a **Stadttheater**, artists are usually engaged, **engagiert**, on short-term contracts. On expiry the contract is renewable by mutual agreement.

Heidemarie Bender talked to Ilse about her work. The opera season in Regensburg begins for the public in October, but the cast is already at work throughout September. First they have the music rehearsals, **die musikalischen Proben**, after which they rehearse on stage, **szenisch**. And then comes the performance, **die Vorstellung**.

How often does Heidemarie Bender sing when at her busiest? 2 a day - 15x per week

For how many weeks is each opera rehearsed on stage? 4 -3 days 1 weeks

How long does Miss Bender have to be in the theatre before a performance? 1 hr

What does she do after a performance? beer

What time does she have to be at rehearsal the next day? 10.00 - no rehearsal before 10

Does she enjoy being an opera singer? v. - dream job.

Ilse	Frau Bender, Sie singen zur Zeit an den Städtischen Bühnen in Regensburg. Wann ist da die Saison?
Frau Bender	Die Saison dauert von Anfang Oktober bis etwa Mitte Juli für die Zuschauer. Wir proben schon den ganzen September über.
Ilse	Wie oft in der Woche singen Sie in einer Vorstellung?

Frau Bender	Das ist ganz unterschiedlich. Es gibt Monate, in denen ich fünfzehn Vorstellungen habe, das ist ungefähr jeder zweite Tag. Es gibt aber auch manchmal sogar Monate, in denen ich fast keine Vorstellung habe. Das liegt am Spielplan.
Ilse	Wie lange proben Sie aber für ein Stück?
Frau Bender	Wir proben für ein Stück ungefähr vier bis fünf Wochen szenisch, und davor sind noch die musikalischen Proben.
Ilse	Wie lange vor einer Vorstellung müssen Sie vorher im Theater sein?
Frau Bender	Normalerweise ist man eine Stunde vorher da.
Ilse	Was machen Sie nach einer Vorstellung?
Frau Bender	Ja, man ist nach einer Vorstellung immer ziemlich aufgedreht. Das beste ist, man unterhält sich und trinkt ein Bier oder irgendwas.
Ilse	Wann kommen Sie dann endlich ins Bett?
Frau Bender	Ja, meistens so irgendwann zwischen zwölf und eins spätestens.
Ilse	Wann stehen Sie dann am nächsten Morgen auf?
Frau Bender	Am Theater beginnt keine Probe vor zehn Uhr morgens – das ist also noch ganz menschlich. Dann steht man etwa zwischen halb neun und neun auf und schafft es dann, um zehn im Theater zu sein, aber das fällt einem oft auch schwer.
Ilse	Frau Bender, sind Sie gern Opernsängerin?
Frau Bender	Oh ja, sehr gerne. Es ist mein Traumberuf!

die Zuschauer (pl)   *audience*
unterschiedlich   *variable*
ziemlich aufgedreht   *rather keyed up*
sich unterhalten   *to talk*
menschlich   *human*
schaffen   *to manage*

Rätsel
Was sind Sie von Beruf? Hidden in this box are 12 jobs. Some of them are printed across, some down and some diagonally. How many can you find?

```
A Z R I G Ü V R W I N B
G L H U M Y S L A X E Ä
B F R H A U S F R A U C
S K T W X P Ä L M R V K
B A K R S C K T U M O E
E U E Ö A L E R S D J R
A F L E H R E R I N Y L
M M L D F N Z E K S H T
T A N K W A R T E P D R
I N E H P F A R R E R S
N N R A T S H E R R E F
```

Rothenburg und Dinkelsbühl
In 1171 Emperor Frederick I ('Barbarossa') granted Rothenburg town rights, and soon afterwards the first of the ramparts was built. Today Rothenburg is preserved almost exactly as it was: a genuine mediaeval town. Particularly worth seeing is Riemenschneider's wooden altarpiece, **der Heiligblut Altar**, in St. Jakobs-Kirche.

Rothenburg

Dinkelsbühl lies 45km further south. In 1188, Emperor Barbarossa gave 'burgum Tinkelspuhel' to his son as a birthday present and by the end of the thirteenth century Dinkelsbühl had become a prosperous town.

Like Rothenburg, Dinkelsbühl is an immaculately preserved mediaeval town, encircled by ramparts and towers, but smaller and quieter, and not so dependent on tourism. As Sieglind Bruhn says, Dinkelsbühl is small and easy to get to know, **überschaubar**, and the people are very friendly.

To commemorate the town's mediaeval past, the Dinkelsbühl nightwatchman, **der Dinkelsbühler Nachtwächter**, Fritz Jotz, patrols the streets on summer nights in full regalia. In earlier times the nightwatchman also patrolled the town walls and defence towers. Although these were manned by the town guards, it was part of the nightwatchman's duty to keep an eye on them as well.

How long is the bus journey from Fornbach to Rothenburg?
How many hours does Roland Techet practise every day?
How long has Fritz Jotz been a widower?
How many grandchildren has he got?
Why is he well-known today?
In earlier times, what did the nightwatchman look out for in particular?

Rothenburg ob der Tauber, hoch über dem Taubertal, ist eine Stadt aus dem Mittelalter. Die Mauern und die Türme rings um die Stadt sind aus dem 13. Jahrhundert; auch die Fassaden der alten Häuser sind noch sehr gut erhalten. Die Schilder zeigen, wo früher die Handwerker wohnten; heute sind hier Geschäfte.

Eine echte mittelalterliche Stadt ist natürlich eine Touristenattraktion.

Katrin	Grüß Gott. Sind Sie von hier?
Frau	Nein, wir sind nicht von hier.
Katrin	Woher kommen Sie?
Frau	Aus Fornbach, Landkreis Passau.
Katrin	Ist das weit von hier?
Frau	Na ja, drei Stunden Omnibusfahrt – zweieinhalb, drei Stunden.
Katrin	Gefällt's Ihnen hier?
Mann	Ja, es ist wunderschön. Ich liebe Rothenburg.

Katrin	Bleiben Sie lange?
Mann	Nein, ich bleibe 'ne Viertelstunde, denn ich komme gerade aus Dinkelsbühl, aus der Nachbarschaft.
Katrin	Und wo fahren Sie jetzt hin?
Mann	Jetzt fahre ich nach Hause.

45 km südlich von Rothenburg liegt Dinkelsbühl, auch sehr alt, kleiner als Rothenburg und vielleicht weniger touristisch. Sieglind Bruhn ist Konzertpianistin und Klavierlehrerin und gibt in Dinkelsbühl Musikkurse. Sie kommt aus München.

Katrin	Sind Sie gern in Dinkelsbühl?
Frau Bruhn	Ja, ich bin sehr gerne hier. Hier ist alles sehr klein und überschaubar, und die Menschen sind sehr freundlich. Es ist nicht so anonym wie in einer Großstadt.

Sieglind
Bruhn

Roland Techet nimmt am Musikkurs teil. Er ist 15 Jahre alt und möchte Konzertpianist werden.

Katrin	Wie lange spielst du schon Klavier?
Roland	Ungefähr zehn Jahre.
Katrin	Mußt du viel üben?
Roland	Ja, ich habe früher nicht so viel geübt, aber jetzt in letzter Zeit übe ich schon zwei Stunden pro Tag.
Katrin	Spielst du auch andere Instrumente?
Roland	Ja, ich spiele noch Cello.
Katrin	Ist Klavierspielen für dich ein Hobby?
Roland	Nein, es ist eigentlich mehr als ein Hobby. Ich möchte es später als Beruf machen.

Durch die Teilnahme am Musikkurs können die Studenten sehen, wie gut sie im Vergleich zu anderen Musikern sind.

In Dinkelsbühl gibt es noch viele Handwerker. Sepp Laugner ist aus Nürnberg. Er kam nach dem Krieg zu Fuß nach Dinkelsbühl und ist seit etwa 40 Jahren hier Polsterer. Er arbeitet am liebsten mit alten Möbeln.

Georg Popp ist auch Handwerker: er ist Schmied. Er arbeitet sowohl mit Pferden als auch mit Landmaschinen.

Und alle Dinkelsbühler kennen das Schild von Fritz Jotz. Er ist Schuhmacher und hat sein ganzes Leben lang in Dinkelsbühl gearbeitet.

Katrin	Darf ich Sie fragen, wie alt Sie sind?
Herr Jotz	Bin Jahrgang 1901 und bin 82 Jahre alt.
Katrin	Sind Sie verheiratet?
Herr Jotz	Gewesen. Meine gute Frau ist schon neun Jahre tot.
Katrin	Haben Sie Kinder?
Herr Jotz	Ja. Fünf.
Katrin	Haben Sie auch schon Enkel?
Herr Jotz	Ja, habe ich auch. Sieben.
Katrin	Leben Ihre Kinder hier in Dinkelsbühl?
Herr Jotz	Eine Tochter, die jüngste, lebt in Dinkelsbühl, und die anderen sind alle auswärts.

Katrin	Leben Sie gern in Dinkelsbühl?
Herr Jotz	Ja.
Katrin	Warum?
Herr Jotz	Erstens bin ich schon sehr lange hier und habe mich gut ernährt mit meiner Familie, und dann bin ich natürlich auch durch die vielen Jahre ziemlich bekannt geworden, habe viele Bekannte und Freunde hier.

Aber Herr Jotz ist auch durch eine andere Arbeit in Dinkelsbühl bekannt: er ist der Nachtwächter. Er macht in der Stadt seine Runde und singt vor achtzehn Gaststätten einen Vers.

'Hört, ihr Leute, laßt euch sagen:
Unsere Glock' hat neun geschlagen . . .'

*Hear ye, ye will be told
Our bell the hour of nine has tolled . . .*

In alten Zeiten mußte der Nachtwächter alle Türme an der Stadtmauer kontrollieren und aufpassen, daß kein Feuer ausbrach, so daß die Stadt ruhig schlafen konnte.

Herr Jotz Der Dinkelsbühler Nachtwächter, der machte seine Runde von der Abenddämmerung bis zur Morgendämmerung. Und da mußte er an einem ganz bestimmten Haus, wo ein Ratsherr wohnte, also in der Nähe des Rathauses mußte er seine Runde beginnen, und dann an der Stadtmauer entlang die sämtlichen Wehrtürme, wo eben die Wachmannschaften diese Stadt eben bewacht haben, mußte er dann diese Leute alle kontrollieren.

'Menschenwachen kann nicht nützen,
Gott muß wachen, Gott wird schützen.'

'Herr, durch Deine Güt' und Macht
Gib' uns eine gute Nacht.'

*My watching thee is no use,
God must watch, God will protect.*

*Lord, through Thy goodness and might
Give us all a quiet night.*

das Schild   *sign*
echt   *genuine*
teilnehmen   *to take part (sep. vb)*
die Möbel (pl)   *furniture*
der Schmied   *blacksmith*
ernähren   *to support, maintain*
der Bekannte   *acquaintance*
das Feuer   *fire*
ausbrechen   *to break out (sep. vb)*
wachen   *to keep watch*

13 Was machen Sie in Ihrer Freizeit?

Talking about what you do in your spare time

Radio

Marion Michaelis likes going to the theatre and gardening, and she runs a skittle club.

1

Joachim	Was machen Sie gern in Ihrer Freizeit?
Marion	In meiner Freizeit geh' ich gern ins Theater, ich habe einen Kegelklub, und ich mach' gerne Gartenarbeit.
Joachim	Haben Sie einen großen Garten?
Marion	Oh ja, an die tausend Quadratmeter.
Joachim	Was wächst darin?
Marion	Viel Unkraut!

Heide sings in a German-Polish choir and enjoys skiing, skating and swimming.

2

Joachim	Haben Sie ein Hobby?
Heide	Ich singe sehr gerne und bin in einem deutsch-polnischen Chor. Ich treibe sehr viel Sport, ich laufe Ski, ich fahre Schlittschuh, ich schwimme sehr gerne . . .
Joachim	Sind Sie in einem Sportverein?
Heide	Zur Zeit nicht.

Heidemarie Bender, from the Regensburg Opera, likes reading and walking – but doesn't often listen to music!

3

Ilse	Was machen Sie in Ihrer Freizeit? Haben Sie überhaupt Zeit für ein Hobby?
Frau Bender	Ich lese sehr gern und sehr viel, und genau so gern geh' ich auch im Wald spazieren.
Ilse	Hören Sie auch Musik?
Frau Bender	Gar nicht mal so sehr oft.

Dorle has two brothers and a sister. The two girls like reading and sport, the two boys are interested in music.

4

Susanne	Hast du Geschwister?
Dorle	Ich habe drei Geschwister. Sie heißen Ursula, Thomas und Christoph und sind 18, 16 und 12 Jahre alt.
Susanne	Versteht ihr euch gut?
Dorle	Jetzt schon, aber früher haben wir sehr oft gestritten.
Susanne	Welche Hobbys haben deine Geschwister?

Dorle	Mein kleiner Bruder interessiert sich sehr für Musik und spielt Klavier und Gitarre, meine Schwester und ich lesen hauptsächlich und treiben viel Sport.
Susanne	Und dein älterer Bruder?
Dorle	Er interessiert sich auch für Musik, aber noch lieber geht er in Kneipen.

das Unkraut *weeds*
Sport treiben *to go in for sport*
der Wald *woods*
versteht ihr euch gut? *do you get on well together?*
wir haben gestritten *we quarrelled*
hauptsächlich *mainly*
die Kneipe *pub*

Joachim's main hobbies are photography and the British-German Association in Bremen. He also likes reading English thrillers. On television he mainly watches the news, **die Tagesschau**, current affairs, **aktuelle Informationen**, and political broadcasts, **politische Sendungen**.

5

Heide	Herr Kothe, haben Sie wohl ein Hobby?
Joachim	Ja, ich fotografiere sehr gern.
Heide	Was fotografieren Sie zum Beispiel?
Joachim	Leute, Landschaften, Denkmäler. Auch in Bremen fotografiere ich sehr viel.
Heide	Fotografieren Sie dann in Schwarzweiß oder in Bunt?
Joachim	Manchmal in Farbe, aber viel auch in Schwarzweiß, denn Schwarzweiß kann ich selbst vergrößern.
Heide	Was machen Sie sonst noch in Ihrer Freizeit?
Joachim	Ich bin hier in der deutsch-britischen Gesellschaft in Bremen und leite diesen Verein mit.
Heide	Wieviel Mitglieder hat Ihr Verein?
Joachim	Wir haben etwa 100 Mitglieder.
Heide	Was lesen Sie gern?
Joachim	Ich lese gern englische Horrorgeschichten, Daphne du Maurier zum Beispiel.
Heide	Radio hören Sie natürlich auch gern?
Joachim	Radio höre ich auch gern, vor allem im Auto.
Heide	Sehen Sie viel fern?
Joachim	Nein, eigentlich nicht. Ich sehe hauptsächlich Tagesschau, aktuelle Informationen, politische Sendungen.
Heide	Also *Dallas* sehen Sie dann nicht?
Joachim	Nein, ich habe mal eine halbe Folge gesehen, das hat mir genügt.

> **21.00 Report**
> **21.45 Dallas**
> Eiskaltes Spiel
> Mit Barbara Bel Geddes, Patrick Duffy,
> Linda Gray, Larry Hagman, Susan Ho-
> ward u. a. Regie: Patrick Duffy
>
> J. R. Ewing versucht immer noch, die
> Hochzeit zwischen seiner Mutter und
> Clayton Farlow zu verhindern. Er will so-
> gar Sue Ellen über Claytons erste Frau
> aushorchen, die bei einem Brand ums Le-
> ben gekommen war . . . .
>
> **22.30 Tagesthemen**

das Denkmal *monument*
in Bunt, in Farbe *in colour*
vergrößern *to enlarge*
mitleiten *to help run (sep. vb)*
vor allem *above all*
die Folge *episode*
das hat mir genügt *that was enough for me*

Quiz

Was macht Marion in ihrer Freizeit?
Was wächst in ihrem Garten?
In was für einem Chor singt Heide?
Was für Sport treibt sie gern?
Wo geht Frau Bender gern spazieren?
Welche Instrumente spielt Dorles kleiner Bruder?
Wer interessiert sich auch für Musik?

Was fotografiert Joachim?
Wie viele Mitglieder hat die deutsch-britische Gesellschaft in Bremen?
Was für Bücher liest Joachim gern?
Wo hört er gern Radio?
Wie viele Folgen von *Dallas* hat er gesehen?

Saying what you've done

ich **habe** mal eine halbe Folge **gesehen**
das **hat** mir **genügt**

Einige Vokabeln

der Chor	die Gitarre	die Gesellschaft
der Wald	die Musik	die Kneipe
der Verein	die Farbe	das Denkmal
das Mitglied	die Sendung	das Hobby

aktuell	Sport treiben	lesen
politisch	Ski laufen	fotografieren
vor allem	Schlittschuh laufen	sich verstehen

sich interessieren (für)   *to be interested (in)*

ich	interessiere mich		
du	interessierst dich		
er/sie/es/man	interessiert sich	für	Sport
wir	interessieren uns		Musik
ihr	interessiert euch		Fotografieren
Sie/sie	interessieren sich		

Fernsehen

Bamberg is an elegant town, with an impressive skyline of church steeples, dominated by the four towers of the cathedral. The harvest thanksgiving festival service, **der Gottesdienst zum Erntedankfest**, is celebrated every autumn in the **Obere Pfarre**, the 'upper parish church'. It's a children's service, **der Kindergottesdienst**, so first we got to know two of the young participants and their parents.

Tobias Heß is nine years old, nearly ten. With his younger brother, not to mention his father, he spends a lot of time playing with his trains.

Tobias und Johannes Heß spielen, so oft sie können, mit ihrer Eisenbahn. Der Vater, Günther Heß, spielt gern mit.

1
Tobias   Ich habe noch einen kleineren Bruder. Der heißt Johannes und ist sieben Jahre alt.

Katrin	Und wie alt bist du?
Tobias	Ich bin neun Jahre alt.
Katrin	Wann wirst du zehn?
Tobias	Am fünften Dezember.
Katrin	Was machst du nach der Schule?
Tobias	Na ja, also, am Dienstag habe ich nach dem Sport noch Klavier, und Montagabend, Sonntagmittag und Donnerstagabend habe ich noch Schwimmen.

Die ganze Familie macht viel zusammen.

2

Frau Heß	Ich habe zwei Kinder, der Tobias ist der älteste mit neun Jahren, und Johannes der jüngste mit sieben Jahren.
Katrin	Machen Sie viel zusammen?
Frau Heß	Ja, wir laufen im Winter Ski zusammen, wir wandern, wir fahren häufig Rad, wir gehen gerne zum Schwimmen, und ab und zu spielen wir mit Papi in der Eisenbahn.

Die Familie Heß wohnt seit 12 Jahren in einem sehr modernen Haus.

3

Frau Heß	Ich wohne jetzt noch sehr gerne in diesem Haus. Für mich ist es immer noch sehr modern. Wir haben es vor 12 Jahren gebaut, und seitdem wohnen wir hier.
Katrin	Sind Sie berufstätig?
Frau Heß	Ja, ich bin Lehrerin an einer Volksschule außerhalb von Bamberg.

Die Familie Greiner wohnt jetzt auch in Bamberg, aber Herr Greiner kommt aus München. Er ist Cellist bei den Bamberger Symphonikern.

4

Katrin	Herr Greiner, warum sind Sie nach Bamberg gekommen?
Herr Greiner	Nun, ich bin Musiker und wollte zu den Bamberger Symphonikern.

Katrin	Arbeiten Sie jetzt dort?
Herr Greiner	Ja, ich bin immer noch da.
Katrin	Und welches Instrument spielen Sie?
Herr Greiner	Ich bin hier Cellist.
Katrin	Ist Ihre Frau auch berufstätig?
Herr Greiner	Ja, sie ist Lehrerin an einem Gymnasium, Lehrerin für Musik.

Tina Greiner ist neun Jahre alt. Sie hat eine Schwester, Stefanie, und drei Katzen. Sie lernt Geige.

5

Katrin	Tina, wieviel Tiere hast du?
Tina	Ich habe drei Katzen. Und die heißen Mollis, Minka und Mucki.
Katrin	Und hast du auch Geschwister?
Tina	Ja, ich habe eine Schwester, die ist 14 Jahre alt und heißt Stefanie.
Katrin	Und wie alt bist du?
Tina	Ich bin neun Jahre alt.
Katrin	Wann wirst du zehn?
Tina	Am 10. März.
Katrin	Spielst du jeden Tag Geige?
Tina	Fast jeden Tag.
Katrin	Und wie lange mußt du üben?
Tina	Eine halbe Stunde, Dreiviertelstunde.
Katrin	Weißt du, was du später werden willst?
Tina	Ja, ich möchte Musikerin werden in einem Orchester.
Katrin	Und was willst du spielen?
Tina	Geige.

Tina Greiner

häufig   *frequently*
wir haben . . . gebaut   *we built . . .*
die Volksschule   *primary school*
wollte   *wanted*
die Geige   *violin*
üben   *to practise*

Quiz   Wann hat Tobias Geburtstag?
Wie oft in der Woche geht er schwimmen?
Was macht die Familie Heß zusammen?
Was ist Frau Heß von Beruf?
Welches Instrument spielt Herr Greiner?
Wann hat Tina Geburtstag?
Welches Instrument spielt sie?
Was möchte sie werden?

Saying what you did or have done
ich **habe** eine halbe Folge **gesehen**
wir **haben** sehr oft **gestritten**
wir **haben** dieses Haus vor 12 Jahren **gebaut**
warum **sind** Sie nach Bamberg **gekommen**?

Einige Vokabeln	der Gottesdienst	der Cellist	modern	wandern
	die Ernte	der Musiker	seitdem	üben
	die Geige	die Musikerin	ab und zu	bauen

werden *(to become)*

ich	werde
du	wirst
er/sie/es/man	wird
wir	werden
ihr	werdet
Sie/sie	werden

wollen *(to want to)*

ich	will
du	willst
er/sie/es/man	will
wir	wollen
ihr	wollt
Sie/sie	wollen

Radio

Ilse talked to Lore Schretzenmayr about her holidays. For her the Black Forest has a special attraction, **einen besonderen Reiz**. She particularly likes the altitude, **die Höhe**, and on her holiday enjoyed visiting the spa Baden-Baden at the edge of the Black Forest, **am Rande des Schwarzwaldes**.

6

Ilse	Und wo haben Sie persönlich hier in Deutschland Urlaub gemacht?
Frau S.	Ich war schon in verschiedenen Gegenden. Ich war an der Ostsee, ich war an der Nordsee, ich kenne den Harz . . .
Ilse	Wo hat es Ihnen am besten gefallen?
Frau S.	Der Schwarzwald hat einen besonderen Reiz.
Ilse	Und warum?
Frau S.	Die hohen Bäume, die schöne Landschaft, die Höhe überhaupt.
Ilse	Waren Sie lange dort?
Frau S.	Wir waren ungefähr drei Wochen im Schwarzwald.
Ilse	Und was haben Sie dort gemacht?
Frau S.	Wir haben Wanderungen unternommen, haben aber auch die Städte am Rande des Schwarzwaldes besucht.
Ilse	Zum Beispiel welche?

Frau S.	Mir hat besonders gut Baden-Baden gefallen, eine Weltstadt, ein Kurort, der besonders viel zu bieten hat.
Ilse	Wo haben Sie dort im Schwarzwald gewohnt?
Frau S.	Wir haben in einem gutbürgerlichen Hotel gewohnt, in der Nähe von Freudenstadt.
Ilse	Waren Sie schon in England?
Frau S.	Ja, ich war fünf Wochen in England, 'to brush up my English'.
Ilse	Und?
Frau S.	Mir hat es wunderbar gefallen.

die Gegend   *area*
die Ostee   *Baltic Sea*
der Harz   *Harz Mountains (in central Germany)*
der Baum   *tree*
die Wanderung   *long walk, hike*
bieten   *to offer*
gutbürgerlich   *good, plain (of hotels, food, etc.)*

Quiz   Wo in Deutschland hat Frau Schretzenmayr Urlaub gemacht?
Wo hat es ihr am besten gefallen?
Was hat sie im Schwarzwald gemacht?
Wo hat sie gewohnt?
Wie lange war sie in England?
Wie hat es ihr dort gefallen?

More about what you did or have done

wo **haben** Sie Urlaub **gemacht**?
wo **haben** Sie im Schwarzwald **gewohnt**?
wo **hat** es Ihnen am besten **gefallen**?
mir **hat** Baden-Baden **gefallen**
was **haben** Sie dort **gemacht**?
wir **haben** Wanderungen **unternommen**

and saying where you were, or have been

ich **war** an der Ostsee
wir **waren** ungefähr drei Wochen im Schwarzwald
waren Sie schon in England?

| Einige Vokabeln | die Ostsee | der Reiz | die Gegend | die Wanderung |
| | die Nordsee | der Baum | die Höhe | bieten |

UND NOCH WAS

Versteht ihr euch gut?
When talking to children, close friends or relatives, you use **du, dich, dir** if you're talking to one person and **ihr, euch, euch** if you're talking to more than one.

After **ihr** the verb ends with –t:

haben:	ihr habt
heißen:	ihr heißt
können:	ihr könnt

But as ever, the verb **sein** is a law unto itself: **ihr seid**

Talking about the past

You can't get to know people without exchanging experiences and talking about the past, that is saying what has happened. To do this in German you use the appropriate form of **haben** or **sein** together with what is known as the 'past participle' of a verb. This comes at the end:

wir **haben** das Haus vor 12 Jahren **gebaut**
was **haben** Sie dort **gemacht**?
wo **haben** Sie im Schwarzwald **gewohnt**?

gebaut, gemacht, gewohnt are the past participles of the verbs **bauen, machen, wohnen**.

Most past participles are formed by putting **ge–** in front of the verb stem and adding –t or –en. Those ending in –en often have a vowel change:

sprechen:	gesprochen	gehen:	gegangen
schwimmen:	geschwommen	trinken:	getrunken

Haben is used with most past participles:

ich **habe** mal eine halbe Folge **gesehen**	(sehen)
wo **haben** Sie Urlaub **gemacht**?	(machen)
wo **hat** es Ihnen am besten **gefallen**?	(gefallen)
wir **haben** Wanderungen **unternommen**	(unternehmen)

But the past participles of some verbs, especially those that say how we move about, are used with **sein**:

Jan Ole **ist** 50m **geschwommen**	(schwimmen)
wir **sind** mit dem Auto nach München **gefahren**	(fahren)
die Steinhäusers **sind** nach Bamberg **gegangen**	(gehen)
wann **sind** Sie hierher**gekommen**?	(kommen)

war, hatte

When saying what has been or used to be, it's more common to say **ich war** than **ich bin gewesen**. In the same way you can say **ich hatte** instead of **ich habe gehabt**.

ich war	*ich* hatte
du warst	*du* hattest
er/sie/es/man war	*er/sie/es/man* hatte
wir waren	*wir* hatten
ihr wart	*ihr* hattet
Sie/sie waren	*Sie/sie* hatten

(For more about the past, see pp. 300–1.)

PROBIEREN SIE MAL!

You'll need these verb forms for completing exercises 1 and 2.

arbeiten: gearbeitet	*sehen:* gesehen
besuchen: besucht	*spazierengehen:* spazierengegangen*
einkaufen: eingekauft	*spielen:* gespielt
essen: gegessen	*sprechen:* gesprochen
finden: gefunden	*trinken:* getrunken
gefallen: gefallen	*unternehmen:* unternommen
gehen: gegangen*	*wohnen:* gewohnt
machen: gemacht	*zurückkommen:* zurückgekommen*
*used with **sein**	

1 **Was haben Sie gestern gemacht?**

Yesterday was a busy day.
What did you do when?

Was haben Sie gestern vormittag gemacht?

Wo haben Sie zu Mittag gegessen?

Und am Nachmittag, was haben Sie da gemacht?

Wo haben Sie abends gegessen?
Was haben Sie dann gemacht?

> **Dienstag**
>
> Einkaufen
> Im garten arbeiten
>
> Mittagessen Bei
> Onkel Herbert
>
> Spazierengehen
> Tennis
>
> Abendbrot zu Hause
> Mit Lotte ins Kino

das Kino   *cinema*

2 **Was haben Sie im Urlaub gemacht?** Complete this conversation using the appropriate form of **haben** or **sein** and the past participle of the verb in brackets.

Schmidt Was .... Sie im Urlaub ....? *(machen)*
Müller Ich .... mit meiner Frau eine Reise durch Frankreich ....
(unternehmen)
Schmidt .... Sie viel ....? *(sehen)*
Müller Oh ja, sehr viel! Jeden Tag was Neues.
Schmidt .... Sie Paris ....? *(besuchen)*
Müller Ja, natürlich!
Schmidt Was .... Sie dort ....? *(machen)*
Müller Wir .... viele Galerien ...., und abends .... wir meist in Nachtlokale
.... *(besuchen, gehen)*

Schmidt	Wo .... Sie denn ....? *(wohnen)*
Müller	Wir .... ein wunderschönes kleines Hotel in Montmartre .... *(finden)*
Schmidt	.... Sie Französisch ....? *(sprechen)*
Müller	Ich nicht, aber meine Frau .... die ganze Zeit Französisch .... *(sprechen)*
Schmidt	.... Ihnen Frankreich ....? *(gefallen)*
Müller	Ja, es war herrlich.
Schmidt	Wann .... Sie ....? *(zurückkommen)*
Müller	Ich .... letzten Sonntag ...., aber meine Frau erst gestern. Es .... ihr dort so gut ....! *(zurückkommen, gefallen)*

3 **Wofür interessieren sie sich?** What are these people particularly interested in? Complete the sentences, using the appropriate form of **sich interessieren**.

Jan mag Musik sehr gern.
.... besonders für Beethoven.

Helga liest gern.
.... besonders für moderne Literatur.

Martin und Julia gehen oft in den Botanischen Garten.
Besonders .... für exotische Pflanzen.

Ich sammle Briefmarken.
Besonders .... für südamerikanische Marken.

Wir studieren Geschichte.
.... besonders für das Mittelalter.

Thomas ist Automechaniker.
.... sehr für alte Modelle.

Marianne und Raimund fahren oft ins Ausland.
.... für Fremdsprachen.

Gabi sieht nicht viel fern.
.... nur für politische Sendungen.

4 **Was machen Sie in Ihrer Freizeit?** You've just been introduced to Mr Klein. To make polite conversation you ask him about his hobbies. How does he answer your questions?

Herr Klein hat viele Hobbys. Er fotografiert gern, hört gern Musik und treibt viel Sport. Er hat eine Spiegelreflexkamera. Manchmal fotografiert er in Farbe, aber am liebsten in Schwarzweiß. Die Schwarzweißfotos entwickelt und vergrößert er selbst. Besonders gern fotografiert er Tiere und Kinder. Da braucht er allerdings viel Geduld!

entwickeln   *to develop*

Was machen Sie in Ihrer Freizeit?
Was für eine Kamera haben Sie?
Was fotografieren Sie besonders gern?
Entwickeln Sie die Fotos selbst?

Herr Klein interessiert sich besonders für Volksmusik. Er spielt Gitarre und Geige und leitet eine kleine Volksmusikgruppe. Die Gruppe übt zweimal in der Woche bei ihm zu Hause.

Was für Musik mögen Sie gern?
Spielen Sie selbst ein Instrument?
Spielen Sie immer allein?
Üben Sie oft?
Und wo?

Herr Kleins drittes Hobby ist Sport. Er schwimmt gern, geht jeden Morgen Jogging und spielt gut Tennis. Er ist in einem Tennisklub und spielt dort jeden Sonntag. Der Klub hat 200 Mitglieder.

Welche Sportarten treiben Sie?
Wann gehen Sie Jogging?
Sind Sie in einem Sportverein?
Wie viele Mitglieder hat der Klub?
Spielen Sie oft dort?

5   **Wo waren sie?** Where was everyone? Pick the right place from the box and begin each answer with **er war**, **sie war**, or **sie waren**.

> im Büro
> im Sportverein
> auf einer Konferenz
> im Café
> auf dem Markt
> beim Fußballspiel
> in der Altstadt
> im Restaurant
> im Schwarzwald
> in der Diskothek

a   Helga hat ein Pfund Äpfel und zwei Kilo Kartoffeln gekauft.
    Sie war . . .
b   Marianne hat Briefe geschrieben und viel telefoniert.
c   Herr und Frau Harms haben Pfeffersteaks gegessen und zwei
    Viertel Rotwein getrunken.
d   Horst hat den Dom besichtigt und dann auf dem Alten Markt
    eingekauft.
e   Ingrid und Uwe sind spazierengegangen und haben in Baden-Baden
    übernachtet.
f   Petra und Richard haben viel getanzt und viel Popmusik gehört.
g   Frau Bachmann hat ein Stück Obsttorte und ein Kännchen
    Kaffee bestellt.
h   Manfred und Peter haben Werder Bremen gegen Bayern München
    gesehen.
i   Herr Förster hat mit vielen Kollegen gesprochen und viel Neues
    gelernt.
j   Hugo und Barbara sind Schwimmen gegangen und haben Tennis
    gespielt.

Treiben Sie gern Sport?
The top daily pastime in the Federal Republic is watching television. This is followed by reading and third comes just resting. But more active pastimes are popular as well. Many Germans look on sport as something they ought to do and most towns offer excellent facilities, ranging from the local **Stadtpark** to a modern and well-equipped **Sporthalle**.

The most popular sport is football, **Fußball**, attracting not only players but also many thousands of spectators at professional and amateur matches throughout the season.

Second comes gymnastics, **Turnen**, founded almost 200 years ago in Germany by Friedrich Ludwig Jahn, known as 'Turnvater Jahn'. Modern **Turnvereine** usually include sections for other popular sports too, such as **Handball**, **Volleyball** and **Basketball**.

High in the popularity stakes are **Tennis**, athletics, **Leichtathletik**, and the local riflemen's clubs, **Schützenvereine**, the latter with traditions going back hundreds of years. Each club has an annual competition to establish the best marksman, who is then proclaimed **Schützenkönig**. This is an occasion for a lively **Schützenfest**, with processions through the town and dancing into the night.

But many people prefer to be independent of clubs. Like Heide, thousands make their way in winter to the Bavarian Alps, the Black Forest, or the Harz Mountains for winter sports.

Nearer home the 'Keep fit through Sport' campaign, **Trimm dich durch Sport**, launched by the German Sports Federation, **Deutscher Sportbund**, in 1970 is still going stronger than ever. Keep-fit addicts follow a course of apparatus set out in local parks or woods and carry out the exercises described on the various signposts. Others work in their spare time for the German sports proficiency badge, **das Deutsche Sportabzeichen**, for which they have to reach a set standard in five athletics events. Less strenuous is the ever popular **Wanderung** and for some people the most attractive physical activity is nine-pin bowling, **Kegeln**, the only sport you can pursue in a pub.

Of the modern sports, hang-gliding, **Drachenfliegen**, and wind-surfing, **Windsurfen**, are growing in popularity and wherever there's a piece of green, joggers can be seen pounding the beat, particularly in the early evening when **Feierabend** begins.

197

Rätsel

Was machen Sie in Ihrer Freizeit?
Complete the clues by sorting out the jumbled
letters. If you fill in the first letter of
each answer in the racket handle, you'll
find the name of a popular sport.

1 Ich treibe viel . . .
2 Ich singe in einem . . .
3 Ich lese gern . . .
4 Ich gehe gern spazieren und
  mache oft . . .
5 Ich . . . mich für Fußball.
6 Ich höre gern . . .
7 Mein Tennisklub hat 200 . . .
8 Ich spiele . . . in der Woche
  Golf, meistens sonntags.
9 Ich mache dieses Jahr an
  der . . . Urlaub.

Radio

Ein Gymnastikkurs für Seniorinnen
One of Ilse's hobbies is running a keep-fit class for senior citizens. They
meet twice a week in the gymnasium of a local school where they do
Ballgymnastik and work with Indian clubs, **Keulen**, and hoops, **Reifen**.
Nothing's too strenuous, **anstrengend**. As Ilse says, they don't do
aerobics, but 'senrobics'.

What are Ilse's hobbies?
How old are the ladies in the class?
How long does a meeting last?
How does each meeting begin?
What do the various exercises ensure?

Richard	Was machen Sie in Ihrer Freizeit?
Ilse	Ich fahre sehr gerne Rad, gehe viel zum Schwimmen, und ich leite einen Gymnastikkurs für Seniorinnen.
Richard	Und wie alt sind die Damen?
Ilse	Die älteste ist 72, und die jüngste ist 36. Sie ist zwar keine Seniorin, aber sie mildert unseren Altersdurchschnitt etwas.
Richard	Wie viele Leute sind in Ihrem Kurs?
Ilse	Oh, 15 bis 20, ganz unterschiedlich.
Richard	Wie oft turnen Sie in der Woche?
Ilse	Zweimal. Am Montag und am Freitag, jeweils von 5 bis 6 Uhr.
Richard	Wo turnen Sie?
Ilse	In der Turnhalle einer Schule.
Richard	Was machen Sie mit den Leuten?
Ilse	Wir laufen uns erst warm mit Musik, angefangen von Cha-cha-cha bis zum Jazz. Dann machen wir Ballgymnastik oder Keulengymnastik oder Reifen. Alle Muskeln werden durchgearbeitet.
Richard	Ist Seniorengymnastik nicht sehr anstrengend?
Ilse	Nein, wir machen ja keine Aerobik, wir machen Senrobik!
Richard	Ah, so ist das! Sind Sie auch Seniorin? Sie sehen nicht so aus!
Ilse	Ich bin es noch nicht, aber bald!

sie mildert unseren Altersdurchschnitt   *she brings down our average age*
jeweils   *each time*
angefangen von   *starting from*
werden durchgearbeitet   *are exercised*
aussehen   *to look like (sep. vb)*

Fernsehen

Bamberg

Built across two branches of the river Regnitz, in eastern Bavaria, Bamberg boasts one of the prettiest and best preserved town centres in West Germany.

In the **Altstadt**, there are examples of Romanesque and baroque architecture, crowned by the massive Gothic cathedral whose four towers can be seen from miles away.

In the 11th century Bamberg was the centre of Henry II's Frankish empire. With his faithful wife Kunigunde, he lies buried in a tomb sculpted by Tilman Riemenschneider.

Das Erntedankfest

Every year the harvest festival is celebrated in the **Obere Pfarre**. The local baker, Alfred Hoh, prepares special bread for the festival; local farmers donate fruit and vegetables; the verger, **der Kirchendiener**, brings flowers from the fields, displays the gifts, **die Erntegaben**, lights the candles and decorates the altar.

Pater Titus has made this a children's service, **der Kindergottesdienst**. The children bring more fruit, vegetables and bread in little baskets, **die Körbchen**, and lead the service with readings, hymns and prayers. Among them are Tina Greiner and Tobias Heß.

Why does Alfred Hoh think his bread is better than the bread
in the supermarket?
What different kinds of bread did he bake for the service? (Tobias
describes them)
On which day did the children rehearse the service?
Did parents attend the service as well?
Was Tobias nervous?

*Alfred Hoh ist Bäckermeister. Seine Frau verkauft das Brot und den
Kuchen.*

Herr Hoh	Mein Großvater war Bäckermeister, mein Vater war Bäckermeister, und dann bin ich auch Bäckermeister geworden.
Katrin	Wollen Ihre Kinder auch Bäcker werden?
Herr Hoh	Nein, meine Kinder sind keine Bäcker geworden. Sie sind in moderne Berufe gegangen.
Katrin	Sind Sie froh, daß Sie Bäcker sind?
Herr Hoh	Es hat mir ein ganzes Leben lang Spaß gemacht. Ich stehe täglich um drei Uhr auf. Ich schlafe am Nachmittag drei Stunden, und abends gehe ich um halb zehn Uhr ins Bett bis drei Uhr.
Katrin	Ist Ihr Brot besser als das im Supermarkt?
Herr Hoh	Ich glaube schon, denn wir machen alles noch mit der Hand, und die Backwarenindustrie stellt alles mit Maschinen her.

*Heute hat Herr Hoh besondere Brote gebacken. Herr Kager, der
Kirchendiener, ist gekommen, sie abzuholen. Die Brote sind für die Kirche,
denn nächster Sonntag ist ein besonderer Sonntag.*

Katrin	Der nächste Sonntag ist ein besonderer Sonntag, oder?
Tina	Ja, ist der Erntetag.
Tobias	Ja, da ist Erntedankfest.
Katrin	Und was ist das?
Tina	Ja, also, da wird gedankt für die Ernte, zum Beispiel für Brot und so, für Gemüse.
Katrin	Könntest du erzählen, was du am Sonntag in der Kirche machst?
Tina	Ja, ich singe in der Schola und lese vor und bete dann mit.
Tobias	Dann . . . habe ich noch ein Körbchen, und da ist Brot drinnen, und ich muß was vorlesen.

*In der Oberen Pfarre ist der Gottesdienst zum Erntedankfest besonders für
Kinder. Herr Kager hat vorher viel zu tun. Er muß das Obst und Gemüse
aufbauen, den Altar schmücken und die Kerzen anzünden. Am Samstag
nachmittag proben die Kinder in der Kirche.*

Kind	Wir haben Äpfel geerntet, große und kleine; dazu viel anderes Obst . . .

Die Eltern der Kinder gehen auch zum Gottesdienst.

Katrin	Gehen Sie morgen zum Erntedankfest in die Kirche?
Frau Heß	Ja, wir gehen um 9 Uhr 30 in die Obere Pfarre zum Erntedankfest.
Herr Greiner	Ja, ich gehe hin. Meine Tochter macht beim Gottesdienst mit, und ich möchte mir das auch gerne anhören.
Katrin	Freust du dich aufs Erntedankfest?
Tina	Ja.
Tobias	Ja, eigentlich schon.

Es ist Sonntag. Der Gottesdienst zum Erntedankfest beginnt.

Kind Wir haben Äpfel geerntet, große und kleine, dazu viel anderes Obst: Birnen, Pflaumen, Kirschen, Pfirsiche. Gott, jeder Apfel, jede Frucht spricht für sich, viel mehr aber noch für Dich.

Tobias Und herrliches Brot wird aus dem Mehl gebacken, das duftet und schmeckt! Weißbrot, Graubrot, Schwarzbrot und Kümmelbrot. Große Brotlaibe und handliche Brötchen. Und hier in der Kirche kann man es sehen. Richtige Kunstwerke haben die Bäcker geschaffen. Gott, jedes Brot spricht für sich, viel mehr aber noch für Dich.

Tina Und ich habe im Urlaub viele Weinberge gesehen. Aus den Trauben machen die Winzer den funkelnden Wein, der den Menschen das Herz so froh macht. Gott, die Trauben und der Wein sprechen für sich, viel mehr aber noch für Dich.

Pfarrer Herr unser Gott, Du Schöpfer der Welt, Du schenkst uns das Brot, die Frucht der Erde und der menschlichen Arbeit. Heute sagen wir Dir dafür danke.

Kinder Für die Verkäuferin im Geschäft sagen wir: Danke.
Für den Bäcker, der backt, sagen wir: Danke.
Für die Erde, die die Saat aufnimmt, sagen wir: Danke.
Für die Sonne und den Regen sagen wir: Danke.

Pfarrer Uns alle segne der Allmächtige Gott, der Vater und der Sohn und der Heilige Geist.

Gemeinde Amen.

Pfarrer Gehet hin in Frieden.

Katrin Hat's dir Spaß gemacht?
Tina Ja, sehr. Ich fand's auch schön, die ganzen Brote da vorne.
Katrin Hat's dir Spaß gemacht?
Tobias Ja, nur gezittert hab' ich halt!
Katrin Hast du Angst gehabt?
Tobias Hmm . . . !

froh *happy*
erzählen *to tell*
. . . spricht für sich, viel mehr aber noch für Dich *speaks for itself, but even more for Thee*
duften *to smell sweet*
schaffen *to create*
funkelnd *sparkling*
der Schöpfer *creator*
schenken *to give, grant*
die Saat *seed corn*
segnen *to bless*
gehet hin in Frieden *go in peace*
zittern *to tremble, shake*

Wo wohnen Sie?

Talking about where you live

Fernsehen

Bamberg is a small town not far from the Czech border. Over 1,000 years old, it almost entirely escaped damage in the last war. The old houses in the centre of town are the concern of the local conservation society, **die Schutzgemeinschaft Alt-Bamberg**. As ever, the problem is the traffic, **der Straßenverkehr**.

Der Straßenverkehr ist in Bamberg ein Problem, wie in allen alten Städten. Die Straßen wurden nicht für Autos gebaut. Dr Viktor Harth ist Präsident der Schutzgemeinschaft Alt-Bamberg.

1

Dr Harth Der Straßenverkehr ist in allen alten Städten ein Problem. Bei uns besonders, denn die Straßen sind nicht gebaut für Automobile, sondern für andere Transportmöglichkeiten der früheren Jahrhunderte. Hier in der Karolinenstraße sehen wir deutlich, welche Verkehrsprobleme in alten Städten vorkommen. Wir haben hier vor Augen, wie hinderlich die Autos in einer alten Stadt sind.

Bamberg hat rund 3.000 alte Häuser. Etwa 1.000 sind über 300 Jahre alt. Die Schutzgemeinschaft Alt-Bamberg paßt auf, daß die wertvollen Häuser hier nicht zerstört werden. Sie setzt sich ein für gute Restaurierungen und informiert die Bevölkerung.

sondern *but, on the contrary*
deutlich *clearly*
wie hinderlich *what a hindrance, nuisance*
aufpassen *to watch out, pay attention (sep. vb)*
wertvoll *valuable*
nicht zerstört werden *aren't destroyed*
sich einsetzen für *to fight for, support (sep. vb)*
die Bevölkerung *population*

202

Bamberg is surrounded by woods where families like to go for long walks at weekends. But now a massive motorway is being driven through them, causing many people to protest. The town council, **der Stadtrat**, say it will bring more industry to Bamberg, but the Steinhäusers don't believe that Bamberg needs the motorway.

Die Steinhäusers sind der Meinung, Bamberg braucht die neue Autobahn nicht. Also haben sie dagegen protestiert.

2

Katrin	Frau Steinhäuser, braucht Bamberg die neue Autobahn?
Frau Steinhäuser	Der Stadtrat von Bamberg sagt ja.
Katrin	Warum?
Frau Steinhäuser	Eh, weil Bamberg mehr Industrie ansiedeln will.
Katrin	Und was meinen Sie persönlich?
Frau Steinhäuser	Ich bin der Meinung, wir brauchen die Autobahn nicht. Wir haben eine Bürgerinitiative gegründet und haben Unterschriften gesammelt, ungefähr 4.000 Stück, sind dann nach Bamberg gegangen und haben auf dem Marktplatz protestiert.

Aber trotz allen Protesten wird die Autobahn nun doch gebaut. Die Steinhäusers sind natürlich sehr traurig, daß ihr Wald zerstört wird.

3

Herr Steinhäuser	Ich bin sehr traurig, denn wir sind früher mit unseren Kindern hier sehr oft spazierengegangen, und unser Spaziergang wird jetzt praktisch durch diese Autobahn unterbrochen.

4

Katrin	Sind Sie aus Bamberg?
Frau Steinhäuser	Ja, ich bin geboren in Bamberg.
Katrin	Und wie lange wohnen Sie schon hier draußen?
Frau Steinhäuser	Seit 16 Jahren.
Katrin	Wohnen Sie gern hier?
Frau Steinhäuser	Sehr gern. Eben gerade des Waldes wegen, und deswegen sind wir so gegen die Autobahn, weil die den Wald zerstört.

dagegen *against it*
ich bin der Meinung *in my opinion*
die Bürgerinitiative *pressure group, campaign*
die Unterschrift *signature*
trotz *despite*
traurig *sad*
unterbrechen *to interrupt*
eben gerade des Waldes wegen *precisely because of the forest*
deswegen *for that reason*

---

weil *because*

weil Bamberg mehr Industrie ansiedeln **will**
weil die (Autobahn) den Wald **zerstört**
weil ich im Schwimmen einer der Schnellsten **bin**

When a part of a sentence (a 'clause') begins with **weil**, the verb comes at the end of it.

Was ist immer in alten Städten ein Problem?
In welcher Straße kann man die Verkehrsprobleme deutlich sehen?
Wie viele Häuser in Bamberg sind über 300 Jahre alt?
Meint Frau Steinhäuser, daß Bamberg eine Autobahn braucht?
Was wird durch die Autobahn zerstört?
Was haben die Steinhäusers früher gern gemacht?

 More about what people did or have done

die Steinhäusers	**haben**	eine Bürgerinitiative **gegründet**
		Unterschriften **gesammelt**
		auf dem Marktplatz **protestiert**
	sind	nach Bamberg **gegangen**
		hier oft **spazierengegangen**

and saying how things are done

trotz allen Protesten **wird** die Autobahn **gebaut**
die Steinhäusers sind sehr traurig, daß ihr Wald **zerstört wird**
unser Spaziergang **wird** praktisch **unterbrochen**

Einige Vokabeln

die Bevölkerung	der Straßenverkehr	unterbrechen
die Meinung	die Industrie	zerstören
die Bürgerinitiative	die Unterschrift	meinen
deutlich	bald	sondern
praktisch	wertvoll	trotz

Radio

Ilse talks to two people who decided to move away from town and live in the country.

Gerhard lives with his family in Möhrendorf near Nuremberg. It's a rural area, **eine ländliche Gegend,** and they have a new house on a small estate, **die Siedlung.** A special feature of the house is the weather cock on the roof.

I

Ilse Gerhard, wo wohnen Sie?
Gerhard Ich wohne in Möhrendorf, das liegt bei
Nürnberg und ist ungefähr
100 Kilometer von Regensburg entfernt.
Ilse Und haben Sie dort ein Haus?
Gerhard Ja, wir haben dort in einer Siedlung von
etwa zehn Häusern ein Haus.
Ilse Ist das ein Neubau?
Gerhard Das ist ein Neubau, den wir seit 1980 bewohnen.

Gerhard
Schistowski

Ilse	Gehört Ihnen das Haus?
Gerhard	Das gehört uns.
Ilse	Und wie groß ist das Haus?
Gerhard	Das Haus hat vier Etagen, also Keller, Erdgeschoß, erster Stock, zweiter Stock, und hat ungefähr 150 Quadratmeter Wohnfläche, und als Besonderheit haben wir auf dem Dach einen Wetterhahn.
Ilse	Und wohnen Sie allein in diesem Haus?
Gerhard	Wir wohnen allein in diesem Haus mit unseren zwei Kindern.
Ilse	Haben Sie Zentralheizung?
Gerhard	Ja, wir haben Zentralheizung.
Ilse	Und haben Sie auch einen Garten?
Gerhard	Ja, wir haben auch einen kleinen Garten. Zur Hälfte haben wir da Rasen, die andere Hälfte haben wir Gemüse und auch noch Blumen.
Ilse	In was für einer Gegend wohnen Sie da?
Gerhard	Wir wohnen in einer ländlichen Gegend, in der Nähe des Europakanals und in der Nähe eines kleinen Flusses.
Ilse	Wohnen Sie gerne in dieser Gegend?
Gerhard	Wir wohnen sehr gerne in dieser Gegend.

der Neubau   *new building*
den wir ... bewohnen   *which we've been living in ...*
das Erdgeschoß   *ground floor*
der Stock (*pl* die Stockwerke)   *storey, floor*
die Besonderheit   *special feature*
die Hälfte   *half*
der Fluß   *river*

---

in der Nähe **des Europakanals** ... *of the Europa Canal*
in der Nähe **eines kleinen Flusses** ... *of a small river*
eben gerade **des Waldes** wegen ... *of the forest*
die Städte am Rande **des Schwarzwaldes** ... *of the Black Forest*

Helga Wiemer and her family have moved into a new house in Etterzhausen just outside Regensburg. It's on one level, **ebenerdig**, and in a quiet area in the country, **auf dem Lande**. Frau Wiemer would never want to return to her previous home in a block of flats in the middle of town, **in einem Hochhaus mitten in der Stadt**.

2

Ilse	Wo wohnen Sie?
Frau Wiemer	Ich wohne in Etterzhausen bei Regensburg.
Ilse	Ist das weit von hier?
Frau Wiemer	Etterzhausen liegt 13 Kilometer von Regensburg entfernt.
Ilse	Wie wohnen Sie da?
Frau Wiemer	Ich wohne da in einem kleinen Neubau.
Ilse	Gehört Ihnen das Haus?
Frau Wiemer	Ja, wir haben es im Oktober 1983 gebaut.
Ilse	Wohnen Sie allein da drin?
Frau Wiemer	Mit meiner Familie.
Ilse	Und wie groß ist das Haus?
Frau Wiemer	Das Haus hat 140 Quadratmeter Wohnfläche.

das Haus hat 140 Quadratmeter Wohnfläche	
The size of rooms and of the total living space in a house are given in square metres. *1 sq. m. = 10 sq. ft.*	**Einfamilienhaus in Nürnberg** Baujahr 62, 92 qm Wohnfläche, 3 Zimmer, Küche, Bad/WC, Zentralheizung. Wohnzimmer 30 qm. 1 Garage, 400 qm Garten, ruhige Lage.

Ilse   Wie viele Stockwerke hat es?

Frau Wiemer   Es ist ebenerdig und hat noch einen Keller.

Ilse   Und wieviel Räume sind darin?

Frau Wiemer   Wir haben ein großes Wohnzimmer, ein Eßzimmer und eine Küche. Dann haben wir ein großes Schlafzimmer, ein Gästezimmer, ein Badezimmer und ein kleines Büro für meinen Mann.

Ilse   Haben Sie auch noch Nebenräume?

Frau Wiemer   Ja, wir haben noch einen großen Keller. In dem Keller haben wir eine Sauna mit einem Whirlpool und einem Solarium. Dann hab' ich eine Waschküche, einen Trockenraum, und mein Mann hat einen Weinkeller und noch einen Heizungskeller und einen Vorratskeller.

Ilse   Haben Sie auch einen Garten?

Frau Wiemer   Ja, wir haben auch einen Garten und legen ihn im Augenblick an.

Ilse   Arbeiten Sie gern im Garten?

Frau Wiemer   Ich weiß es noch nicht, es ist eine neue Arbeit für mich, und es kann ein Hobby für mich werden.

Ilse   In was für einer Gegend wohnen Sie?

Frau Wiemer   Ich wohne auf dem Lande und habe eine sehr ruhige Wohngegend. Es sind sehr viele schöne Gärten dort, und es ist auch ein bißchen hügelig. Man kann sehr schön spazierengehen im Wald. Es sind drei Flüsse in der Nähe, das ist die Naab, die Laber und die Donau, und es ist eine sehr hübsche, abwechslungsreiche Gegend.

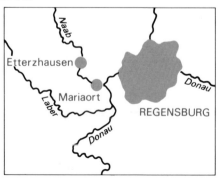

Ilse	Gibt es denn Geschäfte dort?
Frau Wiemer	Es gibt viele kleine Geschäfte, es gibt einen Bäcker, es gibt einen Metzger und noch einen Obsthändler und auch die Post.
Ilse	Dann wohnen Sie also gerne in dieser Gegend?
Frau Wiemer	Ja, ich wohne gerne da draußen in Etterzhausen.
Ilse	Wo haben Sie aber vorher gewohnt?
Frau Wiemer	Ich habe vorher in einem Hochhaus in Regensburg gewohnt, mitten in der Stadt.
Ilse	Dann möchten Sie sicher auch nicht wieder zurück in die Stadt?
Frau Wiemer	Nein, niemals!

der Nebenraum *extra room*
der Vorratskeller *store room*
anlegen *to lay out (sep. vb)*
im Augenblick *at the moment*
hügelig *hilly*
abwechslungsreich *varied (lit. rich in variety)*
der Metzger *butcher*
der Obsthändler *fruiterer*
da draußen *out there*
vorher *before*

Quiz 1 Wo ist Möhrendorf?
Wohnt Gerhard in einem alten Haus?
Wie viele Etagen hat sein Haus?
Was ist auf dem Dach?
Was hat er außer einem Rasen im Garten?
In was für einer Gegend wohnt er?

2 Wann haben Herr und Frau Wiemer ihr Haus gebaut?
Wie viele Stockwerke hat es?
Was ist im Keller?
Was kann die Gartenarbeit für Frau Wiemer werden?
Gibt es in dieser Gegend viel Verkehr?
Kann man in der Nähe gut einkaufen?
Möchte Frau Wiemer zurück in die Stadt?

 Wie wohnen Sie?

ich wohne wir wohnen	in einem Haus in einem (kleinen) Neubau in einer (kleinen) Siedlung in einer sehr ruhigen Wohngegend

das Haus hat	vier Etagen drei Stockwerke 140 Quadratmeter Wohnfläche einen Garten einen Keller einen Wetterhahn

das Haus ist ebenerdig

In was für einer Gegend wohnen Sie?

ich wohne wir wohnen	in einer ländlichen Gegend in der Nähe eines (kleinen) Flusses

es ist	eine sehr hübsche, abwechslungsreiche Gegend auch ein bißchen hügelig

es sind	viele schöne Gärten dort drei Flüsse in der Nähe

es gibt viele (kleine) Geschäfte
man kann im Wald spazierengehen

ich wohne wir wohnen	in der Stadt mitten in der Stadt in einer Siedlung in einem Hochhaus

im Stadtzentrum gibt es sehr viele Kaufhäuser

man kann	gut einkaufen sehr gut ins Theater, ins Konzert und ins Museum gehen zum Fußballspiel gehen

Einige Vokabeln

der Neubau	der Fluß	da drin(nen)	vorher
das Erdgeschoß	der Augenblick	da draußen	niemals
das Hochhaus	der Metzger	auf dem Land(e)	hügelig

UND NOCH WAS

Where and where to
When talking about *where* they live, people use the 'dative' case:

wir wohnen sehr gerne in dieser Gegend
ich wohne in einem Neubau
wohnen Sie gerne in diesem Haus?
die meisten Patienten wohnen in anderen Häusern hier in
Bad Mergentheim

In the sentence above, what do you notice about the plural of **Haus**?
(see opposite)

But when people talk about going *to* places, they use what is called the 'accusative':

am besten ist, Sie gehen direkt in **die** Stadt
du mußt jetzt ins Bett gehen
ich verreise gern in fremde Länder

In these sentences the preposition **in** is used. The same principle applies to some other prepositions, eg **an, auf, hinter, neben, über, unter, vor** and **zwischen**.

However, the most common words for giving directions, **zu** and **nach**, as well as **aus** and **von**, **mit** and **seit**, are always followed by the dative:

> wie komme ich hier **zum** Rathaus?
> sind Sie **aus** dieser Stadt?
> wie weit ist es **vom** Bahnhof entfernt?
> wir wohnen **seit** 16 Jahren hier draußen
> **in dem** Keller haben wir eine Sauna **mit** einem Whirlpool

Some other prepositions, eg **durch, für, gegen, ohne, um**, are always followed by the accusative:

> wir haben ein kleines Büro **für** meinen Mann
> deswegen sind wir so **gegen die** Autobahn

(For more about prepositions and dative and accusative endings, see pp. 293–6.)

(**Häusern** ends with **–n**, as do almost all plural nouns in the dative.)

Whose is it? You now know several ways of expressing possession:

haben   wir **haben** in einer Siedlung ein Haus
das Haus **hat** Zentralheizung
ich **habe** eine leichte, helle Stimme

gehören   das Haus **gehört** uns
das Weingut **gehört** meiner Frau

von   ich stehe auf dem Marktplatz **von** Bremen
seit Dezember 1982 bin ich Weinkönigin **von** Franken
die Sprechstunden **von** Dr Natour sind von 8 bis 12

des, der *(of the)*

To say *of the*, you can use **des** with masculine and neuter nouns. The noun itself adds **–s** or **–es**. With feminine and plural nouns, you can use **der** and the noun doesn't change. This is known as the 'genitive' case:

> das Weingut **des** Staatlichen Weinkellers ist größer als das
> **der** Familie Langer
> die Bremer Stadtmusikanten sind in der Nähe **des** Rathauses

mein, dein, sein

(ich)	**mein**	*my*	(wir)	**unser**	*our*
(du)	**dein**	*your*	(ihr)	**euer**	*your*
(er, es)	**sein**	*his, its*	(Sie)	**Ihr**	*your*
(sie)	**ihr**	*her, its*	(sie)	**ihr**	*their*

The words in the box are 'possessive' adjectives: they tell you whose something is. The endings are the same as for **ein** and **kein** *(see p. 293)*.

> wie ist **Ihr** Name?
> was machst du in **deiner** Freizeit?
> im Juli arbeitet Herr Langer auf **seinem** kleinen Weingut
> wir wohnen allein in diesem Haus mit **unseren** zwei Kindern

1 **Wie ist dieses Haus?** Read the advertisement, then tick the words you think correctly describe the bungalow.

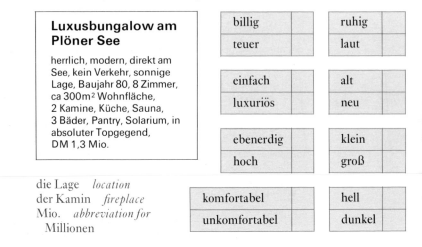

die Lage   *location*
der Kamin   *fireplace*
Mio.   *abbreviation for*
   Millionen

2 **Wo wohnt Helga Wiemer?**   Sie wohnt in der Nähe von Regensburg.

.... ?   Sie wohnt in einem Neubau.

.... ?   Ja, das Haus gehört ihr.

.... ?   Es hat fünf Zimmer, eine Küche und ein Bad.

.... ?   Ja, einen sehr großen Keller mit vielen Nebenräumen.

.... ?   Ja, einen Garten hat es auch.

.... ?   Ja, sehr gerne. Es ist auf dem Land, in einer sehr schönen, ruhigen Gegend.

3 **Wieviel kostet die Wohnung?** You're a student, desperate for a flat, and you've heard of two other students who are about to move. How does the first one answer your questions and what do you ask the second? The advertisements they put in the paper will help you. (Rent in Germany is given per month.)

a

1-ZIMMER-APARTMENT

Nähe Bahnhof, Neubau, sehr modern, sonnig, Küche, Bad, 27m², 600 DM inklusive.

Wieviel kostet denn deine Wohnung im Monat?   ....

Ist das eine Altbauwohnung?   ....

Ist sie hell?   ....

Wie viele Zimmer hat sie?   ....

Wie viele Quadratmeter Wohnfläche hat
   die Wohnung?   ....

Wo ist denn die Wohnung?   ....

b

BLICK AUF WESTPARK

2-Zimmer-Wohnung, 48m², Altbau, neu renoviert, herrliche Lage, Küche, Bad, Zentralheizung, Balkon, DM 680 + Nebenkosten.

.... ? In der Nähe vom Westpark.

.... ? 680 Mark plus Heizung und Strom.

Hmm. .... ? Ja, sie hat Zentralheizung.

.... ? Ja, Altbau, aber renoviert.

.... ? Zwei Zimmer, ein kleines und ein großes.
Und dann noch Küche und Bad.

.... ? Nee, leider ist die Küche ziemlich klein.

.... ? Ja, einen wirklich schönen Balkon, nach
Süden raus, und man sieht nur Bäume.

Kann ich mir die Wohnung
mal ansehen?   Ja, klar.

4   Appartement in Ibiza Your friends want to know about the holiday flat you've just bought in Ibiza. How do you answer their questions?

Appartement in zweistöckigem Ferienhaus

Baujahr 78, 98 Quadratmeter Wohnfläche, 1. Etage. 3 Zimmer, Küche, Diele, Bad, Terrasse, Kamin. 200m zum Strand. Supermarkt, Restaurant. 10km bis Ibiza-Stadt. Superpreis: 79.000 DM.

In was für einem Haus ist das Appartement?   ....

Wie viele Stockwerke hat das Haus?   ....

In welchem Stock ist das Appartement?   ....

Wie viele Quadratmeter Wohnfläche hat es?   ....

Wie viele Zimmer hat es?   ....

Hat es einen Garten?   ....

Ist es weit zum Strand?   ....

Wo kann man in der Nähe einkaufen?   ....

Wie weit ist es von Ibiza-Stadt entfernt?   ....

Wieviel hat das Appartement gekostet?   ....

5   Das stimmt aber nicht!   A journalist has come to Bamberg to report on the traffic situation – but in making notes he gets all his facts wrong. Can you put him right?

Bamberg ist eine neue Stadt.

Bamberg hat rund 3.000 Wohnblocks.

Der Straßenverkehr ist in alten Städten kein Problem.

Frau Steinhäuser sagt, Bamberg braucht eine neue Autobahn.

Der Stadtrat ist der Meinung, die Stadt braucht die Autobahn nicht.

Frau Steinhäusers Bürgerinitiative hat vier Millionen Unterschriften
gesammelt.

Die Leute haben im Wald protestiert.

Die Steinhäusers sind gegen die Autobahn, weil die die Stadt zerstört.

Wo wohnen Sie?

Property in West Germany is expensive. Although a number of schemes exist to make buying a house easier, home ownership is far less common than in Britain and the majority of people live in rented flats, **Mietwohnungen**.

Nevertheless many save hard to buy or build a home of their own, **das Eigenheim**, and it's common practice to employ an architect to design it in accordance with individual needs and wishes. The completion of the framework of the roof, crowned by a small tree, **der Dachbaum**, traditionally calls for a celebratory party, **das Richtfest**, attended by workmen, family and friends. The housewarming, **die Einzugsfeier**, follows later. New houses are often built on the outskirts of a town or in a nearby village where land is cheaper. This has given rise to the expression 'ein **Häuschen im Grünen**', the dream of many.

Housing estates, **Siedlungen**, are popular. They are usually attractively laid out and contain a mixture of housing. On a single estate you may find blocks of flats, **Wohnblocks**, detached houses, **Einzelhäuser**, semi-detached houses, **Doppelhäuser** (one is **eine Doppelhaushälfte**) and terraced houses, **Reihenhäuser**. And there may be houses for one family, **Einfamilienhäuser**, or houses divided into accommodation for several, **Mehrfamilienhäuser**.

Large detached luxury houses standing in their own gardens often surrounded by tall fences or hedges are known as **Villen**.

Typical of almost every German home, including flats, is the cellar, **der Keller**. It's used mainly for storage and often has washing and drying rooms for clothes. As in the case of Frau Wiemer, it may have a lot more besides!

Ihr Traumhaus?

Attraktives Jugendstilschlößchen

Nordseeklima, Hamburg 60 Min., Grundstück 2600 m², Baujahr 1902, Wohnfläche 500 m², eine Rarität, nur DM 1.4 Mio. auf Wunsch mit antiker Einrichtung.

Radio

Bei Ilse zu Hause

In Regensburg Ilse showed us round her flat. It was just before Easter and, as is customary in Germany, her dining room was decorated with brightly coloured, painted eggs, **mit bunten, bemalten Eiern**, tied onto branches of pussy willow to form an 'Easter bouquet', **der Osterstrauß**.

Is Ilse's flat in the town centre?
Which is her sunniest room?
Where does she watch television?
How does she describe her kitchen?
Which room gets the evening sun?

Ilse Ich wohne in einer 4-Zimmer-Wohnung, etwa 96 Quadratmeter groß, in einem Mietshaus am Rande der Stadt.

Wir befinden uns hier in meinem Wohnzimmer, ich sitze gerne hier zum Lesen, zum Musik hören. Außerdem ist es der sonnigste Platz, den ich habe.

Darf ich Ihnen vielleicht mein Eßzimmer zeigen? Ich habe oft Gäste, und auch hier sehen Sie, ist es hell und freundlich. Jetzt zur Osterzeit hab' ich einen Osterstrauß mit sehr vielen bunten, bemalten Eiern. Außerdem hab' ich den Fernsehapparat hier stehen, denn abends sitz' ich gerne hier zum Fernsehen.

Darf ich Sie bitten, wir gehen weiter . . . Das ist meine Küche, klein aber sehr praktisch, mit Kühlschrank, mit Gefriertruhe . . . Das ist das Badezimmer . . . Das ist ein Gäste-Klo . . . Außerdem hab' ich hier mein eigenes Klo . . . Das ist mein Gästezimmer . . .

Jetzt kommen wir in mein Schlafzimmer. Hier hab' ich die Abendsonne, auch das ist recht angenehm.

Der Flur hier schließt das Ganze ab, mit einer bequemen Garderobe, wo man die Mäntel aufhängen kann.

sonnig *sunny*
der Kühlschrank *fridge*
die Gefriertruhe *freezer*
das Klo *loo*
der Flur *hall*
mit einer bequemen Garderobe *with a convenient cloakroom*

Fernsehen

Die Bäume sterben
Around Bamberg, as in many other parts of Germany, acid rain, **der saure Regen**, is taking its toll of the trees. The Greens, **Die Grünen**, have been publicising the state of the trees, drawing people's attention to them by painting large white crosses on the trunks of dead and sickly trees.

Sebastian, Baron von Rothenhahn, is the custodian of a forest which has belonged to his family for 800 years. He manages the forest as a business, deciding which trees should be felled and selling the wood. He's not a Green, but he's as worried as anyone else about the effects of acid rain.

The Baron's other concern is the upkeep of the family home. It's a listed building, so he receives a state subsidy towards repairs, but it's still expensive to maintain. In winter, he and his family only heat the rooms they really need. The Baron won't open the house to the public: he's determined to live in it **'wie meine Vorfahren'**, like his ancestors.

What is the main concern of the Greens?
What does Klaus think causes trees to die?
Where is the problem particularly serious?
How could the Baron tell in August that the trees were dying?
Why is his home uncomfortable to live in during the winter?

Bambergs Bäume sterben. Aber nicht nur in Bamberg ist dies ein Problem. In ganz Deutschland sterben die Bäume wegen den Autoabgasen und dem sauren Regen.

Klaus Bartels-Lungwitz gehört zur politischen Partei Die Grünen. *Die Grünen beschäftigen sich besonders mit Umweltproblemen. Wenn in Bamberg ein Baum krank wird, malen die Grünen ein Kreuz darauf.*

Katrin	Weiß man eigentlich, warum die Bäume sterben?
Klaus	Ja, die Bäume sterben von den Autoabgasen und von dem sauren Regen.
Katrin	Und woher kommt der saure Regen?
Klaus	Der saure Regen kommt hauptsächlich von der Industrie. Die Bäume sterben schon seit vielen Jahren, aber besonders stark seit zwei Jahren.
Katrin	Ist das wirklich schlimm, daß die Bäume sterben?
Klaus	Das ist sehr schlimm, denn wir brauchen die Bäume zum Leben. Das ist ein Problem in ganz Deutschland, aber in einigen Gebieten ist es besonders stark, zum Beispiel hier in der Nähe, an der Grenze zur Tschechoslowakei.

Die Grünen protestieren auf dem Marktplatz gegen das Waldsterben. Sie informieren über das Waldsterben und sammeln Unterschriften.

In der Nähe von Bamberg liegt ein großer Wald. Er gehört seit 800 Jahren der Familie Rothenhahn. Baron Sebastian von Rothenhahn leitet selbst seinen Betrieb. Er sagt seinen Arbeitern, welche Bäume sie fällen sollen. Dann verkauft er das Holz. Aber auch hier werden die Bäume krank. Sie werden braun, verlieren ihre Blätter und sterben. Seit einem Jahr ist das Waldsterben besonders schlimm.

Baron   Dieser Baum ist sehr krank und wird wahrscheinlich nur noch ein oder zwei Jahre leben und dann ganz absterben. Diese Bäume, die normalerweise im Sommer grün sind, haben im August eine braune Farbe angenommen und die Blätter verloren. Die Bäume sterben vom sauren Regen aus den Industriegebieten, aus den Großstädten und vom Autoverkehr.

Katrin   Protestieren hauptsächlich die Grünen gegen das Waldsterben?

Baron   Ich persönlich bin kein Grüner und protestiere auch dagegen. Ich glaube, daß bei uns die Mehrheit der Bevölkerung gemerkt hat, wie krank der Wald ist.

Der Baron lebt mit seiner Frau und drei Kindern im Familienschloß, wie seine Vorfahren. Es ist natürlich für eine Familie sehr groß.

Katrin   Wird das Schloß nicht im Winter sehr kalt?

Baron   Doch, es wird sehr kalt, und es ist im Winter sehr unbequem zu bewohnen. Wir heizen dann nur die Zimmer, die wir wirklich brauchen.

Es ist sehr teuer, so ein Schloß zu erhalten. Der Baron muß die meisten Kosten selbst bezahlen.

Katrin   Warum machen Sie nicht aus dem Schloß ein Museum, um das zu bezahlen?

Baron   Weil ich dieses Haus sehr liebe, und in diesem Haus so wohnen möchte, wie es meine Vorfahren auch getan haben.

Katrin   Ist es sehr teuer, das Schloß zu erhalten?

Baron   Ja, es ist sehr teuer, aber ich tue es gerne, solange ich es mir leisten kann.

Katrin   Müssen Sie es oft renovieren?

Baron   Wir haben es in den letzten Jahren von außen renoviert, und wir finden, daß es sehr schön geworden ist.

krank   *ill*
besonders stark   *particularly serious(ly)*
schlimm   *bad, serious*
die Grenze   *frontier*
die Mehrheit   *majority*
doch   *yes, indeed*
getan haben (*from* tun)   *did*
sich leisten   *to afford*

Wie ist es?

Describing places

Main railway stations in Germany are often like mini towns, with everything from bank and post office to shops and restaurants. Here Heide is describing part of the station concourse in Bremen.

I

Heide Ich bin in der Vorhalle des Bremer Hauptbahnhofes. Rechts von mir befindet sich eine Drogerie und eine Parfümerie. Daneben ist gleich das Bistro und das Restaurant; dort kann man schnell Würstchen und Kartoffelsalat zu sich nehmen, wenn man es eilig hat. Daran anschließend befindet sich ein Zigarrengeschäft, daneben wiederum eine Buchhandlung, wo man Zeitungen kaufen kann, wenn man auf eine Reise geht. Daneben ist ein sehr schöner Blumenbazar; in diesem Geschäft kann man ganz frische Blumen zum Mitnehmen auf eine Reise kaufen. Rechts davon haben wir einen Ausgang, der in Richtung Bahnhofsvorplatz führt; dort ist auch die Möglichkeit, eine Bank zu besuchen. Rechts von dem Ausgang befindet sich die Bahnhofsauskunft; dort kann man Informationen bekommen. Und rechts davon sind die Fahrkartenschalter.

zu sich nehmen   *eat (*lit. *take to oneself)*
wenn man es eilig hat   *if you're in a hurry*
daran anschließend   *adjacent to it/them*
wiederum   *again*
die Zeitung   *newspaper*

da–		
daneben *next to it*; rechts davon *to the right of it*; dadurch *through it*; dagegen *against it*; damit *with it*		
When the second word begins with a vowel, an **r** is added: darin *in it*; darauf *on it*; daran anschließend *adjacent to it*		

Remember Richard from Chapter 8? Here he gives more details of his guided tours of Regensburg. The landmark of the city, **das Wahrzeichen**, is the cathedral, begun in 1254. It's one of the most important Gothic churches in Germany, and the only one with figures of the devil and his grandmother guarding the entrance. They're supposed to protect the cathedral from evil spirits, **die bösen Geister**.

2

Ilse	Wann finden die Führungen statt?
Richard	Die Führungen finden zweimal am Tag statt, vormittags um 10 Uhr 15 und nachmittags um 14 Uhr 45.
Ilse	Und wie lange dauert eine Führung?
Richard	So lange die Gäste wollen, normalerweise zwei Stunden.
Ilse	Und wohin gehen Sie dann?
Richard	Wir gehen zuerst zum Haidplatz; dort sehen wir die Häuser der Regensburger Kaufleute. Dann gehen wir nach links zur Donau; dort besichtigen wir die Steinerne Brücke. Nachher gehen wir zum Römertor und dann nach rechts zum Regensburger Dom.

Names of towns can be used as adjectives by adding **–er**:
Regensburg – der Regensburg**er** Dom
Hamburg – der Hamburg**er** Hafen
Frankfurt – das Frankfurt**er** Würstchen
but with **Bremen** it's: die **Bremer** Stadtmusikanten

Ilse	Und das ist wohl das Wahrzeichen dieser Stadt?
Richard	Ja, der Dom ist ungefähr 700 Jahre alt, und er ist eine der wichtigsten gotischen Kirchen in Deutschland. Interessant sind im Dom vor allem die vielen bunten Glasfenster aus dem Mittelalter. Und dann gibt es noch etwas Lustiges im Dom: Dort sitzen neben dem Eingang der Teufel und seine Großmutter. Das gibt es sonst nirgends in Deutschland, nur hier in Regensburg.
Ilse	Was hat das zu bedeuten?
Richard	Sie sind Figuren aus Stein und sollen den Dom vor den bösen Geistern bewachen.

normalerweise *normally*
die Kaufleute (pl) *merchants (of the Middle Ages)*
das Fenster *window*
nirgends *nowhere*
bedeuten *to mean*

---

der oder das? It can make a difference!	
der Tor *fool*	das Tor *gate*

Another landmark of the city is the **Steinerne Brücke**. Completed in 1142, it's the oldest stone bridge in Germany and a masterpiece of mediaeval engineering. When Regensburg became a Free Imperial City, **eine freie Reichsstadt**, the **Steinerne Brücke** joined the city with the state of Bavaria. To cross from one to the other you had to pay a toll, **man mußte Zoll zahlen**. At the end of the bridge is 'the historic sausage kitchen', **die historische Wurstküche**.

Ilse is describing the bridge from the banks of the Danube.

3

Ilse Wir stehen hier an der Donau und haben die Steinerne Brücke vor uns. Die älteste Steinbrücke Deutschlands, sie ist 800 Jahre alt,* 310 Meter lang und hat 15 Rundbögen. Sie verband die freie Reichsstadt Regensburg mit dem Land Bayern. Man mußte Zoll zahlen, wenn man in die Stadt wollte, aber auch, wenn man in das Land Bayern wollte. Ebenso wollte der Kaiser daran verdienen und hat auch Brückenzoll verlangt. Wenn man über die Steinerne Brücke geht, hat man einen sehr schönen Blick über die Stadt mit den Domtürmen und der Silhouette der vielen Türme und Häuser. Zuvor riecht man aber noch den Duft der historischen Wurstküche mit ihren herrlichen Bratwürsten, die man hier essen kann.

*Ilse is talking in round figures. It's more like 850 years old (*see p. 221*).

der Rundbogen *round arch*
wenn man . . . wollte *if you wanted . . .*
ebenso *equally*
verlangen *to demand*

ein Blick über . . .   *a view of . . .*
zuvor   *first, before that*
riecht man den Duft   *you smell the aroma*
die Bratwurst   *fried sausage*

Quiz   1   Wo kann man im Bremer Hauptbahnhof essen?
Was kann man in der Buchhandlung kaufen?
Was befindet sich neben der Buchhandlung?
Was kann man dort kaufen?
Was befindet sich rechts vom Ausgang?
Wo befinden sich die Fahrkartenschalter?

2   Wie oft finden die Stadtführungen durch Regensburg statt?
Was sieht man am Haidplatz?
Was ist das Wahrzeichen von Regensburg?
Was ist im Dom besonders interessant?
Wo im Dom sind der Teufel und seine Großmutter?
Aus was sind die beiden Figuren?

3   Wie alt ist die Steinerne Brücke ungefähr?
Wie viele Rundbögen hat sie?
Wann mußte man Zoll zahlen?
Wer hat auch Brückenzoll verlangt?
Wann hat man einen sehr schönen Blick über die Stadt?
Was kann man an der Steinernen Brücke riechen?

To say where things are

	von mir . . .
rechts	vom Ausgang . . .
links	davon . . .
	vor uns . . .

neben dem Eingang	
daneben	ist/sind . . .
daran anschließend	befindet/befinden sich . . .
dort	

and to describe them

		ungefähr 700 Jahre alt
der Dom	ist	eine der wichtigsten gotischen Kirchen in Deutschland
er		das Wahrzeichen dieser Stadt

| die Brücke | ist | 800 Jahre alt |
| sie | | 310 Meter lang |

	die vielen bunten Glasfenster aus dem Mittelalter
interessant sind	die Figuren aus Stein
	die Häuser der Regensburger Kaufleute

Einige Vokabeln		
der Eingang	die Buchhandlung	der Blick
der Ausgang	die Zeitung	der Turm
der Fahrkartenschalter	die Großmutter	das Fenster
die Auskunft	das Würstchen	das Mittelalter
daneben	daran anschließend	wichtig
darin	nirgends	es eilig haben
darauf	normalerweise	bedeuten
davon	nachher	sich befinden

Fernsehen

With the building of the **Steinerne Brücke**, Regensburg became the centre of the trading routes between East and West. The city's position on the northernmost point of the Danube brought it influence and wealth. Today a boat trip on the Danube is one of the main tourist attractions, in particular the **Strudelrundfahrt** in which the boat travels upstream through a whirlpool by the bridge. Michael Wojaczek talks to Karl Klinger who runs the boats as a family business.

Regensburgs Lage am nördlichsten Punkt der Donau gab der Stadt historische Bedeutung. Heute ist eine Fahrt auf der romantischen blauen Donau eine der touristischen Hauptattraktionen.

I

Führer   Meine Damen und Herren, wir heißen Sie recht herzlich willkommen auf unserem Schiff zur Strudelrundfahrt. Wir fahren nun durch die Steinerne Brücke donauaufwärts bis zum Herzogspark; dort drehen wir um, dann fahren wir die Donau runter . . .

Michael   Ist das ein Familiengeschäft?

Herr Klinger   Ja, das ist ein Familiengeschäft.

Michael   Wie lange fährt Ihre Familie schon auf der Donau?

Herr Klinger   Meine Familie fährt ungefähr seit 1945 auf der Donau.

Michael   Gehört dieses Schiff Ihrer Familie?

Herr Klinger   Das Schiff gehört unserer Familie.

Michael   Wie viele Routen fahren Sie?

Herr Klinger   Drei. Die Strudelrundfahrt, die große Stadtrundfahrt und die Fahrt zur Walhalla.

Michael   Und welche Route ist am beliebtesten?

Herr Klinger   Die Strudelrundfahrt.

Michael   Fahren Sie das ganze Jahr?

Herr Klinger   Von März bis Oktober.

Michael   Wie viele Passagiere haben Sie im Jahr?

Herr Klinger   Ungefähr 100.000.

Michael   Und welche Reize hat Regensburg für Sie?

Herr Klinger   Ja, Regensburg ist meine Heimatstadt. Die Altstadt von Regensburg, die 2.000-jährige Geschichte, die Sehenswürdigkeiten, und ich fühl' mich hier wohl, in Regensburg.

die Bedeutung   *importance*
umdrehen   *to turn round (sep. vb)*
beliebt   *popular*
die Heimatstadt   *native town*
die Sehenswürdigkeit   *sight (place or object worth seeing)*
sich wohl fühlen   *to feel at home, happy*

So alt wie die Steinerne Brücke ist die historische Wurstküche; sie wurde im zwölften Jahrhundert für die Bauleute der Brücke gebaut. Die Küche ist berühmt für selbstgemachte Würstchen und für das selbstgemachte Sauerkraut. Der Leiter ist Herr Meier.

2

Michael	Was kann man bei Ihnen essen, Herr Meier?
Herr Meier	Es gibt hier eine hausgemachte Kartoffelsuppe, dann gibt es Bratwürste und ein Schweinefleisch vom Grill.
Michael	Und all das ist selber gemacht?
Herr Meier	Würste, Senf, Sauerkraut wird alles selber gemacht.
Michael	Und welche Zutaten nehmen Sie dann für die Würstchen?
Herr Meier	Für die Würstchen, glaube ich, sind wir einer der wenigen Betriebe in Bayern, die ausschließlich nur Pfeffer und Salz nehmen.
Michael	Aber auch etwas Fleisch?
Herr Meier	Etwas Fleisch nehmen wir auch dazu, ja.

Die Würstchen werden aus Schweinefleisch hergestellt. Die einzigen anderen Zutaten sind Pfeffer und Salz. Die Wurstküche stellt jedes Jahr kilometerweise Würstchen her.

Die Chefin ist Frau Elsa Schricker. Sie arbeitet seit dem Jahre 1918 in der Küche. Sie ist schon über 80 Jahre alt und arbeitet jeden Tag. Die Wurstküche ist immer geöffnet. Nur einmal im Jahr ist Ruhetag, zu Weihnachten.

3

Michael	Herr Meier, wie alt ist die historische Wurstküche?
Herr Meier	Sie wird jetzt 850 Jahre alt.
Michael	Ist denn die Wurstküche immer an derselben Stelle gewesen?
Herr Meier	Ja, sie ist immer an der gleichen Stelle gewesen.
Michael	Warum hat man denn die Wurstküche hier gebaut?
Herr Meier	Die Wurstküche wurde gebaut für die Bauleute von der Steinernen Brücke, um hier Brotzeit zu machen. Es werden vielleicht einige Ingenieure Pläne hier angeschaut haben und werden auch da Brotzeit gemacht haben und vielleicht schon Würste gegessen haben.

berühmt *famous*
der Leiter *manager*
die Bauleute (pl) *builders*
die Zutaten (pl) *ingredients*
ausschließlich *exclusively*
herstellen *to manufacture (sep. vb)*
an derselben Stelle *in the same place*
die Brotzeit *Bavarian/Austrian for a meal break (lit. bread time)*

der oder **die?** It does make a difference!	
der Leiter *manager*	die Leiter *ladder*

die Wurst *sausage,*   **das Würstchen** lit. *small sausage*
–chen or **–lein** and an umlaut make things small: **das Glas** *glass,* **das Gläschen** *small glass;* **die Katze** *cat,* **das Kätzchen** *kitten;* **die Frau** *woman,* **das Fräulein** *young woman.* All nouns ending with **–chen** or **–lein** are neuter.

Quiz 1 Wie lange fährt die Familie Klinger schon auf der Donau?
Welche Routen fährt sie?
Welche Route ist am beliebtesten?
Wie viele Passagiere fahren jedes Jahr mit seinen Schiffen?
Was an Regensburg gefällt Herrn Klinger besonders?

2 Was kann man in der historischen Wurstküche essen?
Wer macht das alles?
Aus welchen Zutaten sind die Würstchen?
Wie alt ist die historische Wurstküche?
Für wen wurde die Wurstküche gebaut?

More descriptions

die Wurstküche ist	jetzt 850 Jahre alt
	immer an der gleichen Stelle gewesen
	einer der wenigen Betriebe in Bayern, die . . .

dort kann man	eine hausgemachte Kartoffelsuppe	essen
	Bratwürste	
	Schweinefleisch vom Grill	

Regensburg hat	viele Reize
	viele Sehenswürdigkeiten
	eine 2.000-jährige Geschichte

Einige Vokabeln

der Passagier	die Lage	der Leiter
die Route	die Bedeutung	die Wurst
das Schiff	die Heimatstadt	die Zutaten (pl)
das Familiengeschäft	die Sehenswürdigkeit	die Bauleute (pl)
selber	aufwärts	umdrehen
der –, die –, dasselbe	selbstgemacht	herstellen
	beliebt	sich wohl fühlen

UND NOCH WAS

More about the past
On page 218 Ilse describes what people *had to* and *wanted to* do:

man **mußte** Zoll zahlen, wenn man in die Stadt **wollte**, aber auch,
wenn man in das Land Bayern **wollte**
ebenso **wollte** der Kaiser daran verdienen und hat
auch Brückenzoll verlangt

	müssen			**wollen**	
ich	mußte	*I had to*	*ich*	wollte	*I wanted to*
du	mußtest		*du*	wolltest	
er/sie/es/man	mußte		*er/sie/es/man*	wollte	
wir	mußten		*wir*	wollten	
ihr	mußtet		*ihr*	wolltet	
Sie/sie	mußten		*Sie/sie*	wollten	

More about 'werden'

Werden is a kind of maid-of-all work, **Mädchen für alles**. By itself it denotes a change of state, *becoming* rather than just *being*:

> das kann ein sehr gutes Geschäft **werden**
> wann **wirst** du zehn?
> weißt du, was du später **werden** willst?
> ich möchte Musikerin **werden** in einem Orchester
> sind Sie satt **geworden**?

To say something is being done, you use the appropriate part of **werden** with a past participle. The past participle comes at the end:

> trotz allen Protesten **wird** die Autobahn nun doch **gebaut**
> was **wird** durch die Autobahn **zerstört**?

To say something *was* done, you use the appropriate part of the past tense of **werden** with a past participle:

ich	wurde
du	wurdest
er/sie/es/man	wurde
wir	wurden
ihr	wurdet
Sie/sie	wurden

für wen **wurde** die Steinerne Brücke **gebaut**?
die Straßen **wurden** nicht für Automobile **gebaut**

(More about these verb forms on p. 303.)

Etwas Interessantes! Something interesting!

es gibt etwas	**Lustiges** **Interessantes** **Altes** **Neues** **Schönes** **Wichtiges**	im Dom

Aus...

You use this to say what things are made of:

die Figuren sind **aus**	**Stein** **Bronze** **Glas**
die Bluse ist **aus**	**Wolle** **Baumwolle** **Seide**
die Tasche ist **aus**	**Leder** **Plastik**
die Würste sind **aus**	**Schweinefleisch**

Frische Blumen

There's an abundance of adjectives in this chapter:

> daneben ist ein sehr **schöner** Blumenbazar
> hier kann man ganz **frische** Blumen kaufen

dort besichtigen wir die **Steinerne** Brücke
sie ist die **älteste** Steinbrücke Deutschlands
man riecht den Duft der **historischen** Wurstküche mit ihren
 herrlichen Bratwürstchen
man hat einen sehr **schönen** Blick über die Stadt
mit der Silhouette der **vielen** Türme und Häuser

der Dom ist eine der **wichtigsten gotischen** Kirchen in
 Deutschland
interessant sind vor allem die **vielen bunten** Glasfenster

As described in Chapter 5 (p. 77), adjectives add endings according to
the form of **der, die, das, den** or **ein, eine, einen** they go with.
If you want to know more, see p. 296.

PROBIEREN SIE MAL! Ein bißchen Wiederholung

1   **Was möchten Sie werden?**

a   Sind Sie Student? Ja, ich bin Student.
.... ? Ich studiere Musik.
.... ? Ich studiere am Konservatorium.
.... ? Ich studiere zwei Instrumente, Cello und Klavier.
.... ? Das Cello ist mein Lieblingsinstrument.
.... ? Ich spiele schon seit 12 Jahren Cello.
.... ? Ja, ich muß jeden Tag üben.
.... ? Mindestens vier Stunden.
.... ? Ich möchte Solist werden und in einem
 Streichquartett mitspielen.

b   Sind Sie Studentin? Ja, ich bin im fünften Semester.
.... ? Ich studiere Sport und Französisch.
.... ? Ja, natürlich treibe ich Sport! Fast jeden Tag.
.... ? Am liebsten mag ich Leichtathletik und
 Schwimmen.
.... ? Nein, leider spreche ich nicht sehr gut
 Französisch. Aber ich fahre nächstes Jahr nach
 Frankreich.
.... ? Ich will Lehrerin werden.
.... ? Ja, es ist heutzutage sehr schwer, eine Stelle
 zu finden. Oft muß man lange suchen.
Na, dann wünsche ich Ihnen viel Glück!

2   **Was machen Sie in Ihrer Freizeit?** Your interests are infinite!

Im Winter .... ich Ski, ... gern ins Theater, ... gern Musik und
.... in einem Chor. Ich .... viel fern, ... sehr viele Bücher, und
einmal in der Woche .... ich Fußball. Ach ja, und ich ....
Briefmarken. Ich .... mich besonders .... Marken aus Großbritannien.

Im Sommer .... ich gern, manchmal im Schwimmbad, aber am liebsten in der Nordsee. Ich .... gern im Wald spazieren, ... Tennis und .... gern im Garten. Und jedes Jahr .... ich drei Wochen nach Österreich.

3   Wir haben den Dom gegessen! Something's wrong here! In this account of your day in Regensburg all the past participles are in the wrong places. Can you sort them out so that it all makes sense?

Regensburg hat uns wirklich gut gemacht. Wir sind zu Fuß über die Steinerne Brücke in die Stadt gefallen und haben zuerst den Dom gegessen. Nachher haben wir das Römertor und die alten Häuser der Regensburger Kaufleute am Haidplatz gehört. Mittags haben wir in der historischen Wurstküche Schweinswürstl vom Rost gesungen. Am Nachmittag haben wir im Verkehrsamt ein Buch über Regensburg besichtigt und haben dann eine Donaufahrt zur Walhalla gesehen. Am Abend haben wir im Stadttheater *Die Zauberflöte* gekauft. Heidemarie Bender hat die Papagena gefahren. Am nächsten Tag sind wir mit dem Auto nach Würzburg gegangen.

4   Wichtige Daten in der Geschichte Regensburgs

791 bis 793	Karl der Große residiert in Regensburg.
1135 bis 1146 (?)	Bau der Steinernen Brücke.
1480	Albrecht Altdorfer geboren.
1830 bis 1842	Bau der Walhalla.
1834 bis 1838	Domrestaurierung.
1859	Eröffnung der Eisenbahnlinien Regensburg-Landshut und Regensburg-Nürnberg.
1908 bis 1910	Anlage des Stadtparks.
1967	Eröffnung der Universität Regensburg (11. November).
1974 bis 1977	Restaurierung des Alten Rathauses.

Wann wurde die Walhalla gebaut?	Sie wurde zwischen 1830 und 1842 gebaut.
a .... ?	Er wurde zwischen 1834 und 1838 restauriert.
b .... ?	Er wurde um 1910 angelegt.
c .... ?	Sie wurde zwischen 1135 und 1146 gebaut.
d .... ?	Er wurde 1480 geboren.
e .... ?	Sie wurden 1859 eröffnet.
f .... ?	Es wurde zwischen 1974 und 1977 restauriert.
g .... ?	Sie wurde am 11. November 1967 eröffnet.
h *(careful!)* .... ?	Regensburg war von 791 bis 793 die Residenzstadt von Karl dem Großen.

5   Was ist das?

a   Es gibt roten und weißen; man trinkt ihn meist abends.
b   Man findet es im Garten, wenn man nicht genug darin arbeitet.
c   Die meisten Leute müssen es jeden Tag tun, von etwa 8 bis 17 Uhr.
d   Es ist das wichtigste Familienfest des Jahres.

e   Sie sind viel größer als Menschen und haben Blätter. Man findet sie besonders im Wald.

f   Man kann dort fast alles kaufen, vom Würstchen bis zur Rose; aber meist geht man dorthin, weil man in eine andere Stadt fahren will.

g   Sie sind kleiner als Cellos. Man findet sie in jedem Orchester.

h   Zu diesem Hobby braucht man viel Wasser.

i   Sie ist meist klein, schwarz und hat vorne ein rundes Stück Glas. Man hält sie oft vor die Augen, besonders wenn man auf Urlaub ist.

j   Es hat einen berühmten gotischen Dom (der Teufel begrüßt einen dort persönlich), eine berühmte alte Brücke und berühmte frische Würstchen.

6   Wo wohnen Sie? Follow the arrows and see how many different conversations you can make.

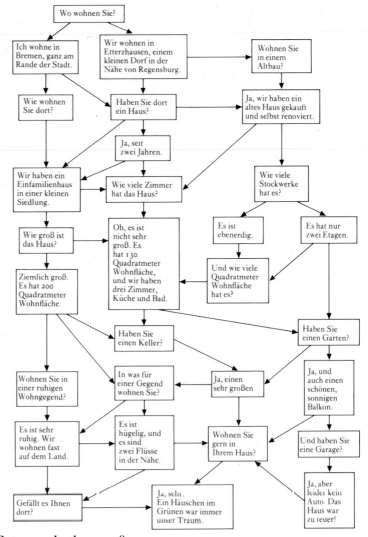

Progress check on p. 282.

Der Reichssaal im Alten Rathaus in Regensburg

The Old Town Hall, **das Alte Rathaus**, in Regensburg is an attractive group of buildings from several centuries and one of the city's most important monuments. Behind the simple Gothic exterior of the west wing is its main claim to fame, the Imperial Hall, **der Reichssaal**, with its splendid wooden ceiling dating from 1408.

As a Free Imperial City, Regensburg was a seat of the Imperial Diet which met in the **Reichssaal**. From 1663 to 1806 the hall was the meeting place of the Perpetual Diet, the first German parliament.

The red and green benches on the steps, **die Stufen**, round three sides of the hall show the strictly hierarchical seating order, **die Sitzordnung**, of the Kaiser, the Electors, **die Kurfürsten**, and the Princes, **die Fürsten**. As our guide in the **Reichssaal** explained, this was the origin of the German saying '**etwas auf die lange Bank schieben**', to defer or put something off, literally to push it onto the long bench.

But the **Reichssaal** was originally built as a hall for festive occasions, **ein Festsaal**. The musicians sat in the gallery, **auf der Empore**, and dancing took place below, **unten wurde getanzt**.

Where was the Kaiser's throne?
Who sat either side of him?
On what colour seats were they, and how many steps up?
Where did the Princes sit?
When did the Kaiser or Electors defer a problem?

Führerin	Wir befinden uns nun im sogenannten Reichssaal, um 1380 fertiggestellt. Im Mittelalter war dies der Festsaal der Regensburger Bürger. Dort oben auf der Empore saß die Kapelle, hier unten wurde getanzt. Etwa 250 Jahre später tagte hier das erste deutsche Parlament. Ganz Deutschland wurde 150 Jahre von Regensburg aus regiert. Der Kaiser saß dort vorne in der Mitte vier Stufen hoch auf seinem Thron. Rechts und links von ihm auf den roten Bänken saßen die Kurfürsten, zwei Stufen hoch, und auf den langen grünen Bänken hier an der Seite des Saales, die Fürsten auf einer Stufe. Von dieser Sitzordnung kommt ein sehr bekanntes deutsches Sprichwort, nämlich 'etwas auf die lange Bank schieben'. Wenn der Kaiser und die Kurfürsten ein Problem nich lösen konnten, oder auch nicht wollten, schoben sie dies auf die Fürsten, die ja auf der langen Bank saßen.

fertiggestellt *completed*
tagte (*from* tagen) *met*
wurde regiert *was ruled*
saß (*from* sitzen) *sat*
der Thron *throne*
das Sprichwort *saying*
lösen *to solve*
schoben (*from* schieben) *pushed*

Fernsehen

Regensburg im Mittelalter

As Regensburg grew in commercial and economic importance in the Middle Ages, it gained in religious and political influence. The city's museums, **das Städtische Museum** and **das Domschatzmuseum**, offer an insight into its history, but most rewarding of all is to explore the city itself.

Regensburg: wo Geschichte Spaß macht – where history is fun, say the tourist information leaflets. And Goethe, in his travel diary, wrote: **Regensburg liegt gar schön.**

What made Regensburg an important trading post in the Middle Ages?
What was the foremost symbol of the city's religious importance?
Do the objects found by Dr Löß show that the household was poor or rich?
How does the student group keep mediaeval traditions alive?

Im Mittelalter war Regensburg ein politisches Zentrum, ein Handelszentrum und auch ein kirchliches Zentrum. Die berühmte Steinerne Brücke über die Donau wurde im Mittelalter gebaut. Durch den Bau der Brücke gewann Regensburg seine zentrale Lage an der Handelsstraße zwischen Ost und West. Auch der Dom wurde im Mittelalter gebaut, als Zeichen der kirchlichen Bedeutung Regensburgs.

In einem Patrizierhaus im Herzen der Altstadt sucht der Archäologe Dr Veit Löß nach mittelalterlichen Funden. Er hat eine Vielzahl von Gegenständen des täglichen Lebens gefunden.

Paul	Was kann man aufgrund dieser Objekte über die Bewohner des Hauses sagen?

| Dr Löß | Ja, man kann aufgrund dieser Objekte und der Speisereste, die darin gefunden wurden, und die werden momentan analysiert, sagen, daß es sich um einen sehr reichen Haushalt handelte, in dem neben Gebrauchs-waren auch wirkliche Luxusgegenstände benützt wurden. |

Die Funde zeigen, wie die reichen Leute im Mittelalter lebten. Gleichzeitig werden im selben Haus mittelalterliche Fresken freigelegt. Überall in Regensburg werden die mittelalterlichen Gebäude restauriert. Auch eine Studentengruppe erhält die mittelalterliche Tradition am Leben. Sie führt vor dem alten Rathaus mittelalterliche Tänze und Lieder auf.

Michael	Warum haben Sie sich für ein historisches Thema entschieden?
Bernhard	Wir hatten großes Interesse, Tänze und Lieder aus früheren Zeiten zu machen, die nicht so allen bekannt sind, und deswegen haben wir uns für Themen aus der Renaissance-Zeit entschieden.
Michael	Ist die Altstadt ein guter Schauplatz für diese Art Vorstellung?
Bernhard	Das kann man sehen.
Michael	Finden Sie es wichtig, daß junge Leute aktiv am Leben in der Altstadt teilnehmen?
Bernhard	Ja, natürlich. Denn es ist immer wieder interessant, einen alten Stadtkern von allen Seiten zu erleben, zu sehen, und dort Veranstaltungen durchzuführen.
Michael	Macht es Ihnen Spaß?
Bernhard	Es macht uns sogar . . . sehr großen Spaß, würde ich sagen!

der Fund *find, discovery*
die Gebrauchswaren (pl) *everyday objects*
benützen *to use*
sich entscheiden *to decide*
immer wieder *again and again*
der Stadtkern *heart of the city (*lit. *kernel)*

Und jetzt geht's weiter

Österreich

In these last five chapters of **Deutsch direkt!**, we invite you to take a further look at southern Germany and at Austria. As in the earlier **Magazin** sections of each chapter, we've reproduced a selection of material from the television and radio programmes to help widen your understanding of the language and way of life in the two countries.

The language introduced is not meant to be learnt in a systematic way. The aim is for you to see for yourself how well you can follow what people are saying. Remember that being able to understand the main essentials of a conversation, and of the written language, is an important skill which takes time to develop. Don't expect or even try to understand the meaning of every word. With practice you'll find that more and more of the language will fall into place.

The conversations in these last five chapters contain much of the language you've already met. So make the most of the chance to revise. Go back and have another look at any dialogues, language notes and exercises you found tricky the first time round, and try doing the progress checks again. If you'd like to know more about the grammar of the language, there's a summary of the main points in the Reference Section.

16 Regensburg und Richtung Salzburg

People at work, and a first look at 'the loveliest city on earth'

Regensburg: Fische, Schmiedeeisen und Barbara-Küsse

At half past six every Friday morning, the Hofmeister family set up their stall in the tiny fish market, **der Fischmarkt**, in the Kepplerstraße near the Danube. They're the only family who still fish in the local rivers and sell their catch in the market.

Es ist 6 Uhr 30. In Regensburg beginnt ein neuer Tag. Nicht weit von der Donau gibt es jede Woche einen Fischmarkt. Frau Berta Hofmeister und ihre Familie verkaufen hier seit 35 Jahren Fisch aus der Donau.

1

Michael	Frau Hofmeister, wie lange verkaufen Sie schon Fisch hier in Regensburg?
Frau Hofmeister	Hier in Regensburg 35 Jahre.
Michael	Ist das ein Familiengeschäft?
Frau Hofmeister	Ja.
Michael	Woher kommen die Fische, die Sie fangen?
Frau Hofmeister	Von der Donau.
Michael	Gibt es viele Fische in der Donau?
Frau Hofmeister	Es gibt jetzt wieder mehr. Also, am Anfang, wo der Kanalbau angefangen hat, da hat's wenig Fische 'geben, jetzt werden's etwas mehr.
Michael	Sind Sie jede Woche hier?
Frau Hofmeister	Jede Woche.
Michael	Sind Sie die einzige Familie hier, die Fische fängt und verkauft?
Frau Hofmeister	Ja, wir sind die einzige Familie noch.

fangen *to catch*
der Anfang *beginning*
der Kanalbau *building of the canal*

A feature of Regensburg are the many fine examples of wrought-iron work: shop signs, huge door hinges, locks, gates and balconies.

Much of the restoration of these pieces, as well as the creation of new work, has been carried out over the years by Alois Peithner, helped by his wife Frieda. They've lived and worked in Regensburg for 40 years and when we filmed them, still working, Mrs Peithner was nearly 76 years old and her husband 80.

In Regensburg sieht man überall Kunstwerke aus Schmiedeeisen. In einem Hof in der Altstadt sieht man viele Schmiedearbeiten von Herrn Peithner. Frau Peithner zeigt sie uns.

2

Frau Peithner So, dieses Geländer wurde von meinem Mann angefertigt in zirka 45 Stunden, aus 15 mm Rundeisen handgeschmiedet. Diese Tür stammt ungefähr aus'm 17. Jahrhundert, war zum Teil abgerostet, und wurde in drei Wochen wieder renoviert, mit geschmiedeten Teilen . . .

Hier ist eine Brunnenabdeckung, auch von meinem Mann angefertigt, nach eigenem Entwurf, geschmiedet und gelocht. Am Ende des Hofes ein geschmiedetes Tor, auch von meinem Mann angefertigt.

3

Michael Wie lange wohnen Sie schon in Regensburg, Frau Peithner?
Frau Peithner Ich wohne seit 1946 in Regensburg.
Michael Woher kommen Sie ursprünglich?
Frau Peithner Aus München.
Michael Und Ihr Mann?
Frau Peithner Aus Karlsbad.
Michael Wie lange sind Sie schon verheiratet?
Frau Peithner 51 Jahre.
Michael Wie alt sind Sie, bitte?
Frau Peithner Ich werde 76, und mein Mann ist 80.
Michael Wie können Sie Ihrem Mann bei der Arbeit helfen, Frau Peithner?
Frau Peithner Ja, ich kann zuschneiden, bohren, streichen, beim Schmieden mithelfen, halten.

Das Handwerk des Kunstschmiedes ist kompliziert, und die Ausbildung dauert daher viele Jahre.

4

Michael Wie lange hat Ihre Ausbildung gedauert?
Herr Peithner Elf Jahre, bis zur Meisterprüfung.

232

Michael	Welche Gedanken haben Sie, wenn Sie heute Ihre Arbeiten in der Stadt sehen?
Herr Peithner	Die größte Freude!

das Geländer *handrail*
abgerostet *rusted away*
zum Teil *partly*
anfertigen *to make, manufacture (sep. vb)*
die Brunnenabdeckung *well-cover*
der Entwurf *sketch, plan*
lochen *to perforate*
zuschneiden, bohren, streichen *to cut out, drill, paint*
die Ausbildung *training*

The **Prinzeß Konditorei** in the Rathausplatz dates back to the 18th century. It's said to be the oldest café in Germany. In the shop on the ground floor you can buy a selection of the handmade chocolates, **die Pralinen**, for which the café is famous, while up on the top floor the expert chocolate-maker, **der Pralinenmacher**, Hermann Feil, makes 40 different varieties.

5

Michael	Wie viele Spezialitäten stellen Sie her?
Herr Feil	Wir stellen etwa, um alle zu nennen, 40 verschiedene Sorten.* Besonders hervorzuheben wären natürlich unsere bekannten Donau-Muscheln, die Barbara-Küsse, die Regensburgerinnen, dann die Ratsherrn-Schlücke. Wir sind immer noch dran am Basteln.

6

Michael	Die fertigen Pralinen sind ein bißchen teuer.
Herr Feil	Ja, auf den ersten Moment ja. Aber wenn man bedenkt, daß ja alles nur von Hand hergestellt wird, und daß nur edelste Rohstoffe zur Verarbeitung gelangen, so könnte man wohl sagen, sie sind billig im Vergleich zur Industrieware.
Michael	Wie viele Pralinen verkaufen Sie im Jahr?
Herr Feil	Wir verkaufen grob gerechnet etwa 5.000 Kilogramm.
Michael	Essen Sie selbst eigentlich gerne Pralinen, Herr Feil?
Herr Feil	Oh ja. Man probiert ja so auch in der Entwicklung, und man kann ein stiller Genießer sein, auch für diese Erzeugnisse, die man selber herstellen muß.

hervorheben *to pick out, emphasise (sep. vb)*
die Muschel *mussel*
der Schluck *gulp, mouthful*
basteln *to work on*
edel *fine*
der Rohstoff *raw material*
zur Verarbeitung gelangen *are used*
grob gerechnet *approximately (lit. roughly calculated)*
der Genießer *gourmet*
das Erzeugnis *product*

*He omits the word **her**. The verb is **herstellen** *to make, produce (sep. vb)*.

Quiz Wie lange verkauft Frau Hofmeister schon Fisch auf dem
Regensburger Fischmarkt?
Ist ihr Betrieb ein Familiengeschäft?
Ist das die einzige Familie, die den Fisch auf dem Markt verkauft?
Seit wann wohnt Frau Peithner in Regensburg?
Wie alt ist Alois Peithner?
Wie lange hat er für die Renovierung einer Tür aus dem 17.
Jahrhundert gebraucht?
Wie hilft ihm seine Frau?
Wie viele Spezialitäten stellt Herr Feil in der Prinzeß Konditorei her?
Warum sind die Pralinen ein bißchen teuer?
Ißt Herr Feil selbst gern Pralinen?

Radio Salzburg: die schönste Stadt der Erde?

For the next five radio programmes we cross the border into Austria,
Österreich, and visit Salzburg. The city lies in a spectacular setting on a
curve of the River Salzach, surrounded by mountains. Dominated by the
mighty mediaeval fortress, **die Festung Hohensalzburg**, high up on
the **Mönchsberg**, it's a city of domes, towers and churches, of the
Renaissance and of the Baroque, with spacious squares, sculpted
fountains and grand palaces. Salzburg was once the seat of powerful
Prince Archbishops of the Holy Roman Empire, and it is they who
fashioned the city as it stands today.

234

We asked Roswitha Holz of the **Salzburger Stadtverkehrsbüro** to summarize the city's attractions. Like the traveller and naturalist Alexander von Humboldt in the last century, **im vergangenen Jahrhundert**, she finds Salzburg one of the most beautiful cities on earth, **eine der schönsten Städte der Erde**.

I

Frau Holz   Salzburg ist, wie Alexander von Humboldt ja schon gesagt hat im vergangenen Jahrhundert, eine der schönsten Städte der Erde, und ich glaube, das kann ich mit Recht sagen. Also in erster Linie würde ich sagen, Salzburg ist wirklich *die* schöne Stadt. Darüber hinaus ist es natürlich die weltberühmte Festspielstadt seit 1920, und es ist eine Stadt, die das ganze Jahr über Saison hat.

mit Recht   *justifiably*
in erster Linie   *in the first place*
würde ich sagen   *I'd say*
darüber hinaus   *in addition*
weltberühmt   *world-famous*
die Festspielstadt   *festival city*

> 'Die Gegenden von Salzburg, Neapel und Konstantinopel halte ich für die schönsten der Erde.'
>
> *Alexander von Humboldt 1769–1859*

Salzburg is renowned world-wide for its annual music and drama festival, **die Salzburger Festspiele**, which began in 1920. The idea for the festival was conceived by the theatre director Max Reinhardt, the poet Hugo von Hofmannsthal and the composer Richard Strauss. It's said they discussed their plans in the **Café Tomaselli**, Salzburg's oldest coffee house in the **Alter Markt**, the old market square.

Der Alte Markt

235

From the first floor terrace of the café, Marcello de Nardo describes the scene below: the stalls, **die Buden**, the street artists, **die Straßenzeichner**, the children playing by the fountain, **der Brunnen**, and the horse-drawn carriages, **die Fiaker**. Despite the crowds he finds it a peaceful scene, **ein friedliches Bild**.

2

Marcello Von hier oben hat man eine wunderbare Aussicht. Überall auf dem Alten Markt sind kleine Buden zerstreut; die einen bieten Früchte an und die anderen österreichischen Schnickschnack. Es gibt auch Straßenzeichner, die manchmal in einer Viertelstunde Porträts von einem malen. Und ab und zu sieht man kleine Kinder, die am Marktbrunnen mit dem Wasser spielen. Auch Fiaker fahren oft vorbei. Aber die Taxifahrer haben nicht so viel zu tun, denn bei dem schönen Wetter benutzt fast niemand ein Auto. Auch lassen alle die Mäntel zu Hause. Trotz den vielen Leuten ist es ein friedliches Bild. Hier oben könnte ich stundenlang sitzen und zugucken.

Marcello
de Nardo

die Aussicht *view*
zerstreut *scattered*
die einen . . . die anderen . . . *some . . . others . . .*
der Schnickschnack *knick-knacks*
malen *to paint*
ab und zu *now and then*
benutzen *to use*
fast niemand *hardly anyone*

Many people come to Salzburg to explore the city and its surroundings. Marcello asked Evi Unger, a town guide, what she shows people on her guided tours of Salzburg. Of all the sights, **die Sehenswürdigkeiten**, she says there are two you really mustn't miss, **die Festung** and **Mozarts Geburtshaus**, the house where Mozart was born.

3

Marcello Was zeigen Sie bei einer Führung?
Frau Unger Ich fange gerne an im Schloß Mirabell und gehe durch den Mirabellgarten und dann hinüber in die Altstadt, als erstes in die Getreidegasse mit den alten Zunftschildern und natürlich Mozarts Geburtshaus. Dann vorbei am Alten Markt mit den Kaffeehäusern, Tomaselli vor allem, dann Residenzplatz, dem Brunnen und dem Glockenspiel. Dann meistens in den Dom, dann in Sankt Peter, den alten Friedhof, und dann natürlich auch zum Festspielhaus, das ja ein wichtiger Punkt in unserer Stadt ist.

Marcello	Unter allen Sehenswürdigkeiten, Frau Unger, was muß man unbedingt gesehen haben?
Frau Unger	Ja, das hab' ich eigentlich vergessen. Unbedingt muß man die Festung gesehen haben. Man muß hinauffahren und die Aussicht von oben bewundern, und natürlich auch Mozarts Geburtshaus vielleicht außen und von innen, wenn's möglich ist. *(See map on p. 269.)*

zeigen   *to show*
vor allem   *above all*
der Punkt   *point*
unter   *among*
unbedingt   *without fail*
vergessen   *to forget*
bewundern   *to admire*

*Der Residenzplatz
im 18. Jahrhundert,
mit Glockenspiel,
Brunnen, Dom
und Residenz.*

And what do visitors think of the city? Here are the views of one tourist.

4

Marcello	Grüß Gott.
Touristin	Grüß Gott.
Marcello	Wie heißen Sie, bitte?
Touristin	Das wollte ich Sie auch gerade fragen! Ich heiße Rosemarie.
Marcello	Und ich bin der Marcello. Wie heißen Sie noch?
Touristin	Fiedler.
Marcello	Frau Fiedler, sind Sie aus Salzburg?
Touristin	Nein, ich bin aus Hannover.
Marcello	Sind Sie in Salzburg auf Urlaub?
Touristin	Nicht direkt in Salzburg, sondern in Bayern.
Marcello	In Bayern. Und was machen Sie hier?
Touristin	Ich sehe mir die Stadt an, die schönen Bauten. Dann gehen wir schön Kaffee trinken ins Café Tomaselli.
Marcello	Und gefällt es Ihnen hier?
Touristin	Sehr, sehr gut . . . ist eine wunderbare Stadt.
Marcello	Was hat Sie bis jetzt am meisten beeindruckt?

Touristin	Mm, ich glaube die Festung.
Marcello	Sind Sie zum ersten Mal in Salzburg?
Touristin	Nein, zum siebten oder achten Mal.
Marcello	Würden Sie Salzburg als Urlaubsort empfehlen?
Touristin	Nicht direkt Salzburg, es sind zu viele Menschen da, 's ist 'n bißchen zu unruhig. Aber in der Umgebung ist es sehr schön.

das wollte ich Sie auch gerade fragen   *that's just what I was going to ask you too*
die Bauten (pl)   *buildings*
beeindrucken   *to impress*

Quiz   Wann hat Salzburg Saison?
Wer malt auf dem Alten Markt Porträts?
Was tun die Kinder am Marktbrunnen?
Warum haben die Taxifahrer nicht viel zu tun?
Was besucht Frau Unger in der Altstadt als erstes?
Wie heißt der alte Friedhof in Salzburg?
Was, glaubt Frau Unger, muß man in Salzburg unbedingt gesehen haben?
Woher kommt Frau Fiedler?
Was hat sie in Salzburg am meisten beeindruckt?
Würde sie Salzburg als Urlaubsort empfehlen?

WIEDERHOLUNG   1

A few questions to help you revise some of the language you've learnt in Chapters 1–15. If you can't answer straight away, you'll find plenty of clues in the conversations in this chapter.

How would you ask someone:
> how long they've been working here
> if there are a lot of fish in the Rhine (**der Rhein**)
> where they're from originally
> how old they are
> if they like chocolates
> if they're on holiday in Bournemouth
> if they like it here
> if it's their first visit to Bournemouth

And how would you say:
> you've lived in Manchester since 1952
> you come from Hull
> your husband/wife is 39 years old
> your train leaves in a quarter of an hour
> you haven't got much to do
> you'd like above all to visit America
> you've forgotten your money
> you'll come if it's possible

Restoring old Regensburg, and a stroll through the centre of Salzburg

Regensburg: Alt und Neu in der Altstadt

Regensburg University, established in 1967, has around 12,000 students, many of whom need help with accommodation. On the campus itself, on the outskirts of town, a number of student hostels have been built, and these have helped with the worst of the housing shortage, **die Wohnungsnot**. The university housing and welfare department is now buying some of the more run-down mediaeval houses in the **Altstadt**, converting them and then renting them to students. The policy behind the scheme is to bring young people into the old centre of town and so help to rejuvenate it. Werner Nees is in charge of the project.

1

Michael   Warum haben Sie sich entschieden, Studentenwohnungen in der Altstadt zu errichten?

Herr Nees   Als die Universität Regensburg ihren Betrieb aufgenommen hat, haben wir zunächst Studentenwohnheime in größerer Zahl am Rande der Stadt gebaut. Wir mußten in sehr kurzer Zeit sehr viele Studenten in Wohnheimen unterbringen, und dort konnten wir sehr schnell bauen und eine große Zahl von Zimmern erstellen. Diese große Wohnungsnot ist aber jetzt vorbei, und darum sind wir bestrebt, die Studenten auch in die Altstadt von Regensburg einzubinden.

Michael   Wie viele Studenten werden in diesem Hause hier wohnen?

Herr Nees   Nach unseren Planungen werden es voraussichtlich 90 Studenten sein. In der Regel ist es so, daß die Studenten im Einzel- oder im Doppelzimmer wohnen. An diesen Zimmern ist eine Naßzelle angegliedert, und für mehrere Studenten gibt es eine gemeinsame Küche. Die Zimmergröße liegt etwa zwischen 16 und 20 Quadratmetern, und für jedes Wohnheim gibt es dann noch einen Gemeinschaftsraum, so daß die Studenten auch in einer Gruppe zusammensitzen können.

den/ihren Betrieb aufnehmen   *to begin its work (sep. vb)*
zunächst   *first of all*
die Zahl   *number, quantity*
erstellen   *to put up, erect*
. . . sind wir bestrebt   *. . . we are endeavouring*
voraussichtlich   *provisionally*
eine Naßzelle angegliedert   *a shower-room attached*
der Gemeinschaftsraum   *common room*

Since 1721, the friars of the Carmelite Monastery in Regensburg have been distilling an ancient brand of 'fire water', **das Feuerwasser**. They call it **Karmelitengeist** and it's said to be medicinal, good for everything – except one's liver! The recipe, believed to have originated in France or perhaps Spain, is a secret, **ein Geheimnis**.

Schon seit 1721 destillieren die Ordensbrüder ihr 'Feuerwasser'. Das traditionelle Rezept ist ein Geheimnis, aber manche Zutaten sind bekannt, zum Beispiel Kardamom aus Indien.

2

Michael	Und wenn Sie schon nicht das Geheimnis preisgeben, können Sie dann sagen, woher die Zutaten kommen?
Pater Wilfried	Diese Gewürze und Kräuter kommen aus aller Herren Länder, zum Beispiel Indien, Ceylon oder Sri Lanka, Madagaskar, und teilweise auch aus unserem Garten.
Michael	Seit wie vielen Jahren stellt das Karmelitenkloster diesen Karmelitengeist her?
Pater Wilfried	Der Karmelitengeist wird hier in diesem Karmelitenkloster seit ungefähr 260 Jahren hergestellt.
Michael	Gibt es eine lange Tradition bei den Karmelitern, diese Art Destillat herzustellen?
Pater Wilfried	Eh, der Karmelitengeist kommt eigentlich aus Frankreich oder Spanien, wo er schon früher bei den Karmelitern existierte, und wurde dann erst bei uns bekannt und eingeführt.
Michael	Soll man ihn trinken oder einreiben, oder was?
Pater Wilfried	Harte Männer – pur. Aber sonst im Tee oder mit heißem Wasser als Grog oder auf Zucker.
Michael	Und wofür ist der Karmelitengeist gut?
Pater Wilfried	Für alles. Jede Oma hatte ihn früher in ihrem Arzneischrank. Für Bauchweh, Magenweh, für alles Unwohlsein, auch äußerlich zum Einreiben, bei irgendeiner Wunde zum Destillieren,* also immer.

Man kann den Karmelitengeist in Apotheken und Drogerien in ganz Süddeutschland kaufen.

3

Michael	Wieviel verkaufen Sie davon?
Pater Wilfried	Zirka 150.000 Fläschchen im Jahr.
Michael	Trinken Sie selbst Karmelitengeist, Pater Wilfried?
Pater Wilfried	Eh, wenn es sein muß, ja. Zur Zeit nicht, weil die Leber krank ist – aber nicht aufgrund vom Karmelitengeist!

preisgeben   *to reveal, give away (sep. vb)*
das Gewürz   *spice*
die Oma   *granny*
der Arzneischrank   *medicine cupboard*
das Bauchweh, Magenweh   *stomach ache*
das Unwohlsein   *indisposition*
einreiben   *to rub in (sep. vb)*
die Wunde   *wound*

*Father Wilfried probably meant to say **zum Desinfizieren** *to disinfect.*

The building of Regensburg cathedral, begun in 1254, progressed slowly over the centuries. It wasn't completed until the 19th century, by which time some of the stonework was already showing signs of erosion. Restoration began in 1882, a fully equipped stonemason's yard was established in 1923, and still there's no end in sight.

In der Dombauhütte arbeiten die Steinmetzen an der Restaurierung des Doms. Die Restaurierung begann vor 100 Jahren. Horst Meier arbeitet schon seit 21 Jahren dort.

> Horst Meier speaks Bavarian dialect and to illustrate the difference we've given the sounds of what he says together with the standard written form. Don't worry if you have difficulty in understanding Bavarian. North Germans have the same problem!

4

Michael	Wie heißen Sie?
Herr Meier	I hoaß Horst Määa.*
	Ich heiße Horst Meier.
Michael	Sind Sie von Regensburg?
Herr Meier	Ja, bin geboana Rengschbuacha.
	Ja, (ich) bin geborener Regensburger.
Michael	Wie lange sind Sie schon Steinmetz?
Herr Meier	Jo, so ungefea gude drääßg Jo.
	Ja, so ungefähr gute dreißig Jahre.
Michael	Wie viele Jahre arbeiten Sie am Dom?
Herr Meier	Säät oanazwonzg Jo.
	Seit 21 Jahren.

Ein Steinmetz braucht viel Können und viel Geduld. Er muß exakt arbeiten, und die Arbeit braucht viel Zeit.

5

Michael	Wie lange arbeiten Sie an diesem Stück?
Herr Meier	Des kumt aufs Moteriol drauf oh, ungefea fia, finf Tog.
	Das kommt aufs Material an, ungefähr vier, fünf Tage.
Michael	Was ist daran das Schwierigste?
Herr Meier	Jo, des san di Formen, dos ma de . . . di Forme richti hibringt.
	Ja, das sind die Formen, daß man die Formen richtig hinbringt.
Michael	Wo kommt dieses Stück hin?
Herr Meier	Des kumt am Dom rauf, on de Westsäätn.
	Das kommt auf den Dom rauf, an die Westseite.
Michael	Arbeiten Sie nach einer Zeichnung?
Herr Meier	Näh, mia hom koa Zäächnung, sondan mia oaboatn nach em Modöll.
	Nein, wir haben keine Zeichnung, sondern wir arbeiten nach einem Modell.

*In this instance, the ä is pronounced like the *a* in *hat*.

Die Steinmetzen müssen auch direkt an der Fassade des Doms arbeiten. Insgesamt arbeiten hier 12 Steinmetzen. Der Dombaumeister ist Richard Triebe.

6

Michael	Welche Qualitäten braucht man, ein guter Steinmetz zu sein?
Herr Triebe	Ja, ein Steinmetz muß natürlich sein Handwerk erlernen. Es ist erforderlich, daß er einen guten Blick für die Dreidimensionalität eines Werksteines hat. Er muß ja nicht nur eine Fläche bearbeiten, sondern er ist gezwungen, dreidimensional zu denken, und das erfordert schon Talent und auch Einfühlungsvermögen.

Die Arbeit ist hart, aber sie macht auch Freude.

7

Michael	Herr Triebe, macht Ihnen Ihr Beruf Spaß?
Herr Triebe	Ja, mein Beruf macht mir sehr viel Freude.
Michael	Warum macht Ihnen Ihr Beruf so viel Spaß?
Herr Triebe	Nun, es ist für einen Bildhauer und Steinmetzen eine wirklich große Aufgabe, ein solches Bauwerk betreuen zu dürfen, an ihm arbeiten zu dürfen, und es letztlich dadurch für die Nachwelt erhalten zu können; eine Aufgabe, die einen Menschen schon erfüllen kann.
Michael	Vielen Dank, Herr Triebe.
Herr Triebe	Bitte sehr, gern geschehen.

richtig hinbringen   *(colloq.) to get it right (sep. vb)*
die Zeichnung   *drawing*
erforderlich   *necessary*
die Fläche   *(flat) surface*
zwingen   *to compel*
das Einfühlungsvermögen   *empathy, sensitivity*
der Bildhauer   *sculptor*
betreuen   *to take care of*
die Nachwelt   *posterity*
erhalten   *to preserve*
erfüllen   *to fulfil*
gern geschehen   *it was a pleasure*

Quiz   Wo sind die mittelalterlichen Häuser, die die Universität Regensburg restauriert?
Wie groß sind die Zimmer, die sie restauriert?
Seit wann stellt das Kloster den Karmelitengeist her?
Kann jeder dieses Feuerwasser pur trinken?
Wo hatte ihn früher jede Oma?
Wann begann die Restaurierung des Regensburger Doms?
Wohin kommt das Stück, an dem Herr Meier arbeitet?

Radio   Salzburg: ein Bummel durch die Stadt

Every visitor to Salzburg takes a stroll, **der Bummel**, along **die Getreidegasse** to look at the shops, admire the wrought-iron trade signs and visit the house where Mozart was born. Even at half past eight in the evening when Marcello went there it was crowded.

I

Marcello Das ist jetzt die Getreidegasse. Um diese Zeit kommen die Touristen aus ihren Zimmern heraus, um noch einen kleinen Stadtbummel zu machen. Sehen Sie an den Hauswänden die Geschäftsschilder? Die sind teilweise über hundert Jahre alt und von Hand gemacht. Schauen Sie, wie überall in Salzburg können Sie auch hier Mozartkugeln kaufen. Und weiter unten in der Nummer neun ist das Geburtshaus von Mozart. Noch weiter unten gibt es sogar eine Mozartapotheke, ja, und das berühmte Café Mozart. Na ja, und wie überall in Salzburg gibt es auch hier Straßenmusikanten, hier besonders. Die Getreidegasse ist nicht nur die bekannteste Straße Salzburgs, sondern auch eine wichtige Geschäftsstraße. Links und rechts gibt's kleine Gäßlein und Arkaden mit Geschäften drin.

teilweise *partly*
die Wand *wall*
die Mozartkugeln (pl) *balls of chocolate filled with marzipan*

---

die Gasse, das Gäßlein

die Gasse: frequently used in Austria instead of **die Straße**.
das Gäßlein: −lein at the end of a word and an umlaut added make it smaller *(see p. 21)*.

Tucked away beside **Café Tomaselli** in the **Alter Markt** is Salzburg's smallest house. It was formerly a scrivener's shop, **eine Schreibstube**, where people who couldn't write could have their letters written for them, **dort konnten Leute, die nicht schreiben konnten, ihre Briefe schreiben lassen**. Now it's an optician's, **ein Optiker**, belonging to Margot and Fritz Wind.

Marcello	Frau Wind, Sie haben hier das kleinste Haus in Salzburg, stimmt das?
Frau Wind	Ja, das stimmt, es ist das kleinste Haus, aber von ganz Österreich.
Marcello	Von ganz Österreich?
Frau Wind	Ja.
Marcello	Wie alt ist das Haus?
Frau Wind	Das Haus ist zirka 250 Jahre alt.
Marcello	Seit wann ist es ein Geschäft?
Frau Wind	Es ist seit 1836 ein Optiker, vorher war es eine Schreibstube. Dort konnten Leute, die nicht schreiben konnten, ihre Briefe schreiben lassen.
Marcello	Frau Wind, es ist doch ziemlich klein hier drin.
Frau Wind	Oh doch, sehr.
Marcello	Und wieviel Leute haben hier maximal Platz?
Frau Wind	Oh, das kommt ganz darauf an, ob die Leute dick oder dünn sind. Ich schätze sechs bis sieben haben schon Platz.
Marcello	Frau Wind, würden Sie mit einem größeren Geschäft tauschen?
Frau Wind	Oh, nein, niemals.
Marcello	Das glaub' ich. Danke vielmals.

dick oder dünn   *fat or thin*
schätzen   *to estimate*
tauschen   *to exchange*

Tobias Reiser is a professional musician. He spends much of his time organising **das Salzburger Adventsingen** and he performs a great deal of folk music. For him the fascinating thing about it is its simplicity and honesty, **die Schlichtheit und die Ehrlichkeit**.

3

Marcello	Herr Reiser, Sie interessieren sich für Volksmusik, was ist für Sie das Faszinierende daran?
Herr Reiser	Es ist vor allen Dingen die Schlichtheit und die Ehrlichkeit, die für mich aus dieser Musik spricht.
Marcello	Was ist für diese Gegend, Salzburg, typisch?
Herr Reiser	Volksmusikalisch sind es die vielen Tanzformen der Volksmusik. Es ist der Ländler, es ist die bayerische Polka, oder es ist der Walzer.
Marcello	Welche sind die traditionellen Instrumente?
Herr Reiser	Es ist die Gitarre, es ist die Volksharfe, es ist der Kontrabaß. Es ist vor allen Dingen im gebirgigen Teil Salzburgs die Geige, und es ist ein Instrument, das mein Vater entwickelt hat, das Salzburger Hackbrett.
Marcello	Was ist ein Hackbrett?
Herr Reiser	Das Hackbrett ist ein Instrument, das man schlägt, mit kleinen Hämmerchen, oder zupft. Und mein Vater hat es umgebaut zu einem chromatischen Instrument, auf dem man dadurch Melodien spielen konnte.
Marcello	Herr Reiser, spielen Sie selbst ein Instrument?
Herr Reiser	Ich spiele hauptsächlich Gitarre.

| *Marcello* | Darf man was hören? |
| *Herr Reiser* | Gerne, wenn ich eine hätte! |

der Ländler   *kind of slow country waltz*
die Volksharfe   *folk harp*
der Kontrabaß   *double bass*
im gebirgigen Teil Salzburgs   *in the mountainous part of (the province of)*
   Salzburg
das Hackbrett   *dulcimer*
schlagen   *to strike*
zupfen   *to pluck*
umbauen   *to reconstruct (sep. vb)*
chromatisch   *chromatic, ie including all the semitones*

Papageno und Papagena in Mozarts Zauberflöte.

A different kind of music can be heard in the famous **Salzburger Marionettentheater** where operas and operettas are performed by puppets. Marcello talked to the theatre's artistic director, Professor Gretl Aicher.

4

Marcello	Frau Professor Aicher, wie groß sind die Marionetten?
Prof. Aicher	Die Marionetten sind zwischen 55 und 70 Zentimeter groß.
Marcello	Wieviel Marionetten haben Sie?
Prof. Aicher	Im Spielbereich, also im Programmbereich, haben wir zirka 400. Für jedes Stück werden neue Marionetten gebaut und angefertigt, dem Charakter entsprechend, weil kein Charakter ist* gleich dem anderen, wie kein Mensch gleich dem anderen ist.
Marcello	Sprechen und singen die Mitarbeiter selbst?
Prof. Aicher	Nein, wir verwenden vorhandene Tonbandaufnahmen, die für das Theater besonders gut geeignet sind.
Marcello	Spielen Sie selber auch mit?
Prof. Aicher	Ja, selbstverständlich. In jeder Oper spiele ich auch eine Hauptrolle, wie in der *Zauberflöte* den Papageno, in *Don Giovanni* den Don Giovanni, in

*After **weil** the verb should come at the end *(see p. 203)*, but in colloquial speech people don't always follow this rule.

Die Fledermaus von Johann Strauss habe ich als Hauptrolle die Adele, im *Barbier von Sevilla* den Barbier.

Marcello   Frau Professor, hat man manchmal beim Zuschauen das Gefühl, daß die Puppen leben?

Prof. Aicher   Das ist eigentlich mein großer Wunsch, daß das Publikum diesen Eindruck mit nach Hause nimmt, daß die Puppen lebendig waren.

im Spielbereich	*in use for performances*
entsprechend	*in accordance with*
gleich dem anderen	*the same as another*
verwenden	*to use*
vorhanden	*available*
die Tonbandaufnahme	*tape recording*
geeignet	*suitable*
das Gefühl	*feeling*
der Eindruck	*impression*

Quiz   Was machen die Touristen abends in der Getreidegasse?

Wo in der Getreidegasse wurde Mozart geboren?

Was gibt es links und rechts von der Getreidegasse?

Was war das kleinste Haus Salzburgs vor 1836?

Wie viele Leute haben im Geschäftsraum Platz?

Welche sind die traditionellen Volksinstrumente in Salzburg?

Wie spielt man ein Hackbrett?

Wie oft werden im Salzburger Marionettentheater neue Marionetten gebaut?

Was ist Professor Aichers größter Wunsch?

WIEDERHOLUNG 2

How would you ask someone:

   how long they've been a shop assistant
   why they like their job
   how big the theatre is
   and how many people it holds
   if they're interested in music
   if they play a musical instrument
   and if you can hear it

How would you say:

   you've built a house
   the herbs come from your garden
   altogether 12 people work here
   you can buy chocolates in the **Konditorei**
   it's the smallest house in Salzburg
   that's right
   it all depends
   you play a lot of instruments, mainly guitar and piano
   yes, of course

Fasching und Festspiele

*A look at Mittenwald, and at Salzburg – the
Festival City*

Fernsehen

Mittenwald

Mittenwald is about as far south as you can go and still be in the Federal
Republic of Germany. The mountain towering above the village marks
the border with Austria.

Once a thriving market town on the main route linking Germany to Italy,
Mittenwald suffered a turbulent history, caught up in the never-ending
frontier dispute between Bavaria and the Tyrol. But despite successive
triumphs and disasters, the village today displays a remarkable degree of
social continuity. Family names go back centuries and the community
spirit remains unaffected by the flood of visitors – mountaineers in
summer, skiers in winter.

Der Geigenbau
In the 17th century, Matthias Klotz of Mittenwald was sent by his father
to Italy to learn violin-making under the master Nicoló Amati. Duly
qualified, he returned to his village and began the violin-making
tradition for which Mittenwald is famous.

Competition for the 12 places offered annually by the violin-making
school, **die Geigenbauschule**, is intense and international. As with
other crafts, the pattern of training has hardly changed since the Middle
Ages. After a three-and-a-half-year apprenticeship, the apprentice, **der**

Lehrling, becomes a journeyman, **der Geselle**, who then has to work a further three years under a master craftsman, **der Meister**, before taking the final exam, **die Meisterprüfung**.

Mittenwald ist berühmt für seinen Geigenbau. Matthias Klotz war hier der erste Geigenbaumeister, vor etwa 300 Jahren. Seitdem ist der Geigenbau in Mittenwald zu Hause. Qualitätsinstrumente werden heute vor allem in der weltbekannten Geigenbauschule gebaut. Birgit ist hier Lehrling.

1

Katrin Ist es schwer, hier einen Platz zu bekommen?

Birgit Ja, es ist ziemlich schwer, hier einen Platz zu bekommen. Es melden sich einige hundert Schüler an, die hier reinkommen wollen. Von den hunderten werden 40 ausgewählt zur Prüfung. Bei der Prüfung werden dann 10, 12 ausgewählt, die dann aufgenommen werden.

Von den vielen Bewerbern dürfen nur 40 die Aufnahmeprüfung machen, und von diesen 40 wählt der Schuldirektor, Herr Roy, die 12 besten aus.

2

Herr Roy Die Ausbildung hier an der Schule dauert sieben Semester, also dreieinhalb Jahre. Die Schüler müssen manuell geschickt sein, sie müssen gute Augen haben, sie müssen gut zeichnen können und musikalisch sein.

Nach der Schulzeit müssen die Schüler weiterlernen. Sie arbeiten drei Jahre als Gesellen bei einem Meister. Erst dann können sie selber Meister werden.

Anton Maller hat an der Geigenbauschule gelernt. Er war dann drei Jahre lang Geselle und ist jetzt Geigenbaumeister in Mittenwald.

3

Herr Maller Ich komme aus Mittenwald, bin auch hier geboren und habe in der Mittenwalder Geigenbauschule Geigenbauen gelernt. Nach meiner Lehrzeit war ich dann drei Jahre bei einem anderen Meister als Geselle, und nach meiner Gesellenzeit war ich dann auf der Meisterschule und hab' dann die Meisterprüfung gemacht und bin ungefähr seit neun Jahren hier selbständig als Meister in Mittenwald.

Als Meister hat Herr Maller jetzt selbst einen Gesellen. Der Geselle baut auch Geigen. Für eine Geige braucht man ungefähr 160 Arbeitsstunden.

4

Herr Maller Meine Geigen, die kosten sechstausend Mark, die meines Gesellen kosten die Hälfte, dreitausend Mark.

Eine Geige ist aus drei verschiedenen Holzarten. Herr Maller wählt immer selbst sein Holz aus.

Anton Maller

5

Herr Maller Das Holz kann man nicht sofort benutzen. Es muß also luftgetrocknet werden, es muß mindestens 10, 15 Jahre an der freien Luft liegen und muß dann trocknen.

Jedes Stück Holz ist anders, und jeder Meister hat seine individuellen Arbeitsmethoden. So wird jede Meistergeige ein einmaliges Instrument.

sich anmelden   *to apply (sep. vb)*
manuell geschickt   *good with their hands*
einmalig   *unique*

Fasching

Carnival is celebrated every year in Mittenwald with traditions so deeply rooted in the past that even the participants are unsure of their origin. Men wear wooden masks which many of them make themselves. In earlier times the violin-makers used to carve them. The traditional Mittenwald 'face' is that of a stylised young man with curly dark hair and bristling moustache: only young blood can drive out winter's evil spirits and so guarantee a fruitful year.

The high spot of Fasching in Mittenwald is 'Mad Thursday', **der Unsinnige Donnerstag**, when 12 specially chosen young 'bell-ringers', **die Schellenrührer**, proceed through the streets at a stately hop, with clanging cowbells tied to their waists. Strategic stops at all the pubs are part of the ritual, and in the evening the revelries take over. The men wear strange and varied costumes as well as masks so as not to be identified. The women wear their best dirndls and are not masked. Make of that what you will!

Das Maskenschnitzen hat in Mittenwald eine lange Tradition. Für Herrn Angele ist es ein Hobby.

6

Frau Angele   In früheren Jahren haben's die Geigenbauer gemacht, und in den letzten Jahren ist es halt hobbymäßig von Verschiedenen gemacht worden, unter anderem auch von meinem Mann, der macht's hobbymäßig seit 20 Jahren.

Die traditionelle Mittenwalder Holzmaske hat einen besonderen Stil. Es ist das Gesicht eines jungen Mannes. Man trägt diese Maske mit einem Kostüm zum Fasching gegen Ende des Winters.

Die berühmteste Faschingstradition ist das Schellenrühren am Unsinnigen Donnerstag. Durch den Lärm der Schellen wird der Winter ausgetrieben. Den ganzen Nachmittag lang ziehen die Schellenrührer von Gaststätte zu Gaststätte, denn sie müssen nicht nur den Winter austreiben, sondern auch viel essen und trinken! Alois Jais führt die Schellenrührer durchs Dorf.

7
Herr Jais Wir haben in Mittenwald einen sehr langen und kalten Winter, und alle freuen sich jetzt aufs Frühjahr. Die jungen Männer, die wollen dann durch den Fasching den Winter vertreiben. Wir werden heute nachmittag Schellen rühren, das ist ein alter Brauch, und da sind lauter junge Männer dabei aus Mittenwald, die sind alle so zwischen 20 und 30 Jahre alt. Die Schellenrührer, die tragen 'e kurze Lederhose und weißes Hemd und Hut mit Adlerflaum, und 'e Holzmaske. Durch den Lärm der Schellen wollt' man den Winter vertreiben und die Geister vertreiben.

Nur die Männer dürfen Kostüme und Masken tragen. Die Frauen tragen Dirndl, die bayrische Volkstracht. Wenn ein Mann eine Frau zum Tanz bittet, darf sie nicht nein sagen.

Die Frauen wissen nicht, wer ihre Partner sind, denn die Männer nehmen ihre Masken nie ab, noch nicht einmal beim Biertrinken!

hobbymäßig *as a hobby*
unter anderem *among others*
austreiben *(sep. vb)*, vertreiben *to drive out, expel*
der Brauch *custom*
der Adlerflaum *eagle feathers, down*
der Lärm *noise*
hereinholen *to bring in (sep. vb)*

Quiz Wer war der erste Geigenbaumeister in Mittenwald?
Wie viele Schüler werden jedes Jahr in die Geigenbauschule aufgenommen?
Wie lange dauert die Ausbildung an der Schule?
Hat Herr Maller einen Lehrling?
Wie lange braucht er ungefähr, um eine Geige zu bauen?
Wie viele verschiedene Holzarten braucht er für eine Geige?
Wie lange muß das Holz trocknen?
Was haben früher die Geigenbauer außerdem gemacht?
Was treibt den Winter aus?
Wann dürfen die Frauen nicht nein sagen?

Radio Salzburg: Stadt der Festspiele

In Salzburg one festival follows another. As Roswitha Holz explains, the year begins with **die Mozartwoche**, held in January during the week of Mozart's birth, and ends with **das Advents- und Weihnachts- programm**.

1
Frau Holz Das kulturelle Jahr in der Stadt Salzburg beginnt, wie könnte es anders sein, mit Mozart, denn Mozart ist ja in Salzburg geboren, am 27. Januar

1756. Deswegen gibt es im Januar die Mozartwoche. Wir haben zu Ostern die Osterfestspiele, gefolgt von den Pfingstkonzerten, die berühmten Sommerfestspiele immer Ende Juli bis Ende August, die Salzburger Kulturtage im Oktober und ein sehr schönes Advents- und Weihnachtsprogramm, denn Salzburg ist ja auch der Platz, wo 1816 in der Nähe der Stadt, zwanzig Kilometer von hier, das Weihnachtslied *Stille Nacht* geschrieben wurde.

wie könnte es anders sein *how could it be otherwise*
deswegen *therefore*
gefolgt von *followed by*
das Weihnachtslied *Christmas carol*

Das Festspielhaus

Visitors from all over the world come to the **Salzburger Festspiele**, held every year from the end of July to the end of August. Roswitha Holz is lucky enough to have tickets for this year's festival and is already looking forward to it.

Marcello	Frau Holz, Salzburg ist wegen der Festspiele sehr bekannt, seit wann gibt es die Festspiele?
Frau Holz	Die Salzburger Festspiele gibt es seit dem Jahre 1920. Sie wurden unter anderem gegründet von dem berühmten Theaterdirektor Max Reinhardt.
Marcello	Was sind dieses Jahr die Hauptattraktionen?
Frau Holz	Unter anderen gibt es eine Neuinszenierung von Verdis *Macbeth*, eine moderne Oper *Un re in ascolto** und natürlich das Herzstück der Salzburger Festspiele, *Jedermann*, von Hugo von Hofmannsthal, wieder wie immer auf dem Salzburger Domplatz.
Marcello	Wie viele Leute besuchen jährlich die Festspiele?
Frau Holz	Ich würde sagen, das geht wirklich in die Tausende, nachdem es ja die populärsten Festspiele dieser Welt sind.
Marcello	Und woher kommen die Gäste?
Frau Holz	Die Gäste kommen aus fast allen Ländern der Erde und sprechen in allen Sprachen.
Marcello	Besuchen viele Salzburger die Festspiele?

*Operatic work called a 'musical action' by its composer, Luciano Berio.

251

Frau Holz	O ja, auch die Salzburger sind sehr interessiert und besuchen auch ihre Festspiele.
Marcello	Und Sie selbst?
Frau Holz	Ja, ich bin in der glücklichen Lage, daß ich für dieses Jahr Karten hab', und ich freu' mich schon sehr darauf.

die Neuinszenierung *new production*
nachdem *since*
die Lage *situation*

Hofmannsthal's play *Jedermann* has been performed at the Festival every year since it began. Weather permitting, it's played in the open air, **im Freien**, in front of the Cathedral. *Jedermann* is based on the English morality play *Everyman* and tells the mystery of the rich man's death.

Marcello asked Adeline Schebesch, a drama student at the **Max-Reinhardt-Seminar** in Vienna, about her part in the play as 'a lady in the company at table', **eine Dame der Tischgesellschaft**.

3	
Marcello	Fräulein Schebesch, was sind Sie von Beruf?
Adeline	Ich bin derzeit Studentin am Max-Reinhardt-Seminar in Wien.
Marcello	Was machen Sie hier in Salzburg?
Adeline	Ich habe im Augenblick eine kleine Rolle bekommen bei *Jedermann*.
Marcello	Was für ein Stück ist *Jedermann*?
Adeline	*Jedermann* ist ein Stück, das Hofmannsthal geschrieben hat, und er hat die Vorlage von *Everyman* verwendet, einem englischen Mysterienspiel. *Jedermann* wird jedes Jahr in den Salzburger Festspielen gespielt. Es ist ein sehr bekanntes und sehr beliebtes Stück.
Marcello	Welche Rolle spielen Sie?
Adeline	Ich bin eine Dame der Tischgesellschaft.
Marcello	Was müssen Sie da alles machen?
Adeline	Ich muß tanzen und singen, und ich habe noch zwei Sätze zu sprechen.
Marcello	Wie sieht Ihr Kostüm aus?
Adeline	Oh, ich hab' ein sehr schönes Kostüm. Es ist ein spätmittelalterliches Kostüm.

Marcello	Haben Sie's schon anprobiert?
Adeline	Ja.
Marcello	Und paßt es gut?
Adeline	Ja, sehr gut.
Marcello	Wunderbar. Wo wird *Jedermann* gespielt?
Adeline	Das wird auf dem Domplatz in Salzburg gespielt.
Marcello	Sie spielen also im Freien?
Adeline	Ja.
Marcello	Und was machen Sie, wenn es regnet?
Adeline	Dann spielen wir *Jedermann* im Festspielhaus.
Marcello	Wann findet die Premiere statt?
Adeline	Am 29. Juli um fünf Uhr.
Marcello	Sind Sie nervös?
Adeline	Na ja, ein ganz kleines bißchen, ich habe eine sehr kleine Rolle.

die Vorlage   *pattern, text*
der Satz   *sentence*
anprobieren   *to try on (sep. vb)*
passen   *to fit*

Tickets, particularly for the opera, are expensive, but even so events are booked up months in advance. Evi Unger tries for standing room, **der Stehplatz**.

4
Marcello	Gehen Sie selbst in die Festspiele?
Frau Unger	Ich versuche schon, in die Festspiele zu gehen, wenn ich einen Stehplatz bekommen kann oder eine Konzertkarte.
Marcello	Sind denn die Sitzplätze so teuer?
Frau Unger	Ja, die Karten sind schon teuer. Die Stehplätze kosten zirka 130 Schilling, aber die Sitzplätze ab 500 bis 2400.
Marcello	Wahnsinn! Und sind alle Veranstaltungen so teuer?
Frau Unger	Nein, nicht alle, aber hauptsächlich eben die Opern. Die Konzerte sind etwas günstiger.
Marcello	Muß man schon lange im voraus buchen?
Frau Unger	Man muß bis zum 15. Januar die Kartenwünsche einreichen und dann, wenn man Glück hat, bekommt man etwas.

But this lady has given up trying!

5
Marcello	Möchten Sie die Festspiele besuchen?
Dame	Das ist beinahe unmöglich, weil es eben keine Karten für Normalsterbliche gibt.

versuchen   *to try*
Wahnsinn!   *madness!*
die Veranstaltung   *event*
günstig   *reasonable*
im voraus   *in advance*
bis zum   *by*
einreichen   *to hand in (sep. vb)*
beinahe unmöglich   *practically impossible*
Normalsterbliche   *ordinary mortals*

Österreichisches Geld
The unit of currency in Austria is the **Schilling**, abbreviated S or öS (**österreichischer Schilling**). It's made up of 100 **Groschen**, abbreviated **g**.

Quiz Wann ist Mozart geboren?
Welches berühmte Weihnachtslied wurde in der Nähe von Salzburg geschrieben?
Seit wann gibt es die Salzburger Festspiele?
Wo wird *Jedermann* gespielt?
Aus welchen Ländern kommen die Gäste zu den Salzburger Festspielen?
Was macht Adeline in Salzburg?
Was muß sie als eine Dame der Tischgesellschaft machen?
Was für ein Kostüm hat sie?
Welche Karten sind bei den Festspielen besonders teuer?
Bis wann muß man seine Kartenwünsche einreichen?

WIEDERHOLUNG 3

How would you ask someone:

if it's difficult to get a job
how long the training lasts
if they have a hobby
since when there's been a university in Regensburg
what their job is
what sort of books they like reading
what they have to do
what they do when it rains
when the first night of *Macbeth* is
how much the tickets cost

How would you say:

you were born in Southampton
you learnt maths at school
you're self-employed
you're looking forward to it
that's a very pretty costume
the play is performed every year
the performance is on the 29th of July
it begins at 8 o'clock

19 *Schnee und Kaffee*

*Winter sports in Mayrhofen, while in Salzburg
we pause for refreshment*

Fernsehen Mayrhofen: Springen und Fliegen

Mayrhofen lies in the Zillertal, a valley in the heart of the Austrian Tyrol roughly halfway between Innsbruck and Salzburg. It's been a centre for mountain walking and climbing for over 100 years and in the last 30 years has developed a thriving skiing industry. The ski-school is run by ex-Olympic champion Riki Spieß.

A sport that goes on all the year round is hang-gliding. Lucki Rieser, owner-manager of a local chemist's shop, is an expert at this. And a winter sport that's best left to the experts is ski-jumping. Every year the Mayrhofen ski club organizes a competition, **der Wettbewerb.**

Man kann in Mayrhofen viele Wintersportarten betreiben. Heute hat der Skiklub Mayrhofen andere Tiroler Skiklubs eingeladen, an dem Skispringen teilzunehmen. Am Ende des Wettbewerbs bekommen die Sieger ihre Preise.

1
Robert Grüß Gott. Ich heiße Robert Stadelmann, bin zwölf Jahre alt und komme aus Kleinwalsertal in Vorarlberg.
Paul Wie lange springst du schon?
Robert Drei Jahre lang.
Paul Welchen Preis hast du heute gewonnen?
Robert Den ersten Preis in der Klasse Schüler Eins.

255

Paul	Und wie weit bist du gesprungen?
Robert	37½ und 38 Meter.
Paul	Bist du zufrieden mit diesem Ergebnis?
Robert	Ja, sehr.

Auch Engelbert Kröll vom Skiklub Mayrhofen hat einen Preis gewonnen. Er ist über 50 Jahre alt, und es ist für ihn ein besonderer Sieg, denn er ist heute zum letzten Mal gesprungen.

2

Paul	Welchen Preis haben Sie heute gewonnen?
Herr Kröll	Ich habe heute in meiner Altersklasse den letzten Sieg gewonnen.
Paul	Sind Sie zufrieden mit dem Ergebnis heute?
Herr Kröll	Ich bin sehr zufrieden. Es war sicher . . ., für einen älteren Mann ist es immer gut, wenn man sicher landet und wieder sicher den Schwung zum letzten . . . zur letzten Kurve ansetzt.

Mayrhofen lebt hauptsächlich vom Tourismus. Die Wintersaison beginnt im Dezember, mit dem ersten Schnee, und dauert bis Ende April. Die Skischule wurde von Riki Spieß gegründet, einer Olympiasiegerin.

3

Frau Spieß   Ich heiße Riki Spieß. Mein Mädchenname war Mahringer. Ich bin von Beruf Sportlehrerin und komme aus Linz an der Donau. Ich habe in Innsbruck Sport studiert und dann vor 30 Jahren hier in Mayrhofen die Skischule Mayr gegründet.

Riki Spieß fährt schon ihr ganzes Leben lang Ski. Sie hat an vielen internationalen Wettbewerben teilgenommen. Im Jahre 1948 war sie bei den Olympischen Spielen dabei.

4

Frau Spieß   1948 waren die Olympischen Spiele in Sankt Moritz, und da hatte ich das Glück, einen Kombinationsslalom und zwei Bronzemedaillen zu gewinnen, und dafür bekam ich von der österreichischen Regierung je einen Gutschein für fünf Kilo Zucker. Es gab damals sehr wenig zu essen, und das war natürlich wunderbar, denn Zucker bringt Kraft.

Um auf diesen Pisten Ski zu fahren, braucht man kein Olympiasieger zu sein. Hier ist Platz für jeden, vom Anfänger bis zum Könner.

5

Frau Spieß   Das Skilaufen macht alle Menschen glücklich vom ersten Schritt an. Es hat auch ein Geheimnis. Man verlernt es nicht mehr. Es ist so wie das Schwimmen oder das Radfahren. Auch wenn man einige Jahre nicht Gelegenheit hat, am Ski zu stehen, man kann es bald wieder so gut, wie man aufgehört hat, und das macht so froh.

der Sieger   *winner*
sicher den Schwung zur letzten Kurve ansetzt   *swings safely into the last curve*
je   *for each one*
die Kraft   *strength, energy*
die Gelegenheit   *opportunity*
aufhören   *to stop (sep. vb)*

Franz Rahm ist ein Skilehrer aus Mayrhofen. Er wohnt im Tal auf einem Bauernhof, mit seinem Vater, seiner Mutter und seinen vier Geschwistern. Er unterrichtet nur im Winter an der Skischule. Im Sommer hat er einen anderen Beruf.

6

Herr Rahm   Ja, ich habe zwei Berufe, zwei sehr schöne Berufe. Ich bin im Winter Skilehrer, und im Sommer arbeite ich in der Landwirtschaft, auf . . ., also auf einer Alm.

Jeden Mai führt Franz Rahm die Schafe und Kühe auf die Alm, damit sie dort grasen können. Den ganzen Sommer lang lebt er dann allein dort oben in den Bergen. Im Winter muß er jeden Abend auf dem Bauernhof mithelfen. In ein paar Wochen wird Eis und Schnee geschmolzen sein. Ist Franz traurig, daß die Skisaison nun zu Ende geht?

7

Herr Rahm   Ich sehe das mit einem lachenden und mit einem weinenden Auge. Ja, auf der einen Seite würde ich noch gerne Ski fahren, aber auf der anderen Seite freu' ich mich auf den Sommer, auf den Beruf, auf die Arbeit mit den Kühen in den Bergen, und unten im Frühling, wenn alles wieder blüht, auf den Bergen der Firn noch glänzt, dann freu' ich mich auch über diese Dinge.

Lucki Rieser leitet eine Drogerie in Mayrhofen. In seiner Freizeit ist er Drachenflieger. Er freut sich besonders an der Alpenlandschaft, denn als Drachenflieger sieht er sie wie aus den Augen eines Vogels.

8

Herr Rieser   Wenn ich fliege, das ist ein so schönes Gefühl, daß es kaum beschreibbar ist. Vielleicht kann man's sich am meisten vorstellen, wenn man sich in die Augen eines Vogels versetzt und aus diesen Augen unsere wunderschöne Alpenlandschaft versucht zu betrachten, und die Täler und die Straßen, dann kann man vielleicht eineVorstellung davon bekommen, daß es auch Ikarus so ging, der es nicht lassen konnte, trotz vieler Warnungen höher und höher der Sonne entgegenzufliegen, wie ein freier Vogel.

die Alm   *alpine pasture*
blühen   *to flower*
der Firn   *névé, permanent snow*
glänzen   *to glisten*
sich etwas vorstellen   *to imagine something (sep. vb)*
betrachten   *to look at, observe*

Quiz   Wie alt war Robert, als er mit dem Skispringen anfing?
Warum ist dieser Sieg für Engelbert Kröll so wichtig?
Wer hat die Skischule gegründet?
Wie viele Medaillen hat Riki Spieß 1948 gewonnen?
Was bekam sie mit jeder Medaille von der österreichischen Regierung?
Was ist das Geheimnis beim Skifahren?
Wie viele Geschwister hat Franz Rahm?
Was macht er, wenn der Schnee geschmolzen ist?
Was muß er im Winter jeden Abend machen?
Wer flog der Sonne entgegen?

Salzburg: österreichische Küche

Coffee houses, **Kaffeehäuser,** are part of the Austrian way of life. Some of the famous Viennese ones serve coffee in as many as thirty or forty different ways. There's **die Melange,** half coffee and half milk, **der große Braune,** coffee and a little milk, **der kleine Braune,** black with a dash of cream, and **der Einspänner,** black with whipped cream and served in a glass. Then there are more elaborate confections such as **Kaffee Maria Theresia,** a large glass of black coffee laced with orange and mocca liqueur, and topped with a **Schlagobershaube** (a 'bonnet' of whipped cream).

Coffee is served with a glass of water, and to accompany it you can choose from a vast selection of cakes and gateaux, known in Austria as **Mehlspeisen (das Mehl** *flour*). Typical are **Sachertorte,** a rich chocolate gateau invented by the head chef of the Sacher Hotel in Vienna for Prince Metternich, the various kinds of dumplings, **Knödel,** and the many different **Strudel** filled with fruit or cream cheese.

Some people treat the coffee house almost as a second home. They go there to read the paper, **man liest die Zeitung,** write letters, **man schreibt Briefe,** play chess, **man spielt Schach,** or simply to chat, **man plaudert.**

In Salzburg Marcello talked to Heinz Plöbst, head waiter of the Café Mozart.

I

Marcello	Wie heißen Sie, bitte?
Herr Heinz	Mein Name ist Heinz Plöbst, aber hier nennt man mich eben Herr Heinz.
Marcello	Herr Heinz, was sind Sie von Beruf?
Herr Heinz	Ich bin hier Oberkellner, im Café Mozart in der Salzburger Getreidegasse.
Marcello	Herr Heinz, welche Mehlspeisen verkaufen Sie hier?

Herr Heinz	Wir verkaufen alle gängigen österreichischen Mehlspeisen: Strudel, Sachertorten, eventuell auch einen Milchrahmstrudel, auch warme Mehlspeisen wie warme Topfenstrudel oder einen Scheiterhaufen.
Marcello	Was ist denn ein Scheiterhaufen?
Herr Heinz	Ja, da nimmt man geschnittene Semmeln, geschnittene Äpfel, gibt Zucker dazu und überbäckt das mit Ei im Ofen.
Marcello	Und schmeckt das gut?
Herr Heinz	Sie sollten es einmal probieren, dann wissen Sie es!
Marcello	Werd' ich machen. Herr Heinz, wieviel Kaffeesorten bieten Sie an?
Herr Heinz	Wir bieten 14 Kaffeesorten an.
Marcello	14 Kaffeesorten?
Herr Heinz	14 Kaffeesorten, zum Beispiel die Melange, den Einspänner, den Cappuccino. Weiters haben wir noch einige Kaffeesorten mit Alkohol, etwa Kaffee Maria Theresia. Das ist starker Kaffee mit Orangenlikör und Mokkalikör, einer Schlagobershaube, im Glas serviert.
Marcello	Und wenn ich jetzt einfach Kaffee sage, was bekomme ich dann?
Herr Heinz	Ja, Sie werden eine große Tasse Mokka bekommen.
Marcello	Was macht man hier sonst noch, außer Kaffee trinken?
Herr Heinz	Man macht hier alles, man liest Zeitung, man schreibt Briefe, man spielt Schach, man spielt eventuell Karten, man plaudert, man diskutiert, teilweise wohnt man auch fast hier.
Marcello	Bleiben die Gäste lange sitzen?
Herr Heinz	Unsere Stammgäste bleiben länger sitzen, bis sie ihre Zeitungen gelesen haben, bis sie mit dem Schach fertig sind, oder bis wir zusperren.

nennen   *to call*
gängig   *usual*
Milchrahmstrudel, Topfenstrudel   *different kinds of strudel filled with cream cheese*
der Scheiterhaufen   lit. *funeral pile*
die Semmel   *Austrian and southern German for* Brötchen
der Stammgast   *regular customer*
zusperren   *to lock up (sep. vb)*

For a full-scale Austrian meal, Frau Unger would suggest
Fleischstrudelsuppe (meat strudel in beef broth), then **Tafelspitz**
(boiled beef, usually served with sauté potatoes, vegetables and horse-radish) and **Salzburger Nockerln** (an enormous sweet egg soufflé, flavoured with vanilla).

2

Marcello	Frau Unger, ich möchte ein typisches, österreichisches Essen probieren, was können Sie mir empfehlen?
Frau Unger	Wir essen als Vorspeise meistens eine Suppe – ich würde Ihnen vorschlagen Fleischstrudelsuppe; das ist wie ein Strudel, aber mit Fleisch gefüllt, in Rindsuppe. Dann einen Tafelspitz mit Spinat und Röstkartoffeln; das ist gekochtes Rindfleisch, mit Spinat und gerösteten Kartoffeln. Und als Nachspeise in Salzburg einfach Salzburger Nockerln; das ist sehr viel Eier mit Vanillezucker und eventuell ein Preiselbeerkompott dazu.
Marcello	Und was trink' ich dann dazu?
Frau Unger	Ja, da müssen Sie eigentlich einen Weißwein trinken, einen herben Weißwein aus dem Niederösterreich.

Marcello	Wo kann ich hier in Salzburg eine solche Mahlzeit bekommen?
Frau Unger	In jedem Restaurant können Sie einen Tafelspitz und Salzburger Nockerln bekommen.

vorschlagen   *to suggest (sep. vb)*
der Spinat   *spinach*
eventuell   *perhaps*
das Preiselbeerkompott   *cranberry sauce*
eine solche Mahlzeit   *a meal like that*

On an Austrian menu, some words are different from those you find in Germany. Reinhard Unger gave us some examples.

3	
Herr Unger	In Deutschland gibt es viele Ausdrücke, die sich von unseren Ausdrücken unterscheiden. Zum Beispiel, Tomate nennen wir Paradeiser, grüne Bohnen heißen bei uns Fisolen, Kartoffeln sind Erdäpfel, und Rahm ist Obers. Pfannkuchen sind Palatschinken, und Geräuchertes, das ist geräuchertes Fleisch, heißt bei uns Geselchtes.

der Ausdruck   *expression*
sich unterscheiden   *to differ*
der Rahm   *southern German for* die Sahne
der Pfannkuchen   *pancake*
geräuchert   *smoked*

And after that, what could we do but invite Evi and Reinhard Unger to a meal? Frau Unger chose **Pfandlrostbraten** (steak served in a small pan) and to drink **einen Gespritzten** (wine and soda water). Herr Unger ordered **Zwiebelrostbraten** (steak and onions) and **ein Viertel Veltliner**, a popular Austrian white wine.

4	
Kellnerin	Grüß Gott. Bitte sehr, Sie wünschen?
Frau Unger	Grüß Gott.
Herr Unger	Grüß Gott.
Kellnerin	Bitte schön?
Frau Unger	Ich hätt' gern die Speisekarte, bitte.
Kellnerin	Ja, und zum Trinken vielleicht vorerst?
Frau Unger	'nen Gespritzten, und zwar einen Weißen, bitte.
Kellnerin	Ja, bitte gern. (*to Herr Unger*) Und für Sie, bitte?
Herr Unger	Ich hätt' gern ein Viertel Veltliner, bitte.
Kellnerin	Ja, bitte sehr. Die Karte bring' ich gleich, ja?
Frau Unger	Danke
Kellnerin	(*bringing the menu*) Bitte schön, hier ist die Karte. Ich bring' inzwischen die Getränke, ja?
Frau Unger	Danke.

5

Kellnerin (*bringing the drinks*) So, bitte sehr, der Gespritzte . . ., das Viertel . . . Haben Sie schon ausgesucht, bitte?

Frau Unger Ja, ich hätt' gern den Pfandlrostbraten. Kann ich den bitte mit Kartoffeln haben?

Kellnerin Ja, bitte sehr. Und für den Herrn, bitte?

Herr Unger Bitte einen Zwiebelrostbraten, aber nicht mit Reis, sondern mit einem Semmelknödel.

Kellnerin Ja, bitte gerne. Bring' ich gleich. Ich werd's gleich bestellen.

inzwischen *meanwhile*
aussuchen *to choose (sep. vb)*
der Semmelknödel *dumpling made of Semmeln, eggs and milk, often eaten instead of potatoes*

Quiz Welche Mehlspeisen verkauft das Café Mozart?
Was kommt oben auf den Kaffee Maria Theresia?
Was macht man im Café Mozart außer Kaffeetrinken?
Was, sagt Frau Unger, ist ein typisch österreichisches Essen?
Was trinkt man dazu?
Wie nennt man in Österreich Tomaten? Und wie heißen Kartoffeln?
Was bestellt Frau Unger zu trinken?
Was ißt Herr Unger zu seinem Zwiebelrostbraten?

WIEDERHOLUNG 4

How would you ask someone:

who's won first prize
when the Olympic Games were in Munich
if they've got brothers and sisters
what they do in their spare time
if something tastes good
what they can recommend
where you can get a good meal
and how would you ask the waiter for the menu?

How would you say:

the season begins in spring and lasts until the end of September
you'd like a kilo of sugar
in spring, in summer, in autumn, in winter
you should try it sometime
you like playing chess, playing cards and playing the piano

20 Salzburg – ein letzter Besuch

The city of Mozart, and some opinions from those who live there

Die Festung Hohensalzburg

Fernsehen   Salzburg: die Mozartstadt

The name Salzburg comes from **Salz**, the German word for salt, as does the name of the river, **die Salzach**. In prehistoric times the land was covered by sea, leaving huge deposits of salt which are still mined today.

The area was colonised by the Celts in the 6th century BC, then developed by the Romans into an important administrative centre. But the story of modern Salzburg began in 696 AD with Bishop Rupert, a missionary from Worms. Rupert founded the monastery and church of St Peter on the ruins of the Roman town. He became Salzburg's patron saint.

Successive archbishops and prince archbishops derived immense wealth and power from trade in salt and other minerals. They vied with one another to leave their mark on the city, building churches and palaces, importing Italian architects to give the city an 'Italian style', demolishing houses to create spacious piazzas. They turned Salzburg into '**das deutsche Rom**'.

*Salzburg liegt zwischen zwei Bergen, dem Kapuzinerberg und dem
Mönchsberg. Hoch über der Stadt steht die Festung Hohensalzburg. Von
dort aus beschreibt Evi Unger ihre Heimatstadt.*

1

Frau Unger   Sie sehen unter uns die Altstadt. Sie ist eingebettet zwischen den zwei
Stadtbergen, dem Kapuzinerberg und dem Mönchsberg hier, und
dazwischen die Salzach. Und Sie sehen sehr schön von der Festung hier
das Bürgerviertel ... die ganz kleinen Häuser, eng aneinander gebaut,
mit den Gassen: Getreidegasse, Sigmund-Haffner-Gasse, wo heute das
Geschäftszentrum ist, und die Märkte, Gemüsemarkt und Blumenmarkt,
abgehalten werden. Wenn wir weiter gehen von dem Marktplatz, dann
kommen wir zum Viertel des Erzbischofs.

Früher waren, wo heute der Dom steht und der Domplatz und
Residenzplatz ist, viele Häuser und ein Friedhof, und unser berühmtester
Bischof* hat um 1600 beschlossen, aus dieser alten, mittelalterlichen
Stadt eine italienische zu machen.
*Wolf Dietrich von Raitenau.

*Die Festung wurde im 11. Jahrhundert gebaut, zur Verteidigung der Stadt.
Während der folgenden Jahrhunderte wurde sie ausgebaut und umgebaut.*

2

Frau Unger   Der Bischof Leonhard von Keutschach hat die Festung sehr viel
ausgebaut und umgebaut, und weil er immer gefürchtet hat, daß die
Stadt belagert würde, hat er sich hier herrliche Räume errichtet.

*Erzbischof von Keutschach ließ eine Orgel bauen, die die Bürger vor
Gefahren warnen sollte.*

3

Frau Unger   Man nennt sie den 'Salzburger Stier', weil immer am Anfang ein Ton
kommt, der sich anhört, wie wenn ein Stier schreien würde, und auch am
Ende.

*Viele Komponisten und Musiker standen im Dienste der Fürstbischöfe,
unter anderen Mozart. Mozart lebte bis zu seinem 17. Lebensjahr in der
Getreidegasse, zusammen mit seinem Vater Leopold, seiner Mutter Anna
Maria und seiner Schwester Nannerl.*

*Heute gehört das Haus dem Mozarteum. Der Direktor ist Dr Rudolph
Angermüller.*

4

Dr Angermüller Wir haben das große Glück gehabt, daß die beiden überlebenden Söhne
Mozarts nicht verheiratet waren, und über diese beiden Söhne und über
die Witwe Mozarts hat die Stiftung viele Kunstgegenstände erhalten.
Wir haben eine Reihe von Briefen, genau gesagt 186 Originalbriefe von
Wolfgang Amadeus, gut 360 vom Vater Leopold, dann eine Reihe von
der Familie. Wir haben auch die größte Skizzensammlung der Mozarts
hier in Salzburg.

*Die Internationale Stiftung Mozarteum wurde 1841 gegründet. Hier wird
alles über Mozart gesammelt und studiert. Das Mozarteum hat auch
Mozarts zweites Wohnhaus gekauft. Die Familie zog im Jahre 1773 in dieses
Haus.*

*Für Mozart wurde Salzburg bald zu klein, denn er hatte schon seit seinem
sechsten Lebensjahr an den großen Höfen Europas gespielt. Mit 25 ging er
nach Wien und heiratete dort Constanze Weber. Er starb im Jahre 1791. Er
war erst 35 Jahre alt.*

*Constanze liegt in Salzburg begraben, zusammen mit Leopold, dem Vater
Mozarts, im Friedhof Sankt Sebastian. Mozarts Schwester Nannerl liegt im
Friedhof Sankt Peter. Mozart selber liegt in Wien begraben, aber wo, weiß
man nicht.*

eng aneinander   *close together*
abhalten   *to hold, take place (sep. vb)*
beschließen   *to decide*
die Verteidigung   *defence*
ausgebaut und umgebaut   *enlarged and rebuilt*
fürchten   *to be afraid of*
der Stier   *bull*
belagern   *to besiege*
die Skizzensammlung   *collection of sketches*
überleben   *to survive*
die Witwe   *widow*
erhalten   *to receive*

*Die Stadt Salzburg hat jedoch ihren berühmtesten Sohn nicht vergessen.
Und das Mozarteum feiert nun fast jedes Jahr ein zweihundertjähriges
Jubiläum!*

5

Dr Angermüller Im Jahre 1986 wird eine *Figaro*-Ausstellung stattfinden, im Jahre 1987
eine *Don Giovanni*-Ausstellung, und 1991 ist eine große Mozart-
Ausstellung des Landes Salzburg in Verbindung mit der Stiftung
Mozarteum geplant.

Außer seinen anderen Aufgaben organisiert das Mozarteum auch Konzerte.

6

Dr Angermüller Die berühmteste Sache, die die Stiftung macht, ist die Mozart-Woche
seit 1956. Und in der Saison finden viele Konzerte, sei es Kammerkonzerte,
Orchesterkonzerte, oder Solistenkonzerte, hier in Salzburg statt.

Die Pressereferentin für Salzburg, Frau Roswitha Holz:

7

Frau Holz Die Mozart-Woche im Januar als erster großer Höhepunkt des Jahres leitet über zu den Osterfestspielen. Dies ist eine Kreation Herbert von Karajans, des berühmten Dirigenten. Er hat Wagner nach Salzburg gebracht, dieses Jahr *Lohengrin.*

Nicht weit vom Mozarteum ist die Musikschule 'Mozarteum', ein sehr modernes Gebäude, wo jedoch weiterhin die klassische Tradition gepflegt wird. Michael Mautner studiert im fünften Jahr Komposition und Dirigieren.

8

Michael Es ist eine sehr der Tradition verhaftete Kultur. Das Kulturleben hier orientiert sich an den Besucherwünschen, an dem Geld, das die Leute zahlen. Daher wird auch im Programm immer auf diese Leute Rücksicht genommen. Das heißt, Mozart, Mozart, Mozart. Und für neuere Musik, ich will nicht einmal sagen neue Musik, sondern neuere Musik, ist das Echo hier sehr schlecht.

Die Vorliebe des Publikums für die Klassiker bestimmt den Unterricht an der Musikschule.

Aber die Schule blickt doch auch in die Zukunft. Professor Radauer arbeitete in Amerika, in Stanford, mit Computermusik. Es ist ein großer Fortschritt für Salzburg und auch für die Hochschule.

Den Kern Salzburgs bildet jedoch die Tradition. Die Stadt hat angeblich den ältesten Weinkeller Österreichs seit 803; die älteste Buchhandlung, seit 1594, und auch eines der ältesten Cafés, das Café Tomaselli, seit 1703.

Das Café Tomaselli ist ein typisches 'Wiener Café', wo man Zeitung lesen kann, wo die Kellnerinnen den Kuchen bringen und die Kellner den Kaffee. Hier, sagt man, wurden die Salzburger Festspiele geplant.

Heute sind die Festspiele eine wahrhaft internationale Veranstaltung, mit international berühmten Künstlern und einem internationalen Publikum. Die Karten sind daher sehr teuer – für die meisten Salzburger zu teuer.

9

Michael Mit den Festspielen, ja, haben wir eigentlich nicht sehr viel zu tun; das passiert im Sommer für Leute, die herkommen.

Frau Unger Man kann immer Karten bekommen für die Salzburger Festspiele. Aber leider sind die Preise in die Höhe gegangen mit den Jahren, da die Festspiele ja immer mehr international bekannt geworden sind.

Frau Holz Aber ich frage Sie: Wo finden Sie innerhalb von fünf Wochen im Sommer eine solche Konzentration von berühmten Orchestern, berühmten Dirigenten, berühmten Sängern und Schauspielern wie in Salzburg?

die Ausstellung   *exhibition*
in Verbindung mit   *in conjunction with*
pflegen   *to cultivate*
der Tradition verhaftet   *steeped in tradition*
die Vorliebe   *preference*
die Zukunft   *future*
der Fortschritt   *advance, step forward*

Quiz In welchem Stadtviertel liegt die Getreidegasse?
Warum wurde die Festung gebaut?
Was ist der 'Salzburger Stier'?
Wie viele Kinder haben Mozart überlebt?
Wie viele Briefe von Wolfgang Amadeus hat das Mozarteum?
Wo liegt Mozart begraben?
Was für ein Jubiläum findet 1987 statt?
Wer hat Wagner nach Salzburg gebracht?
Wann wurde die älteste Buchhandlung Österreichs gegründet?
Für wen, meint Michael, sind die Festspiele?

Radio Salzburg als Heimatstadt

What do the inhabitants of Salzburg think of their city and of the tourists who invade it every year? Herr Pfoser has lived in Salzburg for 18 years. He particularly values its many leisure activities, **der hohe Freizeitwert**, and misses the tourists when the season's over.

1

Marcello	Herr Pfoser, sind Sie aus Salzburg?
Herr Pfoser	Ich wohne in Salzburg, ich bin aber hier nicht geboren.
Marcello	Wie lange wohnen Sie schon in Salzburg?
Herr Pfoser	Ich wohne in Salzburg jetzt 18 Jahre.
Marcello	Und wohnen Sie gerne hier?
Herr Pfoser	Ich wohne sehr gerne hier, ja.
Marcello	Was gefällt Ihnen hier am besten?
Herr Pfoser	Der hohe Freizeitwert, man kann hier Ski fahren, im Winter, man kann im Sommer baden, die Seen sind in der Nähe. Mir gefällt die Stadt, sie ist nicht zu groß und nicht zu klein. Kulturell kann man hier wirklich etwas anfangen, die Festspiele, Theater, die Altstadt. Mir gefällt Salzburg.
Marcello	Was halten Sie von den vielen Touristen, die nach Salzburg kommen?
Herr Pfoser	Mir gefällt das, wenn viele Touristen hier sind.
Marcello	Sie stören Sie also nicht?
Herr Pfoser	Mich stören die Touristen überhaupt nicht.
Marcello	Wie ist es, wenn die Saison vorbei ist?
Herr Pfoser	Ruhig. Sehr ruhig. Und es fehlt etwas – die Touristen.

der See *lake*
stören *to disturb*
es fehlt etwas *there's something missing*

Helmut Ponstingl is the manager of a Salzburg restaurant. For him the city has something about it **etwas an sich,** that's very difficult to describe. Tourists, he says, are important for the city's economy, **die Wirtschaft,** and, of course, for his own livelihood.

2

Marcello	Herr Ponstingl, wohnen Sie gerne in Salzburg?
Herr Ponstingl	Ja, ich wohne sehr gerne hier.
Marcello	Was gefällt Ihnen an Salzburg am besten?
Herr Ponstingl	Salzburg hat etwas an sich, was man sehr schwer beschreiben kann, die ganze Lage in einem Talkessel, der Fluß, der Berg und die Überschaubarkeit einer kleinen Stadt.

Marcello	Was halten Sie von den vielen Touristen?
Herr Ponstingl	Ja, sie sind für Salzburg sehr wichtig, für die Wirtschaft und natürlich auch für mich . . . ja, wir sind froh, daß sie hier sind.
Marcello	Sind die Touristen bei Ihnen immer willkommen?
Herr Ponstingl	Immer!

etwas, was *something that*
der Talkessel *valley surrounded by hills*
die Überschaubarkeit *compactness*

But as Anna Meierhofer explains, tourists also have their disadvantages, **die Nachteile**.

3
Frau Meierhofer Ja, es gibt auch Nachteile. Es ist alles sehr teuer, und es sind manchmal zu viele Leute, und die Geschäfte sind überfüllt, und in den Restaurants muß man warten, und dann kann man nicht so gut parken . . .

Café Tomaselli

Markus Huber, a law student at Salzburg University, thinks that the people of Salzburg have a kind of love-hate relationship, **eine Haß-Liebe**, with the tourists. On the one hand they know that tourists are their living, on the other they don't like the huge throng of people, **die ungeheure Menschenmenge**, that forces its way through the Getreidegasse, **die sich durch die Getreidegasse zwängt**.

4
Marcello	Glauben Sie, daß die Salzburger die Touristen mögen?
Markus	Ich glaube, daß die Salzburger eine Haß-Liebe zu den Touristen haben. Sie wissen ganz genau, daß sie von den Touristen leben, und auf der anderen Seite stört natürlich jeden Salzburger eine ungeheure Menschenmenge, die sich durch die Getreidegasse zwängt.

Marcello	Und wie ist es, wenn die Touristen nicht mehr da sind?
Markus	Dann ist es eigentlich sehr romantisch, denn da ist meistens eine sehr trübe Jahreszeit. Dann ist Salzburg wie ausgestorben, und seine alten Plätze und Bauten wirken noch viel romantischer und schöner.
Marcello	Würden Sie lieber in einer anderen Stadt wohnen?
Markus	Nein, sicher nicht.

auf der anderen Seite   *on the other hand*
trübe   *melancholy, dull*
wie ausgestorben   *empty (* lit. *as if it had died out)*

But the last word is with Roswitha Holz. She has, she says, an exceptional love for Salzburg, **sie liebt Salzburg außerordentlich,** and hopes that fate will never take her away from the city, **daß das Schicksal sie nicht mehr von Salzburg wegbringen wird.**

5

Marcello	Frau Holz, mögen die Salzburger die Touristen?
Frau Holz	Oh ja, eigentlich schon, und zwar aus einem ganz einfachen Grund: Die Stadt Salzburg, und auch das Land Salzburg und gesamt Österreich lebt ja zu sehr großem Teil vom Tourismus.
Marcello	Und Sie persönlich, Frau Holz, möchten Sie nicht lieber die Stadt für sich behalten?
Frau Holz	Nein, ich liebe zwar Salzburg außerordentlich, aber ich möchte die Schönheit der Stadt unbedingt teilen.
Marcello	Frau Holz, was gefällt Ihnen an Salzburg am besten?
Frau Holz	Ich liebe Salzburg. Es ist eine Stadt, die nicht zu groß ist, um unpersönlich zu sein, es ist eine Stadt, die nicht zu klein ist, um uninteressant zu sein. Und es ist eine Stadt, nicht nur mit einem großen kulturellen Angebot, sondern auch mit einem außerordentlich hohen Freizeitwert. Und davon abgesehen, ich muß immer wieder darauf zurückkommen, es ist eine der schonsten Stadte der Welt.
Marcello	Möchten Sie immer hier wohnen?
Frau Holz	Na, ich hoff', daß mich das Schicksal nicht mehr von hier wegbringen wird!

zu sehr großem Teil   *to a very large extent*
für sich behalten   *to keep to yourself*
teilen   *to share*
verbringen   *to spend (time)*
das Angebot   *programme*
davon abgesehen   *apart from that*

Quiz   Was gefällt Herrn Pfoser an Salzburg so gut?
Wie findet er die Stadt, wenn die Touristen nicht mehr da sind?
Für was, sagt Herr Ponstingl, sind die Touristen in Salzburg wichtig?
Anna Meierhofer nennt fünf Nachteile, die die Touristen mit sich
    bringen. Welche?
Glaubt Markus Huber, daß die Salzburger die Touristen mögen?
Wie findet Markus Salzburg ohne Touristen?
Möchte er gern in einer anderen Stadt wohnen?
Möchte Frau Holz Salzburg für sich behalten?
Was hofft Frau Holz?

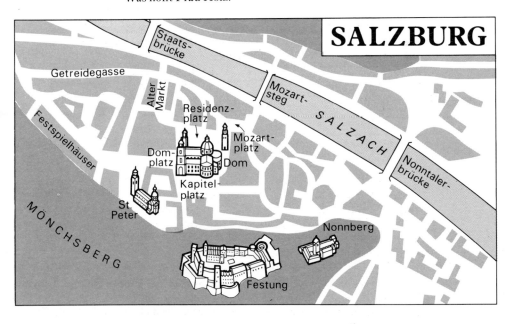

WIEDERHOLUNG 5

How would you ask someone:

if they own their house
if it's far from here
where the oldest wine cellar in Austria is
if they like computer music
what it's like when the sun shines
what they like best about Vienna
if they think it will rain tomorrow
if they'd prefer to live in another town

How would you say:

you live with your mother, your father and your brother
you've bought a holiday flat in Greece
your sister is only 17 but she's already married
your firm is celebrating its 50th anniversary next year
you know that everything's very expensive

How would you tell someone:

you like Salzburg very much
to wait a moment, please
you're delighted to be here
they're not allowed to park in the old city
in winter the town's prettier than in summer

Und zum Schluß Using simple language, and a little ingenuity, you should now be able to talk to people, understand what they say to you and generally hold your own in any number of situations.

Here are just a few of the questions you could for instance ask people about themselves. But there are lots more. See how many you can add to them from memory, by looking at the sections in the book marked and browsing through the dialogues. You should end up with quite a list!

Wie heißen Sie, bitte?
Woher kommen Sie?
Wo wohnen Sie?
Wo ist das, bitte?
Wohnen Sie gern dort?
Haben Sie ein Auto?

Sind Sie verheiratet?
Haben Sie Kinder?
Wie alt sind Ihre Kinder?
Gehen Ihre Kinder gern zur Schule?
Was möchten die Kinder werden?
Ist es schwierig, hier eine Arbeitsstelle zu finden?

Was sind Sie von Beruf?
Wo arbeiten Sie?
Wie kommen Sie zur Arbeit?
Wie lange dauert die Fahrt?
Wann fangen Sie morgens mit der Arbeit an?
Was an Ihrer Arbeit gefällt Ihnen besonders/nicht?

Wieviel Urlaub haben Sie im Jahr?
Wohin fahren Sie im Urlaub?
Was kann man in . . . machen?
Waren Sie schon einmal in England?
Wie lange waren Sie dort?
Wo hat es Ihnen am besten gefallen?

Wie wohnen Sie?
In was für einer Gegend wohnen Sie?
Gehört Ihnen das Haus?
Ist das ein Altbau?
Wie viele Stockwerke/Zimmer hat das Haus?
Haben Sie einen Garten?

Was machen Sie gern in Ihrer Freizeit?
Arbeiten Sie gern im Garten?
Wie oft arbeiten Sie im Garten?
Sind Sie in einem Verein?
Wie viele Mitglieder hat der Verein?
Was machen Sie am liebsten?

And how will you answer when people start asking you similar questions?

Was wissen Sie über Deutschland und Österreich?

Here are some more questions to see how much you know about Germany and Austria. You'll find all the answers in the **Magazin** sections of Chapters 11–15, or in Chapters 16–20.

1   What sort of theatre do you find in most German towns?
2   What are the three classes of German wine?
3   And what are the three groups of German workers?
4   What is the name of the route running through Rothenburg and Dinkelsbühl?
5   Who was **Turnvater Jahn**?
6   What's harvest festival called in German?
7   How many different kinds of German homes can you name?
8   What is the problem affecting trees around Bamberg?
9   Who met in the **Reichssaal** in Regensburg from 1663 to 1806?
10   When was Regensburg in its heyday?
11   What are **Donau–Muscheln, Barbara–Küsse, Regensburgerinnen** and **Ratsherrn–Schlücke**?
12   Is Regensburg's university an ancient foundation?
13   Who was Matthias Klotz?
14   In which mountainous region is Mayrhofen?
15   Who were the founders of the Salzburg Festival?
16   What word do you often find in Austria instead of **Straße**?
17   Where was the Christmas carol *Silent Night* written?
18   Name five different coffees you could order in an Austrian coffee house.
19   What does Salzburg get its name from?
20   Who was born in Salzburg at **Getreidegasse 9**?

Can you cope?

Put yourself to the test

1 Based on Chapters 1–5

> This is the first of three tests to give you the chance to see how
> well you can cope in a whole range of situations with the
> German you've learnt in **Deutsch direkt**! Section A is a check
> on things you should be able to say, Section B on language you
> should be able to understand, Section C on points about the
> language and Section D on vocabulary.
>
> Do the tests in turn at the end of Chapters 5, 10 and 15, and go
> through them again at the end of the course by way of revision.

A **Wie sagt man das?** Here are some situations you might find yourself in.
See how well you can cope with the German you know.

Chapter 1
1 You arrive at a party: greet your hostess, Mrs Müller,
2 and introduce a German colleague, Miss Schmidt, (she's 35).
3 You're about to open a window in a stuffy train compartment: ask if
   people would mind.
4 You've lost your way to the station: stop someone and ask where it is.
5 You meet some Germans on holiday: ask where they're from.

Chapter 2
6 You're getting low on petrol: ask for your tank to be filled.
7 You've run out of stamps: see if the hotel receptionist has got some.
8 You need food for a picnic: find out if there's a supermarket nearby.
9 You get into conversation with a toddler: ask him how old he is
10 and if he's got any brothers and sisters.

Chapter 3
11 You've been writing those postcards home: find out how much a
   postcard to Great Britain costs.
12 You go to the post office: ask for six 70 pfennig stamps.
13 You're eating out with a friend: order goulash soup for two and say
   you'd like the **Grünkohlpfanne**.
14 You're hoping to visit Austria: say you'd like to go to Innsbruck.
15 You've arrived: ask what you can do in Innsbruck.

Chapter 4
16 You're touring: at a hotel ask if they've got a double room with bath
17 for two nights.
18 They have: say you'll take the room.
19 You're in a café: say you'd like a piece of raspberry flan with cream.

20 You're swapping information about the family: ask your new acquaintance how old his children are

21 and tell him your son has started school.

Chapter 5

22 At the market the apples look great: ask for a kilo

23 and say that's all.

24 You've invited some tourists to your caravan: ask if they like tea

25 or if they prefer coffee.

B **Verstehen Sie das?** Now some expressions you may need to understand. Choose the right answer.

Chapter 1

1 At the end of a visit your host says: **Besuchen Sie uns mal wieder.** Is he:

   a saying goodbye rather formally?

   b asking you to come again sometime?

   c telling you he'll call on you soon?

2 When you ask the way to the tourist office you're told: **Geradeaus, die zweite Straße links, dann die erste Straße rechts. Dann ist der Verkehrsverein auf der linken Seite.** Do you go:

   a straight ahead, second right, first left and find the tourist office on the left?

   b straight ahead, second left, first right, and find the tourist office on the right?

   c straight ahead, second left, first right and find the tourist office on the left?

Chapter 2

3 You buy four 80 pfennig stamps. You pay and the post office clerk says: **Und achtzig Pfennig zurück.** Is he:

   a asking you for more money?

   b telling you the price of the stamps?

   c giving you change?

4 You ask in a bookshop if they sell town maps. The assistant says: **Wir sind ausverkauft.** Is she telling you:

   a they sell them?

   b they've sold out?

   c they don't sell them?

Chapter 3

5 In a restaurant the waiter says: **Hat's den Herrschaften denn geschmeckt?** Is he asking:

   a if you've enjoyed your meal?

   b if you've ordered?

   c if you've had enough?

6 In a conversation about Bremen you're told: **Die Leute in Bremen sind nett und eigentlich etwas britisch.** Are you talking about:

   a the town?   b the weather?   c the people?

7 When you book a hotel room the receptionist says: **Das wäre dann Zimmer sechsundachtzig.** Is she telling you:

a the room costs 86 marks?

b you're in room 86?

c the hotel has 86 rooms?

8 In a café the waitress asks: **Nehmen Sie ein Glas Tee oder ein Kännchen?** Is she asking:

a whether you'd like a glass of tea or a pot?

b whether you'd like tea or coffee?

c whether you'd like a glass or cup of tea?

Chapter 5

9 A shop assistant asks: **Möchten Sie sonst noch etwas?** Is she asking:

a what you'd like?

b if you'd like anything else?

c if it can be a little more?

10 A friend tells you: **Ich trinke Rotwein lieber als Weißwein, aber am liebsten trinke ich Bier.** What does he like least?

a red wine?

b white wine?

c beer?

C **Was fehlt hier?** What's the most likely missing word?

1 Ich komme .... England.

2 Haben Sie .... großen Garten?

3 Wo .... es hier in der Nähe ein Parkhaus?

4 Wie heißt du? Und wie heißt .... Schwester?

5 In Bremen .... man eine Hafenrundfahrt machen.

6 Ich .... bitte ein Stück Schwarzwälder Kirschtorte.

7 Meine Kinder .... acht und zehn Jahre alt.

8 Die Kinder .... schon zur Schule.

9 Was kosten die Brötchen, bitte? Und was .... der Zucker?

10 Ich trinke .... Tee als Kaffee.

D **Was paßt nicht?** Which is the odd man out? Check your vocabulary.

1 Which of these wouldn't you be introduced to?
der Herr, der Mantel, die Frau, das Mädchen

2 Which of these wouldn't you do on holiday?
frühstücken, spazierengehen, einkaufen, arbeiten

3 Which of these wouldn't you eat in a restaurant?
der Nachtisch, die Grünkohlpfanne, die Speisekarte, das Eis

4 Which of these wouldn't you live in?
das Hotel, das Gasthaus, das Parkhaus, die Wohnung

5 Which of these wouldn't you buy in the market?
die Geschwister, das Gemüse, das Obst, die Blumen

6 With which of these wouldn't you describe the weather?
sauer, herrlich, trocken, wunderbar

7 Which of these wouldn't you drink?
ein Kännchen Kaffee, ein Viertel Rotwein, ein Liter Benzin, ein Glas Tee?

8 Which of these doesn't grow on a tree?
der Pfirsich, die Zitrone, die Birne, die Erdbeere
9 Which of these isn't in the German flag?
gold, schwarz, weiß, rot
10 Which of these wouldn't you work in?
die Firma, das Postamt, die Apotheke, der Tankwart

Answers on p. 321.

Was frühstücken Sie?

Sie und Ihre Familie fahren auf der Autobahn A1 nach Bremen. Zum Frühstück halten Sie am Rasthaus 'Dammer Berge'. Was bestellen Sie? Und was macht das zusammen?

Autobahn-Brücken-Rasthaus
Dammer Berge

Frühstücks- und Nachtkarte (von 22.00 bis 11.00 Uhr)

001	*Kleines Frühstück* 1 Kännchen Kaffee, Tee oder Schokolade, Butter, Konfitüre und 2 Brötchen	8,80 DM
012	*Großes Frühstück* 1 Kännchen Kaffee, Tee oder Schokolade, 2 Scheiben Wurst und 2 Scheiben Käse, Butter, Konfitüre und 2 Brötchen	10,80 DM
013	gekochtes Ei	1,00 DM
014	Portion Butter	1,00 DM
015	Portion Mayonnaise oder Ketchup	0,50 DM
002	Brötchen belegt mit Wurst oder Käse	3,00 DM
026	Brötchen belegt mit Schweinemett oder Schinken	4,00 DM
133	2 Rühreier mit Schinken, Brot und Butter	7,80 DM
134	2 Spiegeleier mit Schinken, Brot und Butter	7,80 DM

Wo möchten Sie übernachten?

Sie möchten in Bremen ein Hotelzimmer für eine Nacht. Das Hotel darf nicht zu teuer sein und muß in der Nähe vom Bahnhof liegen. Und außerdem essen Sie am Abend bei Freunden. In welchem Hotel hätten Sie gern ein Zimmer? Buchen Sie das Zimmer an der Hotelrezeption.

Hotels in Bremen

Name Anschrift/Adress	☎ Telex	Betten/beds	Zimmer/rooms	Bad/Dusche/WC bath/douche/WC	Richtpreise DM inkl. Frühst., Bed., MwSt. / Rates in DM incl. Breakfast, serv., tax. E.-Zi. Single	D.-Zi. Double	Ausstattung Facilities
City							
Hotel zur Post Bahnhofsplatz 11 Alle Zimmer mit Color-TV, Preise incl. Frühstücksbüfett	18031 244971	285	195	185	110—130	130—165	🍽️ L 🅿 📺 ♿ 🏊 🧖 A
Überseehotel Am Markt/Wachtstraße 27—29 Preise incl. Frühstücksbüfett	320197 246501	222	142	142	65— 90	95—120	🍽️ L 🅿 📺 ♿ KABEL-TV 🧖 A
Park Hotel Bremen im Bürgerpark	34080 244343	220	150	150	150—215	230—250	🍽️ L 🅿 📺 ♿ A
Hotel Columbus Bahnhofsplatz 5—7	14161 244688	160	140	125	70—140	138—198	🍽️ L 🅿 📺 ♿ A
Hotel Bremer Hospiz Löningstraße 16—20	321668 244353	110	76	76	80— 90	115—140	🍽️ L 🅿 📺 ♿ A
Hotel Residence mit Sauna und Solarium Hohenlohestraße 42, Preise incl. Frühstücksbüfett	341020 341029	60	34	22	40— 65	80—105	L 🅿 📺 🧖 A
Centauren Hotel A. d. Schleifmühle 84	323324	19	13	7	30— 50	45— 80	🅿 📺 🧖 A
Hotel Ibis Rembertiring 51	36970	230	162	162	86— 96	111—121	🍽️ L 🅿 📺 ♿ KABEL-TV A
Hotel Lichtsinn Rembertistraße 11	323235	45	28	24	50— 80	75— 95	📺
Hotel Bölts Slevogtstraße 23	341348	24	14	9	35— 50	70— 80	🅿
Hotel Heinisch Wachmannstraße 26	342925	20	13	2	29— 36	53— 62	
Hotel Rheinischer Hof Löningstraße 30	324746	16	10	10	48— 57	75— 84	🍽️
Hotel Buthmann Löningstraße 29	326397	15	9	4	37— 45	65— 83	
Pension Haus Hohenlohe Hohenlohestraße 5	342364	30	16		35— 40	55— 60	🍽️

🍽️ Restaurant — L Lift — 🅿 Garage — 🗣️ Konferenzraum / Conference room — ♿ Behinderte / Disables — 🏊 Swimm / Pool — 🧖 Sauna/ Solarium — KABEL TV Kabel-Fernsehen / cable-TV — A siehe BU-Anzeige / look at BU notice

No key to these. It's up to you!

CAN YOU COPE?

2 Based on Chapters 6–10

A **Wie sagt man das?** Here are some more situations you might find yourself in. How well can you cope?

Chapter 6
1 You want to visit Worpswede just outside Bremen: ask the way.
2 You have a rendez-vous in the **Konditorei Stecker**: find out how to get there
3 and if it's far.
4 German friends would like you to go on holiday with them: ask how much holiday they have a year
5 and where they go on holiday.

Chapter 7
6 You've found a useful little corner shop: ask what time they open and close.
7 You're going to Hamburg by train: buy two second class returns
8 and ask which platform the train leaves from.
9 You arrange to meet your host from work: ask what time he finishes.
10 Someone asks you the time: tell them it's half past four.

Chapter 8
11 You're asked how often you have a German class: say once a week.
12 You're actually mistaken for a German! Say you're from England.
13 You're discussing job prospects with a 20-year-old: ask what he'd like to be
14 and if it's difficult to get a job.
15 Ask if he thinks he'll find something in the neighbourhood.

Chapter 9
16 A passenger lights up in a non-smoking compartment: tell him he isn't allowed to smoke here.
17 In town you're not sure about parking restrictions: check if you're allowed to park here.
18 The day's sight-seeing has worn you out: say you must go to bed now.
19 You've been smitten by a persistent bug: tell the doctor's receptionist you'd like an appointment
20 and ask if you can come this morning.

Chapter 10
21 You're running out of German money: find out if the white wine's cheaper than the red.
22 You've just arrived: ask when the guided tours of the town take place
23 and how long a tour lasts.
24 You've been introduced to Frau Schulz: ask her what her job is.
25 She's a shop assistant: find out what she sells.

B Verstehen Sie das? Choose the right answer.

Chapter 6

1 When you ask how to get to the station you're told: **Sie nehmen die Linie eins in Richtung Stadtmitte und steigen am Bahnhof aus.** Do you:

    a   take the bus as far as the town centre then change for the station?

    b   take the bus to the town centre and get out there for the station?

    c   take the bus for the town centre and get out at the station?

2 You ask the way and are given these directions: **Da gehen Sie am besten geradeaus weiter und hinter dem bunten Gebäude – das ist das Rathaus – gleich rechts.** Do you turn right:

    a   at the town hall?

    b   just before you get to the town hall?

    c   just after the town hall?

Chapter 7

3 At the station you ask for a ticket to Würzburg. The clerk says: **So, einmal Würzburg hin und zurück, hundertvierundsiebzig Mark.** Is he:

    a   asking you for 147 Marks?

    b   telling you the price of a return to Würzburg?

    c   charging you 174 marks for a single to Würzburg?

4 A German friend writes: **Mein Zug kommt um halb zehn an.** Do you meet him at:

    a   9.30 am?

    b   10.30 am?

    c   10.30 pm?

Chapter 8

5 You're talking to a counsellor at a job centre. He tells you: **Wir haben Probleme, besonders mit den Lehrern, die sehr schwer eine Anstellung finden.** Is he saying:

    a   it's difficult for teachers to find a job?

    b   there are problems finding enough teachers to fill jobs?

    c   there are problems with teachers having difficulties in their jobs?

6 You ask if it's particularly difficult to find a job in his town. He answers: **Ich glaube schon. Man muß viel mehr suchen als in anderen Städten.** Is finding a job in his town:

    a   easier than in other towns?

    b   about the same as in other towns?

    c   more difficult than in other towns?

Chapter 9

7 The doctor's receptionist tells you: **Doktor Heilmann hat montags bis freitags von zehn bis zwölf Sprechstunde, und montags, mittwochs und donnerstags von sechzehn bis achtzehn Uhr.** Which of the following is right?

    a   the doctor has morning and afternoon surgeries on Tuesdays?

    b   he has only a morning surgery on Thursdays?

    c   on Tuesday and Friday afternoons he has no surgery?

8 You ask if you can have an appointment tomorrow at 10.30 and the receptionist says: **Einen Moment, bitte. Ich muß mal nachschauen.** Is she telling you:

   a she'll just write it down?

   b she'll just have a look?

   c she'll have to give you a later appointment?

Chapter 10

9 At a wine-tasting in Würzburg you're told: **Der Staatliche Hofkeller ist das älteste Weingut in Franken, vielleicht sogar in ganz Deutschland.** Is der Staatliche Hofkeller:

   a the oldest estate in Franconia and possibly in the whole of Germany?

   b the oldest estate not only in Franconia, but also in the whole of Germany?

   c possibly the oldest estate in Franconia and maybe even the oldest in the whole of Germany?

10 In Regensburg you ask Herr Unger how many wines people can try at his wine-tastings. He answers: **Es kommt ganz darauf an, wie standhaft die Kunden sind. Dreißig oder vierzig Sorten sind schon möglich.** Is he saying:

   a customers will try thirty or forty wines if possible?

   b it depends on whether they're regular customers?

   c it's possible for customers to try as many as thirty or forty different wines?

C **Was fehlt hier?** What are the most likely missing words?

1 Entschuldigen Sie bitte, wie kommen wir .... Sögestraße?

2 .... Sie mit dem Auto, oder .... Sie zu Fuß?

3 Einmal zweiter Klasse nach Bonn. .... oder hin und zurück?

4 Ich .... morgens um sieben Uhr mit der Arbeit ....

5 Am Wochenende schlafe ich gern lange. Ich .... erst um zehn oder halb elf ....

6 Die Touristen kommen .... der ganzen Welt.

7 Richard hat zweimal .... Jahr Semesterferien, einmal .... Sommer und einmal .... Frühjahr.

8 Glaubst du, ... du eine Stelle findest?

9 Ist es leicht, in Regensburg eine Arbeitsstelle .... finden?

10 Ich mache seit einem Monat Diät. Ich .... nichts Süßes .... und .... jeden Tag einen langen Spaziergang ....

D **Was paßt nicht?** Some more questions to test your vocabulary.

1 Which of these wouldn't you see in the town centre?

   das Gebäude, der Bauernhof, die Haltestelle, die Kreuzung

2 Which of these has nothing to do with your health?

   das Gewicht, der Spaziergang, die Sprechstunde, die Rückfahrt *return ticket*

3 Which of these wouldn't you read?

   der Rasen, der Brief, die Zeitschrift, das Etikett

   lawn

4   Which of these don't you have two of?
    der Fuß, das Auge, die Nase, die Eltern
5   With which of these wouldn't you reply to a request from your boss?
    selbstverständlich, sofort, später, das geht
6   With which of these wouldn't you describe someone?
    hübsch, billig, lustig, schön
7   Which of these wouldn't interest a tourist?
    **der Ausflug, die Stadtführung, die Arbeitsstelle,
    die Donaufahrt**
8   Which of these couldn't you sit down in?
    der Zug, das Büro, die Stube, die Flasche
9   Which of these couldn't a train do?
    umsteigen, ankommen, halten, abfahren
10 Which of these couldn't you do with your money?
    verdienen, schulden, verlieren, wachsen

Answers on p. 321.

Wann finden die Führungen statt?

In Leer möchten Sie eine Führung durch die Altstadt mitmachen.
Wann finden die Führungen statt? Wo ist der Treffpunkt? Und welches
Museum kann man bei der Führung besichtigen?

Sehenswürdigkeiten in Leer!
Unter fachkundiger Leitung können Sie
in den Sommermonaten die Altstadt und
das Haus "Samson" (Stammhaus und
Privatmuseum der Spirituosenfabrik
Weinhandlung I.W.Wolff) besichtigen.
Vom 1.5.–31.10.findet bei genügender
Teilnehmerzahl jeweils von Montag bis
Freitag um 10.30 Uhr eine Führung statt.
Treffpunkt ist das Rathaus in der Alt-
stadt. (Gruppen bis max.20 Pers.)

Haus Samson
J W. Wolff

Die historischen ZEHN

Deutsche Städte voller Charme und Romantik

LÜBECK · BREMEN
MÜNSTER · BONN
TRIER · WÜRZBURG
HEIDELBERG
NÜRNBERG · FREIBURG
AUGSBURG

Entschuldigen Sie bitte, wie komme ich zur Festung?

In Würzburg möchten Sie vor allem die Festung Marienberg besuchen und im Mainfränkischen Museum die Skulpturen von Riemenschneider sehen. Ihr Hotel befindet sich in der Ebracher Gasse. Wie kommen Sie von dort zur Festung?

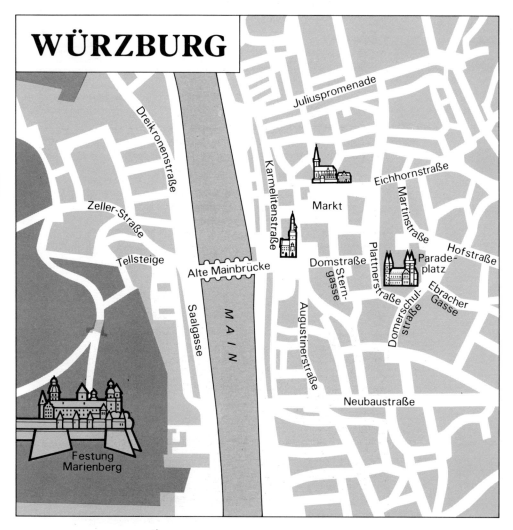

CAN YOU COPE?

3   Based on Chapters 11–15

A   **Wie sagt man das?** Here's a third chance to see how well you can cope.

Chapter 11

1   You want to give your host a present: ask if he prefers red wine or white wine

2   and which wine he likes best.

3   Your hostess likes music, you want to buy her a record: find out what her favourite opera is.

4   She wants to know yours: say you don't like opera at all

5   but you quite like operetta.

Chapter 12

6   You get into conversation with the hotel receptionist: ask her if she works all the year round in the hotel

7   and what she likes about her work.

8   She asks about your work: tell her you're the manager of a restaurant.

9   It belongs to your son.

10   She asks if you like the job: say you do – when the customers are friendly!

Chapter 13

11   You're with a group visiting your twin town in Germany. At a reception the conversation turns to hobbies: say you like reading and gardening, and you're in a tennis club.

12   The club has 150 members.

13   You're also interested in foreign languages and like travelling.

14   You've visited the Soviet Union and were three weeks in China.

15   You liked it very much.

Chapter 14

16   You're a guest at the local German-British society. Someone asks you about your home: tell them you live in a new house in the country.

17   The house has three bedrooms, living room, kitchen and bathroom

18   and you own it.

19   He tells you he lives in a flat: ask him if it's a flat in an old building

20   and if it's quiet where he lives.

Chapter 15

21   You're showing a friend photos of your village: tell him the landmark of the village is the church.

22   The church is more than 800 years old.

23   Particularly interesting are the many stone figures.

24   It's one of the prettiest churches in England.

25   Next to it is the market.

B **Verstehen Sie das?** Which is the right answer?

Chapter 11

1　The man in the wine shop tells you his preferences: **Für täglich bevorzuge ich Müller-Thurgau- und Silvanerweine, und für besondere Anlässe schätze ich den Riesling über alles.** Which wine does he drink least often?

    a　Müller-Thurgau?

    b　Silvaner?

    c　Riesling?

2　At a performance of *Die Fledermaus* you ask your companion if it's easier to sing operetta than opera. He answers: **Nicht immer, das kommt darauf an. Adele zum Beispiel ist ziemlich virtuos.** Does he think:

    a　opera is more difficult?

    b　operetta is more difficult?

    c　you can't generalise, it all depends?

Chapter 12

3　You ask in the tourist office if it's easy to find a hotel room in Regensburg. The assistant answers: **Natürlich gibt es Engpässe zu Zeiten, wo große Kongresse stattfinden, sonst ja, relativ leicht.** Is it:

    a　difficult in hotels where conferences take place?

    b　difficult when conferences are taking place?

    c　relatively easy, even when conferences are taking place?

4　The assistant at the ladies' fashion shop tells you: **Wir verkaufen modische Damenkleider, Kostüme und Anzüge; wir verkaufen Röcke und Hosen, Blusen und Strickwaren.** Which of the following couldn't you buy there?

    a　shoes?

    b　sweater?

    c　skirt?

Chapter 13

5　The family you're staying with has lots of hobbies. They tell you: **Wir laufen im Winter Ski, manchmal wandern wir, wir fahren häufig Rad, wir gehen gerne zum Schwimmen, und ab und zu spielen wir Tennis.** Which do they do most often:

    a　walking?

    b　cycling?

    c　tennis?

6　But a friend of the family tells you: **Ich lese sehr gern und sehr viel, und genauso gern geh' ich auch im Wald spazieren.** Does he like walking:

    a　as much as reading?

    b　more than reading?

    c　less than reading?

7 The town guide tells you: **Bamberg hat rund dreitausend alte Häuser. Etwa eintausend sind über dreihundert Jahre alt.** Is he saying:

    a apart from 1,000 or so, the houses in Bamberg are more than 300 years old?

    b Bamberg has 3,000 houses, 300 of which are very old?

    c about 1,000 houses in Bamberg are more than 300 years old?

8 For the first time a friend has a house with a garden. When you ask if gardening is likely to become a hobby, she answers: **Ich weiß es noch nicht. Es ist eine neue Arbeit für mich, und es kann ein Hobby für mich werden.** Is she telling you:

    a it won't become a hobby, it's just another job?

    b it's something new and might become a hobby?

    c she's sure it'll soon become a hobby?

Chapter 15

9 In Regensburg you're told: **Wenn man über die Steinerne Brücke geht, hat man einen sehr schönen Blick über die Stadt mit den Domtürmen und der Silhouette der vielen Türme und Häuser.** Are you being told:

    a if you want a good view of the town, you have to walk over the Stone Bridge?

    b the only good view of the cathedral is from the Stone Bridge?

    c you have a good view of the town from the Stone Bridge?

10 In the **historische Wurstküche** Herr Meier tells you: **Für die Würstchen, glaube ich, sind wir einer der wenigen Betriebe in Bayern, die ausschließlich nur Fleisch, Pfeffer und Salz nehmen.** Is he saying:

    a they're just one of many Bavarian businesses which use only meat, pepper and salt?

    b they're one of the few Bavarian businesses which use only meat, pepper and salt?

    c they're the only Bavarian business which uses only meat, pepper and salt?

C Was fehlt hier? What are the most likely missing words?

1 Ich lese sehr gern. Am .... liebsten lese ich Krimis.

2 Im Fernsehen sehe ich viele politische und aktuelle Sendungen, aber mein .... programm ist *Dallas*.

3 Warum arbeiten Sie so gern hier? Was gefällt .... besonders an dieser Arbeit?

4 In meiner Freizeit gehe ich gern .... Theater.

5 Mein Bruder interessiert .... sehr .... Musik.

6 Wo haben Sie im Schwarzwald ....? Haben Sie ein gutes Hotel gefunden?

7 Wir .... früher sehr oft im Wald spazierengegangen.

8 Die Stadt gefällt uns gar nicht. Wir wohnen lieber hier .... Land.

9 Ist diese Bluse .... Seide?

10 Wann .... die Steinerne Brücke gebaut?

D **Was paßt nicht?** Which is the odd man out? It's another vocabulary check.

1 Which of these isn't connected with trees?
   das Blatt, der Fluß, das Holz, der Wald
2 Which of these wouldn't you hear on the radio?
   die Sendung, die Meinung, die Stimme, der Spiegel
3 Which of these wouldn't you learn in the swimming pool?
   das Rückenkraul, das Tauchen, die Umweltkunde, der Schmetterling
4 Which of these wouldn't be in your house?
   die Diele, das Denkmal, das Erdgeschoß, das Fenster
5 Which of these couldn't be worn?
   die Hose, der Anzug, das Hemd, der Laden
6 Which of these has no connection with food or drink?
   die Rolle, die Traube, die Wurst, die Kneipe
7 Which of these don't you often hear about in the news?
   etwas Neues, etwas Wichtiges, etwas Lustiges, etwas Interessantes
8 Which of these couldn't be made of wood?
   der Wetterhahn, die Brücke, die Leiter, die Ernte
9 Which of these doesn't describe people?
   das Mitglied, das Tor, die Bevölkerung, die Gesellschaft
10 With which of these wouldn't you describe someone's voice?
   hügelig, laut, hell, leicht

Answers on pp. 321–2.

Wann fahren die Schiffe ab?

Ende Juli kommen Sie abends in Regensburg an. Am nächsten Tag wollen Sie als allererstes eine Donaufahrt zur Walhalla machen. Wann fährt das erste Schiff ab? Und wo? Wie lange dauert die Fahrt? Wieviel Zeit hat man für den Besuch in der Walhalla?

Tourist-Information

Schiffahrtsmöglichkeiten	

Fahrplanmäßige Fahrten von Regensburg zur Walhalla/Donaustauf

Ostern bis 31. Oktober, täglich

Abfahrt Regensburg	14.00 Uhr
Ankunft Walhalla	14.30 Uhr
Abfahrt Walhalla	16.00 Uhr
Ankunft Regensburg	17.00 Uhr

14. Juli bis 15. September, zusätzlich täglich

Abfahrt Regensburg	11.00 Uhr
Ankunft Walhalla	11.30 Uhr
Abfahrt Walhalla	12.30 Uhr
Ankunft Regensburg	13.30 Uhr

Abfahrtsstelle: Unterer Wöhrd/Werftstraße
(unterhalb Eiserner Brücke)

Was kann man in Rothenburg machen? Eine ganze Menge! Man kann zum Beispiel das Rathaus besichtigen, man kann ins Mittelalterliche Kriminalmuseum gehen, man kann Golf spielen . . . Und was noch?

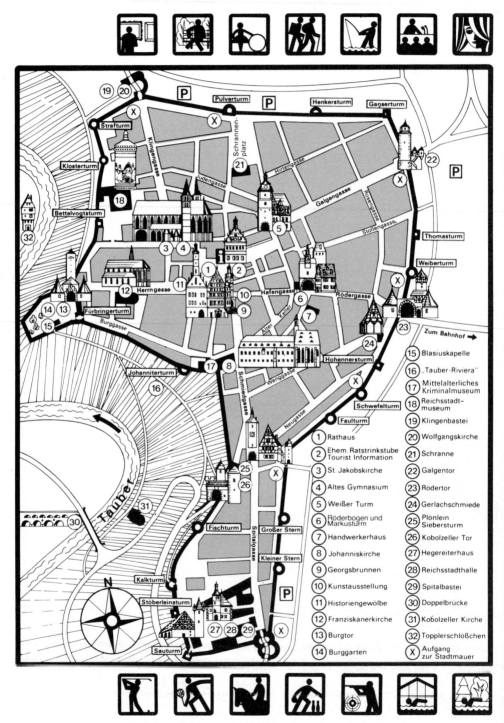

1 Rathaus
2 Ehem. Ratstrinkstube Tourist Information
3 St. Jakobskirche
4 Altes Gymnasium
5 Weißer Turm
6 Röderbogen und Markusturm
7 Handwerkerhaus
8 Johanniskirche
9 Georgsbrunnen
10 Kunstausstellung
11 Historiengewölbe
12 Franziskanerkirche
13 Burgtor
14 Burggarten
15 Blasiuskapelle
16 „Tauber-Riviera"
17 Mittelalterliches Kriminalmuseum
18 Reichsstadt-museum
19 Klingenbastei
20 Wolfgangskirche
21 Schranne
22 Galgentor
23 Rödertor
24 Gerlachschmiede
25 Plönlein Sieberturm
26 Kobolzeller Tor
27 Hegereiterhaus
28 Reichsstadthalle
29 Spitalbastei
30 Doppelbrücke
31 Kobolzeller Kirche
32 Topplerschlößchen
X Aufgang zur Stadtmauer

Reference Section

The relation between spoken and written forms of Standard German, **die Hochsprache**, is simpler and more systematic than in English. It's usually possible to pronounce a word you haven't seen before, though a compound word has to be divided into its separate parts. Writing down a newly-heard word is more difficult, as there are often alternative ways of writing the same sound.

It's best to copy as closely as you can the pronunciation on the cassettes accompanying this book. The following hints may help to avoid unintelligible mispronunciation.

Vowels

German has three diphthongs:

ei or ai	pronounced as in English *eye*	**Wein, Mai**
au	'*ow*' as in *how*	**Trauben**
eu or äu	'*oy*' as in *boy*	**heute, Fräulein**

Otherwise vowels may be short:

i	as in *hit*	**bitte**
e or ä	as in *bet*	**Bett, Äpfel**
a	as in Southern English *but* or Northern English *bat*	**hat**
o	as in *hot*	**Gott**
u	as in *put*	**Schmuck**

Or they may be long, when they sound more like the pure vowels of Scottish English than the diphthongised sound of southern English:

i, ie, ih	as in Scottish *see*	**wir, sie, ihn**
e, ee, eh	as in Scottish *gate*	**her, See, geht**
ä, äh	as in *air*	**später, fährt**
a, aa, ah	as in *half*	**da, war, Haar, Bahn**
o, oo, oh	as in Scottish *hope*	**so, doof, wohl**
u, uh	as in English *pool*	**zu, gut, Uhr**

The vowels **ü** (**y**) and **ö** are quite unlike any English vowels.

ü (or y)	is pronounced like the German i, but with the lips strongly rounded and pushed forward. It's pronounced short in **müssen**, long in **süß**.
ö	is pronounced like the German e, but with the lips strongly rounded and pushed forward. It's pronounced short in **möchte**, long in **schön**.

When **e** occurs in an unstressed prefix or suffix it's weakened to an indistinct sound similar to those underlined in the following English sentence:

In *the* wood*en* box *was a* bunch *of ba*nana*s*.
Frau Soll*er* ist kein*e ge*bürtig*e* Reg*en*sburg*er*in.

Consonants

b as in English: **Bahn**; but at the end of words like *p*: **ab**

c as *k* before **a, o, u**: **Café, Computers**;
as *ts* before **i, e**: **Ceylon (Tee)**

ch after **a, o, u** as in Scottish *och aye!*: **ach, Buch, noch**;
after **i, e, r, l, n** like the *h* in *huge*: **ich, rechts, durch, Milch**

d as in English: **du**; but at the end of words like *t*: **Rad**

f as in English: **fünf**

g as in English: **gehen, Tage**; but at the end of a word it often
sounds like *k*: **Tag** (or, in north Germany, like **Tach**)
The standard pronunciation of −**ig** at the end of a word is
−**ich**: **dreißig**

h as in English: **Hand**; except when it merely shows that a vowel is
long: **wohnen**

j as in the *y* in *you*: **ja, Jahr**

k as in English: **Kaffee**

l as in English, but without the dark 'oo'-like quality *l* has at the end
of English words: **elf, hell**

m as in English: **mein**

n as in English: **nein**

p as in English: **Plan**; and it's pronounced in words beginning **ps** or
pn: **Psychologie**

qu like k + v: **Quelle**

r like the German **ch** in **ach**, but not as strong: **rot, tragen**; at the
end of words it sounds like a very short *a*: **dieser, für**

s like *z*: **sehen, Ilse**; but at the end of words, when doubled, or
before a consonant, like *s*: **als, müssen, Post**; before *p* or *t* at the
beginning of a word, like *sh*: **stehen, spielen**

sch like *sh*: **Schule**

t as in English: **tun**

v like *f*: **vier**

w like *v*: **wir**

x as in English: **Cuxhaven**

z as *ts*: **zehn, Zeit**

Spelling

German letter names have their own distinctive forms, very different
from English. Here we've spelt them out phonetically in German.

a	ah, äh	f	eff	k	kah	p	peh	u	uh ,uh	x	iks
b	beh	g	geh	l	ell	q	kuh	v	fau	y	üpsilon
c	tseh	h	ha	m	emm	r	err	w	weh	z	tsett
d	deh	i	ih	n	enn..	s	ess				
e	eh	j	jott	o	oh, oh	t	teh				

ä ah Umlaut
ö oh Umlaut   A groß(es) ah
ü uh Umlaut   a klein(es) ah

To get used to spelling, try this:

1 Listen to the alphabet on Cassette 1 and get used to the rhythm, especially at the end.
2 Spell out in German: Leicester, Wolverhampton, Ashby de la Zouche, York, Jarrow.
3 Practise spelling in German things people might ask you about yourself: your name, address, firm, names of members of your family, your car number.

For extra clarity, first names beginning with the letter concerned are often used, especially on the telephone:

Anton, Berta, Cäsar, Dora, Emil, Friedrich, Gustav, Heinrich, Ida, Julius, Kaufmann, Ludwig, Martha, Nordpol, Otto, Paula, Quelle, Richard, Siegfried, Theodor, Ulrich, Victor, Wilhelm, Xanthippe, Ypsilon, Zeppelin.

For the same reason, **zwo** is often used instead of **zwei**, to avoid confusion with **drei**.

ß   This is the equivalent of *ss*. It's used at the end of a word: **Fuß**, **Erdgeschoß**; before a consonant: **heißt**, **bißchen**; and after a long vowel: **Straße**, **groß**, or a vowel combination: **heißen**, **außer**.

NUMBERS, SEASONS, MONTHS, DAYS

Numbers
They're easier than you think! Just remember most teens end with −**zehn**; most tens end with −**zig**. These endings are usually added to the basic number.

But: in **sechzehn** and **sechzig**, **sechs** has no **s**
in **siebzehn** and **siebzig**, **sieben** has no −**en**
in **dreißig** the ending is −**ßig**

eins	elf		
zwei	zwölf	zwanzig	
drei	dreizehn	dreißig	
vier	vierzehn	vierzig	hundert
fünf	fünfzehn	fünfzig	tausend
sechs	sechzehn	sechzig	eine Million
sieben	siebzehn	siebzig	
acht	achtzehn	achtzig	
neun	neunzehn	neunzig	
zehn			

Twenty plus
In numbers between the tens, the units come first:

einundzwanzig   sechsundvierzig
zweiundzwanzig   siebenundsiebzig

It's like 'four and twenty blackbirds' or 'five and twenty past six'.

Three points to remember

At the beginning, or in the middle of a number, **ein–** has no **s**:

einhundert, einundsechzig, zweihunderteinundachtzig.

By itself or at the end of a number, **eins** has an **s**:

eins, hunderteins.

And numbers are written as one word!

**neunzehnhundertfünfundachtzig,
dreihundertachtundsiebzigtausendneunhundertvierundfünfzig.**

First, second, third, etc.

For *first* to *nineteenth* add **–te** to the end of the number: **der, die,
das zweite, vierte, zwölfte** . . . The exceptions are **der, die, das erste,
dritte, siebte, achte.**

For *twenty-first* on, add **–ste** to the end of the number:
der, die, das zwanzigste, vierundachtzigste, hundertste . . .

Seasons

der Frühling (*or* **das Frühjahr**), **der Sommer, der Herbst,
der Winter**

Months

**Januar, Februar, März, April, Mai, Juni, Juli, August, September,
Oktober, November, Dezember**

Days

**Montag, Dienstag, Mittwoch, Donnerstag, Freitag,
Samstag** (*or* **Sonnabend**), **Sonntag**
am Montag/Dienstag   *on Monday/Tuesday*
montags/dienstags   *on Mondays/Tuesdays*

GRAMMAR

> Grammar deals with the way in which words are put together to make sense. Different kinds of words make different contributions to the meaning of the whole, and so do the relationships between them.

This section contains a summary of the principal features of German grammar brought together for ready reference.

Nouns

These provide the names for people, things and concepts: **Mann, Frau, Haus, Ankunft**. In German all nouns are spelt with a capital letter.

Number A noun usually has two main forms: *singular*, when there's only one, and *plural*, for more than one. The plural noun differs from the singular, if at all, by having a different ending and perhaps a change of vowel: **Mann/Männer, Frau/Frauen, Kind/Kinder, Haus/Häuser, Zimmer/Zimmer, Auto/Autos, Zug/Züge, Klasse/Klassen**, etc. All plural forms are shown in the Glossary.

Gender Every noun has a gender: masculine, feminine or neuter. This doesn't affect the noun itself so much as the words that go with it.

Determiners

A noun is usually preceded by a 'determiner' which may be an 'article' corresponding to *the* or *a*, or a 'possessive' (*my, your, his*, etc). In the singular, the endings vary according to the gender of the noun:

masculine	*feminine*	*neuter*
der Mann	**die** Frau	**das** Kind
ein Mann	**eine** Frau	**ein** Kind

Instead of **der, die** or **das** you may use **dieser, diese, dieses** (*this*); **jener, jene, jenes** (*that*); **jeder, jede, jedes** (*each, every*); or **welcher, welche, welches** (*which*). The endings correspond to those of **der, die, das**.

Instead of **ein**, you may use one of the possessives: **mein** (*my*), **dein** (*your*), etc. (*see p. 294*), or **kein** (used instead of **nicht ein**). In the singular, these take the same endings as **ein**.

In the plural, gender makes no difference.

	singular	*plural*	
masculine	**der** Mann		Männer
feminine	**die** Frau	**die**	Frauen
neuter	**das** Kind		Kinder

All other determiners have the same plural ending, whatever the noun's gender.

masculine	**diese**r Mann	**diese**	Männer
feminine	**keine** Frau	**keine**	Frauen
neuter	**unser** Kind	**unsere**	Kinder

As in English, there's no plural of **ein**: **ein Mann**, **Männer** corresponds to *a man*, *men*.

Case

The forms given so far are those used out of context and given in the Glossary. However, the endings of determiners (and of adjectives as well, *see p. 296*) also vary according to the part played by the noun in the sentence. This variation is known as case, and German has four cases: **nominative, accusative, genitive** and **dative**. In German, the cases are often called **Wer-Fall, Wen-Fall, Wes-Fall** and **Wem-Fall**, after forms of the words for *who, whom, whose* and *to whom*.

	singular			*plural*
	masc.	*fem.*	*neut.*	*all genders*
nom.	der ein | Mann kein	die eine | Frau keine	das ein | Kind kein	die keine | Männer Frauen Kinder
acc.	den einen | Mann keinen	die eine | Frau keine	das ein | Kind kein	die keine | Männer Frauen Kinder
gen.	des eines | Mannes keines	der einer | Frau keiner	des eines | Kindes keines	der keiner | Männer Frauen Kinder
dat.	dem einem | Mann keinem	der einer | Frau keiner	dem einem | Kind keinem	den keinen | Männern Frauen Kindern

The use of cases

The nominative is used when quoting a noun out of context, for example in dictionaries. It's used for the 'subject' of verbs, that is broadly who or what does the action described by the verb:

Mein Bruder (*nom.*) **spielt Klavier und Gitarre.**
Die Kinder (*nom.*) **wandern gern und fahren häufig Rad.**

And it's used for nouns connected by the verb **sein** *to be*:

Der Straßenverkehr ist ein Problem.
Der Staatliche Hofkeller ist eine große Firma.

The accusative is used for the 'direct object' of verbs, that is the person or thing the action is done to:

Die Langers verkaufen ihren Wein (*acc.*) **zu Hause.**
Ich nehme das Zimmer (*acc.*).
Ich trinke gern mal eine Tasse (*acc.*).

In many cases the verb scarcely represents an action, but the grammatical subject and object are still in the nominative and accusative:

Es (*nom.*) **gibt hier einen Supermarkt** (*acc.*).
Jan Ole (*nom.*) **hat einen Bruder** (*acc.*).
Sie (*nom.*) **bekommen eine Mark** (*acc.*) **zurück.**

In everyday speech, the verb is often left out if the meaning is obvious without it, but you still have to use the appropriate case:

(Ich möchte) **ein Kännchen Kaffee** (*acc.*), **bitte.**

(Ich wünsche Ihnen einen) | **angenehmen Aufenthalt** (*acc.*)!
guten Tag (*acc.*).

(Ich wünsche Ihnen) **viel Vergnügen** (*acc.*)!

The accusative is also used to express periods of time:

jeden Tag	**nächstes Jahr**
jeden Sonntag	**ich bleibe eine halbe Stunde**
diesen Mittwoch	(**warten Sie**) **einen Moment, bitte**

The genitive usually corresponds to the English *of*. In the genitive singular, most masculine and neuter nouns add **–s** or **–es**:

in der Nähe des Europakanals (*m*) *near the Europa Canal*
im Zentrum des Dorfes (*n*) *in the centre of the village*
der Geist der Lampe (*f*) *the spirit of the lamp*
eines der großen Museen (*pl*) *one of the big museums*

The genitive is NOT used when talking about amounts:
eine Tasse Tee, ein Kännchen Kaffee, eine Flasche Bier, ein Pfund Äpfel, ein Liter Benzin.

The dative is used for the 'indirect object', that is the person to whom something is given, brought, shown, recommended, etc:

Darf ich Ihnen (*dat.*) **noch einen Nachtisch bringen?**
Geben Sie mir (*dat.*) **bitte Ihren Kuchenbon.**
Das kann ich Ihnen (*dat.*) **zeigen.**
Was können Sie mir (*dat.*) **empfehlen?**

Some words, like **helfen, schmecken, gefallen, gehören** have only an indirect object, so they're always used with the dative:

Darf ich Ihnen in den Mantel helfen?
Der Kaffee schmeckt mir am besten.
Südspanien gefällt mir gut.
Das Schiff gehört unserer Familie.

In the dative plural, determiners (and adjectives), and nearly all nouns end in **–n**:

Die meisten Patienten wohnen in anderen Häusern (*dat. pl.*).
Im Hochsommer gehen die Familien mit Kindern (*dat. pl.*) **auf Reisen.**

Possessives are used to show who somebody or something belongs to:

		singular	*plural*
1st person		mein	unser
2nd person	(*familiar*)	dein	euer
	(*polite*)	Ihr	Ihr
3rd person	*masculine*	sein	
	feminine	ihr	ihr
	neuter	sein	

Possessives are determiners and add the same endings as are added to
ein or **kein** (*see p. 293*), according to the number, case and gender of the
thing possessed.

1st person refers to the person(s) speaking and corresponds to the
English *my*, *our*;

2nd person refers to the person(s) spoken to and corresponds to the
English *your*;

3rd person refers to the person(s) or thing(s) spoken of:
sein *his*, *its*; **ihr** *her*, *its*, *their*.

Herr Langer arbeitet auf seinem kleinen Weingut.
**Heide hat zwei Kinder; ihr Sohn heißt Karsten, und ihre Tochter
heißt Catherin.**

Prepositions

These help to tell us where, when, how, why an action is done. With
some prepositions, the accusative is used. Those in **Deutsch direkt!** are:

bis	**Die Saison dauert bis Mitte Juli.**
durch	**Ich will durch die Stadt bummeln.**
entlang	**Da gehen Sie diese Straße entlang.**
für	**Was kann ich für Sie tun?**
gegen	**Die Grünen protestieren gegen das Waldsterben.**
ohne	**Schwarz, ohne Zucker und ohne Sahne.**
um	**Die Bremer Stadtmusikanten sind um die Ecke.**

After these prepositions, the dative is always used:

aus	**Sind Sie aus dieser Stadt?**
außer	**Was hat er außer einem Rasen im Garten?**
bei	**Man sieht die Künstler bei der Arbeit.**
gegenüber	**Eine Drogerie ist direkt gegenüber unserer Straße.**
mit	**Man kann mit den Skulpturen spielen.**
nach	**Wir richten uns nach der Arbeit.**
seit	**Ich suche seit drei Monaten eine Arbeitsstelle.**
von	**Ist das weit von der Innenstadt?**
wegen	**Bäume sterben wegen den Autoabgasen und dem sauren Regen.**
zu	**Geben Sie mir bitte sechs zu einer Mark.**

Wegen is sometimes used with the genitive:
Wir wohnen hier gerade des Waldes wegen.

Prepositions usually come before the noun concerned, but **entlang**,
wegen and **gegenüber** may come after it.

An important group of prepositions can be followed either by the
accusative or the dative according to whether they answer the question
wo? *where?* or **wohin?** *where to?*. The most usual ones are **an**, **auf**, **in**,
hinter, **neben**, **vor**, **über**, **unter**, **zwischen**.

Wo?	**Bremen ist an der Nordseeküste.**
	Der Dom ist auf dieser Seite.
	Der Garten liegt hinter der Residenz.
	Wir wohnen in einem Apartmenthaus.
	Neben dem Weyh Haus ist eine Bäckerei.

Wohin?	Dieses Jahr fahren wir an die Nordsee.
	Dann kommen Sie rechts auf den Osterdeich.
	Ich verreise gern in fremde Länder.
	Man kann sehr gut ins Theater gehen.

Contractions Some prepositions often run together with the following determiners to make a single word:

an + dem = **am**	in + dem = **im**	von + dem = **vom**
an + das = **ans**	in + das = **ins**	zu + dem = **zum**
auf + das = **aufs**	bei + dem = **beim**	zu + der = **zur**

Ich arbeite vom Frühjahr bis zum Herbst, aber im Winter nicht.

Adjectives

Adjectives are words which describe a noun, *eg* **jung, rot, gut**. The endings vary according to whether they're used together with **der, die, das**, etc, or with **ein, eine**, etc.

The following tables show the endings added to determiners, adjectives and nouns, according to their number, case and gender.

'Definite' determiners

				singular					
	masculine			feminine			neuter		
nom.	der	junge	Mann	die	junge		das	junge	Kind
acc.	den		Mann			Frau	das		Kindes
gen.	des	jungen	Mannes	der	jungen		des	jungen	Kindes
dat.	dem		Mann				dem		Kind

	plural		
nom.	die	jungen	Leute
acc.			
gen.	der		
dat.	den		Leuten

'Indefinite' determiners

				singular					
	masculine			feminine			neuter		
nom.	ein (kein)	junger	Mann	eine (keine)	junge		ein (kein)	junges	Kind
acc.	einen	jungen	Mann			Frau	eines	jungen	Kindes
gen.	eines	jungen	Mannes	einer	jungen		eines	jungen	Kindes
dat.	einem		Mann				einem		Kind

	plural		
nom.	keine	jungen	Leute
acc.			
gen.	keiner		
dat.	keinen		Leuten

No determiner

When there's no determiner, the adjective endings are as follows:

	singular					
	masculine		*feminine*		*neuter*	
nom.	guter	Wein	gute		gutes	Bier
acc.	guten		gute	Milch	gutes	
gen.	guten	Wein(e)s	guter		guten	Bier(e)s
dat.	gutem	Wein	guter		gutem	Bier

	plural	
nom.	gute	
acc.	gute	Leute/Weine
gen.	guter	
dat.	guten	Leuten/Weinen

If the adjective isn't immediately in front of the noun, it's used in its basic form, and no ending is added:

Der Wein ist gut.
Die Milch schmeckt gut.
Die Kirche ist 900 Jahre alt.

Similarly, when describing how someone does something, the same basic form is used as an adverb:

Frau Bender singt schön.

Comparatives and superlatives Some adjectives represent qualities that can be graded:

	comparative		*superlative*
lang	länger		längste
alt	älter		älteste
blau	blauer	der/die/das	blauste
groß	größer		größte
gut	besser		beste

These are adjectives and add endings in the usual way. When used as adverbs, they behave similarly, except for the superlative form **am längsten, am größten**, etc:

Die schnellste Stilart ist der Freistil; mit Freistil schwimmt man am schnellsten.

Note the irregular adverb **gern, lieber, am liebsten**:

Welchen Wein trinken Sie am liebsten?

Adjectives as nouns

Any adjective can be used as a noun. If masculine or feminine, it denotes a person or persons with a particular quality:

der Alte, die Schöne, ein Alter, eine Schöne, die Grünen.

When neuter, it has the abstract sense of *that which is . . .* : **das Alte,
das Schöne**.

Though used as a noun, it requires the same adjective endings as it would
before a noun.

Pronouns

Personal pronouns are used instead of nouns when the person or thing
referred to is obvious. They vary according to person as well as number,
case and gender.

			nom.	*acc.*	*dat.*
sing.	*1st person*		ich	mich	mir
	2nd person	(*familiar*)	du	dich	dir
		(*polite*)	Sie	Sie	Ihnen
	3rd person	(*masc.*)	er	ihn	ihm
		(*fem.*)	sie	sie	ihr
		(*neut.*)	es	es	ihm
pl.	*1st person*		wir	uns	uns
	2nd person	(*familiar*)	ihr	euch	euch
		(*polite*)	Sie	Sie	Ihnen
	3rd person		sie	sie	ihnen

It's unusual to use a personal pronoun for a thing after a preposition.
Instead, the prefix **da–** or **dar–** is placed before the preposition: **daran,
darin, damit, daneben, davor, dazu**, etc.:

**Dort ist die Buchhandlung, daneben ist ein Blumengeschäft, und
rechts davon ist der Ausgang.**

Demonstrative pronouns When speaking, Germans often use the
appropriate form of **der/die/das** instead of **er/sie/es**:

(Wo ist das Rathaus?) **Das sehen Sie dort drüben.**
(Ich hab' noch die Herrentorte.) **Dann nehme ich die.**

	singular			*plural*
	masculine	*feminine*	*neuter*	
nom.	der	die	das	die
acc.	den	die	das	die
dat.	dem	der	dem	denen

Note the different form of the dative plural.

Relative pronouns The same forms are used for the pronouns which
introduce relative clauses:

Heide hat einen Hund, der Wastl heißt.
Die Jugendlichen, denen wir helfen, finden bald eine Stelle.

Reflexive pronouns Some verbs are 'reflexive', ie the subject and object are the same person or thing:

Er hat sich erschossen *He* (subject) *shot himself* (object).

With **er, sie, es** and with **Sie**, a special pronoun **sich** is used. It corresponds to *himself, itself, yourselves*, etc.

Infinitive:	sich freuen	
ich	freue	mich
du	freust	dich
Sie	freuen	**sich**
er/sie/es/man	freut	**sich**
wir	freuen	uns
ihr	freut	euch
Sie	freuen	**sich**
sie	freuen	**sich**

man The indefinite subject pronoun **man** is often used for talking about people in general, like *one, they* or *you* in English:

Was kann man hier in Bremen machen?

Verbs

A verb is named by its 'infinitive' form, which consists of the 'stem', usually followed by –en: **machen, arbeiten, fahren**. In a sentence, a verb has different forms according to its subject and 'tense'.

Present tense The present tense is used to speak of
a   the present state of affairs: **Ich kann zur Zeit schlecht einschlafen**;
b   events now in progress: **Ich habe Kopfschmerzen**;
c   habitual actions: **Wir öffnen morgens um acht Uhr**;
d   general statements of fact: **Tee ist unser Nationalgetränk**;
e   (in everyday speech) events which are expected to happen in the near future: **Wann fährt der nächste Zug nach Hamburg?**

Most verbs form their present tense according to a regular pattern, adding certain endings to the stem:

Infinitive:	machen	arbeiten
ich	mache	arbeite
du	machst	arbeitest
Sie	machen	arbeiten
er/sie/es/man	macht	arbeitet
wir	machen	arbeiten
ihr	macht	arbeitet
Sie	machen	arbeiten
sie	machen	arbeiten

In the singular, some verbs change the vowel in the 2nd person (familiar) and 3rd person:

Infinitive:	fahren	geben	sehen
ich	fahre	gebe	sehe
du	fährst	gibst	siehst
Sie	fahren	geben	sehen
er/sie/es/man	fährt	gibt	sieht
wir	fahren	geben	sehen
ihr	fahrt	gebt	seht
Sie	fahren	geben	sehen
sie	fahren	geben	sehen

Sein, haben As in most languages, the verbs *to be* and *to have* don't follow the standard patterns:

Infinitive:	sein	haben
ich	bin	habe
du	bist	hast
Sie	sind	haben
er/sie/es/man	ist	hat
wir	sind	haben
ihr	seid	habt
Sie	sind	haben
sie	sind	haben

The simple past When talking about the past, the most usual forms of **sein** and **haben** are:

Infinitive:	sein	haben
ich	war	hatte
du	warst	hattest
Sie	waren	hatten
er/sie/es/man	war	hatte
wir	waren	hatten
ihr	wart	hattet
Sie	waren	hatten
sie	waren	hatten

Other verbs, too, form a simple past tense. They either add −t to the stem ('weak' verbs), or change the vowel ('strong' verbs) and then add personal endings:

Infinitive:	weak verb **machen**	strong verb **sehen**
ich	machte	sah
du	machtest	sahst
Sie	machten	sahen
er/sie/es/man	machte	sah
wir	machten	sahen
ihr	machtet	saht
Sie	machten	sahen
sie	machten	sahen

The perfect tense In spoken German, it's usual with most verbs to talk about the past using the 'perfect' tense. This is usually formed with the present tense of **haben** and a form of the verb called the 'past participle'.

Most past participles are formed by putting **ge–** in front of the verb stem and adding either **–t** (weak verbs) or **–en** (strong verbs). In the past participles of strong verbs, the vowel of the verb stem is usually changed:

(wohnen) **Ich habe vorher in einem Hochhaus gewohnt.**
(sprechen) **Meine Frau hat die ganze Zeit Französisch gesprochen.**
(sehen) **Ich habe eine halbe Folge von *Dallas* gesehen.**

Verbs which begin with **be–**, **emp–**, **ent–**, **er–**, **ge–**, **miß–**, **ver–**, **wider–**, **zer–**, don't have **ge–** added to the past participle. Nor do verbs ending in **–ieren**:

Hat es Ihnen dort gefallen?
Der Kaiser hat Brückenzoll verlangt.
Wir haben auf dem Marktplatz protestiert.

Some perfects are formed with **sein**. These are specially marked in the Glossary. They include **sein** itself, **werden**, **bleiben** and most verbs indicating movement:

Die Steinhäusers sind oft im Wald spazierengegangen.
Die historische Wurstküche ist immer an derselben Stelle gewesen.

The great majority of verbs are weak, but many common verbs are strong. All verbs in **Deutsch direkt!** are listed in the Glossary in the infinitive form. To strong verbs we've added any 2nd and 3rd person vowel change in the present tense (indicated in brackets); the vowel of the simple past; the vowel of the past participle; the verb **sein** (in brackets) where this is used to form the perfect tense:

beginnen, a, o = beginnt, begann, hat begonnen
bleiben, ie, ie (sein) = bleibt, blieb, ist geblieben
fahren (ä), u, a (sein) = fährt, fuhr, ist gefahren
helfen (i), a, o = hilft, half, hat geholfen
lesen (ie), a, e = liest, las, hat gelesen
schlafen (ä), ie, a = schläft, schlief, hat geschlafen
singen, a, u, = singt, sang, hat gesungen
verlieren, o, o = verliert, verlor, hat verloren

301

Verbs with very irregular forms have these listed in full:

essen (ißt), aß, gegessen	=	ißt, aß, hat gegessen
gehen, ging, gegangen (sein)	=	geht, ging, ist gegangen
sitzen, saß, gesessen	=	sitzt, saß, hat gesessen
tun, tat, getan	=	tut, tat, hat getan

A few verbs, though weak, are irregular:

bringen, brachte, gebracht
wissen (weiß), wußte, gewußt
denken, dachte, gedacht

Modal verbs are used to say what you *can, must, may, ought* or *want* to do. They play an important part in expressing attitudes and intentions, and have characteristic forms:

Infinitive:	**dürfen**	**können**	**mögen**	**müssen**	**sollen**	**wollen**
ich	darf	kann	mag	muß	soll	will
du	darfst	kannst	magst	mußt	sollst	willst
Sie	dürfen	können	mögen	müssen	sollen	wollen
er/sie/es/man	darf	kann	mag	muß	soll	will
wir	dürfen	können	mögen	müssen	sollen	wollen
ihr	dürft	könnt	mögt	müßt	sollt	wollt
Sie	dürfen	können	mögen	müssen	sollen	wollen
sie	dürfen	können	mögen	müssen	sollen	wollen

Some of these verbs commonly occur in the 'conditional' form:

ich könnte	*I could*
ich möchte	*I'd like*
ich sollte	*I ought to*

Hier oben könnte ich stundenlang sitzen und zugucken.

And in the simple past:

ich durfte	*I was allowed to*
ich konnte	*I was able to*
ich mußte	*I had to*
ich wollte	*I wanted to*

Man mußte Zoll zahlen, wenn man in die Stadt wollte.

To express what it is that you can, want or ought to do, the infinitive of another verb is normally used:

Man kann ins Konzert gehen.

But an infinitive expressing motion can be implied.

Sie möchten sicher nicht wieder zurück in die Stadt (gehen).

Werden is a useful verb, with a number of important functions. Its principal forms are:

	present	*past*	*conditional*
ich	werde	wurde	würde
du	wirst	wurdest	würdest
Sie	werden	wurden	würden
es/sie/es/man	wird	wurde	würde
wir	werden	wurden	würden
ihr	werdet	wurdet	würdet
Sie	werden	wurden	würden
sie	werden	wurden	würden

On its own, **werden** means *to become*: **Wann wirst du zehn?**

The future The present tense of **werden** is used with the infinitive of another verb to speak of future actions:

Glaubst du, daß du etwas finden wirst?

The passive When werden is used with a past participle, the 'passive' is formed to speak of something being done:

Überall in Regensburg werden die mittelalterlichen Gebäude restauriert.
Die Steinerne Brücke wurde im Mittelalter gebaut.

The conditional When **würde** is used with an infinitive, the sense is conditional, corresponding to *would*:

In erster Linie würde ich sagen, Salzburg ist wirklich *die* schöne Stadt.
Würden Sie mit einem größeren Geschäft tauschen?

Word order

The position of the verb depends on the kind of sentence in which it's used. Statements have the verb in second place; usually, the subject comes first:

Die Musik ist ganz wunderbar.
Unsere Saison beginnt im Monat April.

For special emphasis some other element may come first – anything from an adverb to a whole phrase or clause. The verb stays in second place, followed immediately by its subject:

Dann nehme ich ein Weißbrot.
Seit 37 Jahren bin ich in diesem Beruf.
Rechts von dem Ausgang befindet sich die Bahnhofsauskunft.
Wenn man über die Steinerne Brücke geht, hat man einen sehr schönen Blick über die Stadt.

When using the perfect tense, the appropriate form of **haben** or **sein** comes in second place and the past participle comes at the end:

Die Stadt hat uns gefallen.

Similarly in the passive, the appropriate part of **werden** comes second and the past participle at the end:

Der Regensburger Dom wird seit dem 19. Jahrhundert renoviert.

When a modal verb or **werden** is used with the infinitive of another verb, it comes in second place with the infinitive at the end:

Hier dürfen Sie nicht parken.

Separable verbs The richness of German vocabulary is partly the result of combining prepositions or adverbs with a limited number of simple verbs. In the infinitive the two are spoken together, with the main stress on the preposition, and written as a single word: **fahren – abfahren, einfahren, ausfahren, hineinfahren, hinunterfahren.**

In simple sentences and main clauses, the preposition comes at the end:

Der Zug fährt um neun Uhr ab.
Ich stehe morgens um halb acht auf.

The past participle of a separable verb consists of the preposition or adverb followed by the past participle of the simple verb. This is written as one word:

Ich bin letzten Sonntag zurückgekommen.

Compound sentences In compound sentences, a number of simple sentences are linked using one of the conjunctions **aber, denn, oder, sondern, und:**

Es ist eine neue Arbeit für mich, und es kann ein Hobby für mich werden.
Die Brote sind für die Kirche, denn nächster Sonntag ist ein besonderer Sonntag.

Complex sentences have a number of clauses. The main clause expresses the principal idea and has the verb in second place. The others, subordinate clauses, tell us when, where, how or why something happens.

Subordinate clauses are linked to the main clause by conjunctions such as **als, bis, daß, seit, weil, was, wenn, wo,** or by relative pronouns (*see p. 298*). Instead of being in second place, the verb comes at the end:

Das ist im Hochsommer, wenn die Familien mit Kindern auf Reisen gehen.
Könntest du erzählen, was du am Sonntag in der Kirche machst?
Salzburg ist eine Stadt, die das ganze Jahr über Saison hat.

> In all languages it's possible to show relationships between ideas by using complex sentences. It's never *necessary* to do so and we don't recommend beginners to worry unduly about mastering the complexities. Nevertheless, native German speakers use them in conversation all the time, so it's well worth learning to recognise and understand them.

'Auxiliary' verbs, such as **sein**, **haben**, **werden** and the modal verbs also come at the end, immediately following the infinitive or past participle they're used with:

Die Speisereste, die im Haus gefunden wurden, werden jetzt analysiert.
Die Autobahn wird gebaut, weil Bamberg mehr Industrie ansiedeln will.

Although throughout we've said that infinitives, past participles and verbs in subordinate clauses 'come at the end', in spoken language, afterthoughts are often added:

Wir haben in einem gutbürgerlichen Hotel gewohnt, in der Nähe von Freudenstadt.
Ich möchte lieber eher aufstehen morgens.
Es muß gereinigt werden nach der Arbeit.

Questions In questions which can be answered by yes or no, the verb comes first, followed by its subject. A rising inflection of the voice is used:

Arbeiten Sie im Fremdenverkehrsamt?
Sind Sie aus dieser Stadt?

It's also possible to use the statement form, with a rising inflection of the voice, perhaps adding **ja?**, or **oder?**, or **nicht?**:

Das ist ein guter Wein?
Es darf ein deutscher sein, oder?
Ich glaube, es ist sehr interessant, ja?

If the question begins with a special 'question' word or phrase, this is followed by the verb and then its subject:

Wo sind die Toiletten?
Woher kommen Sie?
Wie schreibt man das?
Welche möchten Sie denn?

The 'imperative' is used to ask someone to do something. To one or more people you address with **Sie**, the yes–no question form is used, but with a downward inflection:

Entschuldigen Sie, bitte!
Geben Sie mir bitte Ihren Kuchenbon.

To someone you call **du**, the verb stem is used (sometimes with an –e ending) and placed at the beginning of the sentence, with no subject:

Komm, dann gehen wir jetzt nach oben.
Sag Mama eben gute Nacht!

Don't forget to say **bitte**! Imperatives don't sound so peremptory in German as they do in English, but **würden Sie bitte** or **könnten Sie bitte** are even more polite:

Herr Dr Eichelsbacher, könnten Sie mir bitte sagen, wie alt der Staatliche Hofkeller ist?

> These answers are to help you remember the German you know –
> not to show you where you went wrong! We've given what we
> think are the most likely answers, with some alternatives in
> brackets, based on what people say in this book. There may be
> other ways of saying the same thing.

Chapter 1

Quizzes

Page 10 1 Guten Morgen, Frau Michaelis; Guten Tag, Frau Michaelis; Guten Abend, Frau Michaelis. 2 Hallo, Sebastian. 3 Bitte; gerne; danke; auf Wiedersehen.

Page 13 1 Entschuldigen Sie bitte (*or* Entschuldigung), wo ist Bremen? Entschuldigen Sie bitte (*or* Entschuldigung), wo ist das Hotel Columbus? Entschuldigen Sie bitte (*or* Entschuldigung), wo sind die Toiletten? 2 Da drüben; dort drüben. 3 No, it's on this side. The first. Behind it.

Und noch was

die Kirche, die Frau, der Dom, der Sohn, der Tag, der Verkehrsverein, die Nacht, das Fräulein, die Straße, die Bank, der Mann; der Hauptmann, die Hausfrau, der Hauptbahnhof, der Donnerstag, der Sportverein, die Hauptstraße, die Dorfkirche, die Landesbank.

Probieren Sie mal!

1 Guten Tag, Frau Debus. Guten Tag, Frau Fandrey. Darf ich? Bitte (schön). Bitte (schön), Frau Fandrey. Auf Wiedersehen, Frau Debus. Auf Wiedersehen, Frau Fandrey.

2 Das ist ein Stadtplan. Das ist eine Bank. Das ist ein Haus. Das ist ein Hotel. Das ist ein Mantel. Das ist eine Kirche.

3 *a* die Post?; *b* wo ist der Bahnhof?; *c* wo ist das Rathaus?; *d* wo ist das Hotel Parzival?; *e* wo ist die Nibelungenstraße?; *f* wo ist der Dom?; *g* wo ist der Stadtpark?; *h* wo ist der Verkehrsverein? (*das Stadttheater*)

4 *a* die Peterskirche; *b* die Bahnhofstraße; *c* das Hotel Metropol; *d* die Toiletten; *e* der Friseur; *f* das Rathaus.

5 Guten Morgen; Ihr Name, bitte; kommen; sind Sie; schön.

Guten Abend. Mein Name ist Franziska Lindberg. Ich komme aus Bremen. Ich bin dreißig Jahre alt. Bitte.

Sie	*Martin Seifert*
Guten Tag.	Guten Tag.
Wie ist Ihr Name, bitte?	Mein Name ist Martin Seifert.
Woher kommen Sie?	Ich komme aus Hamburg.
Wie alt sind Sie?	Ich bin achtunddreißig Jahre alt.
Danke schön.	Bitte.

Magazin

Getting the message tea, coffee; milk, butter; beer, wine; banana, apple; finger, hand; dog, cat; garden, weather; socialism, programme. **Wo ist Susanne?** Just in front of the cathedral (der Dom) opposite the parliament building (das Parlament). **Rätsel** das; ist; Debus; Abend; die; sein; Sie; bitte; danke; in; den; uns; eine; sind; da; Stadt; dann; Seite; kann; dem; und; der; dieser; erste; denn. **An der Nordseeküste** 7 am; no, the weather is rather changeable; from Duhnen to the island of Neuwerk; two wagons and six horses; 12; from March to October.

Chapter 2   **Quizzes**

Page 25   1 (Einmal) volltanken bitte, Super. Was macht das, bitte?   2 Haben Sie Postkarten? Haben Sie Briefmarken? Haben Sie einen Stadtplan von Bremen? Haben Sie Kleingeld?   3 2 Marks.

Page 27   1 Der Domplatz; das Postamt; die Postkarte; die Tankstelle; der Bahnhofsplatz (notice the **s** added to Bahnhof); die Bahnhofstraße; die Kunstgalerie; der Blumenmarkt; der Marktplatz; das Rathaus; der Gemüsemarkt; die Briefmarke; der Stadtplan; der Skulpturgarten.
2 Gibt es hier in der Nähe eine Bank? Gibt es hier in der Nähe ein Hotel? Gibt es hier in der Nähe eine Kunstgalerie? Gibt es hier in der Nähe eine Apotheke? Gibt es hier in der Nähe eine Drogerie? Gibt es hier in der Nähe einen Supermarkt? Gibt es hier in der Nähe eine Tankstelle? Gibt es hier in der Nähe ein Postamt?

Probieren Sie mal!

1   Wie ist; heiße; kommen; komme; Wo; wohne; Ich arbeite; sind Sie; Ich bin; Haben; Was für.

2   Wie ist; Name; Woher; aus; Wo; wohne; Wo; arbeite; Haben Sie; ich habe; Was für; Ich habe; Wie alt; ist . . . Jahre . . .

3   wohnt/arbeitet in Paris; wohnen/arbeiten in Bremen; wohnt/arbeitet in New York; wohnt/arbeitet in London; wohnen/arbeiten in Sydney; wohnen/arbeiten in Rom; wohnt/arbeitet in Venedig. Ich wohne/arbeite in . . .

4   Entschuldigen Sie bitte (*or* Entschuldigung), gibt es hier in der Nähe eine Bank?; . . . ein Postamt?; . . . einen Supermarkt?; . . . eine Apotheke?

5   gibt es; Es gibt; Kann man; kann man; Kann man; Es gibt; kann man; Es gibt; Ist das weit von hier?

Magazin
Woher kommen die Autos?   DO kommt aus Dortmund; B aus Berlin; F Frankfurt; M München; HH Hansestadt Hamburg; H Hannover; K Köln; BN Bonn; N Nürnberg; BA Bamberg; R Regensburg; Wü Würzburg.
Haben Sie ein Auto?   Mrs Hadrian possesses a bicycle, a television, a radio and stereo equipment; she doesn't have a car, a washing machine – because she sends her washing to the laundry, a dishwasher because she lives alone, or a video recorder – because she wouldn't know what to do with it.   **Rätsel** 1 Fernseher; 2 Stereoanlage; 3 Waschmaschine; 4 Videorekorder; 5 Geschirrspülmaschine; 6 Auto; 7 Radio; what you can ride is a *Fahrrad*.   **Der, die, oder das?** der Fernseher; die Stereoanlage; die Waschmaschine; der Videorekorder; die Geschirrspülmaschine; das Auto; das Radio; das Fahrrad   **Das Puppentheater in Bremen** seven years; two; Lamperduz; yes; with children; she likes acting, working with children, making puppets, building scenery, making costumes, working with her hands.

Chapter 3   **Quizzes**

Page 40   1*a* wo kann ich hier; rechts; rechts; der; Seite.   1*b* wo kann ich hier; trinken; links; links; der; Seite.   2 Wo kann ich hier eine Tasse Kaffee trinken? Wo kann ich hier ein Glas Wein trinken? Wo kann ich hier Postkarten kaufen? Wo kann ich hier Blumen kaufen?

Page 42   1 Ich möchte gerne nach Hamburg fahren. Ich möchte diese beiden Postkarten. Ich möchte eine Tasse Kaffee. Ich möchte bitte ein Glas Wein.
2 Was kostet ein Brief nach Großbritannien (bitte)? Was kostet ein Fahrplan? Was kostet eine Tasse Kaffee? Was kosten diese drei Postkarten?

Page 45   1 e; h; c; g; d; a; f; i; b.   2 Ich möchte . . . ; ich hätte gern . . .

Probieren Sie mal!

1 Ich hätte gern (*or* Ich möchte bitte) (eine) Gulaschsuppe und (ein) Rumpsteak mit Pommes frites. Für mich (*or* Ich hätte gern) Melone und Gemischtes vom Grill, bitte. Zweimal die Hundertsieben, bitte. Danke, ausgezeichnet. Sehr gut, danke schön. Nein, danke. Ich möchte gerne (*or* bitte) die Rechnung. Das macht zusammen fünfundsechzig Mark.

2 Was kostet eine Flasche (Rot)wein? Was kosten fünf (*or* die) Rosen? Was kostet ein Glas Bier? Was kosten die Erdbeeren? Was kostet die Scholle (*or* Kutterscholle)? Was kosten vier (*or* die) Bananen? Was kostet ein Eis?

3 Matjesfilet mit Gurken *and* Wurstsalat. Melone. Die Fischsuppe. Kleines Schnitzel. Kleines Schnitzel, Gemischtes vom Grill *and* Rumpsteak. Heilbuttschnitte. Drei Mark fünfunddreißig. Sechs Mark achtzig.

4 Entschuldigen Sie bitte, wo kann ich hier (gut) einkaufen? Entschuldigen Sie bitte, wo kann ich hier (gut) essen? Entschuldigen Sie bitte, wo kann ich hier Wein kaufen? Entschuldigen Sie bitte, wo kann ich hier Briefmarken kaufen? Entschuldigen Sie bitte, wo kann ich hier (gut) Kaffee trinken? Wo ist das, bitte?

Magazin
Was kann man in Bremen machen? Man kann den Dom besichtigen; eine Ruderpartie (auf den Wasserzügen im Bürgerpark) machen; (in der neuen Eislaufhalle) Schlittschuh laufen; (abends) ins Theater gehen; eines der großen Museen anschauen; (im Weserstadion) ein Fußballspiel ansehen; sehr gut essen; eine Hafenrundfahrt machen. **Rätsel** sehr gut einkaufen **Bremen: das Schnoorviertel** cigars; for years; Germany; she spends her spare time with her family; yes; at family celebrations and in the streets.

Chapter 4 **Quizzes**
Page 58 a Haben Sie ein Einzelzimmer (frei)? Für zwei Nächte. *b* Haben Sie ein Doppelzimmer (frei)? Für eine Nacht. *c* Haben Sie ein Doppelzimmer mit Bad (frei)? Für fünf Nächte. *d* Haben Sie ein Einzelzimmer mit Dusche (frei)? Für drei Nächte. Was kostet das Zimmer?

Page 60 1 2 Marks. Ceylon tea. 2 Herrentorte. Brandy. 3 5 Marks.

Probieren Sie mal!

1 Ich bin Kellner. Ich bin Sekretärin. Ich bin Tankwart. Ich bin Pfarrer. Ich bin Hausdiener.

2 Rolf hat auch kein Haus. Sabine hat kein Haus, keine Katze und keine Goldfische, aber sie hat ein Fahrrad, ein Auto und einen Hund. Michael hat kein Fahrrad, keine Katze und keine Goldfische, aber er hat ein Auto, ein Haus und einen Hund. Die Ahrendts haben kein Fahrrad (*or* keine Fahrräder), keinen Hund und keine Goldfische, aber sie haben ein Auto, ein Haus und eine Katze.

3 Ich heiße (*or* Mein Name ist) Heide Debus. Ich komme aus Erfurt. Ja, ich wohne jetzt in (Lilienthal bei) Bremen. Ich bin dreiundvierzig (Jahre alt). Ja (, ich bin verheiratet). Mein Mann (*or* Er) heißt Uwe. Ja, ich habe einen Sohn und eine Tochter. Mein Sohn (*or* Er) heißt Karsten. Meine Tochter (*or* Sie) heißt Catherin. Mein Sohn ist fünfzehn (Jahre alt), und meine Tochter ist achtzehn (Jahre alt). Meine Tochter besucht das Gymnasium in Bremen und mein Sohn die Realschule in Lilienthal. Ich bin Sekretärin (in einer Schule). Ja (, ich habe ein Auto). (Ich habe) einen Ford. Ja, ich habe einen Hund. Er heißt Wastl.

4 Haben Sie Kinder? Wie heißen Ihre Töchter? Und wie heißt Ihr Sohn? Wie alt ist Michael (*or* er)? Wie alt sind Ihre Töchter (*or* Karin und Gisela)? Gehen Ihre Kinder zur Schule? Haben Sie ein Fahrrad? (Und) haben Sie einen Fernseher? Wie heißen die Katzen? Und wie heißt der Hund?

5   Haben Sie ein Zimmer (frei)? Ein Doppelzimmer mit Dusche, bitte. Für eine Nacht. Was kostet das Zimmer? das Zimmer nehme ich (*or* ich nehme das Zimmer). Wann gibt es Frühstück (*or* können wir frühstücken)?

Magazin
Kaffee und Kuchen with cream and sugar; marzipan cake.   **Ein Stück . . . ,** **bitte** 1 ein Stück Himbeertorte, bitte; 2 Mokkatorte; 3 Marzipankuchen; 4 Schwarzwälder Kirschtorte; 5 Apfelkuchen; 6 Herrentorte.   **Dötlingen und** **Jever** no, school ends at about midday; in inns; the hops; eight to ten weeks; ten years; mineral water and schnapps.

Chapter 5   **Quiz**
Page 73   1   *a* Ich hätte gerne Brötchen. Das wär's (*or* Nein, danke).   *b* Ich möchte einen Weißwein. Ich möchte einen deutschen Weißwein, trocken.   *c* Ich hätte gerne Tulpen. Ich hätte gern die roten Tulpen. Sieben Stück, bitte.   2 Ein Stück Himbeertorte; ein Kilo Äpfel; hundert Gramm Schinken; ein Kännchen Tee; ein Paket Zucker; ein Glas Weinbrand.

Probieren Sie mal!
1   *a* Haben Sie; Drei Stück; Ich hätte gern vier Orangen; ein Kilo Äpfel; Was kosten die?; die; Was macht das; Bitte; Danke schön.
b Haben Sie Orangen? Drei Stück, bitte. Ich hätte gern vier Pfirsiche. (Dann noch) ein Kilo Birnen. Was kosten die? Ja, die nehme ich. Nein, danke. Was macht das, bitte? Bitte. Danke schön. Auf Wiedersehen.
c Haben Sie Brötchen? Sechs Stück, bitte. Ich hätte gern vier Eier. Braune (Eier), bitte. (Dann noch) zweihundert Gramm (gekochten) Schinken. Nein, danke. Was macht das, bitte? Bitte. Danke schön. Auf Wiedersehen.

2 *Kunde*	*Verkäuferin*
Guten Tag.	Guten Tag, bitte schön?
Haben Sie Rosen?	Ja, ich habe hier rote Rosen, weiße Rosen, oder gelbe.
Was kosten die roten Rosen?	Die kosten eine Mark fünfzig das Stück.
Ja, die nehme ich.	Wie viele möchten Sie denn?
Sieben Stück, bitte.	Sieben Stück, bitte schön. Und sonst noch etwas?
Nein, danke. Was macht das, bitte?	Das macht zehn Mark fünfzig.
So, bitte schön.	Danke schön. Und fünfzig Pfennig zurück. Vielen Dank.
Auf Wiedersehen.	Auf Wiedersehen.

3   Ich esse gern Obst. Am liebsten esse ich Birnen. Ich esse gern Kuchen. Am liebsten esse ich Schwarzwälder Kirschtorte. Ich trinke gern Bier. Am liebsten trinke ich Jever Pils. Ich trinke gern Tee. Am liebsten trinke ich Ostfriesenmischung. Ich singe gern. Am liebsten singe ich Shantys. Ich lerne gern Sprachen. Am liebsten lerne ich Deutsch.

4   Ich gehe lieber in die Arbeit als in den Park. Ich esse lieber Obst als Kuchen. Ich esse lieber Käse als Pfeffersteak. Ich fahre lieber mit dem Fahrrad als mit dem Auto. Ich besuche lieber ein Museum als eine Diskothek. Ich trinke lieber Mineralwasser als Bier. Ich wohne lieber in einem Hotel als in einer Ferienwohnung.

Magazin
Tee oder Kaffee? 35 sorts; 100 to 120 packets; one teaspoonful; five minutes; a large lump; tea; pour cream onto the tea.   **Rätsel** 1 Wasser; 2 Sahne; 3 Kandis; 4 Teelöffel; 5 Tasse; 6 . . . tee.   **Greetsiel** in the mornings, when the ships arrive in the harbour; yes, his father was a fisherman as well; *Wiking*, built in 1938; sole, plaice and eel; from 12 to 2; singing in a shanty choir.

Chapter 6

Quiz

Pages 87 and 88 1 Wie komme ich nach Leer? Wie komme ich zum Postamt? Wie komme ich zum Rathaus? Wie komme ich zur Waage? Wie komme ich zur Bruch-Brücke? 2 zum Dom; fahren. nach; Fahren. zur; Gehen. zum; fahren.

Probieren Sie mal!

1 *a* Wie; Wo; Ist das. *b* Sind Sie; Wie lange; Wie. *c* Haben Sie; Wie viele; Wie. *d* Wie; Gehen. *e* Was; Wo; Wie lange. *f* Wie; Wie lange; Haben Sie; Was für. *g* Wieviel; Wann; Wohin; Was; Wo.

2 Wie lange sind Sie schon verheiratet? Wie heißt Ihre Frau? Haben Sie Kinder? Wie heißt Ihre Tochter (*or* sie)? (Und) wie alt ist sie? Sind Sie gern Kaufmann? Wo arbeiten Sie? Wie kommen Sie zur Arbeit? Arbeitet Ihre Frau? Was machen Sie im (*or* in Ihrem) Urlaub? Wohin verreisen Sie gern? Wohin fahren Sie dieses Jahr?

3 Ich; Ich; er; Sie; Sie; Er; Sie; Wir; Es; Sie.

4 Am besten fahren Sie mit dem Auto. Am besten gehen Sie zu Fuß. Am besten fahren Sie mit dem Zug. Am besten fahren Sie mit dem Bus.

Magazin

Fahren Sie gern Auto? driving to work; going on trips into the surrounding area at weekends, and for holidays; the car was made in 1973 – when the recording was made it was 11 years old; a Volvo diesel estate. **Rätsel** Opel; Porsche; Mercedes; Volkswagen; Daimler Benz; Bayerische Motorenwerke (BMW). **Spetzerfehn** go to church; yes; when there's no wind; the mill; photography.

Chapter 7

Quiz

Page 100 1 1 Mark 35; 1 Mark 10. 2 5 and 1; 24, 25, 30, 31, 33 and 34. 3 132 Marks; platform 9; Munich. 4 Fünf, fünfzehn, fünfzig; sechs, sechzehn, sechzig; acht, achtzehn, achtzig; zweihundert, zweihundertvierundsechzig; dreihundertzwanzig, fünfhundertvierundachtzig.

Probieren Sie mal!

1 *a* Es ist Viertel nach zwei (*or* zwei Uhr fünfzehn). *b* Es ist vier Uhr siebenundvierzig (*or* dreizehn Minuten vor fünf). *c* Es ist halb zwölf (*or* elf Uhr dreißig). *d* Es ist dreizehn Uhr achtundzwanzig. *e* Es ist sechzehn Uhr fünfundvierzig. *f* Es ist einundzwanzig Uhr achtzehn.

2 *a* Zweimal zweiter Klasse nach Köln, bitte. Hin und zurück, bitte. Wann fährt der nächste Zug (nach Köln)? Und von welchem Gleis (fährt der Zug)?
b Einmal erster Klasse nach Hamburg, bitte. Einfach, bitte. Wann fährt der nächste Zug (nach Hamburg)? Und von welchem Gleis (fährt der Zug)?
c Zweieinhalbmal zweiter Klasse nach München, bitte. Hin und zurück, bitte. Wann fährt der nächste Zug (nach München)? Und von welchem Gleis (fährt der Zug)?

3 Nein. Bis Sonnenuntergang. Montags ist das Café geschlossen (*or* Montags kann man dort nicht essen). Bis siebzehn Uhr dreißig (*or* halb sechs abends). Der Ratskeller hat keinen Ruhetag. Von zwölf Uhr dreißig (*or* halb eins) bis dreizehn Uhr fünfundvierzig (*or* Viertel vor zwei). Um vierzehn Uhr (*or* zwei Uhr nachmittags). Von neun Uhr bis einundzwanzig Uhr (*or* von neun Uhr morgens bis neun Uhr abends).

4 *a* (Der nächste Zug nach Frankfurt fährt) um einundzwanzig Uhr vier. Um zweiundzwanzig Uhr siebenundzwanzig. Von Gleis fünf. Ja Ja, (der Name ist) Johann Strauß. Ja. *b* Walhalla. Um zweiundzwanzig Uhr vierundfünfzig. Von Gleis drei. Nein. *c* Ja. Nein. Um einundzwanzig Uhr sechs. Sieben Minuten.

5 *a* Ich stehe um vier Uhr dreißig (*or* halb fünf) auf. Ja, jeden Tag. Ja, auch
sonntags. Ich habe um neunzehn Uhr Feierabend. Ja, ich habe eine
Mittagspause. Ich esse zu Hause. Ich bleibe zwei Stunden da. *But it's more likely
Mr Herlyn himself would answer:* Um vier Uhr dreißig. Ja. Ja. Um neunzehn
Uhr. Ja. Zu Hause. Zwei Stunden. *b* Nein, ich arbeite (nur) jeden Dienstag,
Mittwoch und Samstag hier. Ich stehe dann um Viertel nach vier (*or* vier Uhr
fünfzehn) auf. Ich fange um sieben Uhr an. Ja, ich habe eine Mittagspause. Ich
esse in einem Café. Ich esse ein Käsebrot. Ich trinke ein Glas Bier. Ich habe eine
halbe Stunde Mittagspause. Ich bleibe bis achtzehn Uhr (*or* sechs Uhr abends)
dort. Sie (*or* Die Fahrt) dauert eineinhalb Stunden.

Magazin
Numbers, numbers and more numbers! 20; 80; 10; 60; 22; 17; 16; 15; and
the total is: zweihundertvierzig. **Rätsel** $66 + 526 — 70 — 34 \times 5 + 1938 =$
viertausenddreihundertachtundsiebzig. **Würzburg** in the garden of the
Residenz; 22 years; one hour; because he's in the fresh air; only the best.

Chapter 8 **Quizzes**
Page 114 1 Aus München. Einen ganzen Tag. Bis heute abend. Bestimmt.
2 Zweimal im Jahr. Von August bis Oktober und von März bis Mai. Im Winter
und im Sommer. Aus der ganzen Welt – aus Deutschland, aus England, aus den
USA, aus China, aus Japan, aus Spanien, aus Italien, aus Schweden, aus
Norwegen. 3 Januar, Februar, März, April, Mai, Juni, Juli, August,
September, Oktober, November, Dezember.

Page 117 1 Berufsberaterin. Ja, ihre Arbeit gefällt ihr. Wenn sie einem
Jugendlichen nicht helfen kann. Seit drei Monaten. Nein, sie sucht eine.
Sie möchte in der Industrie arbeiten oder in einer Marketingabteilung oder in
einer Bank. In Würzburg. 2 Lehrer. In Regensburg. Nein, es ist schwierig.
Einige Wochen oder Monate. Englisch und Kunsterziehung. Ungefähr
zwölftausend. Lehrerin. Nach langem Suchen, ja.

Probieren Sie mal!
1 Einmal im Jahr. Drei- oder viermal in der Woche. Einmal in der Woche (*or*
jeden Sonntag). Dreimal im Monat. Jeden Abend. Zweimal in der Woche.
Einmal im Monat. Zweimal im Jahr. Dreimal am Tag.

2 Sie kommt aus Japan. Er kommt aus den USA (*or* aus Amerika). Er kommt
aus Spanien. Sie kommen aus China. Sie kommt aus Holland. Sie kommen aus
Schottland. Er kommt aus England.

3 Wir möchten nach Südspanien fahren. Ich möchte Geld verdienen.
Ich möchte nach London fahren. Ich möchte nach Finnland fahren (*or* meinen
Sohn in Finnland besuchen). Ich möchte jeden Morgen bis elf Uhr schlafen.
Wir möchten zu Hause bleiben.
Sie möchten nach Südspanien fahren. Sie möchte Geld verdienen. Sie möchte
nach London fahren. Er möchte nach Finnland fahren (*or* seinen Sohn in
Finnland besuchen). Er möchte jeden Morgen bis elf Uhr schlafen. Sie möchten
zu Hause bleiben.

4 teuer . . . zu übernachten; schwierig . . . zu finden; frustrierend . . . zu haben;
nicht gut . . . zu essen; verboten . . . zu parken; unmöglich . . . zu bleiben.

5 . . . er nie Lehrer wird. . . . glaubt, daß er bald eine Arbeitsstelle bekommt.
. . . glaubt, daß er erst nach langem Suchen eine Stelle findet. . . . glaubt, daß
man als Lehrer gut verdient. . . . glaubt, daß er nur lange Ferien möchte.

6 Sonntag; am Dienstag; seit Montag; morgens; abends; eine halbe Stunde;
sofort; Heute abend; am Freitag; seit; Am Samstag; am Sonntag; später.

Magazin

Ich möchte einmal Lehrerin werden Dorothea; about 1,000; five hours – from 8 till 1; Tuesdays and Wednesdays; English; a teacher; she doesn't know yet. **Die Restaurierung der Würzburger Residenz** yes, it's just as beautiful as before; yes, an enormous amount of time and money; the hall of mirrors; Giovanni Battista Tiepolo; the largest single fresco in the world, and he always discovers something new.

Chapter 9 **Quizzes**

Page 129 Darf ich hier parken? Ja, in dieser Straße dürfen Sie parken. Darf ich über die Kreuzung fahren? Ja, bei Grün dürfen Sie (über die Kreuzung) fahren. Darf ich den Rasen betreten? Nein, den Rasen dürfen Sie nicht betreten. Darf ich Kuchen essen? Nein, Kuchen dürfen. Sie nicht essen. Darf ich Alkohol trinken? Ja, ein kleines Glas Wein dürfen Sie trinken.

Page 133 Ich muß schwimmen, jeden Tag fünf Kilometer spazierengehen, Gymnastik machen, viel Obst und Gemüse essen. Ich darf nicht viele Kalorien essen, nicht rauchen, nicht den ganzen Tag schlafen, nicht viel Bier trinken.

Probieren Sie mal!

1 Natour; Krumey; Jaschke; Aufdermauer; Salzer.

2 Ja, das geht. Nein, das geht nicht. Ja, das geht. Nein, das geht nicht. Nein, das geht nicht. Ja, das geht.

3 Guten Tag. Ich möchte bitte einen Termin (beim Herrn Doktor). Kann ich morgen (vormittag) um zehn Uhr kommen? Wann kann ich kommen? Ja, das geht. Mein Name ist . . . Auf Wiedersehen.

4 Ja, zum Abendessen darf ich fünfzig Gramm Käse essen. Ja, zum Frühstück darf ich ein Glas Orangensaft trinken. Ja, zum Mittagessen darf ich hundert Gramm Schweinefleisch essen. Nein, Kuchen darf ich nicht essen. Ja, zum Mittagessen darf ich eine Kartoffel essen. Nein, Sahne darf ich nicht essen. Ja, zum Mittagessen darf ich eine Birne essen, und zum Abendessen darf ich einen Apfel essen. Ja, zum Mittagessen darf ich fünfzig Gramm Bohnen und fünfzig Gramm Karotten essen. Ja, zum Frühstück darf ich eine Scheibe Brot essen, und zum Abendessen darf ich ein Brötchen essen. Ja, zum Abendessen darf ich ein Glas (trockenen) Weißwein trinken.

5 Es ist Viertel vor acht. Du mußt jetzt zur Schule gehen. Es ist halb zwei. Du mußt jetzt dein Mittagessen aufessen. Es ist Viertel nach zwei. Du mußt jetzt zum Zahnarzt gehen. Es ist drei Uhr. Du mußt jetzt den Hund spazierenführen. Es ist vier Uhr. Du mußt jetzt deine Schularbeiten machen. Es ist halb sechs. Du mußt jetzt Vati beim Autowaschen helfen. Es ist halb sieben. Du mußt jetzt den Brief an Tante Auguste schreiben. Es ist sieben Uhr. Du mußt jetzt ins Bett gehen.

Magazin

In der Aesculap-Apotheke in Regensburg he can't get to sleep; tablets; one; half an hour before going to bed; beer. **Bad Mergentheim** for rest and relaxation; Willi Thanninger; 70 per cent; yes; morgens Fango und abends Tango.

Chapter 10 **Quiz**

Page 144 Ja, der Staatliche Hofkeller ist das älteste Weingut in Franken. Unter der Residenz. Fast täglich am Abend. Die Spätlese. Etwa acht Mark. Ja. Die Spätlese.

Probieren Sie mal!

1   She said a, b, d, e and h.

2   Dom: 5.00; 18.00. Donaufahrt zur Walhalla: 11.00; 14.00. Stadtführungen:
10.15; 14.45; 10.45.

3   Er kommt aus Regensburg. Er ist dreiunddreißig Jahre alt. Ja, er ist
verheiratet. Ja, er hat Kinder. Er hat zwei. Sein Sohn ist acht Monate, und seine
Tochter ist vier Jahre alt. Er ist Kaufmann. Er verkauft Lebensmittel und Wein.
Er verkauft über hundert (verschiedene) Sorten Wein. Ja, es gibt bei ihm
Weinproben. Man kann dreißig oder vierzig Sorten probieren. Ja, sie sind sehr
fröhlich. Ja, er trinkt sehr gerne Wein. Er ist mit Bier aufgewachsen.

4   Guten Tag; Ich möchte; Käse; bitte; Gramm; In Scheiben; sein; kann; hätte
ich; noch; Zehn Stück; alles; Bitte schön; vierzig; zurück; Vielen Dank.

5   Ich hätte gern zwei Kilo Äpfel. Ich möchte bitte ein Pfund Tomaten. Ich
hätte gern hundert Gramm Edamer. Ich möchte bitte zweihundert Gramm
Gouda. Ich hätte gern ein halbes Kilo (or ein Pfund) Bananen. Ich möchte bitte
ein Paket Kandis. Ich hätte gern ein Viertelpfund Leberwurst. Ich möchte bitte
eine Flasche Weißwein.

6   Sie kommt aus Berlin. (Mit dem Auto) ungefähr sechs Stunden. Nein, sie ist
schon des öfteren in Regensburg gewesen. Sie ist schon eine Woche da. Sie bleibt
noch eine Woche. (Manchmal erst) im Sommer. Das ganze Regensburg gefällt
ihr.

7   In the Frankenstraße; driving.

Magazin
Was wissen Sie über Deutschland? 1 the Weser; 2 the Grimm Brothers';
3 from the first letters on the number plate; 4 it's used by very fast traffic and for
overtaking at high speed; 5 the first o in the home code; 6 *Selbstbedienung*; 7 *das
Abitur*; 8 to a *Café* or *Café-Konditorei*; 9 3½ ozs; 10 coffee; 11 130 km/h; 12 use
dipped headlights; 13 because they start work so early; 14 *die Residenz*;
15 over 20 years; 16 helping people find jobs, counselling, training, job-creation
schemes, administering unemployment benefit; 17 because Würzburg can offer
few jobs in industry; 18 2,000 years; 19 it was a great political/economic centre;
20 a great German poet/dramatist/novelist; 21 the Imperial suite of rooms and
the staircase with the Tiepolo frescoes; 22 Tilman Riemenschneider; 23 a
Krankenschein; 24 *die Apotheke* and *die Drogerie; die Apotheke*; 25 guests take the
waters, have mud baths and massage, see doctors, do many outdoor activities, go
dancing and to the cinema.   **Noch ein paar Fragen auf deutsch** 1 an der
Nordseeküste; 2 ein großer internationaler Hafen und ein großer Fischereihafen;
3 mit einem Wattwagen; 4 im Weserstadion; 5 See page 68; 6 neunhundert Jahre
alt; 7 Ostfriesentee; 8 flach; 9 Krabben, Seezungen, Schollen und Aale; 10 in
einer Windmühle; 11 es gibt viel Wind; 12 in Nordbayern, am Main; 13 Rosen;
14 von acht (Uhr) bis eins; 15 das Abitur; 16 Balthasar Neumann; 17 vier bis fünf;
18 morgens und abends zweihundert bis fünfhundert Kubikzentimeter; 19 jeden
Tag.   **Franken** Mrs Langer; Obereisenheim; three: she must be unmarried,
18 or more and a wineproducer's daughter; a dirndl; the wine from Volkach; over
60,000.

Chapter 11   **Quizzes**
Page 157   Nein, der Weinberg (or er) gehört seiner Frau. Dort wächst Silvaner
(or Die Silvanertraube wächst dort). Er trinkt am liebsten (den) Silvaner. Er
bevorzugt (den) Riesling. Täglich trinkt er (or Er trinkt) gern Müller-Thurgau-
und Silvanerweine. Der Silvaner ist billiger.

Page 160   1   Er geht in Falkenberg zur Schule. Am liebsten hat er WUK, Biologie und Sport. Er macht weniger gern Mathe(matik) und Englisch. Am liebsten schwimmt er. Er mag Schwimmen lieber. Sein Lieblingsstil ist der Freistil.
2   Sie ist Opernsängerin. Sie hat eine leichte, helle Stimme. Ihre Lieblingsoperette ist *Die Fledermaus*. Sie wirkt wie Sekt. Am allerliebsten singt sie die Gretel. Ja, sie ist ziemlich virtuos.

Probieren Sie mal!
1   Ihre; Meine; Ihr; unser; Ihre; Unsere; Ihre; Unsere; Ihr; Mein.

2   *b* süßer als;   *c* mehr als;   *d* größer als;   *e* kleiner als;   *f* kühler als;
g lieber als.

3   *a* Sechsundneunzig.   *b* Neunundfünfzig Kilo.   *c* Würzburg.
d 2,40 DM.

4   *b* ... orchester;   *c* Sein Lieblingsdirigent;   *d* Seine Lieblingsouvertüre;
e Sein Lieblingsinstrument;   *f* Sein Lieblingsklavierkonzert;   *g* Sein Lieblingspianist;   *h* Seine Lieblingssymphonie.

5   *Dr Weiß* Am liebsten mag ich Horrorfilme. Krimis mag ich ganz gern. Science-fiction mag ich weniger gern. Liebesfilme mag ich gar nicht.   *Prof. Schwarz* Am liebsten mag ich Horrorfilme. Liebesfilme mag ich ganz gern. Science-fiction mag ich weniger gern. Krimis mag ich gar nicht.

Dr Weiß Am liebsten mag ich klassische Musik. Jazz mag ich ganz gern. Operette mag ich weniger gern. Rock mag ich gar nicht.   *Prof. Schwarz* Am liebsten mag ich Rock. Jazz mag ich ganz gern. Operette mag ich weniger gern. Klassische Musik mag ich gar nicht.

Dr Weiß Am liebsten mag ich Pferderennen. Fußball mag ich ganz gern. Tennis mag ich weniger gern. Schwimmen mag ich gar nicht.   *Prof. Schwarz* Am liebsten mag ich Fußball. Schwimmen mag ich ganz gern. Pferderennen mag ich weniger gern. Tennis mag ich gar nicht.

6   *a* längste;   *b* größte;   *c* teuerste;   *d* längste;   *e* meisten;   *f* älteste;
g schnellste;   *h* längste.

Magazin
Gehen Sie gern ins Theater?   five; Papageno; she thought it was great; yes; when time permits; Max Reger, Hugo Wolf or Richard Strauss.   **Die Weinlese** about 9 Marks; 2 hours; to judge their quality (because the quality is as important as the quantity); 19 or 20; no, especially if they haven't been given the number of points they expected.

Chapter 12   **Quizzes**
Page 174   1   Nein, sie ist keine gebürtige Regensburgerin. Ja, in den letzten Jahren sehr viel(e). Im (Fremden)verkehrsamt. Das kommt auf die Jahreszeit an. Im Hochsommer.   2   Im April. Wenn die Touristen unfreundlich sind. Seit siebeneinhalb Jahren. Elf Personen. Ja (es hat das ganze Jahr über Gäste).

Page 177   (Schon) seit sieben Jahren. Nein, sie ist Angestellte. Sie hat noch vier Mitarbeiterinnen. Sowohl jüngere als auch ältere Damen (die Altersgruppe liegt zwischen 20 und 55 Jahren). Düsseldorf, München, Hamburg und Berlin. Der Kontakt mit den Menschen. Die Arbeitszeit.

Probieren Sie mal!
1   *a* Martha fährt morgen nach Italien.   *b* Wir wohnen seit zehn Jahren in diesem Haus.   *c* Herr Unger geht um sieben Uhr ins Büro.   *d* Die meisten Touristen kommen im Sommer nach Dinkelsbühl.   *e* Marion arbeitet am Wochenende im Garten.   *f* Frau Wiemer ißt mittags zu Hause.

2   Silvester ist am einunddreißigsten Dezember. Fastnacht ist am elften Februar. Der erste Advent ist am ersten Dezember. Aschermittwoch ist am zwölften Februar. Karfreitag ist am achtundzwanzigsten März. Valentinstag ist am vierzehnten Februar. Weihnachten ist am fünfundzwanzigsten Dezember. Ostermontag ist am einunddreißigsten März. Heiligabend ist am vierundzwanzigsten Dezember.

3   a6;   b5;   c4;   d1;   e2;   f3.

4   *Sie*   Wann stehen Sie morgens auf?
Sabine   Ich stehe um sieben Uhr auf.
Sie   Wann fangen Sie mit der Arbeit an?
Sabine   Ich fange um acht Uhr dreißig an.
Sie   Wann fährt Ihr Zug ab?
Sabine   Er fährt um sieben Uhr fünfundvierzig (*or* um Viertel vor acht) ab.
Sie   Wann kommen Sie in Würzburg an?
Sabine   Ich komme fünfundzwanzig Minuten später an. Aber manchmal nimmt ein Kollege mich im Auto mit.
Sie   Was machen Sie in Ihrer Mittagspause?
Sabine   Ich gehe meistens spazieren.
Sie   Und was machen Sie nach der Arbeit?
Sabine   Ich kaufe oft in der Stadt ein.

5   Wie lange sind Sie schon Geschäftsführer? Wo arbeiten Sie? Gehört Ihnen der Laden? Wieviel Personal haben Sie? Was verkaufen Sie? Kaufen sowohl jüngere als auch ältere Männer (*or* Herren) bei Ihnen ein? Sind die Männer (*or* Herren) hier sehr modisch? Arbeiten Sie gern als Geschäftsführer? Was machen Sie, wenn die Kunden unfreundlich sind? Wann fangen Sie (morgens) mit der Arbeit an? Und wann haben Sie Feierabend? Haben Sie eine Mittagspause? Was gefällt Ihnen besonders an dieser (*or* Ihrer) Arbeit? Und was gefällt Ihnen nicht so sehr (an diesem Job)?

Magazin
Heidemarie Bender spricht mit Ilse   15 times a month; 4–5 weeks; usually one hour; talks and has a beer or something; not before 10; yes, it's her dream profession.   **Rätsel**   *across* Hausfrau, Lehrerin, Tankwart, Pfarrer, Ratsherr; *down* Beamtin, Kaufmann, Kellner, Musiker, Bäcker; *diagonally* Beamter and Arzt.   **Rothenburg und Dinkelsbühl** $2\frac{1}{2}$ to 3 hours; two; nine years; seven; because he's lived in Dinkelsbühl for many years and he's the nightwatchman; that no fire broke out.

Chapter 13   **Quizzes**
Page 188   1   Sie geht gerns ins Theater, hat einen Kegelklub und macht gern Gartenarbeit. Viel Unkraut. Sie singt (*or* ist) in einem deutsch-polnischen Chor. Sie läuft gern Ski, fährt gern Schlittschuh und schwimmt sehr gerne. Sie geht gern im Wald spazieren. Er spielt Klavier und Gitarre. Ihr älterer Bruder (interessiert sich auch für Musik).   2   Er fotografiert Leute, Landschaften und Denkmäler. Etwa (ein)hundert. Er liest gern englische Horrorgeschichten. Vor allem im Auto. Er hat mal eine halbe Folge gesehen.

Page 190   Am fünften Dezember. Dreimal in der Woche. Die Familie Heß (*or* Sie) läuft Ski, wandert, fährt häufig Rad, geht gern zum Schwimmen und spielt in der Eisenbahn. Sie ist Lehrerin an einer Volksschule. Er spielt Cello. Am zehnten März. Sie spielt Geige. Sie möchte Musikerin in einem Orchester werden.

Page 192   An der Ostsee, an der Nordsee, im Harz, im Schwarzwald. Im Schwarzwald. Sie hat Wanderungen unternommen und hat die Städte am

Rande des Schwarzwaldes besucht. In einem gutbürgerlichen Hotel in der Nähe von Freudenstadt. Fünf Wochen. Es hat ihr wunderbar gefallen.

Probieren Sie mal!
1 Ich habe eingekauft und im Garten gearbeitet. Ich habe bei Onkel Herbert gegessen. Ich bin spazierengegangen und habe Tennis gespielt. Ich habe zu Hause gegessen. Ich bin dann mit Lotte ins Kino gegangen.

2 haben . . . gemacht? habe . . . unternommen. Haben . . . gesehen? Haben . . . besucht? haben . . . gemacht? haben . . . besucht. sind . . . gegangen. haben . . . gewohnt? haben . . . gefunden. Haben . . . gesprochen? hat . . . gesprochen. Hat . . . gefallen? sind . . . zurückgekommen? bin . . . zurückgekommen. hat . . . gefallen!

3 Er interessiert sich; Sie interessiert sich; interessieren sie sich; interessiere ich mich; Wir interessieren uns; Er interessiert sich; Sie interessieren sich; Sie interessiert sich.

4 Ich fotografiere gern, höre gern Musik und treibe viel Sport. Ich habe eine Spiegelreflexkamera. Besonders gern fotografiere ich Tiere und Kinder. Die Schwarzweißfotos entwickle ich selbst.

Ich mag gern (*or* ich interessiere mich für) Volksmusik. Ja, ich spiele Gitarre und Geige. Nein, ich leite eine kleine Volksmusikgruppe. Wir üben zweimal in der Woche. Bei mir zu Hause.

Schwimmen, Jogging und Tennis. Jeden Morgen. Ja, ich bin in einem Tennisklub. Zweihundert. Ja, jeden Sonntag.

5 *a* Sie war auf dem Markt. *b* Sie war im Büro. *c* Sie waren im Restaurant. *d* Er war in der Altstadt. *e* Sie waren im Schwarzwald. *f* Sie waren in der Diskothek. *g* Sie war im Café. *h* Sie waren beim Fußballspiel. *i* Er war auf einer Konferenz. *j* Sie waren im Sportverein.

Magazin
Rätsel 1 Sport; 2 Chor; 3 Horrorgeschichten; 4 Wanderungen; 5 interessiere; 6 Musik; 7 Mitglieder; 8 einmal; 9 Nordsee. **Ein Gymnastikkurs für Seniorinnen** cycling and swimming, and she runs a keep-fit class for senior citizens; the eldest is 72 and the youngest 36; one hour; with warming up exercises to music; that all the muscles are exercised. **Bamberg** Because it's all made by hand; white bread, 'grey' bread (made with wheat and rye), 'black' bread (coarse rye bread), bread flavoured with caraway seeds, loaves and rolls; on Saturday afternoon; yes; yes, he trembled.

Chapter 14 **Quizzes**
Pages 204 Der Straßenverkehr. In der Karolinenstraße. Etwa eintausend. Nein, sie ist der Meinung, Bamberg braucht die Autobahn nicht. Der Wald. Sie sind dort spazierengegangen.
Page 207 1 Bei Nürnberg, ungefähr hundert Kilometer von Regensburg entfernt. Nein, in einem Neubau. Vier. Ein Wetterhahn. Gemüse und Blumen. Er wohnt in einer ländlichen Gegend. 2 Im Oktober neunzehnhundertachtzig. Es ist ebenerdig. Eine Sauna mit einem Whirlpool, ein Solarium, eine Waschküche, ein Trockenraum, ein Weinkeller, ein Heizungskeller und ein Vorratskeller. Ein Hobby. Nein, es ist eine sehr ruhige Wohngegend. Ja, es gibt einen Bäcker, einen Metzger, einen Obsthändler und auch eine Post. Nein, niemals.

Probieren Sie mal!
1 You should have ticked: teuer, ruhig, luxuriös, neu, ebenerdig, groß, komfortabel, hell.

2 Wie wohnt sie (da)? Gehört ihr das Haus? Wie viele Zimmer hat es? Hat das Haus einen Keller? Hat es einen Garten? Wohnt sie gern in ihrem Haus?

3 *a* Sechshundert Mark. Nein, die Wohnung ist sehr modern. Ja, sehr sonnig. Sie hat ein Zimmer, Küche und Bad. Sie hat siebenundzwanzig Quadratmeter (Wohnfläche). Sie ist in der Nähe des Bahnhofs (*or* vom Bahnhof). *b* Wo ist die Wohnung? Wieviel kostet sie (im Monat)? Hat sie Zentralheizung? Ist das eine Altbauwohnung? Wie viele Zimmer hat sie? Ist die Küche groß? Hat die Wohnung einen Balkon?

4 Es ist in einem Ferienhaus. Es hat zwei Stockwerke. Es ist im ersten Stock. Es hat achtundneunzig Quadratmeter (Wohnfläche). Es hat drei Zimmer, Küche, Diele und Bad. Nein, es hat keinen Garten (, aber es hat eine Terrasse). Nein, nur zweihundert Meter. Im Supermarkt. Es ist zehn Kilometer von Ibiza–Stadt entfernt. Es hat neunundsiebzigtausend Mark gekostet.

5 ... ist eine *alte* Stadt. ... rund dreitausend *alte Häuser*. ... ist in alten Städten *ein* Problem. *Der Stadtrat (von Bamberg)* sagt, ... *Frau Steinhäuser* ist der Meinung ... ... hat *viertausend* Unterschriften gesammelt. ... haben *auf dem Marktplatz* protestiert. ... weil die *den Wald* zerstört.

Magazin
Bei Ilse zu Hause no, on the outskirts; her living-room; in the dining-room; small but practical; her bedroom. **Die Bäume sterben** environmental problems; car exhaust fumes and acid rain; near Bamberg, on the Czechoslovakian border; they'd turned brown and lost their leaves; because it's very cold.

Chapter 15 **Quizzes**
Page 219 1 Im Bistro und im Restaurant. Zeitungen (und Bücher). Ein sehr schöner Blumenbazar. Dort kann man ganz frische Blumen (zum Mitnehmen auf eine Reise) kaufen. Die Bahnhofsauskunft. Sie befinden sich rechts von der Bahnhofsauskunft. 2 Zweimal am Tag. Die Häuser der Regensburger Kaufleute. Der (Regensburger) Dom. Vor allem die vielen bunten Glasfenster aus dem Mittelalter. Sie sitzen neben dem Eingang. Sie sind aus Stein. 3 Sie ist ungefähr achthundert Jahre alt. Sie hat fünfzehn Rundbögen. Wenn man in die Stadt oder in das Land Bayern wollte. Der Kaiser. Wenn man über die Steinerne Brücke geht. Den Duft der historischen Wurstküche.

Page 222 1 Ungefähr seit neunzehnhundertfünfundvierzig. Die Strudelrundfahrt , die große Stadtrundfahrt und die Fahrt zur Walhalla. Die Strudelrundfahrt. Ungefähr hunderttausend. Die Altstadt, die zweitausendjährige Geschichte und die Sehenswürdigkeiten. 2 Kartoffelsuppe, Bratwürste, Schweinefleisch vom Grill und Sauerkraut. Es alles selber gemacht. Aus Fleisch, Pfeffer und Salz. Sie ist achthundertfünfzig Jahre alt. Für die Bauleute von der Steinernen Brücke.

Probieren Sie mal!
1 *a* Was studieren Sie? Wo studieren Sie? Wie viele Instrumente studieren Sie? Welches (*or* Was) ist Ihr Lieblingsinstrument? Wie lange spielen Sie schon Cello? Müssen Sie jeden Tag üben? Wie lange üben Sie? Was möchten Sie werden? *b* Was studieren Sie? Treiben Sie Sport? Was mögen Sie am liebsten? Sprechen Sie gut Französisch? Was möchten Sie werden? Ist es schwer, eine Stelle zu finden?

2 laufe (*or* fahre); gehe; höre; singe; sehe; lese; spiele; sammle; interessiere ... für. schwimme; gehe; spiele; arbeite; fahre.

3 ... gut gefallen. ... in die Stadt gegangen. ... den Dom besichtigt (*or* gesehen). ... am Haidplatz gesehen (*or* besichtigt). ... Schweinswürstl

vom Rost gegessen. . . . ein Buch über Regensburg gekauft. . . . zur Walhalla gemacht. . . . *Die Zauberflöte* gehört. . . . die Papagena gesungen. . . . nach Würzburg gefahren.

4 *a* Wann wurde der Dom restauriert? *b* Wann wurde der Stadtpark angelegt? *c* Wann wurde die Steinerne Brücke gebaut? *d* Wann wurde Albrecht Altdorfer geboren? *e* Wann wurden die Eisenbahnlinien Regensburg–Landshut und Regensburg–Nürnberg eröffnet? *f* Wann wurde das Alte Rathaus restauriert? *g* Wann wurde die Universität Regensburg eröffnet? *h* Wann war Regensburg die Residenzstadt von Karl dem Großen?

5 *a* Wein; *b* Unkraut; *c* Arbeiten; *d* Weihnachten; *e* Bäume; *f* Bahnhof; *g* Geigen; *h* Schwimmen (*or* Tauchen); *i* Kamera; *j* Regensburg.

Magazin
Der Reichssaal in the middle, four steps up; the Electors; on red benches, two steps up; one step up, on green benches; when they couldn't or didn't want to solve it. **Regensburg im Mittelalter** the building of the Stone Bridge; the cathedral; rich; by performing mediaeval dances and songs in front of the Old Town Hall.

Chapter 16 **Quizzes**
Page 234 Schon fünfunddreißig Jahre. Ja, Ja, sie (*or* es) ist die einzige Familie. Seit neunzehnhundertsechsundvierzig. Achtzig. Drei Wochen. Sie schneidet zu, bohrt, streicht, hilft beim Schmieden und hält. Etwa vierzig (verschiedene Sorten). Weil alles nur von Hand hergestellt wird, und nur edelste Rohstoffe zur Verarbeitung gelangen. Ja.

Page 238 Das ganze Jahr über. Straßenzeichner. Sie spielen mit dem Wasser. Weil bei dem schönen Wetter fast niemand ein Auto benutzt. Die Getreidegasse. Sankt Peter. Die Festung und Mozarts Geburtshaus. Sie kommt aus Hannover. Die Festung. Nicht direkt Salzburg, aber die Umgebung (findet sie sehr schön).

Wiederholung 1 Wie lange arbeiten Sie schon hier? Gibt es viele Fische im Rhein? Woher kommen Sie ursprünglich? Wie alt sind Sie? Essen Sie gern(e) Pralinen? Sind Sie in Bournemouth auf Urlaub? Gefällt es Ihnen hier? Sind Sie zum ersten Mal in Bournemouth?

Ich wohne seit neunzehnhundertzweiundfünfzig in Manchester. Ich komme aus Hull. Mein Mann/meine Frau ist neununddreißig (Jahre alt). Mein Zug fährt in einer Viertelstunde (ab). Ich habe nicht viel zu tun. Ich möchte vor allem Amerika (*or* die USA) besuchen. Ich habe mein Geld vergessen. Ich komme, wenn's möglich ist.

Chapter 17 **Quizzes**
Page 242 In der Altstadt. Zwischen sechzehn und zwanzig Quadratmetern. Seit ungefähr zweihundertsechzig Jahren. Nein, nur harte Männer. In ihrem Arzneischrank. Vor hundert Jahren. (Es kommt) auf den Dom (rauf), an die Westseite.

Page 246 (Sie machen) einen (kleinen) Stadtbummel. In der Nummer neun. Kleine Gäßlein und Arkaden mit Geschäften drin. Eine Schreibstube. Sechs bis sieben. Die Gitarre, die Volksharfe, der Kontrabaß, die Geige und das Salzburger Hackbrett. Es ist ein Instrument, das man schlägt oder zupft (*or* Man schlägt oder zupft es). Für jedes Stück. Daß das Publikum den Eindruck mit nach Hause nimmt, daß die Puppen lebendig waren.

Wiederholung 2 Wie lange sind Sie schon Verkäufer(in)? Warum macht Ihnen Ihr Beruf Spaß (*or* Warum gefällt Ihnen Ihr Beruf/Ihr Job/Ihre Arbeit)? Wie groß ist das Theater? Wieviel (*or* Wie viele) Leute haben dort Platz? Interessieren Sie sich für Musik? Spielen Sie (selbst) ein Instrument? Darf man (*or* ich) es hören?

Ich habe (*or* Wir haben) ein Haus gebaut. Die Kräuter kommen aus meinem (*or* unserem) Garten. Insgesamt arbeiten hier zwölf Leute. Sie können (*or* man kann) in der Konditorei Pralinen kaufen. Es ist das kleinste Haus in Salzburg. Das stimmt. Das (*or* Es) kommt (ganz) darauf an. Ich spiele viele Instrumente, hauptsächlich Gitarre und Klavier. Ja, selbstverständlich.

Chapter 18 **Quizzes**
Page 250 Matthias Klotz. (Zehn oder) zwölf. Sieben Semester (*or* Dreieinhalb Jahre). Nein (, aber er hat einen Gesellen). Ungefähr hundertsechzig Arbeitsstunden. Drei. Zehn bis fünfzehn Jahre. Masken. Der Lärm der Schellen. Wenn ein Mann sie zum Tanz bittet.

Page 254 Am siebenundzwanzigsten Januar siebzehnhundertsechsundfünfzig. *Stille Nacht*. Seit (dem Jahre) neunzehnhundertzwanzig. Auf dem Salzburger Domplatz. Aus fast allen Ländern (der Erde). Sie hat eine (kleine) Rolle bei *Jedermann* bekommen. (Sie muß) tanzen und singen, und sie hat noch zwei Sätze zu sprechen. Ein sehr schönes, spätmittelalterliches Kostüm. Opernkarten. Bis zum fünfzehnten Januar.

Wiederholung 3 Ist es schwer, eine (Arbeits)stelle zu bekommen? Wie lange dauert die Ausbildung? Haben Sie ein Hobby? Seit wann gibt es in Regensburg eine Universität? Was sind Sie von Beruf? Was für Bücher lesen Sie gern? Was müssen Sie (da alles) machen? Was machen Sie, wenn es regnet? Wann findet die Premiere von *Macbeth* statt? Was kosten die Karten?

Ich bin (*or* wurde) in Southampton geboren. Ich habe in der Schule Mathe(matik) gelernt. Ich bin selbständig. Ich freu(e) mich (schon sehr) darauf. Das ist ein sehr schönes Kostüm. Das Stück wird jedes Jahr gespielt. Die Vorstellung ist (*or* findet) am neunundzwanzigsten Juli (statt). Sie beginnt um acht (*or* zwanzig) Uhr.

Chapter 19 **Quizzes**
Page 257 Neun. Weil er heute zum letzten Mal gesprungen ist. Riki Spieß. Drei. Einen Gutschein für fünf Kilo Zucker. Man verlernt es nicht mehr. Vier. Er führt die Schafe und Kühe auf die Alm. (Er muß) auf dem Bauernhof mithelfen. Ikarus.

Page 261 Alle gängigen österreichischen Mehlspeisen (: Strudel, Sachertorten, Milchrahmstrudel, warme Mehlspeisen wie Topfenstrudel oder Scheiterhaufen). Eine Schlagobershaube. Man liest Zeitung, man schreibt Briefe, man spielt Schach, man spielt Karten, man plaudert, man diskutiert. Fleischstrudelsuppe, Tafelspitz mit Spinat und Röstkartoffeln und als Nachspeise Salzburger Nockerln. Einen herben Weißwein (aus dem Niederösterreich). Paradeiser; Erdäpfel. Einen Gespritzten. Einen Semmelknödel.

Wiederholung 4 Wer hat den ersten Preis gewonnen? Wann waren die Olympischen Spiele in München? Haben Sie Geschwister? Was machen Sie in Ihrer Freizeit? Schmeckt das (gut)? Was können Sie (mir) empfehlen? Wo kann ich (hier) gut essen (*or* eine gute Mahlzeit bekommen)? (Herr Ober,) die Speisekarte, bitte!

Die Saison beginnt im Frühling und dauert bis Ende September. Ich möchte/ hätte gern (*or* ich möchte bitte) ein Kilo Zucker. Im Frühling, im Sommer, im Herbst, im Winter. Sie sollten es einmal probieren. Ich spiele gern Schach, Karten und Klavier.

Chapter 20

Quizzes

Page 266   Im Bürgerviertel. Zur Verteidigung der Stadt. Eine Orgel. Zwei. Hundertsechsundachtzig. In Wien (, aber wo, weiß man nicht). Eine *Don Giovanni*-Ausstellung. Herbert von Karajan. Fünfzehnhundertvierundneunzig. Für Leute (*or* Für die Touristen), die nach Salzburg kommen.

Page 269   Der hohe Freizeitwert. Sehr ruhig (, und es fehlt etwas). Für die Wirtschaft (und auch für ihn). Es ist alles sehr teuer, es sind manchmal zu viele Leute, die Geschäfte sind überfüllt, in den Restaurants muß man warten, und man kann nicht so gut parken. (Nein) er glaubt, daß sie (*or* die Salzburger) eine Haß-Liebe zu den Touristen haben. Sehr romantisch. Nein, sicher nicht. Nein (, sie möchte die Schönheit der Stadt unbedingt teilen). Daß das Schicksal sie nicht mehr von Salzburg wegbringen wird.

Wiederholung 5   Gehört Ihnen das (*or* Ihr) Haus? Ist es (*or* das) weit von hier? Wo ist der älteste Weinkeller Österreichs? Mögen Sie (*or* Hören Sie gern) Computermusik? Wie ist es hier, wenn die Sonne scheint? Was gefällt Ihnen an Wien am besten? Glauben Sie, daß es morgen regnet? Würden (*or* Möchten) Sie lieber in einer anderen Stadt wohnen?

Ich wohne (*or* lebe) zusammen mit meiner Mutter, meinem Vater und meinem Bruder. Ich habe eine Ferienwohnung in Griechenland gekauft. Meine Schwester ist erst siebzehn (Jahre alt), aber sie ist schon verheiratet. Meine Firma feiert nächstes Jahr ihr fünfzigjähriges Jubiläum. Ich weiß, daß alles sehr teuer ist.

Salzburg gefällt mir sehr (gut). (Warten Sie) einen Moment, bitte (*or* Bitte warten Sie einen Moment). Ich bin froh, daß ich hier bin. Sie dürfen in der Altstadt nicht parken. Im Winter ist die Stadt schöner als im Sommer.

Was wissen Sie über Deutschland und Österreich?   1 A *Stadttheater* (*or* a municipal theatre *or* a repertory theatre).   2 *Tafelwein, Qualitätswein* and *Qualitätswein mit Prädikat.*   3 *Arbeiter, Angestellte* and *Beamte.*   4 *Die Romantische Straße.*   5 The founder of gymnastics.   6 *Das Erntedankfest.*   7 For example: *die (Miet)wohnung, das Eigenheim, das 'Häuschen im Grünen', das Einzelhaus, das Doppelhaus, die Doppelhaushälfte, das Reihenhaus, das Einfamilienhaus, das Mehrfamilienhaus, die Villa, der Bungalow, der Wohnblock, das Appartement, die Altbauwohnung, die Neubauwohnung.*   8 *Der saure Regen.* 9 The Perpetual Diet.   10 In the Middle Ages.   11 Chocolates.   12 No, it was founded in 1967.   13 The first master violin-maker in Mittenwald. 14 The Tyrol.   15 Hofmannsthal, Strauss and Reinhardt.   16 *Gasse.* 17 Near (about 20 km from) Salzburg.   18 For example: *die Melange, der große Braune, der kleine Braune, der Einspänner, der Cappuccino* and *Kaffee Maria Theresia.*   19 From *Salz*, the German word for salt.   20 Wolfgang Amadeus Mozart.

CAN YOU COPE? 1

A   1 Guten Abend, Frau Müller.   2 Das ist Frau Schmidt.   3 Darf ich?
4 Entschuldigen Sie bitte (*or* Entschuldigung), wo ist der Bahnhof?   5 Woher
kommen Sie?   6 Volltanken, bitte.   7 Haben Sie Briefmarken?
8 Entschuldigen Sie bitte (*or* Entschuldigung), gibt es hier in der Nähe einen
Supermarkt?   9 Wie alt bist du?   10 Hast du Geschwister?   11 Was kostet
eine Postkarte nach Großbritannien?   12 Sechs (Briefmarken) zu siebzig,
bitte.   13 Zweimal (die) Gulaschsuppe, und für mich bitte die Grünkohlpfanne.
14 Ich möchte gerne nach Innsbruck fahren (*or* Ich möchte Innsbruck
besuchen).   15 Was kann man in Innsbruck machen?   16 Haben Sie ein
Doppelzimmer mit Bad?   17 Für zwei Nächte.   18 Ich nehme das Zimmer.
19 Ich möchte bitte (*or* Ich hätte gern) ein Stück Himbeertorte mit Sahne.
20 Wie alt sind Ihre Kinder?   21 Mein Sohn geht schon zur Schule.   22 Ein
Kilo Äpfel, bitte.   23 Das wär's (*or* Das ist alles).   24 Trinken Sie gern
Tee?   25 Oder trinken Sie lieber Kaffee?

B   1b 2c 3c 4b 5a 6c 7b 8a 9b 10b.

C   1 aus   2 einen   3 gibt   4 deine   5 kann   6 möchte   7 sind
8 gehen   9 kostet   10 lieber.

D   1 der Mantel   2 arbeiten   3 die Speisekarte   4 das Parkhaus   5 die
Geschwister   6 sauer   7 ein Liter Benzin   8 die Erdbeere   9 weiß
10 der Tankwart

CAN YOU COPE? 2

A   1 Wie komme ich nach Worpswede?   2 Wie komme ich zur Konditorei
Stecker?   3 Ist das weit von hier?   4 Wieviel Urlaub haben Sie im Jahr?
5 Wohin fahren (*or* verreisen) Sie im Urlaub?   6 Wann öffnen Sie bitte? Und
wann schließen Sie?   7 Zweimal zweiter Klasse nach Hamburg bitte, hin und
zurück.   8 Von welchem Gleis fährt der Zug?   9 Wann haben Sie Feierabend?
10 Es ist halb fünf (*or* Es ist vier Uhr dreißig).   11 Einmal in der Woche.
12 Ich bin (*or* komme) aus England.   13 Was möchten Sie werden?   14 Ist es
schwer (*or* schwierig), eine (Arbeits)stelle zu bekommen (*or* finden)?
15 Glauben Sie, daß Sie in der Nähe etwas finden?   16 Hier dürfen Sie nicht
rauchen.   17 Darf ich (*or* man) hier parken?   18 Ich muß jetzt ins Bett
(gehen).   19 Ich möchte bitte einen Termin.   20 Kann ich heute vormittag
kommen?   21 Ist der Weißwein billiger als der Rotwein?   22 Wann finden die
Stadtführungen statt?   23 Wie lange dauert eine Führung?   24 Was sind Sie
von Beruf?   25 Was verkaufen Sie?

B   1c 2c 3b 4a 5a 6c 7c 8b 9a 10c.

C   1 zur   2 Fahren; gehen   3 Einfach   4 fange; an   5 stehe; auf   6 aus
7 im; im; im   8 daß   9 zu   10 darf; essen; muß; machen.

D   1 der Bauernhof   2 die Rückfahrt   3 der Rasen   4 die Nase   5 später
6 billig   7 die Arbeitsstelle   8 die Flasche   9 umsteigen   10 wachsen

CAN YOU COPE? 3

A   1 Trinken Sie lieber Rotwein oder Weißwein (*or* Was trinken Sie lieber,
Rotwein oder Weißwein)?   2 Welchen Wein trinken Sie am liebsten?   3 Was
ist Ihre Lieblingsoper?   4 Oper mag ich gar nicht.   5 Aber Operette mag ich

ganz gern.   6 Arbeiten Sie das ganze Jahr (hindurch/über) im Hotel?   7 Was gefällt Ihnen an Ihrer Arbeit?   8 Ich bin Geschäftsführer(in) in einem Restaurant.   9 Es gehört meinem Sohn.   10 Ja, wenn die Kunden freundlich sind.   11 Ich lese gern und arbeite gern im Garten (or mache gern Gartenarbeit), und ich bin in einem Tennisklub.   12 Der Klub hat hundertfünfzig Mitglieder.   13 Ich interessiere mich auch für Fremdsprachen und (ver)reise gern.   14 Ich habe die Sowjetunion besucht und war drei Wochen in China.   15 Es hat mir sehr gut (or wunderbar) gefallen (or Mir hat es sehr gut/wunderbar gefallen).   16 Ich wohne in einem neuen Haus (or Neubau) auf dem Land.   17 Das Haus (or Es) hat drei Schlafzimmer, ein Wohnzimmer, Küche und Bad (or eine Küche und ein Badezimmer).   18 Das Haus gehört mir.   19 Ist das (or es) eine Altbauwohnung?   20 Wohnen Sie in einer ruhigen Gegend?   21 Das Wahrzeichen des Dorfes ist die Kirche.   22 Die Kirche ist über achthundert Jahre alt.   23 Besonders interessant sind (or Interessant sind vor allem) die vielen Figuren aus Stein.   24 Sie ist eine der schönsten Kirchen in England.   25 Daneben ist der Markt.

B   1c 2c 3b 4a 5b 6a 7c 8b 9c 10b.

C   1 aller...   2 Lieblings...   3 Ihnen   4 ins   5 sich; für   6 gewohnt   7 sind   8 auf dem   9 aus   10 wurde.

D   1 der Fluß   2 der Spiegel   3 die Umweltkunde   4 das Denkmal   5 der Laden   6 die Rolle   7 etwas Lustiges   8 die Ernte   9 das Tor   10 hügelig

---

MENU

Key to menu on p. 49

Starters	DM
Herring fillet with gherkins, rye bread and butter	7.50
Fish pâté Heligoland style seasoned with brandy	12.00
Melon with ham	8.00

Soups	
Mockturtle soup with white bread	4.60
Goulash soup	5.00
Fish soup with prawns, mussels, halibut	7.00

Salads	
Bowl of mixed salad seasoned with a special dressing	14.00
Sausage salad with bread and butter	8.00

Children's dishes	
Small escalope with vegetables and chipped potatoes	7.50

Meat	
'Senatorentopf' – 3 fillets served with fresh vegetables and sauté potatoes	21.00
'Westerländertopf' – 2 small fillets with prawns in scrambled egg, brussel sprouts and creamed potatoes	21.85
'Grünkohlpfanne' – curly kale and 3 small fillets with fried onions and small potatoes	21.75
Mixed grill: various meats, beans, chipped potatoes	19.00
Rumpsteak with herb butter, chipped potatoes	25.00

Fish

Fried plaice, with parsley potatoes, side salad	17.50
Fillet of plaice, buttered potatoes, side salad	17.00
Halibut steak, mushrooms, buttered rice, green salad	23.00

Desserts

Fruit salad with Kirsch		3.50
Fresh pineapple		3.50
Fresh strawberries		4.00
Portion of cream		0.85
Ice cream:	vanilla	2.20
	chocolate	2.50
	lemon	2.50
	banana	2.50

Wine list

106 Sylvaner, quality wine, dry *(per glass = 0.25 l)*	3.20
107 Red wine, medium dry, mature	4.00
108 Riesling, late vintage Moselle, quality wine with distinction. Mature and fruity	5.00
109 Müller-Thurgau, Franconian quality wine, dry	6.80

Beverages

Pilsner (lager beer) 3.00 DM   Pilsner with a dash of malt beer 3.50 DM
Export 3.50 DM   Brandy 6.00 DM   Schnapps 4.50 DM

Service and VAT included.

Glossary

A

der Aal (–e) *eel*
ab *from*;   ab und zu *now and then*
abbiegen (*sep.*) o, o (sein) *to turn off (a road)*
der Abend (–e) *evening;*   guten Abend *good evening;*   heute abend *this evening, tonight*
das Abendbrot *informal evening meal, supper*
die Abenddämmerung *dusk*
das Abendessen (–) *evening meal, dinner*
abends *in the evenings*
aber *but*
abfahren (*sep.*) (ä), u, a (sein) *to depart, leave*
die Abfahrt (–en) *departure*
abgeschmeckt *flavoured*
abgesehen von *apart from*
abhalten (*sep.*) (ä), ie, a *to hold*
abholen (*sep.*) *to fetch, collect*
das Abitur *similar to A-levels*
die Abkürzung (–en) *abbreviation*
ablegen (*sep.*) *to discard*
abnehmen (*sep.*) (i), a, o *to lose weight*
abrosten (*sep.*) *to rust*
abschließen (*sep.*) o, o *to finish*
abschneiden (*sep.*) i, i *to cut off*
absolut *absolute(ly)*

absterben (*sep.*) (i), a, o (sein) *to die off*
die Abteilung (–en) *department*
abwechslungsreich *varied*
ach! *oh!*
ach so! *I see!*
adäquat *adequate, suitable*
der Adlerflaum *eagle feathers, down*
der Advent *Advent*
die Aerobik *aerobics*
Afrika *Africa*
aktiv *active*
die Aktivität (–en) *activity*
aktuell *current, topical*
der Alkohol *alcohol*
die Allee (–n) *avenue*
allein *alone*
allerdings *of course*
am allerliebsten *best of all (of preferences)*
alles *all, everything;*   all das *all that;*   alles, was . . . *everything that . . .;*   vor allem/allen Dingen *above all;*   alle Ihre Patienten *all your patients*
allgemein *general(ly)*
die Allgemeine Ortskrankenkasse (AOK) *general sickness fund*
allmächtig *almighty*
die Alm (–en) *alpine pasture*

die Alpenlandschaft (–en) *alpine scenery*
als *as, than, when*
also *so, therefore, that is*
alt *old*
der Altar (¨e) *altar*
der Altbau (–ten) *old building*
das Alter *age*
der Altersdurchschnitt *average age*
die Altersgruppe (–n) *age group*
die Altersklasse (–n) *age group (*lit. *class)*
älter (als) *older (than)*
der, die, das älteste *oldest*
die Altstadt *old part of city*
am = an dem;   einmal am Tag *once a day*
Amerika *America*
der Amerikaner (–) *American*
die Ampel (–n) *traffic light*
das Amt (¨er) *office, authority*
amtlich *official*
an *at, on;*   an die 1.000 Quadratmeter *close
    on 1,000 square metres*
analysieren *to analyse*
die Ananas (–) *pineapple*
anbieten (*sep.*) o, o *to offer;*   wenn es sich
    anbietet *if there's the opportunity*
der, die, das andere *other;*   unter anderem/anderen
    amongst other things/others
anders *otherwise, different*
aneinander: eng aneinander *close together*
der Anfang (¨e) *beginning*
anfangen (*sep.*) (ä), i, a *to begin*
der Anfänger (–) *beginner*
anfertigen (*sep.*) *to make, manufacture*
angeblich *supposed(ly)*
das Angebot (–e) *programme*
angenehm *pleasant;*   angenehmen Aufenthalt!
    have a pleasant stay!
angliedern (*sep.*) *to attach*
der Angestellte (–n), ein Angestellter *employee (m)*
die Angestellte (–n) *employee (f)*
angucken (*sep.*) *to look at*
die Angst (¨e) *fear*
anhören (*sep.*) *to listen to;*   sich anhören wie
    to sound like
ankommen (*sep.*) a, o (sein) *to arrive;*
    ankommen auf *to depend on*
die Anlage (–n) *laying out (of park, grounds, etc.)*
der Anlaß (¨sse) *occasion*
anlegen (*sep.*) *to lay out (eg park)*
der Anleger (–) *landing-stage*
sich anmelden (*sep.*) *to apply*
annehmen (*sep.*) (i), a, o *to accept*
anonym *anonymous*
anprobieren (*sep.*) *to try on*
anschauen (*sep.*) *to look at*
anschließend *adjacent*
ansehen (*sep.*) (ie), a, e *to look at*

ansetzen (*sep.*) *to embark on*
ansiedeln (*sep.*) *to establish*
ansonsten *apart from that*
der Anspruch (¨e) *claim;*   Ansprüche stellen *to
    make demands*
anstehen (*sep.*) a, a *to queue up*
die Anstellung (–en) *position, job*
anstrengend *strenuous*
antik *antique*
die Antwort (–en) *answer*
die Anwendung (–en) *treatment*
der Anzug (¨e) *suit*
anzünden (*sep.*) *to light*
das Apartment (–s) *flat*
das Apartmenthaus (¨er) *block of flats*
der Apfel (¨) *apple*
die Apotheke (–n) *chemist's shop, pharmacy*
das Appartement (–s) *flat*
der Appetit *appetite;*   guten Appetit! *enjoy your
    meal!*
die Aprikose (–n) *apricot*
die Arbeit (–en) *work*
arbeiten *to work*
der Arbeiter (–) *worker*
das Arbeitsamt (¨er) *job centre*
das Arbeitslied (–er) *work song*
die Arbeitsmethode (–n) *method of work*
die Arbeitsstelle (–n) *job, post*
die Arbeitsstunde (–n) *working hour*
der Arbeitstag (–e) *working day*
die Arbeitszeit (–en) *working hours*
der Archäologe (–n) *archaeologist*
die Arkade (–n) *arcade*
die Armee (–n) *army*
die Art (–en) *kind, sort*
der Arzneischrank (¨e) *medicine cupboard*
der Arzt (¨e) *doctor (m)*
die Arzthelferin (–nen) *doctor's assistant (f)*
die Ärztin (–nen) *doctor (f)*
der Aschermittwoch *Ash Wednesday*
Asien *Asia*
das Aspirin *aspirin*
Athen *Athens*
die Attraktion (–en) *attraction*
auch *also, too, as well*
auf *on; (also in, to)*
aufbauen (*sep.*) *to stack/build up*
aufbleiben (*sep.*) ie, ie (sein) *to stay up*
der Aufenthalt *stay*
aufessen (*sep.*) (ißt auf), aß auf, aufgegessen *to
    eat up*
die Aufgabe (–n) *task*
aufgedreht *keyed up*
aufgrund *on the basis of*
aufhängen (*sep.*) *to hang up*
aufhören (*sep.*) *to stop*
die Aufnahmeprüfung (–en) *entrance exam*

aufnehmen (*sep.*) (i), a, o *to accept, take up*
aufpassen (*sep.*) *to watch out*
aufsagen (*sep.*) *to recite*
der Aufschnitt *sliced cold meats*
aufstehen (*sep.*) a, a (sein) *to get up*
aufwachsen (*sep.*) (ä), u, a (sein) *to grow up*
aufwärts *upwards, upstream*
das Auge (–n) *eye*
der Augenblick (–e) *moment;*   im Augenblick *at the moment*
die Auktion (–en) *auction*
ausbauen (*sep.*) *to enlarge*
aus *from, out/made of*
die Ausbildung (–en) *training*
ausbrechen (*sep.*) (i), a, o (sein) *to break out*
der Ausdruck (–e) *expression*
der Ausflug (–e) *excursion, trip*
ausführen (*sep.*) *to carry out*
ausfüllen (*sep.*) *to fill in*
der Ausgang (–e) *exit*
ausgebrannt *burnt out*
ausgebucht *booked up, full*
ausgemalt *painted*
ausgerichtet *orientated*
ausgestorben *empty* (lit. *died out*)
ausgezeichnet *excellent*
die Auskunft (–e) *information*
das Ausland *abroad*
ausmachen (*sep.*) *to arrange*
ausreichen (*sep.*) *to be enough;*   reicht die Mittagspause aus? *is the lunch break long enough?*
ausschließlich *exclusive(ly)*
aussehen (*sep.*) (ie), a, e *to look (like)*
außerdem *apart from that, in addition*
außerordentlich *exceptional(ly)*
die Ausstellung (–en) *exhibition*
aussuchen (*sep.*) *to choose*
außen *outside*
außer *except*
außerdem *besides*
außerhalb *outside of*
äußerlich *external(ly)*
die Aussicht (–en) *view*
aussteigen (*sep.*), ie, ie (sein) *to get off*
Australien *Australia*
austreiben (*sep.*) ie, ie *to drive out*
ausverkauft *sold out*
auswählen (*sep.*) *to choose, select*
auswärts *outside of*
ausweichen (*sep.*) i, i (sein) *to move out*
das Auto (–s) *car;*   mit dem Auto *by car*
die Autoabgase (*pl*) *car exhaust fumes*
die Autobahn (–en) *motorway*
der Automechaniker ( ) *car mechanic*
das Automobil (–e) *car*
das Autowaschen *washing the car*

B

backen (bäckt), backte, gebacken *to bake*
der Bäcker (–) *baker*
der Bäckermeister (–) *master baker*
die Bäckerei (–en) *bakery*
die Backwarenindustrie (–n) *baking industry*
das Bad (–er) *bath, bathroom*
die Badeabteilung (–en) *bathing section/area*
die Badeanwendung (–en) *treatment in baths*
baden *to bathe*
das Badezimmer (–) *bathroom*
badisch *from the region of* Baden
die Bahn (–en) *train, railway;*   mit der Bahn *by train*
der Bahnhof (–e) *railway station*
die Bahnhofsgaststätte (–n) *station restaurant*
die Bahnhofsauskunft (–e) *rail travel information*
der Bahnhofsvorplatz (–e) *station forecourt*
bald *soon*
der Balkon (–s or –e) *balcony*
der Ball (–e) *ball*
die Banane (–n) *banana*
die Bank (–en) *bank;*   (–e) *bench*
Barbier: Der Barbier von Sevilla *The Barber of Seville*
das *or* der Barock *baroque*
der Baron (–e) *baron*
Basel *Basle*
der Basketball *basketball*
basteln *to work on*
das Bauchweh *stomach ache*
der Bau (–ten) *building*
bauen *to build*
der Bauer (–n) *farmer*
der Bauernhof (–e) *farm*
das Baujahr (–e) *year of building, manufacture*
die Bauleute (*pl*) *builders*
der Baum (–e) *tree*
die Baumwolle *cotton*
das Bauwerk (–e) *building*
Bayern *Bavaria*
bayrisch *Bavarian*
der Bazar (–e) *shop, bazaar*
der Beamte (–n), ein Beamter *civil servant (m)*
die Beamtin (–nen) *civil servant (f)*
beantworten *to answer*
bearbeiten *to work at*
sich bedanken *to express thanks;*   ich bedanke mich *thank you*
bedenken, bedachte, bedacht *to consider*
bedeuten *to mean*
bedeutend *important*
die Bedeutung (–en) *meaning*
die Bedingung (–en) *condition*
beeindrucken *to impress*
beenden *to complete*

sich befinden, a, u *to be (situated)*

der Beginn *beginning;* seit Beginn *from the beginning*

beginnen, a, o *to begin*

begraben (ä), u, a *to bury*

begrüßen *to greet, welcome*

behalten (ä), ie, a *to keep*

behandeln *to treat*

die Behandlung (–en) *treatment*

bei *at, near, with;* bei Bünting *at Büntings;* bei mir *at my house*

beim = bei dem

beide(s) *both;* diese beiden *these two*

beinahe *almost*

das Beispiel (–e) *example;* zum Beispiel (z.B.) *for example*

bekannt *well-known*

der/die Bekannte (–n) *acquaintance (m/f)*

bekommen, a, o *to get, receive*

belagern *to besiege*

belegt: ein belegtes Brötchen *filled roll*

beliebt *popular*

sich bemühen *to try, make an effort*

benötigen *to need*

benutzen *or* benützen *to use*

das Benzin *petrol*

bequem *convenient, comfortable*

die Beratung (–en) *consultation, advice*

der Bereich (–e) *area*

der Berg (–e) *mountain*

der Beruf (–e) *job, occupation*

die Berufsberaterin (–nen) *careers adviser/counsellor (f)*

das Berufsbild: im gesamten Berufsbild *altogether in the job*

berufstätig *in employment*

berühmt *famous*

beschäftigen *to employ;* sich beschäftigen mit *to occupy oneself with*

beschließen, o, o *to decide*

beschränkt *limited*

beschreibbar *describable*

beschreiben, ie, ie *to describe*

besetzt *occupied, full*

besichtigen *to visit*

besitzen, besaß, besessen *to own*

die Besonderheit (–en) *special feature*

der, die, das besondere *special;* etwas Besonderes *something special*

besonders *particularly*

besorgen: wir besorgen ihnen Hotels *we find them hotels*

besser *better*

der, die, das beste *the best*

bestellen *to order*

die Bestellung (–en) *order;* auf Bestellung *by appointment*

bestimmen *to decide, determine*

bestimmt *definite(ly), certain(ly)*

bestrebt: wir sind bestrebt *we're endeavouring*

der Besuch (–e) *visit, visitors*

besuchen *to visit*

beten *to pray*

betrachten *to look at, observe*

betreiben, ie, ie: Sport betreiben *to practise sport*

betreten (betritt), betrat, betreten *to tread on, walk on*

betreuen *to look after*

der Betrieb (–e) *business;* viel Betrieb *very busy*

das Bett (–en) *bed*

die Bevölkerung (–en) *population*

bevor *before*

bevorzugen *to prefer*

bewachen *to watch over*

der Bewerber (–) *applicant*

bewohnen *to live in*

der Bewohner (–) *occupant*

bewundern *to admire*

bezahlen *to pay*

das Bier *beer*

bieten, o, o *to offer*

das Bild (–er) *picture*

bilden *to form*

der Bildhauer (–) *sculptor*

billig *cheap*

die Biologie *biology*

die Birne (–n) *pear*

bis *until;* bis zum/zur *as far as;* bis zum 15. Januar *by 15th January*

der Bischof (–̈e) *bishop*

bißchen: ein bißchen *a little/bit*

bissl *Austrian/s. German for* bißchen

das Bistro (–s) *bistro*

bitte, bitte schön, bitte sehr *please, not at all* bitte schön? bitte sehr? *yes please? can I help you?*

bitten, bat, gebeten *to ask for*

das Blatt (–̈er) *leaf*

blau *blue*

bleiben, ie, ie (sein) *to stay, remain*

der Blick (–e) *view*

blicken *to look*

blühen *to flower*

die Blume (–n) *flower*

der Blumenbazar (–e) *flower shop, bazaar*

das Blumengeschäft (–e) *flower shop*

die Blumenkunst (–̈e) *floral art*

der Blumenmarkt (–̈e) *flower market*

die Bluse (–n) *blouse*

die Bohne (–n) *bean*

bohren *to drill*

die Bombe (–n) *bomb*

der Bon (–s) *ticket, chitty*

das Boot (–e) *boat*
böse *evil*
der botanische Garten *botanical garden*
braten (ä), ie, a *to fry*
die Bratwurst (¨e) *fried sausage*
der Brauch (¨e) *custom*
brauchen *to need, take*
brauen *to brew*
die Brauerei (–en) *brewery*
der Braumeister (–) *master brewer*
braun *brown*
Braunschweig *Brunswick*
Bremer (*adj.*) *of Bremen*
der Bremer (–) *native of Bremen (m)*
der Brief (–e) *letter*
der Brieffreund (–e) *pen-friend*
die Briefmarke (–n) *stamp*
bringen, brachte, gebracht *to bring*
britisch *British*
der Brokat *brocade*
die Bronze *bronze*
das Brot (–e) *bread, loaf*
der Brotlaib (–e) *loaf of bread*
das Brötchen (–) *bread roll*
die Brotzeit (–en) *(Austrian/s. German) light lunch*
die Brücke (–n) *bridge*
der Brückenzoll (¨e) *bridge toll*
der Bruder (¨) *brother*
der Brunnen (–) *well, fountain*
die Brunnenabdeckung (–en) *well-cover*
das Buch (¨er) *book*
buchen *to book*
die Buchhandlung (–en) *bookshop*
der Buchstabe (–n) *letter (of alph.)*
die Bude (–n) *stall*
die Bühne (–n) *stage*
der Bummel (–) *stroll*
bummeln (sein) *to stroll*
bunt *colourful;* in Bunt *in colour*
der Bürger (–) *citizen*
die Bürgerinitiative (–n) *pressure group, campaign*
der Bürgermeister (–) *mayor*
das Büro (–s) *office*
der Bus (–se) *bus;* mit dem Bus *by bus*
die Bushaltestelle (–n) *bus stop*
die Butter *butter*

C

das Café (–s) *café*
der Campingbus (–se) *camper*
der Cappuccino (–s) *cappuccino*
das Cello (–s) *cello*
der Cellist (–en) *cellist*
der Charakter (–e) *character*
der Chef (–s) *boss (m)*

die Chefin (–nen) *manageress, boss (f)*
Chinesisch *Chinese (language)*
der Chor (¨e) *choir*
der Chorleiter (–) *choirmaster*
chromatisch *chromatic*
der Clown (–s) *clown*
der Computer (–) *computer*
der Containerhafen (¨) *container dock*

D

da *here, there*
da –: dadurch *through it/them;*
dafür *for it/them;* dagegen *against it/them;* dahinter *behind it/them;* damit *with it/them, so that;* davon *of/from it/them;* davor *in front of it/them;* dazu *with it/them, in addition;* dazwischen *between them*
dabei: wieviel verdienen Sie dabei? *how much do you get (earn) for it?*
das Dach (¨er) *roof*
dachte *see* denken
der Dackel (–) *dachshund*
dagegen: haben Sie etwas dagegen? *have you got something for it? (ailments)*
daher *therefore*
damals *at that time*
die Dame (–n) *lady*
das Damenkleid (–er) *lady's dress*
die Damenoberbekleidung (–en) *ladies' (outer) clothing*
der Dampfer (–) *steamer*
Dänemark *Denmark*
Dank: (recht) herzlichen Dank *thank you very much;* vielen Dank *many thanks*
danke *thank you;* danke schön, danke sehr *thank you (very much)*
danken *to thank*
dann *then*
dar –: daran *at, on it/them;* darauf *on it/them;* darin *in it/them;* darüber *over it/them; about it/them;* darüber hinaus *moreover, in addition*
darf (*from* dürfen): darf ich *may I?;* was darf es sein? *what would you like?*
darum *therefore*
das *the, this, who, which, it;* das wär's *that's all*
daß *that*
die Daten (*pl*) *data*
dauern *to last*
der Deich (–e) *dike*
dein *your*
dem *(to) the/whom; which*
demokratisch: die Deutsche Demokratische Republik (DDR) *German Democratic Republic*

den *the, which, whom;* den da *that one*

denen *(to) which/whom*

denken, dachte, gedacht *to think*

das Denkmal (–er) *monument*

denn *for, because, then*

der *the, it, which, who*

der–, die–, dasselbe *the same*

desinfizieren *to disinfect*

das Destillat (–e) *distillate (product of distillation)*

deswegen *therefore*

deutlich *clear(ly)*

deutsch *German;* auf deutsch *in German;* Deutsch *German (language)*

der Deutsche (–n), ein Deutscher *German* Deutschland *Germany*

der Diabetes *diabetes*

die Diät *diet*

dich *you*

dicht (bei) *close (to)*

dick *fat*

die *the, who, which, they*

diejenigen *those*

die Diele (–n) *hall*

der Dienst (–e) *service*

dieser, diese, dieses, diesen, diesem *this, these*

das Ding (–e) *thing*

dir *(to) you*

direkt *exact(ly), direct(ly),* 'live'

der Direktor (–en) *director*

der Dirigent (–en) *conductor*

dirigieren *to conduct*

das Dirndl (–) *dirndl (trad. Bavarian/Austrian dress)*

die Diskothek (–en) *discothèque*

diskutieren *to discuss*

doch *yes (contradicting 'no'); yet, nevertheless; filler word used for emphasis:* trotz aller Proteste wird die Autobahn nun doch gebaut *in spite of all the protests the motorway is still being built*

der Doktor (–en) *doctor;* Frau Doktor, Herr Doktor *when addressing a doctor*

der Dom (–e) *cathedral*

die Dombauhütte (–n) *stonemasons' workshop by cathedral*

der Dombaumeister (–) *man in charge of cathedral restoration*

dominieren *to dominate*

die Donau *(River) Danube*

doof *stupid*

das Doppelzimmer (–) *double room*

das Dorf (–er) *village*

dort *there;* dort drüben *over there;* dort hinten *back there;* dorthin *(to) there*

die Dose (–n) *tin, can*

der Drachenflieger (–) *hang-glider*

dran = daran

dranhängen: was alles so dranhängt *whatever else gets caught up in them*

draußen *outside*

die Drehorgel (–n) *barrel organ*

dreidimensional *three-dimensional;* die Dreidimensionalität *three-dimensional quality*

drin = darin

drinnen *inside*

drittens *thirdly*

die Drogerie (–n) *chemist's shop, perfumery*

drüben *over there*

du *you*

der Duft (–e) *scent, aroma*

duften *to smell good*

duftend *with appetizing smell*

dunkel *dark*

dünn *thin*

Dur: G–Dur *G major;* Es–Dur *E flat major*

durch *through*

die Durchfahrt (–en) *through journey;* auf der Durchfahrt *passing through*

durchführen *(sep.) to carry out, complete*

durchgearbeitet *thoroughly exercised*

durchhalten *(sep.) (ä), ie, a to keep up, hold out*

der Durchschnitt *average;* im Durchschnitt *on average*

dürfen (darf), durfte, gedurft *to be allowed*

dürfte: der dürfte der beste sein *it's probably the best*

die Dusche (–n) *shower*

E

eben *just, after all*

ebenerdig *on one level/floor*

ebenfalls *likewise*

ebenso *just as, equally*

das Echo (–s) *echo*

echt *genuine*

die Ecke (–n) *corner*

der Edamer *Edam cheese*

edel *fine*

egal: das ist mir egal *it's all the same to me*

eher *sooner, rather*

die Ehrlichkeit *honesty*

das Ei (–er) *egg*

eigen *own*

eigentlich *actually, really*

eilig: wenn man es eilig hat *if you're in a hurry*

ein, eine, einen, eines, einer, einem *one, a;* die einen . . . die anderen . . . *some . . . others . . .*

einbinden *(sep.) a, u to integrate*

der Eindruck (–e) *impression*

eineinhalb *one and a half*

einfach *simple, simply, easy, easily, single (journey);* die einfache Fahrt *single journey*

das Einfamilienhaus (¨er) *house for one family*

das Einfühlungsvermögen *empathy, sensitivity*

einführen *(sep.) to import, introduce*

der Eingang (¨e) *entrance*

eingebettet *embedded*

eingeschlossen *locked in*

einige *some*

einkaufen *(sep.) to go shopping*

das Einkaufen *shopping*

der Einkaufstip (–s) *shopping tip*

das Einkaufszentrum (–zentren) *shopping centre*

einladen *(sep.) u, a to invite*

einmal *once, one of;* auf einmal *all at once;* nicht einmal *not even*

einmalig *unique*

einnehmen *(sep.) (i), a, o to take (medication)*

einreiben *(sep.) ie, ie to rub in*

einreichen *(sep.) to hand in*

die Einrichtung (–en) *furnishing*

einschlafen *(sep.) (ä), ie, a (sein) to get to sleep*

einschließlich *inclusive*

sich einsetzen für *(sep.) to fight for, support*

der Eintopf (¨e) *casserole, stew*

sich eintragen *(sep.) (ä), u, a to register*

der Einwohner (–) *inhabitant*

das Einzelzimmer (–) *single room*

einzig *only*

das Eis *ice (cream)*

die Eisenbahn (–en) *train (set)*

die Eislaufhalle (–n) *skating rink*

der Elefant (–en) *elephant*

elegant *elegant*

die Eltern *(pl) parents*

die Empfangsdame (–n) *receptionist (f)*

der Empfangsherr (–en) *receptionist (m)*

empfehlen *(ie), a, o to recommend*

die Empore (–n) *gallery*

das Ende (–n) *end;* zu Ende *over, finished*

enden *to end*

endlich *at last*

das Endziel (–e) *target*

eng *close, narrow*

England *England*

englisch *English;* Englisch *English (language)*

der Engpaß (¨sse) *bottleneck*

der Enkel (–) *grandchild*

enorm: enorm viel Zeit *an enormous amount of time*

entdecken *to discover*

entfernt *away, distant*

entgegenfliegen *(sep.) o, o (sein) to fly towards*

entlang *along;* entlanggehen *(sep.) i, a (sein) to walk along;* entlangkommen *(sep.) a, o*

(sein) to come along

sich entscheiden, ie, ie *to decide*

entschuldigen *to excuse;* entschuldigen Sie bitte/Entschuldigung *excuse me please*

die Entspannung *relaxation*

entsprechend *in accordance with*

entweder . . . oder *either . . . or*

entwickeln *to develop*

die Entwicklung (–en) *development*

der Entwurf (¨e) *sketch, plan*

er *he, it*

der Erdapfel (¨) *(Austrian) potato*

die Erdbeere (–n) *strawberry*

die Erde *earth*

das Erdgeschoß *ground floor*

der Erfolg (–e) *success*

erforderlich *necessary*

erfordern *to need, demand*

die Erfrischung (–en) *refreshment*

erfüllen *to fulfil*

das Ergebnis (–se) *result*

erhalten (ä), ie, a *to receive, maintain;* am Leben erhalten *to keep alive*

erklären *to explain*

erleben *to experience*

erlernen *to learn*

ernähren *to support, maintain, nourish*

die Ernte (–n) *harvest*

das Erntedankfest *harvest festival*

die Erntegabe (–n) *harvest gift*

ernten *to harvest*

eröffnen *to open*

die Eröffnung (–en) *opening*

erreichen *to reach*

errichten *to erect, construct*

erschöpft *exhausted*

erst *only, not until;* erst seit vier Jahren *for only four years*

der, die, das erste *first*

erstellen *to put up, erect*

erstens, als erstes *firstly*

erwärmen *to warm up*

erwarten *to expect*

erzählen *to tell*

der Erzbischof (¨e) *archbishop*

das Erzeugnis (–se) *product*

es *it*

das Essen *meal, food;* etwas zum Essen *something to eat*

essen (ißt), aß, gegessen *to eat*

das Eßzimmer (–) *dining-room*

die Etage (–n) *floor, storey*

das Etikett (–en) *label*

etwa *approximately, about*

etwas *something, anything, somewhat;* noch etwas *something else*

euch *(to) you*

Europa *Europe*
evangelisch *protestant*
eventuell *possible, possibly*
exakt *exact(ly)*
existieren *to exist*
exotisch *exotic*
exportieren *to export*

F

das Fach (¨er) *subject*
fachkundig *expert*
fahren (ä), u, a (sein) *to drive, travel, go (by transport)*
die Fahrkarte (–n) *(rail) ticket*
der Fahrkartenschalter (–) *ticket office*
der Fahrplan (¨e) *timetable*
das Fahrrad (¨er) *bicycle*
die Fahrt (–en) *journey*
fallen (ä), ie, a (sein) *to fall*
fällen *to fell*
falsch *wrong*
die Familie (–n) *family*
der Familienbetrieb (–e) *family business*
das Familienfest (–e) *family celebration*
das Familiengeschäft (–e) *family business*
fangen (ä), i, a *to catch*
der Fango *mud bath*
die Farbe (–n) *colour, paint*
das Farbengeschäft (–e) *paint shop*
der Fasching *carnival*
die Faschingstradition (–en) *carnival tradition*
die Fassade (–n) *façade*
fast *almost*
die Fastnacht *Shrove Tuesday*
faszinieren *to fascinate*
das Faszinierende *the fascinating thing*
fehlen *to be missing*
der Feierabend (–e) *time after work;* wann haben Sie Feierabend? *when do you finish work?*
feiern *to celebrate*
der Feiertag (–e) *bank holiday*
fein *fine*
das Feld (–er) *field*
das Fenster (–) *window*
die Ferien (*pl*) *holidays*
fern *far*
der Fernsehapparat (–e) *television set*
das Fernsehen *television*
fernsehen (*sep.*) (ie), a, e *to watch television*
der Fernseher (–) *television set*
fertig *finished, ready*
fertiggestellt *completed*
das Fest (–e) *festival*
der Festsaal (–säle) *banqueting hall*
das Festspiel (–e) *festival*

die Festung (–en) *fortress*
feucht *damp;* feucht-fröhlich *merry (lit. damp happy)*
das Feuer (–) *fire*
der Fiaker (–) *horse-drawn carriage*
die Figur (–en) *figure*
der Film (–e) *film*
finden, a, u *to find*
der Finger (–) *finger*
Finnland *Finland*
die Firma (Firmen) *firm, company*
der Firn *névé, permanent snow*
der Fisch (–e) *fish*
die Fischauktion (–en) *fish auction*
fischen *to fish*
der Fischer (–) *fisherman*
der Fischereihafen (¨) *fishing port*
die Fisole (–n) *(Austrian) green bean*
flach *flat*
die Fläche (–n) *surface*
· die Flamme (–n) *flame*
die Flasche (–n) *bottle*
das Fläschchen (–) *small bottle*
Fledermaus: Die Fledermaus *The Bat*
das Fleisch *meat*
die Fleischstrudelsuppe (–n) *meat strudel in beef broth*
fliegen, o, o (sein) *to fly*
das Fliegen *flying*
fließen, o, o (sein) *to flow*
der Flur (–e) *hall*
der Fluß (¨sse) *river*
die Folge (–n) *episode*
folgen (sein) *to follow*
folgend *following*
die Form (–en) *shape*
der Fortschritt (–e) *step forward, progress*
das Foto (–s) *photograph*
fotografieren *to photograph*
die Frage (–n) *question*
fragen *to ask*
Franken, das Frankenland *Franconia*
fränkisch *Franconian*
Frankreich *France*
Französisch *French (language)*
die Frau (–en) *woman, wife, Mrs*
der Frauenarzt (¨e) *gynaecologist*
das Fräulein (– *or* –s) *young lady, Miss*
frei *free, vacant;* im Freien *in the open air*
freilegen (*sep.*) *to expose*
der Freistil *freestyle*
die Freizeit *spare time*
Freizeitwert: der hohe Freizeitwert *large number of leisure activities*
fremd *foreign, strange*
der Fremde (–n) *guest, stranger*

das Fremdenverkehrsamt (¨er) *tourist office*
der Fremdenverkehrsverein (–e) *tourist office*
die Fremdsprache (–n) *foreign language*
die Freske (–n), das Fresko (–s) *fresco*
die Freude (–n) *joy, pleasure*
sich freuen *to be pleased;* freut mich *delighted;*
    sich freuen auf *to look forward to*
der Freund (–e) *friend*
    freundlich *friendly*
der Friede *peace*
der Friedhof (¨e) *cemetery*
    friedlich *peaceful*
    Friesland *Friesland*
    frisch *fresh*
der Friseur (–e) *hairdresser, barber*
    froh *happy*
    fröhlich *happy, merry*
die Frucht (¨e) *fruit*
    fruchtig *fruity*
    früh *early;* Sonntag früh *Sunday morning*
das Frühjahr *spring*
der Frühling *spring*
das Frühstück *breakfast;* zum Frühstück *for*
    breakfast
    frühstücken *to have breakfast*
    frustrierend *frustrating*
    fühlen *to feel*
    führen *to lead, guide*
der Führer (–) *guide (m)*
die Führerin (–nen) *guide (f)*
die Führung (–en) *(guided) tour*
    füllen *to fill, stuff*
der Fund (–e) *find*
    funkelnd *sparkling*
    funktionieren *to work*
    für *for*
    fürchten *to fear*
der Fürst (–en) *prince*
der Fürstbischof (¨e) *Prince Bishop*
der Fuß (¨e) *foot;* zu Fuß *on foot, walking*
der Fußball (¨e) *football*
das Fußballspiel (–e) *football match*
das Fußballstadion (–stadien) *football stadium*
der Fußgänger (–) *pedestrian*
die Fußgängerzone (–n) *pedestrian precinct*
das Futter *forage*

G

die Galerie (–n) *gallery*
    gängig *usual*
    ganz *quite, whole, all of*
das Ganze *the whole*
    ganztags *full-time* (lit *whole days*)
    gar: gar kein *none at all;* gar nicht *not at all;*
    gar nichts *nothing at all*

die Garage (–n) *garage*
die Garderobe (–n) *cloakroom*
der Garten (¨) *garden*
der Gärtner (–) *gardener*
die Gasse (–n) *Austrian/s. German for* Straße
das Gäßlein (–) *narrow street*
der Gast (¨e) *guest*
das Gäste-Klo (–s) *guest-loo*
das Gästezimmer (–) *guest-room*
der Gasthof (¨e) *inn, pub*
die Gaststätte (–n) *inn, pub*
das Gebäude (–) *building*
    geben (i), a, e *to give*
das Gebiet (–e) *area, region*
    gebirgig *mountainous*
    geboren *born;* ich bin/wurde geboren
    I was born
    gebrauchen *to use*
die Gebrauchsware (–n) *everyday object*
die Geburt (–en) *birth*
das Geburtshaus (¨er) *house where someone was born*
der Geburtstag (–e) *birthday*
    gebürtig *born, by birth*
der Gedanke (–n) *thought*
das Gedicht (–e) *poem*
die Geduld *patience;* Geduld haben *to be patient*
    geeignet *suitable*
die Gefahr (–en) *danger*
    gefallen (ä), ie, a *to like*
die Gefriertruhe (–n) *freezer*
das Gefühl (–e) *feeling*
    gegen *against;* gegen Mittag *around midday*
die Gegend (–en) *area, region*
der Gegenstand (¨e) *object*
    gegenüber *opposite*
das Geheimnis (–se) *secret*
    gehen, ging, gegangen (sein) *to go, walk;*
    das geht *that's all right;* wie geht es
    Ihnen? *how are you?*
    gehören *to belong*
die Geige (–n) *violin*
der Geigenbau *violin-making*
der Geigenbauer (–) *violin-maker*
der Geigenbaumeister (–) *master violin-maker*
der Geist (–er) *spirit;* der Geist der Lampe *genie*
    of the lamp
das Geländer (–) *hand rail*
    gelangen (sein) *to reach, get to*
    gelb *yellow*
das Geld (–er) *money*
die Gelegenheit (–en) *opportunity*
die Gemeinde (–n) *parish*
    gemeinsam *communal, together*
der Gemeinschaftsraum (¨e) *common room*
    gemischt *mixed*
das Gemüse *vegetables*
    gemütlich *comfortable*

genau *exact(ly)*
der Genießer (–) *gourmet*
genug *enough*
genügen *to suffice*
genügend *sufficient*
geöffnet *open*
gepachtet *rented, leased*
der Gepard (–e) *cheetah*
gepflegt *well looked after*
gerade *just, exactly*
geradeaus *straight ahead*
geräuchert *smoked*
gern(e) *of course, certainly;* ich singe gerne
   I like singing; gern geschehen *it's a pleasure*
das Gerstenkorn (–̈er) *barley corn*
gesamt *whole, entire*
das Geschäft (–e) *business, shop*
der Geschäftsführer (–) *manager*
die Geschäftsführerin (–nen) *manageress*
der Geschäftsraum (–̈e) *business premises*
das Geschäftsschild (–er) *trade sign*
die Geschäftsstraße (–n) *shopping street*
das Geschäftszentrum (–zentren) *shopping centre*
die Geschichte (–n) *story, history*
geschickt *skilful*
die Geschirrspülmaschine (–n) *dishwasher*
der Geschlechterturm (–̈e) *tower of patrician's house*
geschlitzt *slit, cut*
geschlossen *closed*
der Geschmack (–̈er) *taste*
die Geschwister (*pl*) *brothers and sisters*
geselcht *Austrian for* geräuchert
der Geselle (–n) *journeyman, trainee craftsman*
die Gesellenzeit *time as journeyman*
die Gesellschaft (–en) *association, society*
das Gesicht (–er) *face*
der Gespritzte (–n) *wine with soda water*
gesund *healthy*
das Getränk (–e) *drink, beverage*
gewesen *past part. of* sein
das Gewicht (–e) *weight*
das Gewichtsproblem (–e) *weight problem*
gewinnen, a, o *to win*
gewiß *certain(ly)*
geworden *past part. of* werden; sind Sie satt
   geworden? *have you had enough?*
das Gewürz (–e) *spice*
gezwungen: ich bin gezwungen *I'm forced to*
gibt (*from* geben): es gibt *there is/are;* gibt es?
   is/are there?
gießen, goß, gegossen *to pour*
das Gift (–e) *poison*
die Gitarre (–n) *guitar*
glänzen *to glisten*
das Glas (–̈er) *glass*
der Glasbläser (–) *glass-blower*
das Gläschen (–) *small glass*

die Glashütte (–n) *glass works*
der Glasstab (–̈e) *glass rod*
glauben *to believe, think*
gleich *immediately, same, just*
gleichzeitig *at the same time*
das Gleis (–e) *platform*
die Glocke (–n) *bell*
das Glockenspiel (–e) *glockenspiel*
das Glück *luck;* Glück haben *to be lucky*
glücklich *happy*
gold *gold (colour)*
der Goldfisch (–e) *goldfish*
das Golf *golf*
gotisch *Gothic*
Gott *God;* Gott sei Dank! *thank goodness/*
   God!
der Gottesdienst (–e) *(church) service*
der Gouda *Gouda cheese*
das Gramm (–e) *gram*
die Grammatik *grammar*
der Grapefruitsaft (–̈e) *grapefruit juice*
grasen *to graze*
das Graubrot (–e) *'grey' bread (from wheat and rye)*
die Grenze (–n) *frontier*
Griechenland *Greece*
griechisch *Greek*
der Grill (–s) *grill*
grob *coarse;* grob gerechnet *roughly*
der Grog (–s) *grog*
der Groschen *groschen (1/100 of Austrian schilling)*
groß *big, large*
großartig *splendid*
Großbritannien *Great Britain*
die Großmutter (–̈) *grandmother*
die Großstadt (–̈e) *city*
der Großvater (–̈) *grandfather*
größer (als) *bigger/larger (than)*
der, die, das größte *biggest, largest*
grün *green;* bei Grün *when the lights are at*
   green; die Grünen (*pl*) *the Greens*
   (pol. party)
der Grund (–̈e) *reason;* aus diesem Grunde *for*
   this reason
gründen *to found*
das Grundstück (–e) *piece of land, plot*
der Grünkohl *curly kale*
die Gruppe (–n) *group*
grüß Gott *Austrian/s. German greeting*
gucken *to look*
günstig *reasonable, favourable*
die Gurke (–n) *cucumber, gherkin*
gut *good, well*
gutbürgerlich *plain*
die Güte *goodness*
der Gutschein (–e) *gift voucher*
das Gymnasium (Gymnasien) *grammar school*
die Gymnastik *gymnastics*

H

haben (hat), hatte, gehabt *to have*
das Hackbrett (–er) *dulcimer*
der Hafen (–̈) *harbour, port*
die Hafenrundfahrt (–en) *trip round the harbour*
die Hafenstadt (–̈e) *port (town)*
die Haferflocken (*pl*) *porridge oats*
halb *half;* halbtags *part-time (lit. half days)*
halbtrocken *medium dry*
die Hälfte (–n) *half*
die Halle (–n) *hall*
hallo *hallo*
die Halsschmerzen (*pl*) *sore throat*
halten (ä), ie, a *to hold;* was halten Sie von . . .? *what do you think of . . .?*
das Hämmerchen (–) *small hammer*
die Hand (–̈e) *hand*
der Handball *handball*
der Handel *trade*
sich handeln: es handelte sich um einen sehr reichen Haushalt *the household in question was very rich*
die Handelsstadt (–̈e) *trading city*
die Handelsstraße (–n) *trading route*
das Handelszentrum (–zentren) *trading centre*
handgedreht *handrolled*
handgemacht *handmade*
handgeschmiedet *forged by hand*
handlich *handy, easy to handle*
das Handwerk (–e) *craft*
der Handwerker (–) *craftsman*
handwerklich: ich arbeite gerne handwerklich *I like working with my hands*
die Hansestadt (–̈e) *Hanseatic city*
harmonisch *harmonious*
hart *tough, hard*
der Harz *Harz Mountains*
die Haß-Liebe *love-hate (relationship)*
hätte: ich hätte gern(e) *I'd like*
der Hauch *breath*
häufig *often*
Haupt- *main –;* die Hauptstraße (–n) *main road*
der Hauptmann (–̈er) *captain*
hauptsächlich *mainly*
das Haus (–̈er) *house;* nach Hause *(towards) home;* zu Hause *at home*
das Häuschen (–) *small house*
der Hausdiener (–) *hotel porter*
die Hausfrau (–en) *housewife*
hausgemacht *homemade*
der Haushalt (e) *household*
das Haustier (–e) *pet*
die Hauswand (–̈e) *wall of house*
der Heiligabend (–e) *Christmas Eve*
der Heilige Geist *Holy Spirit*

der Heimatort (–e), die Heimatstadt (–̈e) *home town*
heiraten *to marry*
heiß *hot*
heißen, ie, ei *to be called;* das heißt *that is*
heizen *to heat*
die Heizung (–en) *heating*
der Heizungskeller (–) *cellar housing heating system*
der Hektar *hectare (10,000 m²)*
helfen (i), a, o (bei) *to help (with)*
hell *clear, light*
das Hemd (–en) *shirt*
herauf *up;* heraufkommen (*sep.*) a, o (sein) *to come up*
heraus *out;* herauskommen (*sep.*) a, o (sein) *to come out*
herb *dry*
der Herbst *autumn*
herein *in;* hereinholen (*sep.*) *to bring in;* hereinkommen (*sep.*) a, o (sein) *to come in*
herkommen (*sep.*) a, o (sein) *to come here*
der Herr (–en) *gentleman, Mr, Lord*
die Herrenbekleidung *menswear*
die Herrentorte (–n) *chocolate cream gateau*
herrlich *splendid, glorious*
die Herrschaften (*pl*) *ladies and gentlemen (also used when there's only one of each)*
herstellen (*sep.*) *to produce, manufacture*
herumspazieren (spaziert herum), spazierte herum, ist herumspaziert *to walk around*
herunterkommen (*sep.*) a, o (sein) *to come down*
hervorheben (*sep.*) o, o *to pick out, emphasize*
das Herz (–en) *heart*
herzlich *warm(ly), cordial(ly)*
Herzstück: das Herzstück der Salzburger Festspiele *(item at) the heart of the Salzburg Festival*
heuer *(Austrian/s. German) this year*
heute *today;* heute abend *tonight, this evening*
heutig *of today*
heutzutage *nowadays*
hier *here;* hierher *(to) here*
die Himbeere (–n) *raspberry*
hin und zurück *there and back, return (ticket)*
hinauffahren (*sep.*) (ä), u, a (sein) *to go/travel up*
hinaus *out;* darüber hinaus *in addition*
hinbringen: daß man die Form richtig hinbringt *(coll.) that you get the shape right*
hinderlich: wie hinderlich *what a nuisance*
hindurch *throughout*
hinein *in, into*
hineinfahren (*sep.*) (ä), u, a (sein) *to drive in*
hinten: dort hinten *back there*
hinter *behind*
hinüber *over*
der Hinweis (–e) *hint, suggestion*
historisch *historic*
das Hobby (–s) *hobby*

hobbymäßig *as a hobby*
hoch *high;* hohe Bäume *tall trees*
das Hochhaus (¨er) *block of high rise flats*
die Hochschule (–n) *university, college*
der Hochsommer *midsummer*
das Hochwasser (–) *flood, high water*
der Hof (¨e) *courtyard, court*
hoffen *to hope*
die Höhe (–n) *altitude, height*
der Höhepunkt (–e) *climax*
höher (als) *higher (than)*
das Holz (¨er) *wood*
die Holzmaske (–n) *wooden mask*
der Hopfen *hop*
hören *to hear, listen*
der Horrorfilm (–e) *horror film*
die Horrorgeschichte (–n) *horror story, thriller*
die Hose/Hosen *trousers*
das Hotel (–s) *hotel*
hübsch *pretty*
hügelig *hilly*
der Hund (–e) *dog*

I

ich *I*
ihm *(to) him, it*
ihn *him, it*
Ihnen *(to) you*
ihnen *(to) them*
Ihr, Ihre, Ihren, Ihres, Ihrer, Ihrem *your*
ihr, ihre, ihren, ihres, ihrer, ihrem *her, its, their*
im = in dem
immer *always;* immer noch *still*
in *in, into*
Indien *India*
individuell *individual(ly)*
die Industrie (–n) *industry*
die Industriewaren (*pl*) *industrial goods*
die Information (–en) *information*
informieren *to inform*
der Ingenieur (–e) *engineer*
inklusive *inclusive*
innen *inside*
die Innenstadt (¨e) *inner city*
das Innere *inside*
innerhalb *inside (of)*
ins = in das
die Insel (–n) *island*
insgesamt *altogether*
das Instrument (–e) *instrument*
der Intercity *inter-city train*
interessant *interesting*
das Interesse (–n) *interest*
der Interessent (–en) *interested party*
sich interessieren für *to be interested in*

interessiert *interested*
international *international*
der Internist (–en) *specialist for internal diseases*
inzwischen *meanwhile*
irgend- *some-/any-;* irgend jemand *some-/anyone;* irgendwann *some-/anytime;* irgendwas *some-/anything;* irgendwie *some-/anyhow;* irgendwo *some-/anywhere;* irgendwohin *to some/any place*
Italien *Italy*
italienisch *Italian*

J

ja *yes*
die Jacke (–n) *jacket*
das Jahr (–e) *year;* im Jahr 1806 *in 1806;* einmal im Jahr *once a year*
jahrelang *for years*
die Jahreszeit (–en) *season*
der Jahrgang (¨e) *vintage*
das Jahrhundert (–e) *century*
jährig: die 2.000-jährige Geschichte *2,000-year-old history*
jährlich *annual*
der Japaner *Japanese (m)*
jawohl *yes*
der Jazz *Jazz*
jedenfalls *anyhow, in any case*
jeder, jede, jedes, jeden, jedem *each, every;* jeder *everyone*
Jedermann *Everyman*
jedoch *however*
jemand *someone, anyone*
jetzt *now*
jeweils *each time*
der Job (–s) *job*
der Joghurt *yoghourt*
das Jubiläum (Jubiläen) *jubilee*
der/die Jugendliche (–n) *young person (m/f)*
der Jugendstil *art nouveau*
Jugoslawien *Yugoslavia*
jugoslawisch *Yugoslavian*
jung *young*
der Junge (–n) *boy*
jünger (als) *younger (than)*
der, die, das jüngste *youngest*

K

der Kabinett(wein) *quality wine made from grapes picked early*
der Kachelofen (¨) *stove*
der Käfer (–) *beetle*
der Kaffee (–s) *coffee*

das Kaffeetrinken *coffee-drinking*
der Kaiser (–) *Emperor*
der Kaisersaal (–säle) *Emperor's hall*
die Kalorie (–n) *calorie*
kalt *cold*
die Kälte *cold (weather)*
das Kamel (–e) *camel*
die Kamera (–s) *camera*
der Kamin (–e) *fireplace*
das Kammerkonzert (–e) *chamber concert*
der Kanal (–̈e) *canal*
der Kanalbau *building of canal*
der Kandis(zucker) *crystallised sugar*
das Kännchen (–) *pot*
die Kantine (–n) *canteen*
die Kapelle (–n) *band*
kaputtgehen (*sep.*) i, a (sein) *to get broken*
der Karfreitag *Good Friday*
der Karmelitengeist *spirit made by Carmelite monks*
das Karmelitenkloster *Carmelite monastery*
die Karotte (–n) *carrot*
die Karte (–n) *map, ticket*
der Kartenwunsch (–̈e) *ticket requirement*
die Kartoffel (–n) *potato*
der Kartoffelsalat (–e) *potato salad*
der Karton (–s) *carton*
der Käse (–) *cheese*
das Käsebrot (–e) *open cheese sandwich*
der Kassenbon (–s) *cash till receipt*
der Kassenpatient (–en) *patient in national sickness insurance scheme*
der Kassierer (–) *cashier*
die Katze (–n) *cat*
das Kätzchen (–) *kitten*
kaufen *to buy*
das Kaufhaus (–̈er) *department store*
der Kaufmann (Kaufleute) *business man, merchant*
kaum *hardly*
der Kegelklub (–s) *skittles club*
kein, keine, keinen, keines, keiner, keinem
    no, none
der Keller (–) *cellar*
der Kellermeister (–) *head cellarman*
der Kellerraum (–̈e) *room in cellar*
der Kellner (–) *waiter*
die Kellnerin (–nen) *waitress*
der Kern (–e) *core, heart*
die Kerze (–n) *candle*
die Keulengymnastik *exercises with Indian clubs*
das Kilo (–s), das Kilogramm (–e) *kilo(gram)*
der Kilometer (–) *kilometre*
kilometerweise *by the kilometre*
das Kind (–er) *child*
der Kinderarzt (–̈e) *paediatrician*
die Kinderflasche (–n) *baby's bottle*
der Kindergottesdienst (–e) *children's church service*
das Kino (–s) *cinema*

der Kiosk (–e) *kiosk*
die Kirche (–n) *church*
der Kirchendiener (–) *verger*
kirchlich *ecclesiastical*
die Kirsche (–n) *cherry*
die Klasse (–n) *class*
der Klassiker (–) *classical composer*
klassisch *classical*
das Klavier (–e) *piano*
das Kleid (–er) *dress*
kleiden *to dress*
die Kleider (*pl*) die Kleidung *clothes/clothing*
klein *small, little*
das Kleingeld *small change*
das Klima *climate*
die Klinik (–en) *clinic, hospital*
das Klo (–s) *loo*
das Kloster (–̈) *monastery*
der Klub (–s) *club*
die Kneipe (–n) *pub*
der Knödel (–) *dumpling*
Koblenz *Coblenz*
kochen *to cook, boil*
der Kollege (–n) *colleague (m)*
die Kollegin (–nen) *colleague (f)*
Köln *Cologne*
die Kombination (–en) *combination*
der Kombinationsslalom (–s) *combined slalom*
komfortabel *well-appointed, comfortable*
kommen, kam, gekommen (sein) *to come;*
    kommt sofort! *right away!*
kompliziert *complicated*
der Komponist (–en) *composer*
die Komposition (–en) *composition*
die Konditorei (–en) *cake shop, café*
die Konferenz (–en) *conference*
der Kongreß (–sse) *congress, convention*
der König (–e) *king*
die Königin (–nen) *queen*
können *to be able*
das Können *ability*
der Könner (–) *able or proficient person*
könnte: ich könnte *I could*
das Konservatorium (–ien) *conservatory*
der Kontakt (–e) *contact*
der Kontinent (–e) *continent*
der Kontrabaß (–̈sse) *double bass*
kontrollieren *to control*
konventionell *conventional*
die Konzentration (–en) *concentration*
das Konzert (–e) *concerto, concert*
der Kopf (–̈e) *head*
die Kopfschmerzen (*pl*) *headache*
das Körbchen (–) *small basket*
der Körper (–) *body*
die Körperfülle *corpulence*
kosten *to cost*

die Kosten (*pl*) *costs*
das Kostüm (–e) *costume, suit*
das Kotelett (–s) *chop*
die Krabbe (–n) *prawn*
die Kraft (¨e) *strength, energy*
   kräftig *strong*
   krank *ill*
die Krankenkasse (–n) *sickness insurance scheme*
das Kraut (¨er) *herb*
die Krawatte (–n) *tie*
die Kreation (–en) *creation*
der Kreis (–e) *circle*
das Kreuz (–e) *cross*
die Kreuzung (–en) *crossing*
der Krieg (–e) *war*
der Krimi (–s), der Kriminalfilm (–e) *thriller*
   Kubik: der *or* das Kubik(zenti)meter
      cubic (centi)metre
die Küche (–n) *kitchen*
der Kuchen (–) *cake*
der Kuchenbon (–s) *ticket for cake*
die Kuh (¨e) *cow*
   kühl *cool*
der Kühlschrank (¨e) *refrigerator*
die Kulisse (–n) *stage scenery*
die Kultur (–en) *culture*
   kulturell *cultural*
das Kulturleben *cultural life*
das Kümmelbrot (–e) *bread with caraway seeds*
der Kunde (–n) *customer (m)*
die Kundin (–nen) *customer (f)*
die Kunst (¨e) *art*
die Kunstblume (–n) *artificial flower*
die Kunsterziehung *art education*
der Kunstgegenstand (¨e), das Kunstobjekt (–e)
      art object
der Künstler (–) *artist*
der Kunstschmied (–e) *craftsman metal worker*
das Kunstwerk (–e) *work of art*
die Kur (–en) *cure*
der Kurfürst (–en) *Elector*
der Kurgast (¨e) *patient taking a 'cure'*
der Kurort (–e) *spa*
der Kurs (–e) *course*
die Kurve (–n) *curve*
   kurz *short(ly), quick(ly)*
der Kuß (Küsse) *kiss;* die Barbaraküsse (*pl*)
      kind of chocolates
die Küste (–n) *coast*
die Kutterscholle (–n) *kind of plaice*

L

   lachen *to laugh*
   lachend *laughing*
der Laden (¨) *shop*

die Lage (–n) *situation, location*
die Lampe (–n) *lamp*
das Land (¨er) *country, state;* auf dem Land(e)
      in the country
   landen (sein) *to land*
die Landesbank (–en) *regional bank*
der Landkreis (–e) *administrative district*
der Ländler *slow country waltz*
   ländlich *rural*
die Landmaschine (–n) *agricultural machine*
die Landschaft (–en) *landscape, countryside, scenery*
der Landwirt (–e) *farmer*
die Landwirtschaft *farming, agriculture*
   lang *long*
   länger (als) *longer (than)*
der, die, das längste *longest*
der Lärm *noise*
   lassen (läßt), ließ, gelassen *to let, leave, have*
      (something) done
   Latein *Latin*
   laufen (äu), ie, au (sein) *to run, walk, go*
der Lauf *course, path;* im Laufe des . . . *in the*
      course of . . .
   laut *loud, noisy*
   lauten *to sound;* der Lieblingsspruch
      lautet . . . *the favourite saying goes* . . .
   lauter *nothing but*
   leben *to live*
das Leben *life*
   lebendig *alive*
das Lebensjahr (–e) *year of one's life*
die Lebensmittel (*pl*) *food*
die Leber (–n) *liver*
   lecker *tasty, delicious*
das Leder *leather*
   ledig *single, unmarried*
die Leerung (–en) *collection (from post-box)*
der Lehrer (–) *teacher (m)*
die Lehrerin (–nen) *teacher (f)*
der Lehrling (–e) *apprentice*
die Lehrzeit (–en) *time as apprentice*
   leicht *easy, light*
die Leichtathletik *athletics*
   leid: es tut mir leid *I'm sorry*
   leiden, litt, gelitten *to suffer;* sie leidet an
      Diabetes *she suffers from diabetes*
   leider *unfortunately;* leider nicht *I'm afraid*
      not
   sich leisten *to afford*
   leiten *to run, direct, be in charge of*
der Leiter (–) *director, leader, manager*
die Leiter (–n) *ladder*
die Leitung (–en) *guidance*
   lernen *to learn*
   lesen (ie), a, e *to read*
das Lesen *reading*
der, die, das letzte *last;* in letzter Zeit *recently*

letztlich *in the end*

die Leute (*pl*) *people*

lieb *dear*

lieben *to love*

lieber *rather, preferably;* ich trinke lieber Tee
I prefer (to drink) tea

der Liebesfilm (–e) *love story (film)*

Lieblings- *favourite -;* der Lieblingsspruch
favourite saying

der, die, das liebste *favourite*

am liebsten: welche Rolle singen Sie am liebsten?
which part do you like singing most?

das Lied (–er) *song*

liegen, a, e *to lie, be situated;* woran liegt
das . . .? *why is it . . .?* das liegt am Spielplan *that's because of the programme*

die Linie (–n) *line, route*

links *(on/to the) left*

die Liste (–n) *list*

der *or* das Liter (–) *litre*

die Literatur *literature*

lochen *to perforate*

das Lokal (–e) *pub*

lösen *to solve*

der Löwe (–n) *lion*

die Luft (–e) *air*

luftgetrocknet: es muß luftgetrocknet werden
*it must be dried in the air (*ie *naturally)*

Lust haben *to want to;* keine Lust haben
to have no inclination

lustig *funny;* etwas Lustiges *something funny*

luxuriös *luxurious*

der Luxusbungalow (–s) *luxury bungalow*

der Luxusgegenstand (–e) *luxury object*

M

machen *to do, make;* was macht das? *how
much does that come to?*

die Macht (–e) *might, power*

das Mädchen (–) *girl;* das Mädchen für alles
maid-of-all-work

der Mädchenname (–n) *maiden name*

mag (*from* mögen): ich mag *I like*

das Magazin (–e) *magazine*

die Magenschmerzen (*pl*) *stomach ache*

das Magenweh *stomach ache*

die Mahlzeit (–en) *meal*

Mailand *Milan*

der Main *(River) Main*

die Mainschleife (–n) *bend in the River Main*

das Mal *time;* zum ersten Mal *for the first time*

mal: einmal, zweimal *once, twice; also filler
word:* probieren Sie mal! *have a go!*

sag mal *tell me*

malen *to paint*

der Maler (–) *painter*

die Mami *mummy*

man *one, you, they*

der Manager (–) *manager*

manche *some*

manchmal *sometimes*

der Mann (–er) *man, husband*

der Mantel (–) *coat*

manuell: manuell geschickt *good with one's hands*

das Märchen (–) *fairy tale*

die Marionette (–n) *puppet*

die Mark (–) *mark (German currency);* die
Deutsche Mark (DM, D-Mark) *German mark*

die Marke (–n) *stamp*

die Marketingabteilung (–en) *marketing department*

der Markt (–e) *market;* auf dem Markt *at the
market*

der Marktbrunnen (–) *fountain in market place*

die Marktleute (*pl*) *market people*

der Marktplatz (–e) *market square*

die Marmelade (–n) *jam*

die Marmeladenfabrik (–en) *jam factory*

der Marmor *marble*

Marokko *Marocco*

das Marzipan *marzipan*

das Maskenschnitzen *mask-carving*

die Massage (–n) *massage*

das Material (Materialien) *material*

die Mathe(matik) *math(ematic)s*

der Matrose (–n) *sailor*

die Mauer (–n) *wall*

das Max-Reinhardt-Seminar *Max Reinhardt
Drama School*

die Medaille (–n) *medal*

das Medikament (–e) *medication*

der Mediziner (–) *physician*

medizinisch *medical*

das Mehl *flour*

die Mehlspeise (–n) *cake, dessert made with flour*

mehr *more*

mehrere *several*

die Mehrheit (–en) *majority*

mein, meine, meinen, meines, meiner, meinem
my

meinen *to think, be of the opinion*

meinetwegen *all right then, as you wish*

die Meinung (–en) *opinion;* ich bin der Meinung
I'm of the opinion, I think

der, die, das meiste *most*

am meisten *most of all*

meistens *mostly*

der Meister (–) *master*

die Meistergeige (–n) *violin made by a master*

die Meisterprüfung (–en) *exam to become a master
craftsman*

die Meisterschule (–n) *college for training master
craftsmen*

die Melange (–n) *(Austrian) milky coffee*
melken *to milk*
die Melodie (–n) *melody*
die Menge (–n) *crowd;* das ist eine große Menge
that's a lot!
der Mensch (–en) *person; people (pl)*
die Menschenmenge (–n) *throng*
menschlich *human*
der Mercedes *Mercedes*
merken *to notice*
der *or* das Meter (–) *metre*
die Methode (–n) *method*
der Metzger (–) *butcher*
mich *me*
mieten *to rent*
das Mietshaus (–̈er) *block of rented flats*
die Milch *milk*
das Milchprodukt (–e) *dairy product*
der Milchrahmstrudel (–) *cream (cheese) strudel*
das Mietshaus (–̈er) *block of rented flats*
mildern: sie mildert unseren Altersdurchschnitt
she brings down our average age
der *or* das Millimeter (–) *millimetre*
die Million (–en) *million*
mindestens *at least*
das Mineralwasser (–) *mineral water*
die Minute (–n) *minute*
mir *(to) me*
mischen *to mix*
die Mischung (–en) *mixture*
mit *with*
mitarbeiten *(sep.) to work with (people)*
der Mitarbeiter (–) *colleague (m)*
die Mitarbeiterin (–nen) *colleague (f)*
das Mitglied (–er) *member*
mithelfen *(sep.) (i), a, o to help with something*
mitkommen *(sep.), a, o (sein) to come along/with*
mitleiten *(sep.) to help run*
mitnehmen *(sep.) (i), a, o, zum Mitnehmen to
take with you*
der Mittag (–e) *midday, lunchtime*
das Mittagessen (–) *lunch*
mittags *at midday;* wo essen Sie mittags?
where do you have lunch?
die Mittagspause (–n) *lunch break*
die Mitte *middle;* Mitte Juli *mid July*
das Mittelalter *Middle Ages*
mittelalterlich *mediaeval*
mitten in . . . *in the middle of . . .*
mitunter *now and then*
die Möbel *(pl) furniture*
möchte *(from* mögen): ich möchte *I'd like*
die Mockturtlesuppe (–n) *mock turtle soup*
die Mode (–n) *fashion*
das Modell (–e) *model, pattern*
modern *modern*
modisch *fashionable*

mögen (mag), mochte, gemocht *to like*
möglich *possible*
die Möglichkeit (en) *possibility*
möglichst: möglichst gut gemischt *as well
mixed as possible*
der Mokka(kaffee) *mocca (coffee)*
der Mokkalikör (–e) *mocca liqueur*
der Moment (–e) *moment;* einen Moment, bitte
just a moment, please; im Moment *at the
moment*
momentan *at the moment*
der Monat (–e) *month*
monatlich *monthly*
morgen *tomorrow*
der Morgen (–) *morning;* guten Morgen *good
morning*
die Morgendämmerung *dawn*
morgens *in the morning(s)*
die Mosel *Moselle*
Moskau *Moscow*
die Mozartkugel (–n) *balls of chocolate filled with
marzipan*
müde *tired*
die Mühle (–n) *mill*
der Müller-Thurgau *name of type of vine, grapes
and wine made from them*
München *Munich*
Muntermacher: als Muntermacher *as a wake-
me-up*
die Muschel (–n) *mussel;* die Donau-Muscheln
(pl) kind of chocolates
das Museum (Museen) *museum;* ins Museum
gehen *to go to a museum*
das Musical (–s) *musical*
die Musik *music*
musikalisch *musical*
der Musiker (–) *musician (m)*
die Musikerin (–nen) *musician (f)*
der Muskel (–n) *muscle*
müssen (muß), mußte, gemußt *to have to*
die Mutter (–̈) *mother*
das Mysterienspiel (–e) *morality play*

N

nach *to, after, according to*
der Nachbar (–n) *neighbour*
die Nachbarschaft (–en) *neighbourhood*
nachdem *since, after*
nachgucken *(sep.) to have a look*
nachher *afterwards*
nachholen *(sep.) to make up*
nachkommen *(sep.) a, o (sein) to follow*
der Nachmittag (–e) *afternoon;* am Nachmittag
in the afternoon; heute nachmittag *this
afternoon;* nachmittags *in the afternoon(s)*

nachschauen *to look, check;* ich muß mal
    nachschauen *I must just look*
die Nachspeise (–n) *dessert, pudding*
der, die, das nächste *next*
die Nacht (–̈e) *night;* gute Nacht *good night*
der Nachteil (–e) *disadvantage*
der Nachtisch (–e) *dessert, pudding*
das Nachtlokal (–e) *night club*
der Nachtwächter (–) *nightwatchman*
die Nachwelt *posterity*
    nah *near*
    Nähe: in der Nähe *nearby, in the neighbourhood*
    nähen *to sew*
    näher *nearer;* die nähere Umgebung *the*
      (nearby) surrounding area
    na ja *well*
der Name (–n) *name*
    nämlich *that is, you see*
die Nase (–n) *nose*
die Naßzelle (–n) *shower room*
das Nationalgetränk (–e) *national drink*
    natürlich *of course*
    neben *next to*
    nebenbei *besides, incidentally*
die Nebenkosten (*pl*) *(additional) charges (eg for*
    electricity)
der Nebenraum (–̈e) *extra room*
    nee (*coll.*) *no*
    nehmen (nimmt), nahm, genommen *to take;*
      zu sich nehmen *to eat (*lit. *to take to oneself)*
    nein *no*
    nennen, nannte, genannt *to name, call*
der Nervenarzt (–̈e) *neurologist*
    nervös *nervous*
    nett *nice*
das Netz (–e) *net*
    neu *new;* etwas Neues *something new*
der Neubau (–ten) *new building*
    neuer *newer*
die Neuinszenierung (–en) *new production*
    nicht *not*
    nichts *nothing*
    nie *never*
    Niederösterreich *Lower Austria*
    niemals *never*
    niemand *no one, nobody*
    nirgends *nowhere*
    noch *still, as well;* noch shorter *even shorter;*
      noch eine Tasse *another cup;* sonst noch
      etwas? *anything else?;* noch nicht *not yet;*
      und noch was *and something else*
    Nordbayern *north Bavaria*
der Norddeutsche (–n), ein Norddeutscher *north*
    German (m)
der Norden *north*
    nördlich *northern, to the north*
der, die, das nördlichste *northernmost*

die Nordsee *North Sea*
das Normal(benzin) *2-Star petrol*
    normalerweise *normally*
der Normalsterbliche (–n) *ordinary mortal*
    Norwegen *Norway*
    nötig *necessary*
der Nuklearmediziner (–) *specialist in nuclear*
    medicine
die Nummer (–n) *number*
    nun *well, now*
    nur *only, just*
    nützen *to be of use*

O

    ob *whether*
    oben *above, on top;* nach oben *up(stairs)*
    Ober: Herr Ober! *waiter!*
der Oberkellner (–) *head waiter*
das Objekt (–e) *object*
das Obst *fruit*
der Obsthändler (–) *fruiterer*
die Obsttorte (–n) *fruit flan, gateau*
    oder *or*
der Ofen (–̈) *oven*
    öffnen *to open*
    oft/des öfteren *often*
    ohne *without*
die Ohrenschmerzen (*pl*) *earache*
die Ölheizung (–en) *oil-fired (central) heating*
die Olympiasiegerin (–nen) *Olympic winner (f)*
die Olympischen Spiele *Olympic Games*
die Oma (–s) *granny*
die Omnibusfahrt (–en) *coach, bus ride*
der Onkel (–) *uncle*
die Oper (–n) *opera*
die Operette (–n) *operetta*
die Operettenrolle (–n) *role in operetta*
die Opernrolle (–n) *operatic role*
die Opernsängerin (–nen) *opera singer (f)*
der Optiker (–) *optician*
die Orange (–n) *orange*
der Orangenlikör (–e) *orange liqueur*
der Orangensaft (–̈e) *orange juice*
das Orchester (–) *orchestra*
der Ordensbruder (–̈) *friar*
    organisieren *to organize*
die Orgel (–n) *organ*
sich orientieren *to orientate oneself*
der Ort (–e) *place*
die Orthopädie *orthopaedics*
der Osten *east*
    Ostfriesland *East Friesland;* ostfriesisch
      East Frisian
die Osterfestspiele (*pl*) *Easter festival*
    Ostern *Easter;* zu Ostern *at Easter*

der Osterstrauß (¨e) *Easter bouquet*
Österreich *Austria*
österreichisch *Austrian*
die Osterzeit *Eastertime*
die Ostfriesenmischung (–en) *East Frisian blend*
der Ostfriesentee (–s) *East Frisian tea*
die Ostsee *Baltic Sea*
die Ouvertüre (–n) *overture*

P

paar: ein paar *some, a couple of*
das Paar (–e) *pair, couple*
die Packung (–en) *packet*
paddeln *to canoe*
das Paddeln *canoeing*
das Paket (–e) *packet, parcel*
der Palatschinken (–) *(Austrian) pancake*
der Papa, Papi *Daddy*
der Paradeiser (–) *(Austrian) tomato*
die Parfümerie (–n) *perfumery*
der Park (–s) *park*
parken *to park*
das Parken *parking;* Parken verboten *no parking*
das Parkhaus (¨er) *multi-storey car park*
der Parkplatz (¨e) *car park*
das Parlament (–e) *parliament building*
die Partei (–en) *(pol.) party*
der Partner (–) *partner*
der Passagier (–e) *passenger*
der Passant (–en) *passer-by*
passen *to fit*
passend: Sie haben es passend *you've got the right money*
passieren (sein) *to happen*
der Patient (–en) *patient (m)*
die Patientin (–nen) *patient (f)*
das Patrizierhaus (¨er) *patrician's house*
die Pause (–n) *pause, break;* Pause machen *to take/have a break*
die Person (–en) *person*
das Personal *staff*
persönlich *personally*
der Pfandlrostbraten (–) *steak served in small pan*
der Pfannkuchen (–) *pancake*
der Pfarrer (–) *vicar*
der Pfeffer *pepper*
das Pfeffersteak (–s) *steak with pepper*
der Pfennig (–e) *pfennig (1/100 of a mark)*
das Pferd (–e) *horse*
das Pferderennen (–) *horse-racing*
das Pfingstkonzert (–e) *Whitsun concert*
der Pfirsich (–e) *peach*
die Pflanze (–n) *plant*
die Pflaume (–n) *plum*

pflegen *to keep up, care for*
das Pfund (–e) *pound*
die Philharmoniker (pl) *Philharmonic Orchestra*
physikalisch: die physikalische Therapie *physiotherapy*
der Pianist (–en) *pianist (m)*
die Pianistin (–nen) *pianist (f)*
das Pils *lager*
die Piste (–n) *ski run, piste*
der Plan (¨e) *plan*
planen *to plan*
die Planung (–en) *planning*
das Plastik *plastic*
der Platz (¨e) *square, place, seat*
plaudern *to chat*
plus *plus*
Polen *Poland*
politisch *political*
die Polka (–s) *polka*
polnisch *Polish*
der Polsterer (–) *upholsterer*
die Pommes frites (pl) *chipped potatoes*
populär *popular*
der, die, das populärste *most popular*
das Porträt (–s) *portrait*
die Post *post office*
das Postamt (¨er) *post office*
die Postkarte (–n) *postcard*
Prag *Prague*
praktisch *practical(ly)*
die Praline (–n) *chocolate*
der Pralinenmacher (–) *chocolate-maker*
prämieren *to award a prize*
der Präsident (–en) *president*
der Preis (–e) *price, prize*
das Preiselbeerkompott *cranberry sauce*
preisgeben (sep.) (i), a, e *to reveal, give away*
die Premiere (–n) *first night*
die Pressereferentin (–nen) *press officer (f)*
prima *great, splendid, first class*
primär *primarily*
das Prinzip (–ien) *principle;* im Prinzip *in principle*
privat *private*
pro *per*
die Probe (–n) *rehearsal*
proben *to rehearse*
probieren *to try, taste;* probieren Sie mal! *have a go!*
das Problem (–e) *problem*
die Produktion (–en) *production*
produzieren *to produce*
der Professor (–en) *professor*
das Programm (–e) *programme;* im Programmbereich *in use for performance (lit. in the programme area)*
der Protest (–e) *protest*

protestieren *to protest*
Prozent *per cent*
prüfen *to test, examine*
die Prüfnummer (–n) *test number*
die Prüfung (–en) *test, examination*
die Psychologie *psychology*
die Psychotherapie *psychotherapy*
das Publikum *audience*
der Pullover (–) *pullover*
der Punkt (–e) *point, spot*
die Puppe (–n) *puppet*
der Puppenspieler (–) *puppeteer*
das Puppentheater (–) *puppet theatre*
pur *pure, neat*

Q

der *or* das Quadratmeter (–) *square metre*
die Qualität (–en) *quality*
das Qualitätsinstrument (–e) *quality instrument*
die Qualitätsstufe (–n) *degree of quality*
der Qualitätswein (–e) *quality wine*
das Quantum (Quanten) *quantity, ration*
die Quelle (–n) *spring*
das Quiz *quiz*

R

das Rad (–er) *wheel, bicycle*
radfahren (*sep.*) (fährt Rad), fuhr Rad, ist
    radgefahren *to cycle*
das Radio (–s) *radio*
der Rahm *(s. German) cream*
der Rand (–er) *edge*
die Rarität (–en) *curiosity, rarity*
der Rasen (–) *lawn*
die Rasse (–n) *breed*
der Rat (–e) *(town) council*
das Rathaus (–er) *town hall*
das Rätsel (–) *puzzle*
der Ratsherr (–en) *councillor*
der Ratskeller (–) *town hall restaurant*
rauchen *to smoke*
rauf = herauf
der Raum (–e) *room*
raus = heraus
die Realschule (–n) *secondary school*
die Rebsorte (–n) *type of vine*
rechnen *to calculate*
die Rechnung (–en) *bill*
recht: das ist recht *that's all right;* recht
    angenehm *(very) pleasant;* recht viel
    quite a lot
Recht: mit Recht *justifiably*
rechts *(on/to the) right;* rechts rum *round to
    the right*

rechtzeitig *in time*
reduziert *reduced*
die Regel (–n) *rule;* in der Regel *as a rule*
regelmäßig *regular(ly)*
der Regen *rain*
Regensburger (*adj.*) *of Regensburg*
der Regensburger (–) *native of Regensburg (m)*
die Regensburgerin (–nen) *native of Regensburg
    (f);* die Regensburgerinnen (*pl*) *kind of
    chocolates*
regieren *to rule*
die Regierung (–en) *government*
regnen *to rain*
reich *rich*
der Reichssaal (–säle) *Imperial hall*
die Reichsstadt (–e) *Imperial city*
reif *mature, ripe*
der Reifen (–) *hoop*
die Reihe (–n) *row;* eine Reihe von *a number of*
rein = herein
der Reis *rice*
die Reise (–n) *trip, journey*
reisen (sein) *to travel*
das Reiten *horse-riding*
der Reiz (–e) *charm, attraction*
relativ *relatively*
die Renaissance *Renaissance*
renovieren *to renovate*
die Renovierung (–en) *renovation*
reparieren *to repair*
das Repertoire (–s) *repertory*
repräsentieren *to represent*
die Republik (–en) *republic;* die Deutsche
    Demokratische Republik (ĐDR) *German
    Democratic Republic*
die Residenz (–en) *seat of ruling prince*
residieren *to reside*
der Rest (–e) *remainder*
das Restaurant (–s) *restaurant*
restaurieren *to restore*
die Restaurierung (–en) *restoration*
das Rezept (–e) *recipe*
der Rhein *(River) Rhine*
richten: wir richten uns nach der Arbeit *we're
    governed by work*
richtig *right*
die Richtung (–en) *direction;* in Richtung *in the
    direction of*
riechen, o, o *to smell*
der Riesling *name of type of vine, grapes and
    wine made from them*
das Rindfleisch *beef*
die Rindsuppe (–n) *beef broth*
rings um *around*
der Rock *Rock (music)*
der Rock (–e) *skirt*
der Rohstoff (–e) *raw material*

das Rokoko *rococo*
die Rolle (–n) *part, role*
Rom *Rome*
die Rose (–n) *rose*
der Rosengarten (¨) *rose garden*
Rost: Schweinswürstl vom Rost *grilled pork sausages*
die Röstkartoffeln (*pl*) *sauté potatoes*
rot *red;* bei Rot *when the lights are at red*
die Route (–n) *route*
der Rückenkraul *backstroke*
die Rückenschmerzen (*pl*) *backache*
die Rückfahrkarte (–n) *return ticket*
Rücksicht nehmen auf *to consider*
Ruderpartie: eine Ruderpartie machen *to go out in a rowing boat*
die Ruhe *peace, quiet*
ruhen *to rest*
der Ruhetag (–e) *rest day, day off*
ruhig *quiet*
das Rührei *scrambled egg*
die Ruine (–n) *ruin*
rum *round;* rechts rum *round to the right*
rund *about*
der Rundbogen (¨) *round arch*
die Runde (–n) *round*
das Rundeisen *bar-iron*
die Rundfahrt (–en) *round trip*
runter *down*

S

die Saat (–en) *seed, corn*
die Sache (–n) *thing*
die Sachertorte (–n) *rich chocolate gateau*
sagen *to say;* sagen Sie, sag mal *tell me*
die Sahne *cream*
die Saison (–s) *season*
das Salz *salt*
salzig *salty*
sammeln *to collect*
sämtlich: die sämtlichen Wehrtürme *all the defence towers*
das Sanatorium (Sanatorien) *sanatorium*
der Sänger (–) *singer (m)*
die Sängerin (–nen) *singer (f)*
satt: sind Sie satt geworden? *have you had enough (to eat)?*
der Satz (¨e) *sentence*
saubermachen (*sep.*) *to clean up*
sauer *sour, sharp;* der saure Regen *acid rain*
das Sauerkraut *sauerkraut, pickled cabbage*
die Sauna (–s) *sauna*
das Schach *chess*
die Schachtel (–n) *packet*
schade: das ist aber schade! *what a pity!*

das Schaf (–e) *sheep*
schaffen *to manage (to do something)*
schaffen, schuf, geschaffen *to create*
schätzen *to value, esteem, estimate*
schauen *to look*
der Schauplatz (¨e) *show place, arena*
der Schauspieler (–) *actor*
die Scheibe (–n) *slice*
scheinen *to shine;* ie, ie *to seem*
die Schelle (–n) *bell*
der Schellenrührer (–) *bell-ringer in Mittenwald carnival*
schenken *to give (as present)*
das Schicksal (–e) *fate*
schieben, o, o *to push*
das Schiff (–e) *ship*
die Schiffahrtsgesellschaft (–en) *shipping company*
das Schiffahrtsmuseum (–museen) *maritime museum*
das Schild (–er) *sign*
der Schilling (–e) *schilling (Austrian currency)*
der Schinken (–) *ham*
schlafen (ä), ie, a *to sleep;* vor dem Schlafengehen *before going to bed*
das Schlafzimmer (–) *bedroom*
schlagartig *abruptly*
schlagen (ä), u, a *to strike*
das Schlagobers *(Austrian) whipped cream*
die Schlagobershaube *'bonnet' of whipped cream*
die Schlagsahne *whipped cream*
schlecht *bad(ly)*
Schlesien *Silesia*
die Schlichtheit *simplicity*
schlimm *bad, severe*
Schlittschuh laufen (äu), ie, au (sein) *to skate*
das Schloß (¨sser) *castle*
das Schlößchen (–) *small castle*
der Schluck (¨e) *gulp, mouthful;* die Ratsherren-Schlücke (*pl*) *kind of chocolates*
der Schluß *end;* Schluß machen *to finish;* zum Schluß *finally*
der Schlüssel (–) *key*
das Schlüsselein (–) *little key*
das Schmalzgebäck *fritters, doughnuts*
schmecken *to taste;* wie schmeckt es Ihnen? *how do you like it?;* hat's geschmeckt? *did you enjoy it?*
schmelzen (i), o, o (sein) *to melt*
der Schmerz (–en) *pain*
der Schmetterling *butterfly (stroke)*
der Schmied (–e) *smith*
die Schmiedearbeit (–en) *wrought-iron work*
das Schmiedeeisen *wrought-iron*
schmieden *to forge*
der Schmuck *jewellery*
schmücken *to decorate*
der Schnaps (¨e) *schnapps*
der Schnee *snow*

schneiden, schnitt, geschnitten *to cut*
schnell *fast, quick*
schneller *faster*
der, die, das schnellste/am schnellsten *fastest*
der Schnickschnack *knick-knacks*
die Schokolade *chocolate*
die Schokoladensahnetorte (–n) *chocolate cream gateau*
die Schola *choir (med. Latin)*
die Scholle (–n) *plaice*
schon *already;* ich glaube schon *I think so*
schön *nice, beautiful*
schöner *nicer*
der, die, das schönste *nicest*
schöpfen *to ladle*
der Schöpfer (–) *creator*
Schottland *Scotland*
schreiben, ie, ie *to write;* wie schreibt man das? *how do you spell that?*
die Schreibstube (–n) *scrivener's shop*
schreien, ie, ie *to bellow*
der Schritt (–e) *step*
der Schuhmacher (–) *shoemaker*
die Schularbeit (–en) *homework*
schulden *to owe*
der Schuldirektor (–en) *head master*
die Schule (–n) *school*
der Schüler (–) *pupil (m)*
die Schulzeit (–en) *time at school*
die Schürze (–n) *apron*
Schuß: Bier mit Schuß *lager with a dash (of malt beer)*
die Schüssel (–n) *bowl*
schützen *to protect*
die Schutzgemeinschaft (–en) *conservation society*
schwarz *black*
das Schwarzbuntrind (–er) *Friesian cow*
der Schwarzwald *Black Forest*
die Schwarzwälder Kirschtorte (–n) *Black Forest gateau*
Schweden *Sweden*
das Schweinefleisch *pork*
das Schweinemett *kind of pork sausage*
das Schweinswürstl (–) *small pork sausage*
die Schweiz *Switzerland*
schwer *heavy, difficult*
der, die, das schwerste *heaviest*
schwerfallen (sep.) (ä), ie, a (sein) *to be difficult*
die Schwester (–n) *sister*
schwierig *difficult*
schwieriger (als) *more difficult (than)*
die Schwierigkeit (–en) *difficulty*
der, die, das schwierigste *most difficult*
das Schwierigste *the most difficult thing*
das Schwimmbad (–er) *swimming pool*
schwimmen, a, o (sein) *to swim*
das Schwimmen *swimming*

der Schwung (–e) *swing*
der See (–n) *lake*
die See *sea*
die Seezunge (–n) *sole (fish)*
segnen *to bless*
sehen (ie), a, e *to see*
die Sehenswürdigkeit (–en) *sight, place or thing worth seeing*
sehr *very*
die Seide *silk*
sei: Gott sei Dank! *thank goodness/God!*
sein, seine, seinen, seines, seiner, seinem *his, its*
sein (ist), war, gewesen (sein) *to be*
seit *since, for*
seitdem *since (then)*
die Seite (–n) *side, page*
die Sekretärin (–nen) *secretary*
der Sekt *sparkling white wine*
die Sekunde (–n) *second*
selber/selbst *myself, yourself, itself, etc.*
selbst *even*
selbständig *self-employed*
selbstgemacht *home-made*
das Selbstporträt (–s) *self-portrait*
selbstverständlich *of course*
selten *rare, seldom*
das Semester (–) *term*
die Semmel (–n) *(Austrian/s. German) bread roll*
die Sendung (–en) *broadcast, programme*
der Senf *mustard*
die Seniorengymnastik *keep-fit classes for senior citizens*
die Seniorin (–nen) *senior citizen (f)*
servieren *to serve*
die Shorts (pl) *shorts*
sich *oneself, himself, herself, itself, yourself, yourselves, themselves*
sicher *certain(ly)*
sicherlich *certainly*
Sie *you*
sie *she, her, it, they, them*
die Siedlung (–en) *housing estate*
der Sieg (–e) *victory*
der Sieger (–) *victor, winner*
die Silhouette (–n) *silhouette*
der Silvaner *name of type of vine, grapes and wine made from them*
der Silvester *New Year's Eve*
sind (from sein) *are*
singen, a, u *to sing*
sitzen, saß, gesessen *to sit*
die Sitzordnung (–en) *seating order*
der Sitzplatz (–e) *seat*
der Ski (–er or –) *ski*
Ski fahren (ä), u, a (sein) *to ski*
Ski laufen (äu), ie, au (sein) *to ski*

die Skulptur (–en) *sculpture*
so *so, well, like this;* so . . . wie . . . *as . . . as . . .*
sofort *immediately*
sogar *even*
sogenannt *so-called*
der Sohn (–̈e) *son*
solange *as long as*
das Solarium (Solarien) *solarium*
solcher, solche, solches *such a, like that;* eine solche Mahlzeit *a meal like that*
der Solist (–en) *soloist*
das Solistenkonzert (–e) *recital*
sollen (soll), sollte, gesollt *to be supposed to*
sollte: ich sollte *I should, ought to*
der Sommer (–) *summer*
sondern *but, on the contrary*
die Sonne (–n) *sun*
der Sonnenuntergang (–̈e) *sunset*
sonnig *sunny*
der, die, das sonnigste *sunniest*
sonst *otherwise;* sonst noch etwas? *anything else?*
der Sopran *soprano (voice)*
die Sopranistin (–nen) *soprano (singer)*
die Sorte (–n) *sort, kind*
die Sowjetunion *Soviet Union*
sowohl . . . als auch . . . *both . . . and . . .*
der Sozialismus *socialism*
sozusagen *so to speak*
Spanien *Spain*
spanisch *Spanish*
die Sparkasse (–n) *savings bank*
der Spaß (–̈e) *fun;* es macht Spaß *it's fun;* viel Spaß *have fun! enjoy yourself!*
spät *late*
später *later*
spätestens *at the latest*
die Spätlese *wine made from grapes picked late*
spazierenführen (*sep.*) *to take for a walk*
spazierengehen (*sep.*) i, a (sein) *to go for a walk*
der Spaziergang (–̈e) *walk*
die Speisekarte (–n) *menu*
der Speiserest (–e) *remains of food*
der Speisewagen (–) *dining car*
die Spezialität (–en) *speciality*
speziell *special(ly)*
der Spiegel (–) *mirror*
das Spiegelei (–er) *fried egg*
das Spiegelkabinett *hall of mirrors*
die Spiegelreflexkamera (–s) *reflex camera*
Spielbereich: im Spielbereich *in use for performances (*lit. *in the performance area)*
spielen *to play, perform*
der Spielplan (–̈e) *theatre programme*
der Spinat *spinach*
der Spitzenwein (–e) *top (quality) wine*

der Sport *sport*
die Sportlehrerin (–nen) *sports teacher (f)*
sportlich *sporting*
die Sprache (–n) *language*
sprechen (i), a, o *to speak*
die Sprechstunde (–n), die Sprechzeit (–en) *surgery/consultation hours*
das Sprichwort (–̈er) *saying*
springen, a, u (sein) *to jump*
das Springen *jumping*
der Spruch (–̈e) *saying*
die Staaten (*pl*) *the States (USA)*
staatlich *state*
das Stadion (Stadien) *stadium*
die Stadt (–̈e) *town, city*
die Stadtführung (–en) *guided tour of town*
die Stadtmitte *town centre*
die Stadtmusikanten (*pl*) *town musicians*
der Stadtplan (–̈e) *town map*
der Stadtrat (–̈e) *town council*
der Stadtteil (–e) *part of town, district*
das Stadttheater (–) *municipal theatre*
das Stadtviertel (–) *part of town, district*
der Stammgast (–̈e) *regular customer*
das Stammhaus (–̈er) *building where firm started*
standhaft *resolute, steady*
ständig *permanent*
stark *strong*
stattfinden (*sep.*) a, u *to take place*
staunen *to be astonished*
stehen, stand, gestanden *to stand, be;* im Dienst stehen *to be in the service of*
der Stehplatz (–̈e) *standing room*
der Stein (–e) *stone*
steinern *(made of) stone*
der Steinmetz (–en) *stonemason*
die Stelle (–n) *place, spot*
sterben (i), a, o (sein) *to die*
die Stereoanlage (–n) *stereo equipment*
der Stern (–e) *star*
die Sternwarte (–n) *observatory*
der Stiel (–e) *stem*
der Stier (–e) *bull*
die Stiftung (–en) *foundation*
der Stil (–e) *style*
die Stilart (–en) *swimming stroke*
still *silent*
die Stimme (–n) *voice*
stimmen: stimmt so *that's all right (when leaving a tip);* stimmt genau *that's just right*
der Stock (–werke) *storey*
stören *to disturb*
der Strand (–̈e) *beach*
der Strandkorb (–̈e) *wicker beach chair*
die Straße (–n) *street*
die Straßenbahn (–en) *tram;* mit der Straßenbahn *by tram*

der Straßenmusikant (-en) *street musician*
die Straßenseite (-n) *side of street*
der Straßenverkehr *traffic*
der Straßenzeichner (-) *street artist*
   streichen, i, i *to paint*
das Streichquartett (-e) *string quartet*
sich streiten, stritt, gestritten *to quarrel with one*
   another
der Streßfaktor (-en) *stress factor*
die Strickwaren (*pl*) *knitwear*
der Strom *electricity*
die Strudelrundfahrt (-en) *boat trip through*
   whirlpool
die Stube (-n) *small room*
das Stück (-e) *piece, play;* im Stück *in a piece*
der Student (-en) *student (m)*
die Studentengruppe (-n) *group of students*
das Studentenwohnheim (-e) *students' hostel*
die Studentenwohnung (-en) *student's flat*
die Studentin (-nen) *student (f)*
   studieren *to study*
das Studium (Studien) *(course of) study, studies*
die Stufe (-n) *step, degree*
die Stunde (-n) *hour*
   stundenlang *for hours*
der Stundenplan (-̈e) *timetable*
   suchen *to look for*
das Suchen *search;* nach langem Suchen *after a*
   long search
   südamerikanisch *South American*
   Süddeutschland *south Germany*
der Süden *south*
   südlich *southern, to the south*
das Super(benzin) *4-Star petrol*
der Supermarkt (-̈e) *supermarket*
die Suppe (-n) *soup*
   süß *sweet;* etwas Süßes *something sweet*
   süßlich *sweetish*
die Symbolfigur (-en) *symbolic figure*
die Symphonie (-n) *symphony*
die Symphoniker (*pl*) *symphony orchestra*
   szenisch *on stage*

T

die Tablette (-n) *tablet, pill*
der Tag (-e) *day;* guten Tag *daytime greeting*
   tagelang *for days*
   tagen *to meet, assemble*
die Tagesschau *title of TV news programme*
   täglich *daily*
das Tal (-̈er) *valley*
das Talent (-e) *talent*
der Talkessel (-) *valley surrounded by hills*
der Tango (-s) *tango*
der Tank (-s) *tank*

die Tankstelle (-n) *petrol station*
der Tankwart (-e) *petrol-pump attendant*
die Tante (-n) *aunt*
der Tanz (-̈e) *dance*
   tanzen *to dance*
das Tanzen *dancing*
die Tanzform (-en) *kind of dance*
die Tasche (-n) *(hand)bag*
das Taschengeld *pocket money*
die Tasse (-n) *cup*
   tätig *active*
die Tauber *(River) Tauber*
   tauchen (haben *or* sein) *to dive*
das Tauchen *diving*
   tauschen *to exchange*
der Taxifahrer (-) *taxi driver*
die Technik (-en) *technique*
der Tee (-s) *tea*
der Teelöffel (-) *teaspoon*
der *or* das Teil (-e) *part;* zum Teil *partly*
   teilen *to share*
   teilnehmen an (*sep.*) (nimmt teil), nahm teil,
      teilgenommen *to take part in*
der Teilnehmer (-) *participant*
   teilweise *partly*
das Telefon (-e) *telephone*
   telefonieren *to telephone*
der Teller (-) *plate*
das Tennis *tennis*
der Termin (-e) *appointment*
die Terrasse (-n) *terrace*
   teuer *expensive*
der, die, das teuerste *most expensive*
   am teuersten *most expensive*
der Teufel (-) *devil*
   teurer (als) *more expensive (than)*
das Theater (-) *theatre;* ins Theater gehen *to*
   go to the theatre
   Theater spielen *to act*
das Thema (Themen) *theme*
die Themse *Thames*
die Therapie (-n) *therapy*
der Thron (-e) *throne*
das Tier (-e) *animal*
der Tiger (-) *tiger*
das Tirol *the Tyrol*
der Tiroler (-) *Tyrolese (m)*
die Tischgesellschaft (-en) *company at table*
der Titel (-) *title*
   tja *well*
die Tochter (-̈) *daughter*
die Toilette (-n) *toilet*
   toll *great*
die Tomate (-n) *tomato*
der Ton (-̈e) *sound, tone*
die Tonbandaufnahme (-n) *tape recording*
die Tonne (-n) *tonne (1,000 kg)*

der Topf (¨-e) *saucepan, pot*
der Topfen *(Austrian) soft curd cheese*
der Töpfer (–) *potter*
die Töpferei (–en) *pottery*
der Tor (–en) *fool*
das Tor (–e) *gate*
die Torte (–n) *gateau, flan*
   tot *dead*
die Tour (–en) *trip, excursion*
der Tourismus *tourism*
der Tourist (–en) *tourist (m)*
die Touristenattraktion (–en) *tourist attraction*
die Touristin (–nen) *tourist (f)*
   touristisch *touristy*
die Tradition (–en) *tradition*
   traditionell *traditional*
   tragen (ä), u, a *to wear, carry*
die Transportmöglichkeit (–en) *means of transport*
die Traube (–n) *grape*
der Traum (¨-e) *dream*
   traurig *sad*
   treffen (i), traf, getroffen *to meet*
der Treffpunkt (–e) *meeting point*
   treiben: Sport treiben, ie, ie *to go in for sport*
das Treppenhaus (¨-er) *stairwell*
   trinken, a, u *to drink;* etwas zu trinken/zum
      Trinken *something to drink*
die Trinkkur *'cure' through drinking the waters*
   trocken *dry*
der Trockenraum (¨-e) *drying room*
   trotz *in spite of, despite*
   trotzdem *nevertheless*
   trüb *melancholy, dull*
die Tschechoslowakei *Czechoslovakia*
   tschüs *'bye*
die Tulpe (–n) *tulip*
   tun, tat, getan *to do;* es tut mir leid *I'm*
      sorry
die Tür (–en) *door*
die Türkei *Turkey*
der Turm (¨-e) *tower*
   turnen *to do gymnastics*
das Turnen *gymnastics*
die Turnhalle (–n) *gymnasium*
der Turnverein (–e) *gymnastics club*
die Tüte (–n) *(paper or plastic) bag*
   typisch *typical*

U

   üben *to exercise, practise*
   über *over, above, more than;* das ganze Jahr
      über *throughout the year;* über alles
      above all
   überall *everywhere*
   überbacken *to brown*

   überfüllt *overcrowded*
   überhaupt *at all*
   überlebend *surviving*
   überleiten *(sep.) to lead up to*
   übernachten *to spend the night*
   überschaubar *compact*
die Überschaubarkeit *compactness*
   überwiegend *predominantly*
die Übung (–en) *exercise*
   Uhr *o'clock;* um 8 Uhr *at 8 o'clock*
   um *round, around, at;* um . . . zu . . . *in order*
      to
   umbauen *(sep.) to rebuild*
sich umdrehen *(sep.) to turn round*
der Umgang mit Menschen *dealing/working with*
      people
die Umgebung (–en) *surrounding area*
   umsonst *free (of charge)*
   umsteigen *(sep.) ie, ie (sein) to change*
      (bus/train)
die Umwelt *environment*
die Umweltkunde *environmental studies*
   umziehen *(sep.) zog um, umgezogen (sein) to*
      move house
   unbequem *uncomfortable*
   unbedingt *without fail*
   und *and;* und so weiter (usw) *and so on*
   unfreundlich *unfriendly*
   ungefähr *about, approximately*
   ungeheuer *huge*
   uninteressant *uninteresting*
die Universität (–en) *university*
   unkomfortabel *uncomfortable*
das Unkraut *weeds*
   unmöglich *impossible*
   unpersönlich *impersonal*
   unruhig *noisy*
   uns *(to) us*
   unser, unsere, unseren, unseres, unserer,
      unserem *our*
   unten *below, underneath, downstairs*
   unter *beneath, among;* unter anderem/anderen
      amongst other things/others
   unterbrechen (i), a, o *to interrupt*
die Unterbrechung (–en) *interruption*
   unterbringen *(sep.) brachte unter,*
      untergebracht *to accommodate*
sich unterhalten (ä), ie, a *to talk, converse*
die Unterkunft (¨-e) *accommodation*
   unternehmen (i), a, o *to undertake*
der Unterricht *lesson(s), tuition*
   unterrichten *to teach*
sich unterscheiden, ie, ie *to differ*
die Unterschrift (–en) *signature*
   unterschiedlich *variable, different*
   unterwegs: ich bin mit meiner Frau unterwegs
      I'm travelling with my wife

unverheiratet *unmarried, single*
das Unwohlsein *indisposition*
uralt *very old, ancient*
die Urkunde (–n) *record*
der Urlaub *holidays;* Urlaub machen *to take a holiday;* wohin fahren Sie im Urlaub? *where do you go/are you going on holiday?*
der Urlaubsort (–e) *holiday resort*
der Urologe (–n) *urologist*
ursprünglich *originally*
die USA (*pl*) *USA*

V

der Valentinstag *St. Valentine's Day*
die Vanille *vanilla*
die Vase (–n) *vase*
der Vater (–) *father*
der Veltliner *an Austrian white wine*
Venedig *Venice*
die Veranstaltung (–en) *event*
Verarbeitung: zur Verarbeitung gelangen *to be used*
verbinden, a, u *to connect*
die Verbindung *connection;* in Verbindung mit *in conjunction with*
verboten *forbidden, prohibited*
verbrannt *burnt*
der Verbraucher (–) *consumer*
verbringen, verbrachte, verbracht *to spend (time)*
verdienen *to earn*
der Verein (–e) *club, society*
Vereinbarung: nach Vereinbarung *by appointment*
Verfügung: zur freien Verfügung *at their disposal*
vergangen *past*
vergessen (vergißt), vergaß, vergessen *to forget*
Vergleich: im Vergleich zu *in comparison with*
das Vergnügen *pleasure, enjoyment;* viel Vergnügen! *have a good time!*
vergrößern *to enlarge*
verhaftet: der Tradition verhaftet *steeped in tradition*
verheiratet *married*
verkaufen *to sell*
der Verkäufer (–) *shop assistant (m)*
die Verkäuferin (–nen) *shop assistant (f)*
der Verkaufsraum (–e) *shop*
der Verkehr *traffic*
das Verkehrsamt (–er), das Verkehrsbüro (–s), der Verkehrsverein (–e) *tourist office*
das Verkehrsproblem (–e) *traffic problem*
verlangen *to demand*
verlernen *to forget*

verlieren, o, o *to lose*
verloren *lost*
vermitteln *to arrange*
verpacken *to wrap up*
verreisen (sein) *to go away*
der Vers (–e) *verse*
verschieden *various, different;* von Verschiedenen *by various people*
verschreiben, ie, ie *to prescribe*
sich versetzen *to imagine oneself*
sich verstehen: versteht ihr euch gut? *do you get on well together?*
versuchen *to try*
die Verteidigung (–en) *defence*
vertreiben, ie, ie *to drive out*
der Verwalter (–) *manager*
verwenden *to use*
der Videorekorder (–) *video recorder*
viel *much, a lot of;* recht viel *quite a lot*
viele, vielen *many*
vielleicht *perhaps*
vielmals *many times*
die Vielseitigkeit *variety*
die Vielzahl *multitude*
das Viertel (–) *quarter;* das Viertelpfund *quarter of a pound;* die Viertelstunde *quarter of an hour;* ein Viertel Wein *quarter of a litre of wine*
das Viertel (–) *area, district;* das Schnoorviertel *Schnoor district (in Bremen)*
virtuos *(technically) difficult*
die Visite (–n) *(doctor's) visit*
der Vogel (–) *bird*
die Vokabel (–n) *vocabulary*
die Volksharfe (–n) *folk harp*
die Volksgruppe (–n) *folk group*
die Volksmusik *folk music*
volksmusikalisch *regarding folk music*
die Volksschule (–n) *primary school*
die Volkstracht (–en) *national costume*
voll *full*
voller *full of*
der Volleyball *volleyball*
volltanken *to fill up;* einmal volltanken, bitte *fill it up, please*
vom = von dem
von *of, from, by*
vor *before, in front of*
im voraus *in advance*
voraussichtlich *provisionally*
vorbei *past, over*
vorbeifahren (*sep.*) (ä), u, a (sein) *to drive past*
vorbeikommen (*sep.*) a, o (sein) *to drop by*
vorerst *first*
der Vorfahr (–en) *ancestor*
die Vorhalle (–n) *(station) concourse*
vorhanden *available*

vorher *before*

vorherig *previous*

vorkommen (*sep.*) a, o (sein) *to happen, occur*

die Vorlage (–n) *pattern, text*

vorlesen (*sep.*) (ie), a, e *to read aloud*

die Vorliebe (–n) *preference*

der Vormittag (–e) *morning;* morgen vormittag
  tomorrow morning

vormittags *in the morning(s)*

vorne *in the front;* hier/dort vorne *in the front
  here/there*

der Vorratskeller (–) *store room*

vorschlagen (*sep.*) (ä), u, a *to suggest*

die Vorsorgeuntersuchung (–en) *check-up*

die Vorspeise (–n) *starter*

vorstellen (*sep.*) *to introduce*

die Vorstellung (–en) *performance*

W

die Waage (–n) *scales, weigh house*

wachen *to watch*

die Wachmannschaft (–en) *guard*

wachsen (ä), u, a (sein) *to grow*

der Wagen (–) *car*

die Wahl (–en) *choice;* nach Wahl *of your choice*

wählen *to choose*

der Wahnsinn *madness*

während *during, while*

wahrhaft *truly*

wahrscheinlich *probably*

das Wahrzeichen (–) *landmark*

der Wald (–̈er) *forest, woods*

das Waldsterben *death of the forest*

der Walzer (–) *waltz*

wandern (sein) *to hike, ramble*

das Wandern *hiking, rambling*

die Wanderung (–en) *long walk, hike*

wann? *when?*

war (*from* sein) *were*

wäre/n *would be;* wär' das alles? *would that
  be all?* das wär's *that's all*

warm *warm*

warmlaufen (*sep.*) (äu), ie, au (sein) *to warm up*

warnen *to warn*

die Warnung (–en) *warning*

warten *to wait*

warum? *why?*

was? *what?;* was für? *what kind of?*

die Wäsche *washing, linen*

waschen (ä), u, a *to wash*

die Waschküche (–n) *laundry room*

die Waschmaschine (–n) *washing machine*

das Wasser (–) *water*

der Wasserzug (–̈e) *artificial waterway*

der Wattwagen (–) *carriage used on mud flats*

wechselhaft *changeable*

wechseln *to change*

der Weg (–e) *way*

wegbringen (*sep.*) brachte weg, weggebracht
  to take away

wegen *because of*

weggeben (*sep.*) (i), a, e *to give away*

weglassen (*sep.*) (läßt weg), ließ weg,
  weggelassen *to leave out*

der Wehrturm (–̈e) *defence tower*

weichgekocht *soft boiled*

Weihnachten *Christmas;* zu Weihnachten
  at Christmas

das Weihnachtslied (–er) *Christmas carol*

der Weihnachtsmarkt (–̈e) *Christmas market*

das Weihnachtsprogramm (–e) *Christmas
  programme*

weil *because*

der Wein (–e) *wine*

das Weinbaugebiet (–e) *wine-growing area*

der Weinberg (–e) *vineyard*

der Weinbrand *brandy*

weinen *to cry, weep*

weinend *crying, weeping*

das Weingut (–̈er) *vineyard, estate*

das Weinland (–̈er) *wine-growing country*

die Weinlese *wine harvest*

die Weinprobe (–n) *wine-tasting*

die Weinprobierstube (–n) *wine-tasting room*

weiß *white*

weiß (*from* wissen): ich weiß *I know*

weit *far*

weiter *further*

weiterfahren (*sep.*) (ä), u, a (sein) *to drive on*

weitergehen (*sep.*) i, a (sein) *to go on*

weiterhin: weiterhin gepflegt wird *continues to
  be cultivated*

weiterlernen (*sep.*) *to go on learning*

welcher?, welche?, welches?, welchen?,
  welchem? *which?*

die Welt *world*

weltbekannt *world-renowned*

weltberühmt *world-famous*

der Weltrekord (–e) *world record*

die Weltstadt (–̈e) *metropolis*

wenig *little, few*

weniger *less, fewer;* was machst du weniger
  gern? *what don't you like doing so much?*

der, die, das wenigste *least, fewest*

wenn *if, when*

wer? *who?;* wen? *whom?;* wem? *(to) whom?*

werden (wird), wurde, geworden (sein) *to become*

die Werkstatt (–̈en) *workshop*

werktags *working days, weekdays*

wertvoll *valuable*

wesentlichen: im wesentlichen *essentially,
  substantially*

die Weser *(River) Weser*
der Westen *west*
der Wettbewerb (-e) *competition*
das Wetter *weather*
der Wetterhahn (¨e) *weather cock*
der Whirlpool (-s) *jacuzzi*
wichtig *important*
der, die, das wichtigste *most important*
der Widerwille *reluctance*
  wie *how, as;* wie ist Ihr Name, bitte? *what's*
    your name, please?
  wieder *again*
der Wiederaufbau *reconstruction*
die Wiederaufbauarbeiten *(pl) reconstruction*
  works
  wiederherstellen *(sep.)* stellte wieder her,
    wiederhergestellt *to reconstruct*
die Wiederholung (-en) *revision*
  Wiederschauen: auf Wiederschauen *goodbye*
  Wiedersehen: auf Wiedersehen *goodbye*
  wiederum *again*
  wiegen, o, o *to weigh*
  Wien *Vienna*
  wieviel? *how much?/many?;* wie viele?
    how many?
  willkommen *welcome;* willkommen heißen,
    ie, ei *to welcome*
der Wind (-e) *wind*
  windreich *very windy*
der Winkel (-) *corner*
der Winter (-) *winter*
der Winzer (-) *wine-grower*
die Winzerstochter (¨) *wine-grower's daughter*
  wir *we*
  wirken *to work, affect;* das wirkt wie Sekt!
    it has the effect of champagne!
  wirklich *really*
die Wirtschaft *economy*
  wissen (weiß), wußte, gewußt *to know;*
    ich weiß (es) nicht *I don't know*
die Witwe (-n) *widow*
  wo? *where?*
die Woche (-n) *week*
das Wochenende (-n) *weekend*
der Wochentag (-e) *weekday*
  wöchentlich *weekly*
  wofür? *why?, what for?*
  woher? *where from?*
  wohin? *where(to)?*
  wohl *presumably;* sich wohl fühlen *to feel*
    happy/at home; also filler word: haben
    Sie wohl auch Briefmarken? *have*
    you perhaps got stamps as well?
  zum Wohl! *cheers!*
der Wohnblock (-s) *block of flats*
das Wohnhaus (¨er) *(dwelling) house*
  wohnen *to live*

die Wohnfläche (-n) *surface area*
die Wohngegend (-en) *residential area*
das Wohnheim (-e) *hostel*
die Wohnung (-en) *flat*
die Wohnungsnot *housing shortage*
das Wohnzimmer (-) *living-room*
die Wolle *wool*
  wollen (will), wollte, gewollt *to want*
  womit? *with what?*
  woran: woran liegt es, daß . . .? *why is it that . . .?*
das Wort (¨er) *word*
  wozu: wozu ich Lust habe *whatever I want to do*
die Wunde (-n) *wound*
  wunderbar *wonderful(ly)*
  wunderschön *beautiful*
der Wunsch (¨e) *wish, request;* auf Wunsch *by*
    request
  wünschen *to wish*
  wurde *(from* werden) *became;* wurde gebaut
    was built
  würden *would, should;* ich würde sagen *I'd*
    say; würden Sie sich bitte eintragen?
    would you sign the register, please?
der Wurm (¨er) *worm*
die Wurst (¨e) *sausage*
das Würstchen (-) *small sausage*
  wüßte: ich wüßte nicht *I wouldn't know*

Z

die Zahl (-en) *number*
  zahlen *to pay*
der Zahn (¨e) *tooth*
der Zahnarzt (¨e) *dentist*
die Zahnschmerzen *(pl) toothache*
  Zauberflöte: Die Zauberflöte *The Magic Flute*
das Zebra (-s) *zebra*
das Zeichen (-) *sign*
  zeichnen *to draw*
die Zeichnung (-en) *drawing*
  zeigen *to show*
die Zeit (-en) *time;* zur Zeit *at present*
die Zeitschrift (-en) *magazine*
die Zeitung (-en) *newspaper*
der *or* das Zentimeter *centimetre*
  zentral *central;* die Zentralheizung (-en)
    central heating
das Zentrum (Zentren) *centre*
  zerbomben *to destroy by bombing*
  zerstören *to destroy*
  zerstreuen *to scatter*
  ziehen, zog, gezogen *to draw (of tea);* (sein)
    to move
das Ziel (-e) *aim, target*
  ziemlich *fairly, rather*
die Zigarette (-n) *cigarette*

die Zigarre (–n) *cigar*
das Zigarrengeschäft (–e) *tobacco shop*
das Zimmer (–) *room*
die Zimmergröße (–n) *room size*
 zirka *approximately*
der Zirkus (–se) *circus*
die Zitrone (–n) *lemon*
 zittern *to shake, tremble*
der Zoll (–̈e) *toll*
 zu *to, at, too;* zu Hause *at home;* drei zu
  achtzig *three at eighty*
 züchten *to breed*
der Züchter (–) *breeder*
der Zucker *sugar*
 zuerst *(at) first*
 zufrieden *satisfied*
der Zug (–̈e) *train*
 zugucken (*sep.*) *to look (at), watch*
die Zukunft *future*
 zum = zu dem; zum Frühstück *for breakfast;*
  etwas zum Trinken *something to drink*
 zunächst *first of all*
 zunehmen (*sep.*) (i), a, o *to gain weight*
das Zunftschild (–er) *trade sign*
der Zungenbrecher (–) *tongue twister*
 zupfen *to pluck*

 zur = zu der
 zurück *back*
 zurückkommen (*sep.*) a, o (sein) *to come back*
 zusammen *together*
 zusammenarbeiten (*sep.*) *to work together*
 zusammenhängend *coherent, single*
 zusammenkommen (*sep.*) a, o (sein) *to come
  together*
 zusammensitzen (*sep.*) saß zusammen,
  zusammengesessen *to sit together*
der Zuschauer (–) *spectator*
 zuschneiden (*sep.*) i, i *to cut out*
 zusperren (*sep.*) *to lock up*
die Zutat (–en) *ingredient*
 zuvor *first, before that*
sich zwängen *to force one's way*
 zwar *indeed, although*
 zweimal *twice*
 zweistöckig *two-storey*
der, die, das zweite *second*
 zweitens *secondly*
die Zwiebel (–n) *onion*
der Zwiebelrostbraten (–) *steak with onions*
 zwischen *between*
 zwischendurch *in between*
 zwo = zwei

The production team would like to thank:

Frank Holland for designing this book
Mike Gilkes for the illustrations and maps
Julia Boost and Dorothee Wigginton for typing the copy and compiling the glossary respectively.
Brigitte Langefeld for proof-reading.

We should also like to thank for their help with the interviews in Germany and Austria: Paul Bendelow, Heide Debus, Richard Kerler, Katrin Kohl, Joachim Kothe, Marcello de Nardo, Ilse Wojaczek and Michael Wojaczek.

Acknowledgement is due to the following for permission to reproduce photographs:

BENETTA ADAMSON pages 126 top, 168 right, 173, 183, 189, 199, 214, 247, 249 right; D. ADLER page 122; MARION ALLINSON pages 70 top, 72, 75, 96 right, 110, 111; OSKAR ANRATHER page 244 bottom; JULIAN BALDWIN pages 184, 185, 201, 202, 218, 244 top, 249 left & centre, 255; BBC pages 38, 75 top, 89, 115, 190, 248, 256; BBC HULTON PICTURE LIBRARY page 32; H. BENDER page 160; BILDARCHIV FOTO MARBURG page 124 top; BUNDESBILDSTELLE BONN page 191; HEIDE DEBUS page 8 bottom; M. DE NARDO page 236 top; MADDALENA FAGANDINI pages 14, 21 bottom, 22, 23, 24, 28, 34, 35, 43, 51, 55, 56, 61, 69, 70 bottom, 83, 85, 95, 96 left, 121, 153, 154, 155, 156, 168 left, 203, 213, 215, 229, 231, 232, 241, 262, 267, 268; FREMDENVERKEHRSAMT REGENSBURG pages 112 top, 170, 217, 227; FREMDENVERKEHRSAMT ROTHENBURG page 172; FREMDENVERKEHRSAMT WÜRZBURG pages 124 bottom, 126 bottom; FREMDENVERKEHRSVERBAND OSTBAYERN page 145; R. KERLER page 113; JOACHIM KOTHE pages 9, 15, 29, 30, 36, 44, 46, 53, 62, 65, 67, 73, 76, 82, 90, 94, 98 top, 159; KURVERWALTUNG BAD MERGENTHEIM pages 128, 138, 140, 141; LANDESBILDSTELLE BREMEN pages 8 top, 21 top, 39, 50, 86, 98 bottom, 144, 197; T. LECHNER page 116; MANSELL COLLECTION page 123; MOZARTEUM SALZBURG page 263 both; GERD RADSPIELER page 166; SALZBURGER MARIONETTENTHEATER page 245; CHRISTINA SCHISTOWSKI page 130; GERHARD SCHISTOWSKI page 204; STADTVERKEHRSBÜRO SALZBURG pages 234, 235, 237, 243, 251, 252, 258 both; B. UNGER page 146; E. UNGER page 236 bottom; EVI & REINHARD UNGER page 260; H. WIEMER page 176; ILSE WOJACZEK page 112 bottom.

Cover pictures:
IMAGE BANK front left and back cover; BENETTA ADAMSON front top right.

Acknowledgement is due to the following:

DR REINHARD DÖHL for 'Apfel' poem, first published 1965. Republished in 1972 by Philipp Reclam jun. Verlag in *Konkrete Poesie: Anthologie Von Eugen Gomringer*; GUINNESS SUPERLATIVES LTD. for the use of facts taken from *The Guinness Book of Records*, compiled and edited by Norris McWhirter.